KB259919

종교의 종말

샘 해리스 지음 | 김원옥 옮김

한길

종교의 종말

펴 냄　2005년 7월 25일 1판 1쇄 / 2020년 6월 30일 1판 2쇄
지은이　샘 해리스
옮긴이　김원옥
펴낸이　김철종
펴낸곳　(주)한언
　　　　등록번호 제1-128호 / 등록일자 1983. 9. 30
주 소　03146 서울시 종로구 삼일대로 453(경운동)　KAFFE빌딩 2층
　　　　TEL. 02-701-6616 / FAX. 02-701-4449
홈페이지　www.haneon.com
e-mail　haneon@haneon.com
이 책의 무단전재 및 복제를 금합니다.
잘못 만들어진 책은 구입하신 서점에서 바꾸어 드립니다.
ISBN　89-5596-260-6　03230

종교의 종말

종교의 종말

THE END OF FAITH

당신의 이성(理性)이
세상을 움직일 유일한 힘 입니다.

To

From

비이성에 대한 통렬한 외침

이제 우리는 종교가 전 세계에 미치는 영향력에 대해 다시금 생각해보지 않을 수 없다. 9·11테러를 비롯해 최근 영국에서 일어난 폭탄테러까지, 미국 대 이슬람 혹은 서방세계 대 이슬람의 대립은 '신'의 이름을 전면에 내세운 현대판 종교전쟁이라 해도 과언이 아니다. 세계의 운명을 좌지우지하고 있다고 해도 지나치지 않을 초강대국인 미국의 국내정치 상황을 한번 살펴보자. 극우보수주의로 대변되는 행정실세들이 백악관을 점령하고 있다. 이들은 근본주의 기독교의 전도사 역할을 할 뿐 아니라 각종 공공장소에 십계명 비석을 세우는 등 맹목적인 보수기독교의 색채를 미국 전역에 덧입히고 있다. 전 세계적으로 우려의 목소리가 커지고 있는 것도 새삼스러운 일이 아니다. 대량살상 무기 앞에 온 인류의 존재 자체가 위협받고 세계 곳곳에서 학살과 살인이 자행되고 있는 현 지구촌 상황의 배후에도 바로 '신'과 '종교'가 있다. 그 모든 종교는 각각 무류성과 절대성을 강조하고 있는데 이는 아무런 틀림이 없으니 무조건 믿으라는 말과 다름없다.

이렇듯 반목과 비이성의 극을 향해 치달아가는 인류에게 공존과 이성이라는 두 마리 토끼를 잡을 수 있는 해결책으로 샘 해리스는 '종교의 종말'이라는 파격적인 대안을 제시하고 있다. 이 책은 미국에서 출간되자

마자 일대 센세이션을 불러일으키며, 2005년 논픽션 부문 펜*PEN*상 수상작으로 선정되었다.

저자가 주장하는 요점은 이렇다.

저자는 이성적인 증거와 논거가 결여되어 있으면서 편협한 주장으로 가득한 주류 종교를 위험한 것으로 보는 대신, 동양의 영성 혹은 신비주의(불교로 대표되는데, 저자는 불교를 종교라고 부르는 대신 이렇게 표현한다)가 종교를 대체할 수 있고, 심지어 인류 대화합과 생존을 위해 유일한 대안인 영적 과학으로 보고 있다. 종교 간의 대립으로 인해 인류 공멸의 위험으로까지 치닫는 현 상황으로부터 인류가 살아남으려면 서로가 납득할 수 있는 새로운 증거와 주장으로 대화에 나서야 하는데 기존 종교의 체제와 교리는 그것을 용납하지 않는다. 그것이 불가능하므로 현대세계는 종교의 이름을 내건 폭력 밖에는 기댈 게 없게 된 것이다.

예를 한번 들어보자. 9·11테러를 일으킨 범인들처럼, 만약 내가 그러한 믿음을 입증할 아무런 증거가 없으면서도 비행기를 몰고가 대형건물을 폭파시킴으로써 천국에 올라갈 수 있다고 믿는다면, 그 믿음으로부터 나를 빼낼 수 있는 사람은 아무도 없다. 아무 증거 없이도 믿는 그러한 신앙의 도약에는 대화가 파고들 여지가 없기 때문이다. 이러한 종교의 맹점을 극복할 수 있는 대안이 바로 '나'라고 불리는 존재가 인지적 환상에 불과함을 깨달아가는 내적 성찰의 과정, 즉 동양적 영성이라는 것이다.

그 외에도 이 책에는 주목해야 할 통념을 깨는 매우 흥미 있는 주장들이 많다. 우선 이 책은 보수주의와 자유주의 양방으로부터의 맹렬한 공격이 태생적으로 예견될 수밖에 없는 내용을 담고 있다. '9·11테러는 일부 과격한 이슬람교도에 의해 자행된 일로 대부분의 이슬람신자는 온건하고 이슬람은 평화의 종교라는 주장은 그야말로 잘못된 것'이라는 주장에 대한 저자의 반박은 자유주의자들의 눈살을 찌푸리게하며, 기독교의 허위성과 위험성을 따지는 부분에서는 보수주의자들을 격분시킬 것이다.

두 번째, 종교 온건주의에 대한 비판이다. 이는 일반인의 상식에 매우 반한다. 저자에 따르면 종교를 받아들일 때 우리가 할 수 있는 선택은 세속주의(혹은 자유주의) 아니면 근본주의(혹은 원리주의) 둘 중 하나뿐이며, 종교 온건주의야말로 종교의 적이라고 간주한다. 바로 그 점 때문에 '종교와 신앙의 부인(否認)'이라는 이 책의 대주제는 무시한 채 종교 온건주의 비판에 대한 주장만 부각시켜 기독교 근본주의로 돌아가자는 자의적인 해석을 내린 목사의 아이러니한 사례가 실제로 있었다고 한다.

이 책의 주된 맹공격이 기독교에 집중되고 있는 것이 마땅치 않고, 종교의 종말이 말도 안 되는 소리라고 생각하는 기독교신자라고 해도 이 책을 읽어야 할 이유가 또 있다. 기독교가 지금의 세계제일의 종교의 자리를 차지하게 되기까지 신의 뜻이라고는 볼 수 없는 처절한 유린과 압제의 역사들(인간의 이성이 개입되었다고는 도저히 생각할 수 없는 중세 종교재판은 물론 근대까지 이어진 각종 종교박해들에 대한 아픔의 역사)을 알아야만이 인류 대화합에 초석을 다지는 반성과 회개가 따를 수 있을 것이라는 점에서다.

기본적으로 종교에 반대하고 있는 이 책은 기성종교의 입장에서 보면(불교를 제외하고) 일종의 '금서'일지도 모르겠다. 그러나 일단 불편한 심기를 거두고, 인류의 미래를 위해 '기도'하는 자세로 썼다는 저자가 이 책에서 시종일관 무게를 두는 것은 주장에 대한 명백하고 이성적인 증거와 열린 마음에 기반을 둔 상호대화에 의해서만이 인류의 희망찬 미래가 보장된다는 점임에 주목하길 바란다. 그 대안으로서 저자가 찾아낸 동양의 영성은 실제로도 지금 서방세계에서 빠른 속도로 보급되고 있다. 그 실험의 결과를 한번 기다려보자.

2005년 8월
김원옥

Contents

CHAPTER 01

추방당한 이성

한 젊은 남자가 버스에 올라탄다. 그는 폭탄을 긴 외투 안에 감추고 있다. 주머니 속은 못, 볼 베어링, 쥐약으로 가득하다. 버스는 많은 사람을 싣고 도심을 향해 달리고 있다. 젊은 남자는 한 중년 부부 옆 좌석에 앉는다. 그는 다음 정거장에 도착하기를 기다릴 것이다. 옆자리의 부부는 냉장고를 새로 장만하려는 듯 보인다. 아내는 모델을 결정했지만, 남편은 너무 비쌀까 봐 걱정한다. 남편은 아내 무릎에 펼쳐진 팸플릿에 실린 다른 모델 하나를 지목한다. 다음 정거장이 눈에 들어온다. 버스 문이 열린다. 아내는 남편이 고른 모델이 장식장 아래 공간에 맞지 않을 거라는 사실을 알아차린다. 새로 탄 승객들이 마지막 남은 좌석들을 차지하고 자리가 없는 사람들은 통로 쪽에 모이기 시작한다. 버스는 이제 만원이다. 젊은 남자가 미소 짓는다. 버튼을 눌러 그는 자신과 옆 좌석의 부부는 물론 나머지 20명의 승객들 모두를 죽음으로 초대한다. 못, 볼 베어링, 쥐약들 때문에 거리와 주변의 차들까지 고스란히 폭탄세례를 맞는다. 모든 것이 계획대로 되었다.

젊은 남자의 부모는 곧 아들의 운명을 알게 된다. 아들을 잃은 슬픔에 젖으면서도 그들은 아들이 이루어놓은 업적에 무한한 긍지를 가진다. 그들은 아들이 먼저 천국에 간 것이며, 나중에 그들도 따라갈 길을 예비해놓았다는 사실을 안다. 아들은 또한 희생자들을 영원한 지옥으로 보내버렸다. 이는 이중의 승리다. 이웃들은 이를 큰 축하거리로 여기고 젊은이의 부모에게 음식이나 돈을 선물하며 경의를 표한다.

이상의 일은 모두 사실이다. 그 젊은이에 대해서 우리가 확실히 아는 것은 이게 전부다. 그의 행위를 근거로 우리가 그에 대해 추측할 수 있는 것이 무엇일까? 그는 학교에서 인기가 많았을까? 부자였을까 가난뱅이였을까? 지능은 낮았을까 높았을까? 그 어떤 단서도 그의 행동에서 찾아볼 수 없다. 대학교육은 받았을까? 기계 기사로서 촉망받는 미래가 기대되었을까? 그의 행위는 이런 종류의 숱한 물음에 묵묵부답이다.[1] 하지만 이럴 때 그의 종교를 추측하기란 왜 이리도 쉽단 말인가![2]

믿음은 한 개인의 삶을 모두 바꿔놓는다. 당신은 과학자인가? 자유주의자인가? 인종주의자인가? 그렇지만 그것은 믿음에 불과하다. 믿음은 그 사람이 세상을 바라보는 관점을 특징짓는다. 믿음은 행동을 지시하고 다른 인간에 대한 감정적 대응을 결정한다. 만약 그 사실이 의심스럽다면, 다음의 가정들 중 하나를 믿게 되었을 때 당신의 경험이 어떻게 갑작스럽게 변할지를 생각해보라.

1) 살날이 2주밖에 남지 않았다.

2) 수백 억짜리 복권에 당첨되었다.

3) 외계인이 내 머리에 수신기를 이식한 후, 내 생각을 조작하고 있다.

이는 그저 말에 불과하다. 그것들을 믿기 전까지는 말이다. 그러나 일단 믿게 되면 그것들은 우리의 욕망, 두려움, 기대는 물론이고 그 뒤에 일어나는 행동까지 결정짓는 정신 체계가 되어버린다. 그러나 우리가 가장 아끼는 믿음 중 일부는 문제가 있어 보인다. 그것은 우리가 서로를 가차 없이 죽이도록 만들고 있다. 한 인간 집단을 다른 집단과 구별되도록 만들어 결국 대량 살인의 기치 아래 단합되도록 할 뿐인 신념들의 대부분은 불행하게도 종교에 그 뿌리를 두고 있다. 만약 우리 인류가 전쟁 때문에 멸종을 맞게 된다면 그것은 점괘에 그렇게 씌어져 있기 때문이 아니라 우리의 경전들에 그렇게 나와 있기 때문일 것이다. 그것이 바로 '신'이나 '낙원', '죄' 같은 단어들에 의지한 채 현재 우리가 하고 있는 일이다.

우리의 상황은 이렇다. 이 세상을 사는 대부분의 사람들은 조물주가 책 한 권을 썼다고 믿는다. 각각의 무류성(無謬性)에 대해 절대적인 주장을 펼치는 책들이 우리에게 너무도 많다는 건 불운이다. 사람들은 언어, 피부색, 출생지, 혹은 그 어떤 당파적 기준에 상관없이 이 절대적인 주장들 중 어떤 것을 받아들이느냐에 따라 파벌을 짓는다. 그러한 책들의 원문은 독자들로 하여금 믿음과 관습들을 받아들이라고 '강요한다.' 모두 하나의 근본적인 가치에 외곬으로 집착한다. 다른 신앙이나 이교도의 관점을 '존중'하는 것은 신이 용인하는 태도가 아니다. 세계 교회주의 운동(ecumenicalism)의 기치 아래 모든 신앙들이 세계 도처에서 간섭 받아왔지만, 모든 종교의 핵심 교리는 다른 종교는 그릇된 것들의 저장소, 내지는 기껏해야 위험스러운 불완전함일 뿐이라는 것이다. 이와 같은 편협성은 모든 교리의 본성이다. 일단 어떤 사람이 특정 신념을 영원한 행복, 혹은 그 반대로 가는 길임을 진정으로 믿을 때, 그는 자신이 사랑하는 사람들이 이교도의 감언이설로 타락의 길에 빠져들 가능성을 견디지 못한다. 다음 생에 대한 확신은 이생의 인내와는 절대 양립할 수 없다.

그러나 이러한 견해는 우리에게 즉각적인 문제점으로 다가올 수밖에 없는데, 누군가의 신앙을 비난하는 일은 우리네 문화 어디에서든 터부시되기 때문이다. 이 주제에 대해 자유주의자와 보수주의자들은 희한한 합의에 도달했다. 바로 종교적인 믿음은 이성적인 담론 영역을 벗어난 것이라는 점이다. 물리학이나 역사에 대한 개인의 견해를 비난하는 일은 괜찮지만 신과 내세에 대한 개인의 생각을 비난하는 것은 지극히 경솔하다고 생각된다. 그리고 이슬람 자살폭탄 테러범들이 예루살렘 거리의 수많은 무고한 희생자들과 함께 스러져갈 때도, 이와 마찬가지로 그의 행동에서 신앙이 차지하는 역할은 늘 도외시되기 마련이다. 그의 동기는 정치적이거나 경제적, 혹은 완전히 개인적인 것이라야만 한다. 신앙 없이도 무모한 사람들은 여전히 끔찍한 일들을 저지른다. 신앙 그 자체는 항상 그리고 어디서나 무죄다.

그러나 기술은 윤리적인 강제 원칙들을 새로 만들어내는 방법을 갖고 있다. 전쟁 기술의 진보로 마침내 종교적 차이점과 종교적 믿음들이 우리의 생존을 위협하게 되었다. 우리는 엄청난 수의 이웃들이 순교의 형이상학이나 요한계시록의 문자적 진실, 혹은 수천 년 동안 신실한 신도들의 정신을 지배해온 모든 환상적인 개념을 믿는다는 사실을 더 이상 간과할 수 없다. 왜냐하면 우리 이웃들은 지금 생화학무기와 핵무기로 무장한 상태니까. 이러한 진전들이 우리 고지식함의 최종 국면을 결정한다는 사실은 의심할 여지가 없다. '야훼' 나 '알라' 같은 말들은 '아폴로(고대 그리스의 태양의 신 - 옮긴이)' 나 '바알(Baal : 고대 셈족의 남신 - 옮긴이)' 이 간 길을 걸어야 한다. 그렇지 않으면 이 세계는 파멸을 맞게 될 것이다.

사장(死藏)된 위험한 사상들을 몇 분만 훑어보면, 그러한 개념 변혁이 가능함을 알게 된다. 연금술의 경우를 생각해보자. 그것은 천 년 이상 인간들을 홀려왔는데, 오늘날도 자신이 진짜 연금술사라고 진지하게 주장하는 사람이 있다면 상당한 책임이 따르는 사회 대부분의 일자리에서 스스로 무능력자임을 자처하는 셈이다. 신앙에 기반을 둔 종교는 이와 같은 쇠락을 감수해야만 한다.

그렇다면 우리가 알고 있는 종교에 대한 대안은 무엇인가? 입증되었다시피 이는 잘못된 질문이다. 화학은 연금술의 '대안' 이 아니었다. 그것은 무지를 진정한 지식으로 완전히 탈바꿈 시켰다.[3] 연금술의 경우에서처럼 종교 신앙에 대한 '대안' 을 논하는 것은 핵심을 벗어나는 일임을 우리는 알게 될 것이다.

물론 신앙을 가진 사람들은 여러 차원으로 볼 수 있다. 특정한 영적 전통으로부터 위안과 영감을 얻는 사람이 있는가 하면, 포용력과 다양성에 전적으로 의존하는 사람도 있고, 이단을 끝장낼 수만 있다면 지구를 잿더미로 만들어버릴 사람들도 있다. 즉, 종교 '온건주의자' 와 종교 '과격주의자' 가 있는데, 그들의 다양한 열정과 과제들은 혼동되어선 안 된다. 그러나 이 책의 핵심 주제 중 하나는 종교 온건주의자들이 끔찍한 교리의 심부름꾼 노릇을 한다는 점이다. 그들은 우리 각자가 타인의 정당화될 수 없는 믿음들을 존중할 수 있게 된다면 평화의 길이 열리게 될 거라

고 생각한다. 나는 바로 이와 같은 이상적인 종교적 포용(신에게서 원하는
것이 무엇이건 모든 인간은 자유롭게 믿을 권리가 있다는 생각에서 나온)이 우
리를 혼란의 구렁텅이로 몰고 가는 근본 요인 중 하나라는 사실을 알려
주고 싶다.

　우리는 인간에 대한 인간의 잔학 행위를 영속시키는 신앙의 참모습을
깨닫는 데 재빠르지 못했다. 우리 중 다수가 여전히 신앙은 인간 생활의
필수 요소라고 믿는 것을 볼 때 이는 당연하다. 지금 두 가지 통념이 신
앙을 이성적 비판이라는 공포의 뒤안길에 머물게 만들고 있는데, 그것들
이 종교 극단주의와 종교 온건주의를 둘 다 조장하는 것으로 보인다.

1) 우리 대부분은 다른 곳에서는 가질 수 없는 선한 것들(강력한 공동체,
　　윤리적 행동, 영적 체험 등)을 종교에서는 얻을 수 있다고 믿는다.
2) 우리 대부분은 이따금 종교의 이름으로 일어나는 끔찍한 일들은 본질
　　적으로 신앙에서 비롯된 것이 아니라 신앙 자체가 최고의(혹은 유일하
　　기까지 한) 치료책인 우리의 원초적인 본성들, 가령 탐욕, 증오, 공포와
　　같은 요인들이 낳은 결과라고 믿는다. 이러한 통념들은 우리의 공적
　　인 담론에서 이성의 출현을 막는 완벽한 면책 특권을 제공한다.

　많은 종교 온건주의자들이 모든 신앙의 동일한 타당성을 주장하면서
명백하고 고매한 다원주의의 길로 들어서지만, 그렇게 함으로써 그들은
각각의 종교가 가진 어찌할 수 없는 차이에 대한 주장에 주목하는 데는
소홀하게 된다. 기독교인이 심판의 날에 세례 받은 형제자매들만 구원
받을 것으로 믿는 한, 바로 그 때문에 지옥의 화염이 일어나게 되었으며

그 지옥불이 아직도 신자들을 기다리고 있다는 걸 알기에 그는 타인의 믿음은 '존중' 할 수 없게 된다. 무슬림과 유대인들도 똑같이 적개심으로 가득한 열정적 태도를 갖고 있으며 다른 신앙들이 저지른 실수를 정열적으로 반복하면서 수천 년의 시간을 보내왔다. 이 두 라이벌 신앙 모두 똑같이 타락하지 않았다는 말은 증거가 있기 때문에 할 수 없다.

게다가 H.G. 웰즈*Wells*, 앨버트 아인슈타인*Albert Einstein*, 칼 융*Carl Jung*, 막스 플랑크*Max Planck*, 프리먼 다이슨*Freeman Dyson*, 스티븐 제이 굴드*Stephen Jay Gould* 같은 많은 지식인들이 이성과 신앙 사이의 전쟁은 오래갈 것이라고 선언한 바 있다. 이런 관점에서 볼 때, 우주만물에 관한 우리의 믿음은 일관적이어야만 할 필요는 없다. 일요일에는 하느님을 경외하는 기독교인이었다가 월요일 아침에는 현역 과학자로 돌아오는 사람도, 자는 순간까지 머릿속을 어지럽히는 것 같은 그 분리된 생활을 설명하지 않아도 된다. 말하자면 그는 이성을 가질 수도 있고 버릴 수도 있는 것이다. 이 책의 1장에서 다뤄지겠지만, 그것은 서양에서는 교회가 정치적인 절름발이 신세였기에 누구라도 이런 식으로 생각할 수 있기 때문이다. 꾸란의 진실성을 의심한다는 죄목으로 학자들이 돌로 쳐 죽임을 당할 수 있는 곳에서는, 굴드의 말처럼 신앙과 이성 사이의 '사랑 협정' 은 그야말로 환상일 뿐이다.[4)]

이는 온건주의자건 과격주의자건 신자들의 가장 깊은 관심이 사소한 것이라거나 잘못되었다고 말하려는 게 아니다. 우리 대부분은 주류 종교가 말하고 있는 정서적·영적 결핍을 겪고 있음을 부정할 수 없다. 그리고 그것들은 과학적인 방식이건 다른 방식이건 이 세상을 그저 이해만 하는 것으로는 절대 채워질 수 없는 결핍들이다. 우리네 존재에는 확실히 성스러운 차원이 있으며, 그것을 받아들이는 것은 인간이 살아가는 가장 고매한 목적일 수 있다. 그러나 그 성스러운 차원을 받아들이는 데 있어 시험 불가능한 명제들, 예를 들어 예수가 동정녀에게서 태어났다거나 꾸란이 신의 말이라는 등을 믿는 신앙은 필요하지 않음을 우리는 알게 될 것이다.

종교의 '온건함'이 가지는 통념

각 종교의 교리와 예배 의식과 도상학(圖像學, iconography : 회화나 조각 등이 가지는 상징성이나 의미를 비교 연구하는 학문 - 옮긴이)이 수 세기 동안 여러 종교들 간에 교류가 이루어져왔다는 사실을 입증한다면, 어느 한 종교가 유일신의 한 점 오류 없는 말씀을 대표한다는 생각은 역사와 신화와 예술에 대한 백과사전적 단편지식이 받아들여지기를 요구하는 것이나 다를 바 없다. 그 원천이 무엇이든, 현대 종교의 교리는 신자가 부족하여 수천 년 전에 이미 전설의 무덤 속에 내동댕이쳐진 종교보다도 든든한 증거를 갖고 있지 못하다. 여호와나 사탄의 문자적 실존에 대한 믿음을 정당화하는 증거는, 제우스를 산 속 보좌에 앉히고 포세이돈으로 하여금 계속 바다를 휘어잡게 만들던 증거 이상은 아니기 때문이다.

갤럽 조사에 의하면, 미국인의 35%가 성경은 문자 그대로 한 치의 오류도 없는 창조주의 말임을 믿는다고 한다.[5] 48%는 성경이 창조주의 '영감으로 씌어진(여전히 틀림 없으며, 진실이 드러나려면 어떤 구절들은 상징적으로 해석되어야만 하는)' 말이라고 믿으며, 그중 17%만이 인격적인 신이 측량할 수 없는 지혜로 이 성경을 지어낸 사실이라든지 25만 종의 딱정벌레가 있는 지구를 창조했다는 사실에 의심을 품고 있다.

46%의 미국인은 창조에 대해 문자 그대로 해석하는 입장을 취한다

(40%는 신이 오랜 세월에 걸쳐 창조를 이끌어왔다고 믿는다). 이는 미국인 중 1억 2,000만 명이, 바빌론과 수메르 사람들이 맥주 만드는 법을 알고 있고 2,500년이 지난 후에 우주 대폭발이 일어났다고 생각함을 뜻한다. 조사 결과가 확실하다면, 거의 2억 3,000만 명이나 되는 미국인들이 통일된 문체도 내적 일관성도 없는 책 하나가 전지전능하고 편재(遍在)하는 신에 의해 씌어졌다고 믿고 있는 것이다. 전 세계의 힌두교도, 이슬람교도, 유대교도들을 조사해도 비슷한 결과가 도출될 것이며, 이는 우리가 전설에 거의 완벽하게 중독되어 왔음을 나타낸다. 세상에 대한 우리의 믿음이 이성이나 증거로부터 철저히 유리된 채 방랑할 수 있다고 우리 스스로를 확신시켜왔다니 어찌 된 노릇인가?

우리가 21세기의 종교적 '온건'이 뜻하는 바를 밝혀야만 하는 것은 바로 위와 같은 다소 놀라운 사실과 관련 있다. 모든 종교의 온건주의자들은 현대를 살아가는 이해관계에서 그들의 경전을 막연하게 해석할 수밖에 없다. 여기에 경제학의 애매한 진실 하나가 도사리고 있다. 많은 사람들이 제품생산을 중지하고 고객이나 채권자들을 이단이라는 이유로 살해하기 시작한다면 세상의 생산성은 현저하게 떨어질 것이다. 성경 문자주의로부터 한 발짝 물러난 온건주의자들에 대해 생각해보아야 할 첫 번째는, 그들의 영감이 성경 그 자체가 아닌, 성경을 문자 그대로 받아들이기 힘들다고 생각하는 일종의 '문화적 발전'에서 비롯됐다는 점이다. 대부분의 기독교인과 유대인은 성경을 있는 그대로 읽지 않다 보니 아브라함의 하느님이 얼마나 분기탱천하여 이단을 말살하기 원하는지 알지 못하며, 따라서 미국에서 종교 온건주의는 더 한층 강요된다. 신명기를 한 번 보면, 우리의 아들딸들이 크리슈나(Krishna : 힌두교에 나오는 가장 권위 있는 신 - 옮긴이) 경배를 조장하는 요가 수업으로부터 발길을 돌려야만

하게 만드는 매우 특별한 무언가를 하느님이 마음에 품고 있다는 사실이
드러난다.

> 이복 형제, 동복 형제 가릴 것 없이 너희 어느 형제나, 아들이나 딸이나,
> 너희 품에 안긴 아내나, 너희가 목숨처럼 아끼는 벗들 가운데서 누군가가
> 너희와 너희 조상이 일찍이 알지 못한 다른 신들을 섬기러 가자고 가만히
> 꾀는 경우가 있을 것이다.
> 땅의 이 끝에서 저 끝까지, 너희의 주변에 멀리 또는 가까이 있는 백성들
> 이 자기네의 신들을 섬기자고 하더라도, 그 말에 귀를 기울이지 마라. 그
> 말을 듣지 마라. 그런 사람을 애처롭게 보지도 말고 가엾게 생각하지도 마
> 라. 감싸줄 생각도 하지 말고 반드시 죽여야 한다. 죽일 때에는 네가 맨 먼
> 저 쳐야 한다. 그러면 온 백성이 뒤따라 칠 것이다. 돌로 쳐죽여라. 그는
> 너희를 이집트 땅, 종살이하던 집에서 건져내 주신 너희 하느님 야훼와
> 버성기게 하려고 꾀는 자이니 그대로 두어서는 안 된다. (신명기 13:7~11,
> 공동번역)

이단이라는 죄로 자녀를 돌로 치는 일은 호랑이 담배 피던 시절의 일
이 되어버린 미국이지만, 위와 같은 구절까지 '상징적'으로 읽어야 한다
고 주장하는 온건주의 기독교인이나 유대교인은 없을 것이다(사실, 하느
님 스스로가 노골적인 명령을 내리고 있다 – "내가 너희에게 명령하는 이 모든
것을 너희는 성심껏 실천하여야 한다. 거기에 한마디도 보태지 못하고 빼지도
못한다.", 신명기 13:1, 공동번역). 위에 소개된 구절은 성경 어디에서나 볼
수 있는 규범적인 것이나, 그러한 야만적인 구절은 무시해야만 성경이
현대 세계의 삶과 조화될 수 있다. 이 점이 바로 종교에 있어 '온건주의'

가 가지는 문제다. 제멋대로 하느님의 율법을 무시한다는 것 외에는 온건주의를 설명해줄 길이 없다.

오늘날 신앙의 문제에서 사람들이 '온건' 하게 되는 유일한 이유는 지난 2,000년 동안 거둔 인간 사상의 결실(민주주의,[6] 다각적으로 이루어진 과학의 진보, 인권에 대한 관심, 문화적 · 지리적 고립 현상의 종결 등) 중 일부를 자기 식으로 흡수했기 때문이다. 성경 문자주의로부터 벗어나는 문은 '안' 에서부터 열리지 않는다. 비근본주의자들 사이에서 볼 수 있는 온건주의는 신앙 그 자체가 이끌어 낸 신호가 아니다. 그것은 신앙의 일부 교리들을 의심하게 만드는 현대정신이 준 타격의 산물이다.

독실한 기독교인에게 그의 아내가 바람을 피우고 있다든가 얼린 요구르트를 먹으면 몸이 눈에 보이지 않게 된다는 말을 해보라. 그러면 그는 그 누구보다 많은 증거를 요구할 것이고 당신이 제시하는 증거만큼만 믿으려 할 것이다. 반면 침대 옆에 두고 있는 성경책을 쓴 이가, 그것이 담고 있는 우주에 대한 믿을 수 없는 모든 주장들을 받아들이지 않을 경우 영원한 불로 벌주려 하는 눈에 보이지 않는 신이라는 말을 들을 때는, 그는 어떤 증거도 요구하지 않을 것이다.

종교 온건주의는 아무리 교육을 적게 받은 사람이라도 2,000년 전 사람들보다는 아는 것이 많다는 사실과, 그런 지식의 대부분은 성경과는 비교도 할 수 없다는 사실로부터 출발한다. 지난 100년 동안 눈부시게 발전한 의학에 대해 익히 알고 있는 우리는, 더 이상 질병을 죄나 귀신들림과 동일시하지 않는다. 우주의 물체들 사이의 거리들을 알게 된 우리(실제로는 약 절반 정도)는, 모든 것이 6,000년 전에 창조되었다는 사실이 진지하게 받아들이기 불가능한 것임을 깨닫는다. 현대성에 대해 그런 식으로 양보를 하다 보니 신앙이 이성과 양립할 수 있다든가, 우리의 종교 전통들이 원칙적으로 새로운 배움에 문호를 열어야 한다는 식의 주장은 아예 나오지 않는다. 특정 신앙 조항을 무시하는 것에 대한 효용이 이제 맹위를 떨치고 있다. 심장 우회수술을 받기 위해 먼 도시로 비행기를 타고 가 본 사람이라면 우리가 모세 시대 이후로 물리, 지리, 공학, 의학에 대해 배운 게 있다는 사실을 인정하지 않을 수 없을 것이다.

이러한 성경 구절들이 시간의 흐름에 따라 완전함을 계속 유지해온 것은 아니다(그들은 완전함을 유지하지 않았다). 우리는 특정 구절들을 무시함으로써 성경을 효율적으로 편집해왔을 뿐이다. 완전함을 유지해 온 것 즉, '좋은 부분' 들 중 대부분은 분석하고 검토하는 절차가 면제되었는데 이는 우리에게 아직 자신의 윤리적 직관이나 영적 체험 역량에 대한 현대적인 이해가 부족하기 때문이다. 만약 뇌의 작용에 대해 더 많은 지식을 갖고 있다면 우리는 당연히 우리의 의식 상태, 행동 양식, 주의력을 사용하는 다양한 방법들 사이의 타당한 관계성을 발견하게 될 것이다. 어떤 사람을 다른 사람보다 행복하게 만드는 것은 무엇일까? 왜 사랑하면 미움보다 기쁨을 더 많이 느끼게 되는가? 왜 우리는 일반적으로 추함보다 아름다움을, 혼란보다 질서를 선호하는가? 왜 웃으면 기분이 좋아지고 사람들 간의 유대가 강해지는가? 자아는 환상인가? 만약 그렇다면 인간의 삶에 그것은 어떤 의미를 가지는가? 사후의 삶이 있을까? 이는 성숙한 정신의 과학이 궁극적으로 던지는 질문들이다. 만약 우리가 과학을 발전시켜나간다면, 종교 경전의 대부분은 지금 천문학자들에게 쓸모없는 것만큼이나 신비주의자들에게도 더 이상 유용하지 않게 될 것이다.

종교 온건주의가 이상적인 입장으로 비춰질 수도 있다. 하지만 우주에 대해 우리가 배워온 모든 것들의 관점에서 볼 때, 그것은 종교 과격주의와 종교적 폭력을 막는 방파제는 되지 못한다. 성경 구절의 문자 그대로를 기준으로 살아가려 애쓰는 사람들의 관점에서 보면, 종교 온건주의자는 실패한 근본주의자일 뿐이다. 십중팔구 그는 믿지 않는 나머지 사람들과 함께 지옥으로 떨어지게 될 것이다. 종교 온건주의가 우리 모두에게 시사하는 문제점은, 그것이 종교 문자주의에 대해 그 어떠한 비판적인 언급도 허용하지 않는다는 점이다. 그저 믿음의 자유를 실행에 옮겼다는 이유로 근본주의자들을 미친 사람이라고 말할 수는 없다. 그들과 필적할 만한 경전지식을 가지고 있지 않은 한, '그들이 경전을 잘못 이해하고 있다'라고 말할 수도 있다. 종교 온건주의자로서 우리가 할 수 있는 유일한 말은, 경전을 완전히 수용할 때 우리가 치러야 하는 개인적·사회적 대가가 마음에 들지 않는다는 것뿐이다. 이는 새로운 형태의 신앙도 새로운 종류의 주해(註解)도 아니다. 그것은 원칙상 신과 아무 관계가 없는, 다양한 이해관계에 대한 강경노선을 포기하는 것일 뿐이다. 종교 온건주의는 세속적인 지식과 경전에 대한 무지가 낳은 산물이다. 그리고 그것에는 근본주의와 동등하게 겨룰만한 진실도 결여되어 있다.[7] 경전 그 자체는 명백하다. 경전은 모든 부분에서 완벽하다. 경전의 관점에서 보면, 종교 온건주의는 신의 법에 완전히 항복하기를 주저하는 것과 다름없어 보인다. 경전대로 사는 사람들의 비이성을 너그러이 봐줌과 동시에, 경전대로 살지 못함으로써 온건주의자들은 신앙과 이성을 둘 다 배신하는 것이다. 신앙의 핵심 교리에 대한 의문이 제기되지 못할 때, 종교 온건주의는 결코 우리를 황무지에서 구해주지 못할 것이다.

대부분의 종교 온건주의자들이 보이는 온화함은 신앙이 희망과 무지의 절망적인 결합 이상의 고상한 그 무엇임을 의미하는 건 아니다. 다른 인간들을 대할 때 이성의 범위를 제한하기 위한 끔찍한 대가를 치르지 않아도 된다는 보장도 아니다. 정통 신앙 중 유용한 것에 대해서는 여전히 의지하려는 시도를 보이는 한, 종교 온건주의는 영성과 윤리와 강력한 공동체 설립을 향해 좀더 진전된 접근을 할 수 있는 문을 닫는 셈이다. 종교 온건주의자들은 우리에게 필요한 것이 이성적 통찰이 아니라 희석된 철기 시대 철학이라고 믿는 것 같다. 윤리, 사회 통합, 혹은 영적 체험상의 문제점들을 감수하기 위해서 우리의 창조성과 이성의 전 요소를 발휘하라고 권하는 대신, 온건주의자들은 세상에 대해 무지한 나머지 삶까지 유린당했던 조상들이 우리에게까지 물려준 신앙 체계를 유지하면서 그저 고대 미신과 금기사항에의 집착 기준을 완화할 것만을 요구한다. 그처럼 전통에 굴복하는 태도가 다른 어떤 분야에서 용인될 수 있을까? 의학, 공학, 정치조차도 윤리가치와 영적 체험들에 관한 우리의 사고를 여전히 지배하고 있는 이 시대착오적인 온건주의 관점 때문에 고통받지는 않는다.

어떤 사람이 고등교육을 받은 14세기 기독교인으로 환생했다고 상상해보자. 그는 신앙의 문제를 제외하고는 그야말로 무지몽매하다는 사실이 드러날 것이다. 지리, 천문, 의학에 대한 그의 믿음들은 어린아이조차 당황하게 만들기 충분하지만, 유독 신에 대한 지식은 꽤 갖추고 있을 것이다. 지구가 우주의 중심이라고, 두개골 도려내기(사람의 두개골에 구멍을 뚫는 관습을 말한다. 귀신을 쫓기 위한 시도로써 정신병이나 간질병 환자에게 행해졌던 것으로 보인다)가 현명한 의학 처치법이라고 믿는 것은 어리석기 그지 없지만, 그의 종교 관념은 그다지 나무랄 데가 없다. 이 점에 대해 두 가지의 설명이 가능하다. 즉 인류가 1,000년 전에 완벽한 종교적 지식을 완성했다는 것이거나, 아니면 교리 유지에 급급한 종교에게 발전은 없다는 애기다. 우리는 후자의 관점을 지지하는 많은 증거들을 앞으로 보게 될 것이다.

시간이 흘러감에 따라 우리의 종교 신념들은 경험의 자료들을 더 많이 보존하고 있는가? 만약 종교가 인간의 결핍과 진정한 차원의 사고를 다루는 것이라면 '발전'의 여지가 있어야만 한다. 종교 교리는 점점 더 유익한 방향으로 나가야 한다. 다른 분야와 마찬가지로, 종교의 발전은 과거 교리의 되풀이가 아니라 '현재'의 질문들에 관한 문제여야 할 것이다. 지금 진실인 모든 것은 지금 눈에 보여야 하며, 우리가 세상에 대해 알고 있는 나머지 지식들은 노골적인 모욕을 하지 않는 용어로 기술되어야 한다. 이 기준에 의하면 종교의 전체적 과제는 완벽하게 뒤쳐져 있는 것으로 보인다. 그것은 우리를 향해 덮쳐오는 변화들(문화적, 기술적, 윤리적이기까지 한)을 견뎌낼 수 없다. 우리가 그 변화들 속에서 다른 방법으로 살아남을 수 있다고 믿을 근거들은 별로 없다.

온건주의자들은 신의 이름으로 그 누구도 죽이기를 원하지 않으면서, 무슨 말인지나 알면서 하는 것처럼 '신'이라는 단어를 우리가 계속 사용해주길 원한다. 그리고 그들에겐 무엇보다 관용이 성스러운 것이기에, 조상들의 신을 진정으로 믿는 사람들에 대한 지나친 비난도 원하지 않는다. 우리가 사는 세상에 대해 솔직하고 진실하게 말하는 것, 예를 들어 성경과 꾸란은 둘 다 생명을 파괴하는 헛소리들을 엄청나게 담고 있다는 등은 온건주의자들이 일반적으로 품고 있는 관용의 정신과는 반대되는 것이다. 그러나 우리는 더 이상 그러한 외형적 반듯함이 가지는 사치를 견뎌낼 수 없다. 우리는 결국 자신의 무지를 드러낼 뿐인 도상(圖像)을 유지하기 위해 치러야 할 대가를 인식해야만 한다.

과거의 그림자

우리를 파멸시키려 다가오는 것 같이 느껴지는 우주 속에서 자신을 발견할 때, 우리는 자신과 맞서고 있는 여러 힘들에 대해 이해하는 것이 좋다는 사실을 곧 깨닫는다. 또한 그런 식으로 모든 인간들은 세상에 대한 참된 지식을 갈망하게 된다. 모든 종교는 아무 증거도 없는 명제들의 진실에 대해 설교하기 위해 특별한 문제 하나를 늘 제기해왔다. 모든 종교는 그것을 위한 그 어떤 증거도 생각조차 할 수 없는 '명제들의 진실'에 대해 말하고 있다. 이는 키르케고르 *Kierkegaard*의 신앙의 도약에 '도약'을 선사해주었다('신앙의 도약 *leap of faith*' : 하느님과 인간 사이에는 신앙만이 건널 수 있는 심연이 놓여 있다는 비유에서 나온 말로, 신앙의 진리는 객관적 증명이 불가능하기에 그 심연을 뛰어넘어야만 신앙이 성장한다는 뜻임 – 옮긴이). 세계에 대한 우리의 모든 지식들이 갑자기 사라진다면 어떻게 될까? 60억 인구가 내일 아침 극심한 무지와 혼란의 상태에서 깨어난다고 상상해보자. 책과 컴퓨터는 여전히 그 자리에 있지만, 우리는 그것들이 담고 있는 내용을 이해할 수 없다. 우리는 차를 운전하는 법이나 양치질하는 법조차도 잊어버렸다. 그럴 때 우리는 어떤 지식을 제일 먼저 요구하게 될 것인가? 식량 재배법, 은신처 만드는 법 등을 다시 배우기 원할 것이다. 기타 대부분의 지식을 습득하기 위해서 필수라고 생각되는, 말하고 읽을 줄 아는 법을 배우는 것 역시 최우선 순위에 오를 것이다. 우리의 인간성을 회복하는 이런 과정에서 예수가 동정녀에게서 태어났다는 사실, 혹은 그가 다시 살아났다는 사실을 아는 것이 중요해지는 때는 언제일까? 그리고 그 사실이 정말 진실이라면 그 진실들을 어떻게 배우게 될 것인가? 성경을 읽어서? 책장들을 뒤지다 보면 오래된 것들에서 그와 비숫한 전형들을 찾게 될 것이다. 다산의 여신인 이시스*Isis*가 인상적인 소 뿔 한 쌍을 뽐내는 '사실'처럼. 계속 읽어가다 보면 우리는 토르(Thor : 농업, 천둥, 전쟁을 주관하는 북유럽의 신 - 옮긴이)는 망치를 가지고 다니며, 마르두크(Marduk : 고대 바빌로니아의 신 - 옮긴이)의 신성한 동물은 말, 개, 갈라진 혀를 가진 용이었음을 알게 된다. 다시 살아난 세상에서는 누구에게 최고의 자리를 선사할까? 여호와나 시바? 그리고 혼전 성교가 죄라는 사실을 다시 배워야 할 때는 언제일까? 그러한 간음 행위는 돌로 쳐 죽임을 당해야 한다는 사실은? 수태의 순간에 영혼이 수정란에 들어간다는 사실은? 그리고 우주의 창조자에 의해 씌어졌다는 점에서 우리의 책들 중 하나가 다른 모든 책들과 구별된다고 선언하기 시작하는 별난 사람들에 대해서는 어떻게 생각할 것인가?

일단 그럭저럭 자급할 줄 알게 되면 다시 배우고 싶은 영적 진실이 분명 있기 마련인데, 우리는 현상태에서 불완전하게 그 진실들을 배우게 된다. 예를 들어 이 두려움과 수줍음을 극복하고 다른 인간을 사랑하려면 어떻게 해야 할까? 그러한 개인적 변혁의 과정이 실제로 존재하고, 그것에 알만한 가치가 있는 무언가가 있다고 상상해보라. 즉, 두렵고 증오에 차 있으며 냉담한 사람들을 사랑 가득한 사람들로 확실하게 바꾸어줄 수 있는 모종의 기술, 훈련법, 개념적인 이해 또는 식이요법 등 말이다. 그런 것들이 실제로 있다면 우리는 그것을 알고 싶어 안달이 날 것이다. 그 점에 관해서는 유익한 성경구절도 몇 개 있다. 그러나 검증과 시험이 불가능한 수많은 교리 전체를 두고 볼 때, 변혁을 다시 시작하게 하는 이성적 기반들은 분명히 존재하지 않음을 알 수 있다. 성경과 꾸란은 확실히 오비디우스*Ovidius*의 《변신*Metamorphoses*》과 《이집트 사자의 서*Egyptian Book of the Dead*》 옆 자리에 정중하게 꽂혀 있게 될 것이다.

　요점은 우리가 지금 신성하다고 생각하는 것들의 대부분은 '어제' 신성하다고 생각되었기 때문에 그런 것이란 점이다. 만약 우리가 세상을 다시 새로이 창조할 수 있다면, 고대 문학에서 발견되는 시험 불가능한 명제들을 위주로 우리의 삶을 조직하는 관습(그 명제들을 위해 살상하거나 죽는 것은 말할 것도 없고)은 확실히 정당화될 수 없을 것이다. 그것이 불가능하다는 사실을 우리가 알지 못하게 '지금' 막고 있는 것은 무엇인가?

　신앙이 인간의 삶에 의미를 부여함으로써 공동체(적어도 단일 신앙 하에 모인 공동체만은)들의 결속을 이끌어낸다고 많은 이들은 생각해왔다. 이는 역사적 사실이며, 그 점에서 종교는 종교축일과 형제애에 대해서만큼 정복 전쟁에 대해서도 인정받을 것이다. 그러나 '현대' 세계 즉, 경제적·환경적·정치적·전염병학적 필요에 의해서 이미 하나가 된, 적어도 하나가 될 가능성이 있는 세계에 미치는 영향을 보면 종교 이데올로기는 위험스러울 정도로 역행하고 있다. 우리의 과거는 지나갔기 때문에 신성한 것이 아니다. 신성한 왕권, 봉건 제도, 카스트 제도, 노예 제도, 정치범 사형 집행, 강제 거세, 생체 해부, 곰 곯리기(쇠사슬로 곰을 묶어놓고 개가 공격하도록 한 옛 놀이 ─ 옮긴이), 명예를 건 결투, 정조대, 시죄법(試罪法 : 시련을 견뎌낸 자를 무죄로 하는 옛 튜튼족의 재판법 ─ 옮긴이)에 의한 재판, 아동 노동착취, 인간과 동물을 제물로 바친 일, 이단을 돌로 쳐 죽이기, 식인 풍습, 동성애자 성관계 금지법, 피임에 대한 금기, 인간 방사능 실험 등등… 열거하려면 끝이 없다. 그리고 이처럼 종교가 직접적인 책임이 있다고 생각될 수 있는 남용에 관한 명제는 줄어들 기미를 보이지 않는다. 사실 위에서 언급된 대부분의 수치스러운 사례들은 불충분한 증거 개념, 교리에 대한 비판력 없는 무조건적인 신앙 때문에 생긴 일이다. 따라서 신앙은 인간의 성스러운 관습(주장은 넘쳐 나고 증거는 빈약한 것이 특징인)이라는 생각이 최고의 영광으로 인식되기에는 너무나 끔찍하다. 신앙은 우리 정신이 가진 권력의 지나치게 완고한 오용을 뜻하다 보니 뒤틀린 문화적 특이성(그 너머로는 이성적 담화가 불가능하다는 것이 입증된 이성의 소멸 지점)을 만들어낸다. 신앙은 새로이 등장하는 각 세대들을 기만함으로써, 불필요할 정도로 많은 것들을 암흑과 야만으로 가득한 과거에 양보해왔다는 사실을 우리가 알아차리지 못하게 만든다.

천국에 대한 부담

오늘날 세상은 초등학생 수준에도 못 미치는 신념들에 인류의 미래를 거는 사람들의 활동으로 급속하게 압도당하고 있다. 너무나 많은 사람들이 아직도 고대 전설 때문에 죽어가고 있다는 사실은 끔찍할 정도로 황당하다. 그러한 전설에 대한 온건주의자와 극단주의자들의 애착은 궁극적으로 전 인류를 파멸로 몰아넣을 것이다. 과거 어느 때나 그랬던 것처럼 오늘날도 신앙은 폭력의 생생한 진원지다. 팔레스타인(유대교 대 이슬람교), 발칸 반도(정교를 믿는 세르비아 대 가톨릭을 믿는 크로아티아, 혹은 세르비아 대 이슬람을 믿는 보스니아와 알바니아), 북아일랜드(개신교 대 가톨릭), 카슈미르(이슬람교 대 힌두교), 수단(이슬람교 대 기독교와 정령신앙), 나이지리아(이슬람교 대 기독교), 에티오피아와 에리트레아 *Eritrea*(이슬람교 대 기독교), 스리랑카(신할라 *Sinhalese* 불교 대 타밀 힌두교), 인도네시아(이슬람교 대 티모르 기독교), 그리고 코카서스(러시아 정교 대 체첸 이슬람교, 이슬람을 믿는 아제르바이잔 대 가톨릭과 정교를 믿는 아르메니아) 등지의 최근 분쟁들은 일부 사례에 불과하다. 그러한 지역들에서 종교는 지난 십 년 동안 수백만 명의 사람들을 죽음으로 몰아넣은 '명백한' 원인이 되어 왔다. 이 사건들은 우리에게 피비린내 나는 심리학 실험처럼 다가온다. 사람들에게 죽음 이후 일어나는 일들에 대해 타협할 수 없고 시험할 수 도 없는 이질적인 개념들을 소개해준 다음, 한정된 물자들을 준 뒤 강제 로 함께 살도록 해보자. 결과는 우리가 보는 그대로 살육과 휴전의 끝없 는 순환이다. 역사에 절대적 진실이 있다면, 그것은 증거에 대한 불충분 한 개념이 끊임없이 우리들에게 최악의 결과를 안겨준다는 것이다. 이 악마 같은 태엽장치에 대량살상 무기까지 합쳐진다면 당신은 문명의 몰 락으로 향하는 길을 발견한 것이다.

인도와 파키스탄의 이질적인 종교 신념들이 '존중되어야' 한다면 그 들의 극단적인 핵 정책에 대해서는 어떤 언급이 가능할까? 각국의 바람 직하지 못한 외교정책 말고는 종교 다원주의자들이 비난할 것은 아무것 도 없다(사실 그 분쟁은 전설의 비이성적인 수용 때문에 일어난 것인데도 말이 다). 인도와 파키스탄의 분리에 뒤이은 종교 학살로 100만 명이 넘는 사 람들이 죽었다. 그후 두 국가는 국경에서 지속적인 유혈분쟁을 일으키며 세 번의 공식적인 전쟁을 치렀으며, 지금 비현실적인 '사실들'에 대해 동의하지 않는다는 이유만으로 서로를 핵무기로 철저히 파멸시킬 태세 다. 사고방식이 이러하다 보니 그들은 아무런 '증거' 없이도 그 주제들 에 대해서 자멸적 수준의 광신 행태까지 보이게 된다. 카슈미르 지역을 놓고 팽팽하게 대립하는 그들의 소유권 주장은, 명목상으로 땅에 대한 것이지만 실제적으로는 종교적 차이 때문이다. 인도와 파키스탄이 별개 의 국가가 된 유일한 이유는 이슬람 신앙이 힌두교 신앙과 조화될 수 없 었기 때문이다. 이슬람의 관점에서 볼 때, 함부로 대할 수 없는 알라신을 독실한 힌두교도가 모욕한다는 것은 거의 불가능한 것이다. 그들이 실제로 소유권을 놓고 싸우는 '땅'은 이 세상에서는 찾아볼 수 없을 것 같다. 우리가 신앙에 부여한 모든 정치적 특권들이 역사에서 가장 많은 폭력을 낳은 원인을 근절하기는 고사하고 화제로 삼을 수조차 없게 만들었다는 사실을 우리는 언제나 깨닫게 될까?

> 어머니들은 아이들이 보는 앞에서 칼에 찔렸다. 젊은 여자들은 벌건 대낮에 옷이 벗겨져 강간당한 뒤 불태워졌다. 임신한 여자의 배가 칼에 갈려 젖혀지고 태아가 칼끝에 꽂혀 나와 하늘로 솟는가 싶더니 도시 이곳저곳을 태우고 있는 화염 위로 던져졌다.[8]

이것은 중세 시대 사건도, 중동지방에서 나온 이야기도 아니다. 이것은 바로 '우리가 사는' 세계의 이야기다. 이런 행위가 일어난 것이 경제적 요인이나 인종적 요인, 정치적 요인 때문은 아니었다. 위의 기사는 2002년 겨울 인도에서 힌두교도와 이슬람교도 사이에 일어난 유혈분쟁을 서술한 것이다. 두 집단들 사이의 유일한 차이는 신에 대해 무엇을 믿느냐 하는 점이다. 한 달 동안 계속된 이 일련의 폭동으로 1,000명이 넘는 사람들이 죽었다. 이는 10년 이상 지속된 이스라엘 – 팔레스타인 분쟁에서 죽은 사람들의 거의 절반에 육박하는 숫자다. 그리고 잠재적 가능성들을 생각해 볼 때 이는 적은 숫자에 불과하다. 인도인과 파키스탄인이 믿는 사후세계를 생각해볼 때 양국 간의 핵전쟁은 거의 불가피한 것으로 보인다. 아룬다티 로이 *Arundhati Roy* 는 인도 – 파키스탄 대치상황에 관한 서방의 염려에 대해 "흑인들에게는 핵무기를 맡길 수 없다"[9] 는 백인들의 제국주의적 신념에서 나온 것이라고 말한 적이 있다. 이는 어처구니없는 비난이다. 그 누구에게도 핵무기를 맡길 수 없다고 반박하는 사람도 있겠지만, 인도-파키스탄 지역에서 종교가 안정을 위협하고 있다는 것을 간과한다면 이는 매우 경솔하고도 불성실한 태도일 것이다. 우리는 이 분쟁이 일어나게 된 보다 근본적인 요인이 마침내 해명될 수 있을 때까지 만이라도, 정교분리주의와 이성의 힘으로 미사일이 격납고에 보관되기만을 바랄 뿐이다.

내가 특별히 이슬람 교리를 '남용의 사례'로 고르고자 한 것은 아니지만, 역사의 현 시점에서 그것은 무슬림이든 아니든 우리 모두에게 똑같이 특이한 위험 하나를 내포하고 있음은 의심의 여지가 없다. 두말할 나위 없이 무슬림 중 다수는 근본적으로 이성적이며 타 종교에 관대하다. 그러나 우리가 앞으로 알게 되듯, 무슬림들의 그러한 현대적 미덕이 그들의 신앙에서 나온 산물은 아니라는 것이다. 4장에서 나는 어떤 사람이 이슬람 교리를 잘 준수하는 한(말하자면, 그가 그것을 '진실로' 믿는 한) 그는 우리에게 하나의 문제를 안겨주게 될 것임을 설명할 것이다. 이슬람 신앙의 책임이 그들의 '과격주의'적인 믿음에 국한되지 않는다는 것은 점점 분명해져 가고 있다. 2001년 9월 11일에 일어난 참사에 대한 이슬람 세계의 반응은, 21세기를 살아가는 인간들 중 상당수가 순교의 가능성을 믿고 있다는 사실에 조금의 의혹도 품지 못하게 한다. 이 사실 같지 않은 사실에 대해 미국은 '테러'와의 전쟁을 선포했다. 이는 '살인'과의 전쟁을 선포하는 것에 가까웠다고 하겠다. 그것은 문제들의 진정한 원인을 모호하게 만드는 범주적 실수다. 테러리즘은 인간 폭력의 원인이 아니라 인간 폭력의 여러 변형들 중 하나일 뿐이다. 만약 오사마 빈 라덴이 한 국가의 지도자였다면 세계무역센터는 미사일 공격으로 무너져 내렸을 것이고, 9·11테러의 극악상은 전쟁으로까지 발전되었을 것이다. 이럴 때 미국은 '전쟁'과의 전쟁을 선포하고픈 유혹과 싸워야 할 것임은 말할 필요도 없다.

우리의 문제가 이슬람 그 자체에 기인한 것으로 단순한 '테러리즘'과는 상관이 없다고 생각하려면, '왜' 이슬람 테러범들이 그런 행동을 하는지를 자문해봐야 한다. 왜 오사마 빈 라덴처럼 두드러진 개인적 불만거리나 정신적 장애가 없는 사람(가난하지도, 무식하지도, 망상에 사로잡히지도, 이전에 서방으로부터 공격을 당한 적도 없는)이 만난 적도 없는 수많은 무고한 남녀 및 어린이들을 살상했을까? 이 의문에 대한 답은 바로, '빈 라덴 같은 사람들은 그들이 믿는다고 말하는 것을 실제로 믿는다는 점'이다. 그들은 꾸란의 문자적 진실을 믿는다. 왜 교육을 잘 받고 자란 19명의 중산층 남자들이 이승에서의 자신의 목숨을 수천 명의 이웃을 죽이는 특권과 맞바꿨을까? 왜냐하면 그들은 그렇게 함으로써 바로 천국으로 올라간다고 믿었기 때문이다. 인간의 행동이 완전하고 만족스럽게 설명되기는 힘들다. 왜 우리는 그러한 설명을 받아들이기를 주저해왔던가?

우리가 살펴본 것처럼 대부분의 미국인들에게는 오사마 빈 라덴과 19명의 비행기납치범, 그리고 이슬람 세계 다수와 공유하는 점이 있다. 미국인들 역시 일부 뜬구름 잡는 명제들을 증거 없이도 믿을 수 있다는 생각을 중시한다는 점이다. 맹신이 낳은 그러한 영웅적 행위들은 용인될 뿐 아니라 보상을 받으며, 심지어는 필요불가결하다고까지 여겨진다. 이것은 탄저균이 배달된 우편물보다 훨씬 심각하고 심오한 문제다. 우리가 신앙에 부여해준 특권 즉, 증거 외에 다른 것을 통해 믿음이 정당화될 수 있다는 생각 때문에 우리는 이 세계에서 일어나는 분쟁의 가장 보편적인 원인들 중 하나에 대해 드러내놓고 말하기는커녕 입도 벙긋 못해왔던 것이다.

이슬람 과격주의

이슬람 '과격주의자' 들이 실제 어느 차원에서 과격한가를 자세히 밝히는 것은 중요하다. 그들은 '신앙' 면에서 과격하다. 그들은 꾸란과 하디스(Hadith : 모하메드의 언행을 기록한 작품 - 옮긴이)의 문자적 내용 그대로에 극단적으로 전념하며, 이로 인해 그들은 현대성과 세속 문화는 영적 건전함과 양립할 수 없다고 믿는다. 이슬람 과격주의자들은 서양 문화의 유입이 아내와 아이들을 신으로부터 멀어지게 만들고 있다고 확신한다. 그들은 또한 알라신을 믿지 않는 것을 이슬람교의 확산에 방해가 되면 언제든 죽어도 마땅한 중죄로 인식한다. 물론 그러한 열정들이 모든 일상에서 '증오' 로 바뀌는 것은 아니다. 대부분의 이슬람 과격주의자들은 미국에 가 본적도 미국인을 만나본 적도 없다. 그리고 그들은 서양 제국주의에 대해서 지구촌 전반이 가진 불만보다 훨씬 더 적은 불만을 보여 왔다.[10] 하지만 무엇보다도 그들은 타락에 대한 두려움에 떨고 있는 듯 보인다. 자주 언급되어왔듯 그들은 또한 '모욕감' 에도 시달려왔다. 자신들의 문명화가 실패를 거듭해온 동안, 그들은 죄를 사랑하고 신 없이 살아가는 사람들이 지배자의 자리에 오르는 것을 지켜봐야 했다. 그런 감정도 그들 신앙의 산물이다. 무슬림들이 생활필수품을 뺏긴 가난한 자의 분노만을 느끼는 것은 아니다. 그들은 야만인에게 정복당한 선민(選民)의 분노를 느끼는 것이다. 오사마 빈 라덴은 대가를 바라지 않는다. 그럼 그는 도대체 뭘 원한 것일까? 그는 지구촌 곳곳에 부가 동등하게 분배되는 것을 원한 것이 아니었다. 팔레스타인 주권 인정에 대한 그의 요구도, 그가 팔레스타인에 느끼는 일치감만큼이나 반(反)유대 감정에서 비롯된 뒷궁리로 보인다(팔레스타인에 대한 일치감과 반유대주의가 그의 개인적 신앙의 산물임은 말할 것도 없다). 그는 이슬람의 성스러운 영토 내에 있는 불신자들(미국 군대와 유대인들)의 존재와 시온주의자들의 영토에 대한 야심에 가장 신경 쓰는 것 같다. 이는 순전히 신학적인 불만들이다. 이 모든 것들을 고려해보면, 그가 그저 우리를 단순히 증오하는 편이 훨씬 나았을 것이다.

확실히 증오는 인간의 적대적인 감정이며, 많은 이슬람 극단주의자들이 증오를 느낀다는 것은 명백하다. 그러나 사람들이 자신의 도덕적 정체성을 종교 용어로 정의하는 모든 것에서 그러하듯, 여기서 신앙은 여전히 증오의 어머니다. 무슬림과 비무슬림 간의 유일하고도 뚜렷한 차이점은, 비무슬림들은 알라에 대한 믿음이나 모하메드를 선지자로 믿는다는 것을 선포하지 않았다는 것뿐이다. 이슬람은 선교의 신앙이다. 즉 호전적인 이슬람 세계를 고무시킬 만한 교리의 이면에 깔린 인종주의나 국수주의는 없는 듯하다. 물론 무슬림들은 인종주의자도 국수주의자도 될 수 있지만, 서방세계가 이슬람과 대대적인 대화를 시도하고 성지에 대한 유대인의 모든 관심을 거부하기만 하면 무슬림들의 '증오'의 원인은 그냥 사라지게 될 것이라는 견해는 결코 확신에 차보이지 않는다.[11]

테러행위를 저지르는 무슬림들은 대부분 천국에 가려는 욕구가 노골적인 사람들이다. 자살 폭탄 투하를 시도하다 실패한 한 팔레스타인 테러범은 '순교에의 사랑'이 자신을 이스라엘 사람들에 대한 공격의 길로 '떠밀었다'고 말했다. 그는 이렇게 덧붙였다. "나는 복수를 원한 게 아닙니다. 그저 순교자가 되기를 원했을 뿐이에요." 순교자가 될 뻔했던 자이단 Zaydan은 그가 사로잡은 유대인 포로들이 '웬만한 아랍인들보다 나았다'고 인정했다. 그는 그가 죽으면 가족이 받을 고통에 대한 물음에 순교자는 천국에 같이 갈 사람 70명을 선택할 수 있다는 사실을 기자에게 상

기시켜주었다. 그는 가족을 함께 데려갈 수 있다고 확신했을 것이다.[12]

이미 말했듯, 신앙을 가진 사람들은 그러한 폭력을 야기하는 것은 인간의 본성일 뿐 신앙 그 자체는 아니라고 반박하는 경향이 있다. 그러나 나는 우주의 본질에 관한 허황된 이야기들을 믿는 것이 아니라면, 꾸란 모독죄라는 이유로 온순한 늙은 학자들을 화형시키거나[13] 그들의 자녀를 끔찍한 죽음으로 몰아넣는 일을 즐기도록 보통 사람이 변하는 일은 없을 것이라고 확신한다. 대부분의 종교는 핵심 교리가 시험되거나 수정될 수 있는 그 어떤 유효한 메커니즘도 제공하지 않기 때문에, 신세대 신자들은 조상들의 미신과 특유의 증오심을 그대로 이어받도록 운명지워진다. 만약 우리가 아무 증거도 없는 명제들의 관점에서 인간 본성의 비열함에 대해 이야기한다면, 살고 죽이고 죽는 것에 대한 의지가 첫 번째 화제가 될 터이다.

미국을 이끌어가는 각계각층의 지도자 대부분은 이슬람 신앙과 '테러리즘' 사이에 직접적인 연관은 없다고 말할 것이다. 그러나 무슬림들이 그들 신앙의 관점에서 서방세계를 미워한다는 사실과 꾸란이 그러한 증오를 명령한다는 사실은 의심할 바 없다. 꾸란은 그런 명령을 한 적이 없으며 이슬람은 '평화의 종교'라는 주장이 '온건한' 무슬림들에 의해 널리 제창된다. 하지만 그것이 사실이 아님은 아래의 구절만 보아도 알 수 있다.

예언자여 불신자들과 위선자들에게 성전하며 그들에게 대항하라 지옥이 그들의 안식처이며 종말이 저주스러우리라. (꾸란 9:73)
믿는 자들이여 너희 가까이에 있는 불신자들에게 투쟁하고 그들로 하여금 너희가 엄함을 알게 하라 하나님은 항상 정의로운 자들과 함께 하시니라.

(꾸란 9 : 123)

경건한 무슬림이라면 세속화된 정도 만큼 배신자들의 문화를 경멸할 수밖에 없다. 서방의 문화는 어느 모로 보나 이슬람의 계시보다는 열등하고 불완전한 계시의 산물이다. 서방세계가 지금 그 어떤 이슬람 국가보다도 훨씬 앞선 부와 현세의 권력을 누리고 있다는 사실은 독실한 무슬림에게 악마의 심술로 비춰지는데, 이런 상황은 늘 공개적인 성전(聖戰)의 소집을 불러일으킨다. 어떤 사람이 무슬림인 한, 그가 이슬람만이 신에게 가는 확실한 통로가 되고 꾸란이 그 사실을 완벽하게 선언하고 있음을 믿는 한, 그는 그 신앙의 진실성을 의심하는 그 누구에게라도 모욕감을 느낄 것이다. 설상가상으로 그는 그러한 불신자들이 단순히 존재한다는 사실만으로 자녀들의 영원한 행복이 위험에 처해진다고 믿게 될 것이다. 만약 그런 사람들이 자신과 자녀들이 지켜야 하는 정책을 직접 만들 입장에 놓인다면, 신앙에 편승한 폭력의 가능성은 절대 없어지지 않을 것이다. 경제적인 혜택과 교육이 종교 폭력의 요인들을 해결하는 충분한 묘안이 되지 못하는 이유가 바로 여기에 있다. 좋은 교육을 받은 중산층 근본주의자들의 다수가 신을 위해 죽고 죽일 준비가 되어 있는 것도 당연하다. 사무엘 헌팅턴 *Samuel P. Huntington* [14) 외 다수가 관측한 바대로, 개발도상국에서 흥기하는 종교 근본주의 운동은 가난하고 교육받지 못한 사람들이 하는 운동이 아니다.

확산일로에 있는 무슬림들의 폭력에서 신앙이 차지하는 역할을 알기 위해서는, 왜 그토록 많은 무슬림들이 오늘날 열심히 폭탄을 던지는지를 물어보아야 한다. 그에 대한 답은 꾸란이 그런 행위를 사람들로 하여금 출세의 기회로 생각하도록 만들었다는 것이다. 서양 식민주의 역사도 이 행위를 설명하지 못한다(그 역사가 서양인에게 상당수 속죄할 부분을 남긴다는 점은 확실히 인정하지만). 순교와 성전에 대한 믿음을 뺀다면, 자살 폭탄 투하 행위는 그들의 죽음 후에 따라다니는 군중들의 환호 장면처럼 그야말로 이해할 수 없는 일이 되고 만다. 반면 이 기이한 신앙을 가진 사람들에게는 자살 폭탄 투하가 더 이상 널리 일어나지 않는다는 사실만이 놀라울 뿐이다. 이슬람 교리는 '테러와는 상관없다'고 말하는 사람들 그리고 그런 주장을 하는 이슬람을 변명해주는 사람들로 가득한 우리네 방송들은 지금 말장난을 하는 것에 불과하다.

> 아무런 장애도 없이 남아 있는 믿는 자와 성전에 출전하여 재산과 생명을 바쳐 성전하는 투사들이 같을 수 없거늘 하나님께서는 재산과 생명을 바쳐 성전하는 이들에게는 남아있는 자들보다 더 큰 은혜를 베푸시며 또한 두 부류에게도 하나님의 보상이 약속되었노라 하나님은 남아있는 이들보다 성전하는 이들에게 크나큰 은혜를 주시니라. (중략) 하나님을 위해 이주하는 자는 지상에서 많고 널따란 은신처를 발견할 것이며 하나님과 선지자를 위해 그의 집을 떠나 죽은 자의 보상은 하나님께 있나니. (중략) 실로 불신자들은 확실한 너희의 적이라. (꾸란 4:95~101)

이슬람 신조들에 완벽한 마술을 부리면 이런 말도 지어낼 수 있다. "이슬람은 평화의 종교다. '이슬람'이란 말 자체가 결국은 '평화'를 뜻한다. 그리고 꾸란은 자살을 금지하고 있다. 따라서 그러한 테러범들의 행동에는 경전적인 근거가 없다." 그런 마술사의 주문에 우리는 '핵폭탄'이라는 구절은 꾸란 원문 어디에도 보이지 않는다는 말을 더해줄 수 있다. 그렇다. 꾸란은 자살을 금한다고 해석할 수 있는 무언가를 담고 있는 것 같기는 하다("너희들을 살상해서도 안 된다"(4:29)). 그러나 이것은 그 사이로 보잉 767기를 날려도 될 만큼 커다란 논리적 헛점들을 남긴다.

> 그로 하여금 하나님의 길에서 성전케하여 내세를 위해 현세의 생명을 바치도록 하라. 하나님의 길에서 성전하는 자가 살해를 당하건 승리를 거두건 하나님은 그에게 큰 보상을 주리라. (중략) 믿음을 가진 신앙인들은 하나님을 위하여 성전하고 믿음을 불신하는 자들은 사탄을 위해서 투쟁하나니 사탄의 무리와 투쟁하라. (중략) 그들에게 이르되 현세의 쾌락은 순간이나 영원한 내세는 하나님을 공경하는 이들에게 더 복이 되니라.
> (꾸란 4:74~78)

위 구절에서 볼 수 있는 순교로의 초대가 이슬람은 종교와 시민의 권리를 구분하지 않는다는 사실[15]의 맥락에서 고려될 때, 꾸란 문자주의에 대한 두 가지 공포가 돌출된다. 즉 국가의 관점에서, 세계를 지배하려는 무슬림들의 포부는 명백한 '신의 요구'에 의한 것이라는 점이다. 개인적인 관점에서, 순교의 철학은 순교의 목적을 향한 최종적인 자기희생에 대한 이론적 근거를 제시한다. 버나드 루이스*Bernard Lewis*가 고찰했듯, 마호메트 시대 이래로 이슬람은 무슬림들의 정신과 기억 속에서 정치적, 군사적인 권력의 실행과 결합되어 왔다.[16] 순교는 심판의 날을 기다리는 고통을 피해 곧바로 천국으로 올라갈 수 있는 유일한 길이기에, 이슬람의 근본철학은 관용과 종교적 다양성 방면에서 특히 약한 모습을 보인다. 부활 후에 노기등등한 천사들의 심문을 견뎌야 할 것을 예상하며 이 땅에서 부질없이 살아가느니, 차라리 순교하여 '까만 눈'을 가진

한 무리의 처녀들이 기다리고 있는 알라의 정원으로 즉시 올라가는 편이 좋은 것이다.

꾸란이나 성경 같은 경전 원문들은 신이 한 말의 축약본이나 다름없다고 여겨지기 때문에, 영향력 있는 모든 '가능한' 해석들은 종교적인 이 세상의 변화에 따라 평가되고 비판되어야 한다. 문제는 일부 무슬림들이 꾸란에 언급된 소수의 불가침 관련 구절들을 알아차리지 못한다는 점이 아니라, 꾸란이 우리로 하여금 무고한 불신자들을 대상으로 끔찍한 일을 저지르게 만든다는 점이다. 대부분의 무슬림이 꾸란을 문자 그대로 신의 말씀이라고 믿는다는 데 문제가 있다. 오사마 빈 라덴의 세계관을 수정하는 길은 자살을 경멸하는 꾸란 구절 하나를 보여주는 게 아니다. 왜냐하면 그 모호한 표현은 바로 '사탄'과의 전쟁을 명하는 것으로 밖에는 해석되지 않는 기타 구절들과 혼동될 수 있기 때문이다. 이 세상의 빈 라덴들에게 취할 수 있는 적절한 대응은, 다른 모든 문제들을 대할 때 하는 것과 똑같은 증거를 요구함으로써 그러한 원문들을 읽는 모든 이들의 시각을 교정토록 하는 것이다. 신이 경전의 일부를 썼는지 아닌지 우리 대부분은 확실히 알지 못한다는 사실을 기꺼이 시인할 수 없다면, 우리는 아마겟돈(세계 종말 때 있을 선과 악의 결전장 – 옮긴이)으로 갈 날만 기다려야 할 것이다. 왜냐면 신은 한 쪽 뺨을 맞았을 때 다른 쪽 뺨을 대야 하는 이유보다 서로를 죽여야 하는 이유를 훨씬 더 많이 가르쳐주었기 때문이다.

우리는 '예수', '알라', '램(Ram : 힌두교에서 '신'의 명칭 – 옮긴이)'과 같은 단순한 말들이 영원한 고통과 영원한 기쁨의 차이를 만들어낼 수 있다고 믿는 세대에 살고 있다. 그런 차이를 고려할 때 잘못된 주문을 외운다는 이유로, 혹은 잘못된 이유들 때문에 옳은 주문을 외운다는 이유로 다른 인간을 죽이는 것은 피할 수 없는 일이라고 우리 다수가 생각할 때가 있다는 사실은 그리 놀랍지 않다. 우주의 섭리가 이러이러하다는 것을 사람이 안다는 생각을 어떻게 알 수 있을까? 바로 신의 책들이 그렇게 말하고 있기 때문이다. 신의 책들이 오류와는 거리가 멀다는 것은 어떻게 알 수 있는가? 그 책들 '스스로'가 그렇게 말하고 있기 때문이다. 인식론 상의 이러한 블랙홀은 빠른 속도로 우리 세계에서 빛을 앗아가고 있다.

물론 경전들은 상당 부분 지혜롭고 위안을 주는 훌륭한 내용을 담고 있다. 그러나 지혜와 위로와 아름다움의 말들은 셰익스피어, 버질, 호머의 작품들에도 풍부하며, 그런 작품들 속에서 영감을 찾아냈다고 수천 명을 살상하는 사람은 없었다. 어떤 책들이 신(이해하기 힘든 이유로 셰익스피어를 자신보다 훨씬 훌륭한 작가로 만든)에 의해 씌어졌다는 믿음은 우리로 하여금 과거와 현재를 통틀어 인간이 분쟁하는 데 대한 가장 설득력 있는 원인을 설명하기에 역부족인 상태로 만든다.[17] 그러한 생각이 갖는 불합리성에 우리가 절대로 굴복하지 않는 것은 어찌 된 연유인가? '실제로' 사람들이 그것을 믿지 않는다면, 매우 많은 사람들이 그것을 믿는다는 생각은 우리 중 극소수만이 할 것이라고 말하는 편이 안전하다. 어떤 영화들이 신에 의해 만들어졌다거나 특정 소프트웨어들이 신에 의해 코드화되었다고 믿기 시작한 세대들이 있다고 상상해보라. 장차 수많은 우리의 후손들이 영화 '스타워즈*Star Wars*'나 윈도우 98프로그램에 대한 해석들을 둘러싸고 서로 살상하는 일이 벌어진다고 생각해보라. 어떤 일이 이보다 더 어처구니없을 수 있겠는가? 그래도 그것이 지금 우리가 살고 있는 이 세상보다는 낫다.

환상의 샘, 죽음

우리는 모든 사물과 선악이 종국엔 변화에 의해 파멸 당하는 세상에 살고 있다. 세상은 우리에게 도움을 주는 것처럼 보이지만 결국은 느긋하게 우리를 삼킬 뿐이다. 부모들은 자녀를 잃고 자녀는 부모를 잃는다. 남편과 아내들은 한 순간에 갈라져 다시는 만나지 못한다. 친구들은 그것이 마지막이 될 줄 생각도 못한 채 서둘러 헤어진다. 넓은 시각에서 볼 때 이러한 삶은 엄청난 상실의 장면 이상을 제공한다.

그러나 이 모든 것에 대한 해결책은 있는 것 같다. 만약 우리가 올바르게 산다면(반드시 윤리적으로는 아니지만, 특정한 고래(古來) 신앙과 판에 박힌 행동들의 틀 안에서) 우리는 죽은 후에 원하는 모든 것들을 얻게 될 것이다. 우리의 육체가 마침내 스러질 때, 우리는 육신의 짐을 벗어던져버리고 살아 있는 동안 사랑했던 모든 이들과 다시 재회할 땅으로 여행한다. 물론 지나치게 이성적인 사람들과 기타 문제아들은 이 낙원에 들지 못하게 될 것이며, 살아 있는 동안 신앙을 잠시 보류시켜놓았던 사람들에게는 이 모든 영원의 세계를 즐길 수 있는 선택권이 주어지게 될 것이다.

우리는 상상도 할 수 없는 놀라움으로 가득한 세계(태양을 불타게 하는 융합 에너지에서부터 지구를 향해 영겁으로 내리쬐는 그 빛의 유전학적·진화적 결과들에 이르기까지)에 사는데도, 여전히 천국은 카리브 해 크루즈 여행 약속이 지켜질지 여부에 대해 우리들이 갖는 가장 피상적인 관심 정도의 수준과 합치한다. 이는 매우 이상한 점이 아닐 수 없다. 무지한 사람은, 사랑하는 모든 것들을 잃어버릴지도 모른다는 두려움에, 신의 영향을 100% 받은 그만의 이미지에 따라 천국의 문지기 신과 함께 천국을 창조해낸다. 이 바이러스는 너무나 자주 돌연변이를 거듭하여 그야말로 예측이 불가능하다. 그것은 오랜 세월 동안, 심지어는 몇 십 년 동안이나 잠자코 누워만 있을 수도 있지만 바로 한 시간 이내에 당신을 죽일 수도 있다. 그것은 심장병이나 발작, 암, 광기, 심지어 자살이라는 다양한 형태로 이어질 수 있다. 사실 그 최종적인 국면이 무엇이 될지는 아무도 모르는 것 같다. 이를 피하기 위한 식이요법과 섭생, 침대에 꼼짝 않고 누워있기 등의 전략들도 아무런 쓸모가 없다. 눈에 보이는 치료법은 없는데 육체의 부패는 시작되었기 때문에, 이 바이러스의 진행을 통제하겠다는 목적만으로 살아간다 하더라도 언젠가는 죽을 것이라는 사실을 당신은 확실히 알 수 있다.

장담컨대, 대부분의 사람들은 이 사실이 정말 끔찍한 뉴스라고 생각할 것이다. 하지만 그게 사실 '뉴스'가 되는가? 그런 증상은 불가피한 죽음을 뜻하는 것이 아니던가? 그 가설적 바이러스가 보이는 모든 특성은 생명 그 자체가 가진 특성이 아니던가?

당신은 언제고 죽을 수 있다. 심지어 이 글을 다 읽을 때까지 살아 있을 것이라는 보장도 없다. 뿐만 아니라 당신은 미래 어느 시점에는 '확실히' 죽게 될 것이다. 만약 죽음을 준비하는 일이 죽음이 언제 어디서 일어날지를 아는 것이라면, 당신은 그에 대한 준비를 하지 못하게 된다는 이야기다. 죽어서 이 땅을 떠날 운명일 뿐 아니라, 그것도 너무나 급하게 떠나야 하다 보니 현재 모든 것(인간관계들, 미래 계획, 취미, 재산)이 가지는 의미마저 완전히 환상이었던 것처럼 보이게 될 것이다. 불명확한 미래 너머로 투영되는 모든 것들이 일종의 소유물로 보일 때, 죽음은 그것들이 결코 그렇지 않다는 사실을 증명해줄 것이다. 죽음이 눈에 보이지 않는 손에 의해 이끌려갈 때, 마지막 계산을 끝내고 나면 남는 것은 아무 것도 없게 된다.

　그리고 이 사실이 대수롭지 않은 듯, 우리들 대부분은 노골적인 불행까지는 아니지만 우리의 정신이 빚어내는 조용한 불안을 겪는다. 우리는 가족과 친구를 사랑하고 그들을 잃을까 봐 두려움에 떨면서도, 다 함께 살아가는 이 짧은 생애 동안 그들을 마음껏 사랑하진 않는다. 결국 우리는 우리 자신을 걱정하는 존재다. 프로이드와 그의 후손들이 끊임없이 지적하다시피 우리는 서로 대립되는 욕구들, 즉 세상에 융합되고 싶은 욕구와 확실히 격리되어 칩거할 수 있는 요새 안으로 후퇴하려는 욕구로 분열되고 괴로워한다. 그 극단성으로 볼 때, 충동도 우리를 불행으로 몰아넣는 것 같다. 인간은 하찮은 존재성을 두려워하며, 따라서 우리가 살면서 하는 많은 일들은 이러한 공포를 해결하기 위한 시도들이라고 할 수 있다. 그것에 대해 생각하지 않으려고 하지만 우리가 이생에서 확실히 알 수 있는 것이라곤 우리가 언젠가는 죽어 모든 것을 뒤에 두고 떠날 것이라는 점뿐이다. 역설적으로 들리겠지만, 그렇게 된다고 믿는 것은 거의 불가능하다. 무엇이 현실인가를 아는 우리의 절절한 감각도 우리 자신의 죽음은 포함하지 않는 것처럼 보인다. 우리는 그 어떤 의심에도 문을 열지 않는 한 가지, ‘죽음’을 의심한다.

　어떤 사람의 사후에 대한 믿음은 그의 생명에 대한 믿음의 상당 부분을 드러내준다. 이것이 바로 종교가 사후에 관한 지식의 공백을 채우려는 의도를 가지고 그 영향력 아래 놓인 사람들을 좌지우지하는 이유다. 일단 ‘너는 죽지 않으리라’는 명제를 믿게 되면, 다른 방법으로는 생각할 수 없는 생명에 대한 해답 하나가 정해진다.

　하나뿐인 아이가 폐렴으로 죽었을 때 어떤 기분일지 상상해보라. 그런 비극을 맞는 당신의 반응은 죽음 이후 인간에게 무슨 일이 일어난다고 생각하는지에 따라 결정된다. 이런 식으로 믿는 것이 확실히 위안이 될 것이다. "그 아이는 하느님의 작은 천사였고, 예수님 가까이에 두기 원하셨기 때문에 빨리 데려가신 거야. 우리가 천국에 가게 될 때 그 아이는 우리를 기다리고 있을 거야." 만약 당신이 그 어떤 의학적 개입도 반대하는 크리스천 사이언스(Christian Science : 미국 보스턴에서 시작된 신흥종교 - 옮긴이) 신자라면, 아이에게 항생제 투여하기를 거부하며 신의 일에 협력했을 것이다.

아니면 성전산(Temple Mount)에 대한 소유권을 놓고 이스라엘과 이웃 국가들 사이에 핵전쟁이 일어났음을 알았을 때 어떤 느낌이 들지 상상해 보자. 천년 왕국에 대한 마인드를 가진 기독교인이라면 이를 예수 그리스도가 이 땅에 돌아올 날이 임박했다는 신호로 여길 것임에 틀림없다. 죽음이 어떤 대가를 요구하건, 이는 좋은 소식임에 틀림없을 것이다. 이처럼 어떤 사람이 가진 사후 관념이 그의 세계관에 직접적인 영향을 끼친다는 것은 부정할 수 없는 사실이다.

물론 종교 온건주의자는 죽음 이후 일어날 일들에 대해 지나친 확신을 하지 않는다. 그 주제에 대한 증거가 빈약하다는 점을 고려해 볼 때, 이는 매우 합리적인 태도다. 그러나 종교 온건주의자는 다른 이들이 가진 불합리하고 위험한 확신을 비난하는 데 여전히 실패하고 있다. 그러한 일들에 대해 침묵을 지킨 결과, 미국인들은 천국과 지옥의 존재를 공개적으로 의심하는 사람은 대통령으로 선출될 수 없는 나라에서 살고 있다. 정치 지도자에게 다른 '지식'들은 요구하지 않는다는 점은 참으로 주목할 일이다. 미국에서 성공적으로 장사를 하려면 미용사조차 면허 시험을 통과해야 하건만, 전쟁과 국가 정책을 담당하는 사람들(그들이 내린 결정들은 불가피하게 여러 세대 동안 인간의 삶에 영향을 끼치게 된다)은 국정 업무를 시작하기 전 특별히 그 어떤 지식도 가지고 있을 필요가 없다. 그들은 정치 과학자도, 경제학자도, 법률가도 될 필요가 없다. 국제관계나 군사 역사, 자원 경영, 도시 공학, 혹은 현대 초강대국의 통치에서 중요하게 다뤄질 그 어떤 지식 분야에 대해서도 공부를 끝냈어야 할 필요가 없다. 그들은 그저 기금이나 잘 모으고, TV에 나올 때 처신이나 바로 하고, 특정 '전설들'에 대해서 관대하기만 하면 되는 것이다. 다음 미국 대통령 선거에서는, 성경을 읽는 배우가 그렇지 않은 로켓 과학자를 누르고 당선될 판이다. 이성이라곤 없는 딴 세계에 사는 것 같은 사람들이 우리를 통치하도록 놔두는 현실을 이보다 분명히 드러내는 경우가 있을까?

죽음 없이는 신앙에 입각한 종교가 갖는 영향을 생각조차 할 수 없다. 죽음은 우리가 감당할 수 없는 사실이기에 신앙은 더 나은 삶에 대한 우리의 희망이 죽음 너머로 던지는 그림자 이상의 것임이 확실하다.

이성 너머의 세상

이 책의 마지막 장에서 알게 되겠지만 '영적'이거나 '신비'스럽다고 표현될 수 있는 인간 경험의 영역 즉, 의미심장하고, 자기가 없어지며, '자아'라는 한정된 정체성을 초월하여 우리가 현재 알고 있는 지식을 벗어나는 강력한 감정의 경험이 있음은 의심의 여지가 없다. 그러나 그런 경험들도 경전이 가지는 독특한 존엄성에 대한 오만하고 독단적인 주장들을 정당화할 순 없다. 감정적·영적으로 스스로 지탱하는 우리의 능력이 기술, 정치, 문화와 함께 발전할 수 없다는 사실에는 근거가 없다. 우리에게 그 어떤 미래라도 있다면 그것은 '발전해야만' 하는 것이다.

우리의 영성을 이루는 바탕은 이것이다. 인간 경험의 영역은 우리의 주관이 일상적으로 가지는 한계를 훨씬 넘어선다. 확실히 어떤 경험은 한 개인이 세계를 보는 눈을 완전히 바꿔버릴 수도 있다. 매 순간순간 우리가 어떻게 주의력을 사용하는지에 대한 통찰에 바탕을 둔 모든 영적 실천은 우리 삶의 질을 상당 부분 결정한다. 영적 실천의 결과 중 다수는 진정 바람직한 것으로, 우리는 그것들을 당연히 추구해야 할 의무가 있다. 중요한 것은 그러한 변화들이 단지 감정적인 것이 아니라 인식적이고 개념적이기도 하다는 점이다. 우리가 수학이나 생물학 같은 분야에서 통찰을 얻는 것이 가능한 것처럼, 우리 자신의 주관성이 가지는 본질에 대해서도 통찰을 얻는 것이 가능하다. 명상에서부터 마약 복용에 이르기까지 다양한 방법들이 인간 경험의 영역과 적응성을 증명한다. 수천 년 동안 수도자들은 일반인들이 스스로 '나'라고 부르는 감정들을 떨쳐 내버림으로써 우주로부터 분리되었다는 느낌을 버릴 수 있음을 알았다. 많은 영적 전통들에서 종교 수행자들에 의해 보고된 바와 같이, 이 현상은 풍부한 증거들 예컨대, 신경과학적이고 철학적이며 자기성찰적인 증거들에 의해서 뒷받침된다. 그러한 경험들은 상대적으로 드물고(필수적이지 않다는 점에서), 중대하며(세상에 대한 진실한 사실을 드러내므로), 개인을 변화시킨다는 점에서 그 외의 적당한 말은 찾을 수 없기 때문에 '영적이다' 또는 '신비롭다'는 말로 표현된다. 그것들은 또한 우리 주관성의 일상적인 한계에 의해 드러난 것보다 더 깊은 자신과 우주 간의 관계를 드러낸다. 그런 경험들 주위에서 기생하여 자란 대중적인 종교 개념들이, 특히 서양에서 믿을 수 없을 만치 위험하다는 사실에 의심의 여지가 없는 것과 마찬가지로, 그런 종류의 경험들이 추구할 가치가 있다는 사실 또한 의심할 수 없다. 그러한 삶의 차원에 이상적으로 접근함으로써 우리는 자유롭고도 엄정한 조사를 위해 종교 전통의 편협성과 독단성은 벗어버리고 마음으로 주관성의 절정을 탐사해볼 수 있게 된다.

　주류 과학이 무시해 온 심리 현상의 실체에 대한 증거들은 많은 것 같
다.[18] '비범한 주장은 비범한 증거를 요구한다' 는 말은 이럴 때 합리적
인 지침이 되지만, 이는 우주가 우리가 생각하는 것보다 많은 예외성을
띤다는 뜻은 아니다. 중요한 것은 건전하고 과학적인 회의주의는 정신의
근본적인 개방성과 양립이 가능하다는 점을 깨닫는 것이다.

　신비주의자들의 주장은 신경학적으로 볼 때 그야말로 빈틈없다. 객관
적인 세상, 혹은 하나의 세상을 온전히 경험한 인간은 아무도 없다. 이 순
간 당신은 시각적인 경험을 하고 있는 중이다. 당신이 보고 듣는 세상은
의식의 변형이자 하나의 수수께끼를 남기는 물리 현상일 뿐이다. 당신의
신경 체계는 우주로부터 오는 정보들을 시각, 청각, 후각, 미각, 촉각은
물론 잘 알려지지 않은 감각들 가령, 자기 자극 감수(proprioception), 운
동 감각, 장 감수(enteroreception), 반향 정위(echolocation : 초음파의 반향
으로 물체 존재를 측정하는 능력 – 옮긴이)[19] 등의 분리된 경로로 나눈다. 지
금 이 순간 당신이 느끼는 장면과 소리와 파동들은 뇌의 프리즘에 던져진
각각 다른 빛의 분광과 같다. 우리는 실로 꿈 같은 것으로 이루어진 존재
다. 깨어나고 꿈꿀 때의 뇌도 기본적으로 같은 행위를 하고 있다. 단지 꿈
꾸는 동안 우리의 뇌는 감각 정보나 우리 앞머리 안 어딘가에 기생하는
것 같은 '현실 감시원' 에 의한 억압을 훨씬 덜 받을 뿐이다. 이는 감각 경
험이 우리에게 전체적인 현실을 드러내주지 못한다고 말하는 것이 아니
다. 경험에 관한 문제로서, 신경 체계에 의해 처음 구축되고 편집되거나
증폭된 의식 세계에서는 아무 것도 일어나는 일이 없음을 말하고 있을 뿐
이다. 이로 인해 우리 지식의 근본에 관한 몇몇 철학적인 문제가 야기되
기는 하지만, 그것은 또한 우리 경험이 가지는 특징을 계획적으로 변형할
수 있는 주목할 만한 기회를 제공한다.

외부 세계로부터의 입력을 받아들이는 모든 신경 세포 하나당, 그렇지 않은 신경 세포가 열 내지 백 개 존재한다. 따라서 뇌는 대부분 스스로에게 명령을 내리는데, 세계로부터 오는 그 어떤 정보(후각은 예외)도 감각 수용 기관에서 의식의 내용물이 격리된 것처럼 보이는 대뇌피질까지 직접 전달되지는 않는다. 대신 피드백 정보, 혹은 뇌의 다른 부위로부터의 정보를 통합할 기회를 신경 세포들에게 주는 한두 군데의 분기점(시냅스 *synapse*)이 늘 있다. 이러한 신호의 통합과 혼합은 약물, 감정 상태, 개념적 통찰들이 우리 경험의 특성을 어떻게 합리적으로 변경시킬 수 있는지를 설명한다. 당신의 뇌는 지금 이 순간 당신이 가지고 있는 세계상을 전달하는 일에 맞춰져 있다. 대부분 영적 전통들의 중심에서는 다르게 맞춰질 수 있는 매우 타당한 주장들이 숨어 있다.

그러나 사람들은 정확히 정신병으로 특징지을 수 있는 경험들을 할 때가 있다는 것 또한 사실이다. 결국 자아를 해체하고 감각의 해방으로부터 외견상 의미를 찾으며 자신이 세상을 안다고 믿게 되는 길은 많다. 거기서 비롯된 세계관은 물론 모든 시각적 경험들이 모두 똑같이 생성된 것은 아니다. 모든 것이 그렇듯 일부 차이들이 전체적 차이를 만든다. 게다가 그런 차이들은 이성적으로 검토될 수도 있다.

앞으로 알게 되겠지만, 영성과 윤리와 긍정적인 감정들 사이에는 직접적인 연관이 있다. 그러한 주제들에 대한 과학적인 접근은 아직 걸음마 단계지만, 대부분의 사람들이 두려움보다 사랑의 감정을 선호한다거나 잔혹 행위를 나쁘게 생각하는 현상은, 물체의 상대적인 크기나 겉으로 보이는 성별에 대해 판단을 내리는 일과 마찬가지로 별 신비로울 게 없다. 뇌의 관점에서 인간 행복을 보장하는 원칙은 사람에 따라 그다지 달라지는 것 같지 않다.

일단 믿음이 가진 고유한 문제점들과, 고의든 아니든 '온건한' 신앙조차 현재 우리의 생존을 위협하려 한다는 사실을 알게 되면, 우리는 '영적 경험에 대한 역량'과 '윤리적 직관'을 이성적 세계관의 맥락 안에 배치할 수 있다. 이에 따라 우리는 인간의 뇌에 대해 늘어가는 지식, 기타 생명체와의 유전적 연속성, 종교 관념의 역사들로부터 얻은 통찰들을 정리해볼 필요가 있다. 이어지는 각 장에서 나는 속수무책으로 대치중인 두 가지 사실들을 일치시키려 노력할 것이다.

1) 우리의 종교 전통들은 개인적·과학적으로 봤을 때 현실적이고 의미 심장하며 연구할 가치가 있는 영적 경험의 영역을 증명한다.
2) 그러한 경험들 주위에서 성장해온 신앙 중 다수는 지금 우리를 파멸시키기 위해 위협하고 있다.

우리는 이성 하나만으로 살 수는 없다. 일단 이 땅에 존재하고 있는 수많은 공포들이 우리 삶에 침입해 들어오기 시작하면, 소독제로써 이성은 신앙이 주는 위안과 양립할 수 없다.[20] 자녀가 죽었거나, 모든 의사들이 두 손 든 끔찍한 병을 아내가 얻었거나, 당신의 육체가 갑자기 죽음을 향해 달음질치기 시작했다면 아무리 넓은 영역을 가진 이성이라 해도 소독약 냄새를 또렷이 풍기기 시작할 것이다. 이로 인해 우리는 인간이 특정한 환상적인 개념들 속에 존재하는 신앙만이 채울 수 있는 필요들을 가지고 있다는 잘못된 결론에 도달했다. 그러나 신성함이라는 변함없는 능력을 즐기기 위해서 인간들이 비이성적이라야 한다거나 영구적인 계엄 상태에서 살아야 한다고는 아무 데도 씌어있지 않다. 오히려 나는 영성이 이성의 한계를 설명할 때조차도 매우 이성적일 수 있음을, 그리고 진실로 그렇게 되어야 함을 보여주고 싶다.

과학은 영적이고 윤리적인 문제들에 대해 오랫동안 침묵을 지키지는 않을 것이다. 지금 우리는 그러한 문제들에 다가가는 진정한 과학적인 접근법(공개적이고 과학적인 연구 범위 내에서 가장 고상하고 신비로운 체험을 안겨주게 될 접근법)이 어떤 것이 될 지에 관해, 심리학자와 신경과학자들이 벌이는 격론을 보고 있다. 우리의 삶을 사랑, 동정심, 환희, 경외심으로 가득 채우기 위해 우리가 비이성적이 되어야 할 필요는 없음을, 이성과 잘 지내기 위해 일체의 영성이나 신비주의와 관계를 끊어서도 안 된다는 사실을 깨달을 때다. 이어지는 각 장에서는 이러한 주장들에 대한 개념적이면서도 경험적인 근거들을 명백하게 만들기 위해 여러 가지 시도를 할 것이다.

믿음이라는 문제 해결하기

이제 우리는 믿음이 개인적인 문제가 아님을 깨달았다. 믿음이 단순한 개인 문제였던 적은 한 번도 없었다. 사실 모든 믿음은 권능을 가진 행동이 나오는 원천이기 때문에, 믿음이 행동보다 더 개인적일 수는 없다. 비가 올 것이라는 믿음은 모든 사람들의 손에 우산 하나씩을 들려준다. 완전히 기도의 효험에만 의지하는 믿음은 실제 행동으로 옮겨지는 순간 '공개적인' 걱정거리가 된다는 사실을 깨달아야 한다. 의사가 수술 도구들을 치워놓고 기도로 환자를 치료하려 한다거나, 조종사가 '할렐루야'라는 말을 되뇌는 것만으로 여객기를 조종하려 할 때 개인적인 신앙은 범죄로 바뀐다.

사람은 믿는 대로 행동한다. 악마의 문화로 넘쳐나는 세상에서 자신을 선택된 백성이며, 불신자들에게 죽음을 선사함으로써 상상할 수조차 없는 영원한 기쁨을 보상 받게 될 것이라고 믿는 사람이 빌딩을 향해 비행기를 몬다면 이는 단순히 빌딩 폭파를 부탁 받은 차원의 문제가 아니다. 어떤 믿음들은 '본질적'으로 매우 위험하다는 사실을 여기서 알 수 있다. 우리는 인간이 믿을 수 없을 정도로 잔인해질 수 있음을 알고 있지만 다음과 같은 질문에는 익숙하지 못하다. '어떤 종류의 이데올로기가 우리를 가장 잔인하게 만들 수 있는가?' 그리고 '어떻게 하면 그러한 믿음들을 일상적인 담론이 야기하는 소란 너머에 두어 역사의 진로나 이성의 정복에도 담담한 채 수천 년을 인내하도록 할 수 있을까?' 이는 문화적·심리적 양면에 관련된 문제다. 신앙의 교리 즉, 신실한 자는 영원한 구원을 받고 의심하는 자는 지옥에 떨어질 것이라고 주장하는 교리는 특히 문화적·심리적으로 완벽한 해결책임은 오랫동안 분명한 사실이 되어왔다.

이제 우리는 우리가 가진 책들 중에 조물주가 직접 지은 책이 있다는 주장은 아무런 증거가 없음을 인정해야 한다. 성경은 지구가 평평하다고 생각하고, 손수레마저도 기술 발전의 눈부신 사례라고 여기는 사람들의 작품임이 확실해 보인다. 우리 세계관의 근거가 되는 그러한 문서에 의지하는 태도(수정하려는 노력이 아무리 가상하다 해도)는 2,000년에 걸쳐 종교와 분리된 정치와 과학적 문화를 통해 인간 정신이 스스로 시작한 문명화된 통찰들을 거부하는 것이다. 우리는 문명과 충돌하는 가장 큰 문제점이 종교 과격주의 뿐만은 아님을 알게 될 것이다. 오히려 문제는 우리가 신앙에 맞춰 문화적·지적으로 적응해 왔다는 데 있다. 종교 온건주의자들의 믿음은 문자주의와 종교 폭력에 결코 많은 제지를 하지 않는다. 따라서 온건주의자들은 오늘날 종교 분쟁에 상당 부분 책임이 있다.

우리는 정치, 종교, 문화 등 모든 영역에서 '대화'의 여지를 남겨둬야 한다. 그러한 입장에서 대화는 통합을 추구한다는 진실을 이해할 수 있다. 일관된 이성이 국가, 종교, 민족의 경계를 초월해서 실행되어야만 하는 이유가 바로 그것이다. 결국 고유한 미국(혹은 기독교나 백인), 고유한 물리학 같은 것은 없다는 얘기다.[21] 환경이 어떻든 인간은 동일한 환경들이 주어졌을 때 유사한 영적 경험과 윤리적 통찰을 보이기 때문에, 영성과 윤리조차도 보편성의 기준을 충족시킨다. 그러나 이는 종교의 '진실'과는 관계없는 이야기다. 기독교인과 이슬람교인이 서로에게 말할 수 있는 내용 중 믿음을 주제로 쉽게 상호간 대화에 빠져들게 만드는 것은 없다. 왜냐하면 그들의 신앙 교리 자체가 대화의 힘에 대한 면역성을 부여해왔기 때문이다. 증거 없이도 흔들리지 않는 믿음을 가진 그들은 세상에 대해 해이해지는 자신들을 스스로 단속한다. 따라서 더 이상의 의문을 차단하는 것은 신앙의 본성이라 하겠다. 그럼에도 불구하고 서방 세계에서 더 이상 이단자라는 이유로 사람을 죽이는 일이 없다는 사실은, 아무리 신성하다 하더라도 나쁜 관념들은 좋은 관념을 영원히 이기지 못한다는 것을 보여준다.

우리가 전염병이나 기본적인 위생에 대한 다양한 믿음에 관대하지 못한 것처럼 신앙의 다양함에도 관대하지 못하다는 것은 확실하다. 여전히 많은 사회에서 벌레 때문에 질병이 생긴다는 이론을 접할 수 있는데, 그런 곳에 사는 사람들은 건강과 관련된 대부분의 문제에 대해 무지하기 때문에 열악한 건강으로 고생한다. 우리는 과연 그러한 믿음들에 '관대'한가? 그 믿음들이 우리의 건강을 위태로운 지경으로 몰고 간다면 결코 그렇지 못할 것이다.[22]

아무리 해롭지 않은 믿음이라도 정당화되지 못하면 끔찍한 결과들을 우리에게 안겨줄 수 있다. 예를 들어, 많은 무슬림들은 신이 여성의 옷차

림에 적극적인 관심을 가진다고 확신한다. 언뜻 보면 별로 해악을 끼치는 생각 같진 않겠지만 그것이 인류에게 안겨준 고통은 실제로 상상을 초월한다. 2002년 나이지리아에서 미스 월드 선발대회 개최를 반대하는 사람들이 소요를 일으켰고, 그 과정에서 200명 이상의 사람들이 희생되었다. 비키니 차림의 여자들이 얼씬거리지 못하도록 막겠다는 목적 하나 때문에 무고한 남녀들이 칼에 찔리고 산 채로 불태워졌던 것이다. 2004년 초, 경건한 메카*Mecca*의 경찰들은 의료 종사자나 소방관들이 불타는 건물에 갇힌 수많은 십대 소녀들을 구조하는 활동을 금지했다.[23] 소녀들이 꾸란이 요구하는 전통적인 얼굴 가리개를 착용하지 않고 있었다는 것이 그 이유였다. 그 화재로 14명의 소녀가 목숨을 잃었고 50명이 화상을 입었다. 진정 이슬람 교도들이 믿는 신은 가리개 하나에 그렇게도 큰 의미를 부여하는가?

분별력을 키우자

최근의 사태들은 걸핏하면 싸움을 거는 세계의 호전적 불평들에 약한 우리의 면모를 가차 없이 폭로한다. 국가적 담론을 관통하는 비이성의 어두운 흐름을 들추어낸 것이다. 우리 적들의 비이성이 어느 정도인가를 알려면, 공개적인 담화에 '신' 이란 말이 나올 때마다 이를 당신이 좋아하는 그리스 신 이름과 바꿔보아라. 부시 대통령이 국가 조찬기도회 때 이런 연설을 한다고 생각해보라. "모든 생명과 역사 뒤에는 공정하고 신실하신 '제우스' 의 손에 의해 정해진 하나의 헌신과 목적이 있습니다." 또 다음과 같은 문장을 담은 그의 의회 연설(2001년 9월 20일)을 상상해보라. "자유와 공포, 정의와 극악무도함은 늘 전쟁을 치러왔으며, 이를 통해 우

리는 아폴로께서 중립적이지 않다는 사실을 알고 있습니다." 이들 언어
는 공허하고 기이한 우리의 믿음을 명백히 드러내고 있다. 미국 대통령
은 14세기에나 어울릴 문구들을 걸핏하면 끄집어내지만, '신', '십자가',
'기적의 힘' 같은 말들이 그에게 무엇을 뜻하는지 알고 싶은 사람은 없는
듯하다. 우리는 고대 세계의 찌꺼기를 아직도 먹고 있을 뿐 아니라 그 사
실을 적극적으로 떠벌리고 있다. 게리 윌스*Garry Wills*는 부시의 백악관
이 '기도 모임과 성경공부 모임으로 가득한 흰색 수도원 건물 같다'고 말
했다.[24] 이는 이슬람 광신자만큼이나 우리를 힘들게 하는 문제다. 창세
기를 현대의 삶과 조화시키기 위한 고상한 목적으로 학자들을 불러 모은
빌 모이어스*Bill Moyers*같은 서글픈 사례가 있는 가운데, 우리는 예수 탄
생 수백 년 전에 고대 그리스인들이 올림푸스 신화들을 자발적인 굴복이
라고 봐도 좋을 정도까지 매장하기 시작했다는 사실을 앎으로써 겸손해
질 필요가 있다. 중세 시대로 거슬러 가보면, 다른 신화들이 이미 그랬던
것처럼 지금 우리의 담화를 채우고 있는 신화들도 종국엔 우리를 파멸시
키지나 않을까 의아하게 생각하는 것도 무리가 아니게 보인다.

지금부터 200년 후, 번성하는 세계 문명국으로서 미국이 우주 개척 활
동을 시작하고 있을 때쯤이면 미국의 '무언가'가 바뀔 것임에 틀림없다.
그렇지 않다면 그 날이 밝기까지 우리는 10번도 넘게 자살을 시도 할 것
이다. 우리는 조만간 대량 살상무기의 생산이 대수롭지 않은 일이 될 날
을 맞이할 것이다. 그것과 관련된 필수 정보와 기술들이 세계 구석구석
에 스며들고 있다. 물리학자인 마틴 리스*Martin Rees*가 지적했듯 "우리
는 지금 한 사람이 남몰래 하는 행동 하나로 수백만 명이 죽고, 도시 하
나가 오랜 세월 동안 사람이 살 수 없을 지경까지 파괴될 수 있는 시대에
접어들고 있다."[25] 우리의 기술력을 생각해 볼 때, 미래에는 큰 뜻을 품

은 순교자들을 좋은 이웃이라 할 수 없게 될 것임은 자명하다. 우리는 우리의 신화를 요구할 권리와 독자적인 신화를 가질 권리를 상실해버린 셈이다.

우리는 이제 제한 없고 자유로운 방식으로 인류가 서로 공존하는 유일한 길은 믿음을 수정하려는 의지임을 깨달았다. 증거와 주장에 대한 개방성만이 우리 모두가 공존하는 세상을 보장해줄 것이다. 물론 이성적인 사람들이 이 모든 것에 동의할 거라는 보장도 없지만, 이성이 없는 사람들은 그들의 교리에 의해 이견을 보이리라는 것만은 확실하다. 증거를 위해 상호에게 질문하는 그러한 정신은 신앙과는 배치되는 것이기 때문이다.

우리의 세계관에 종결은 없겠지만, 후손들은 우리 믿음을 걷잡을 수 없을 정도로 별스럽고 멍청하다고 생각할 것임에 틀림없다. 서로 대화할 때 우리가 우선적으로 해야 할 일은 앞으로 1,000년 동안 인간이 제기하는 의문들을 결코 견뎌낼 것 같지 않거나 그것을 가장 방해할 것 같은 믿음들을 확인한 다음 그것들을 일관된 비판 하에 구속시키는 것이다. 어처구니없는 현 상황에서 살아남을 미래 세대들의 관점에서 가장 우스꽝스러운 것은 무엇일까? 그 목록 맨 위에 우리의 종교적 편견이 없을 거라고 생각하기는 힘들다.[26] 우리는 당연히 후손들이 우리에게 감사한 마음을 갖길 바란다. 그러나 우리는 후손들이 노예가 옛 주인을 생각하듯 우리를 연민과 메스꺼움으로 돌아보기도 바라야 한다. 우리는 지금껏 이룩한 문명의 수준을 축하하기보다 언젠가는 그 모든것이 퇴보하는 듯 보일 수도 있다는 사실을 고려하여 그러한 문명화의 토대를 더욱 공고히 하기 위해 노력해야 할 것이다. 우리는 증거 없는 신앙을 주장하는 모든 사람들이 바로 그 증거로 말미암아 망신을 당하는 세상을 추구해야만 한다.

현재 우리가 처한 세계를 보면 그 이상의 가치 있는 다른 미래는 없는 듯하다.

이젠 어쩔 수 없이 대부분의 신앙들이 가지고 있는 부조리에 대해 노골적으로 말해야 한다. 그러나 아직 때가 아닐까 봐 두렵다. 이런 점에서 이후의 글들은 기도하는 심정으로 씌어졌음을 밝힌다. 나는 우리 자녀들이 경전 때문에 서로를 죽이는 일이 없도록 하기 위해 언젠가는 우리가 이러한 주제들에 대해 진지하게 생각할 날이 오기를 기도한다. 자녀들 때문이 아니라면 우리는 너무 늦어버리게 될 것이다. 조물주를 만나는 일이 절대로 어려운 일이 아닌 오늘날, 50년 후 당신은 너무도 쉽게 모든 사람을 데리고 조물주 앞에 갈 수 있을 것이기에.[27]

CHAPTER 02

믿음의 본질

신앙은 세상에 대한 지식을 말하는 기타 주장들과 어쨌든 구별된다고들 말한다. 우리가 그것들을 다르게 '대우' 하는 것은 틀림없는 사실이다. 특히 일상적인 담화에서 우리가 사람들에게 믿음의 근거를 대라고 요구하지 않는 것을 보면, 신앙이 모든 의미에서 특별함을 뜻한다는 사실을 알 수 있다. 어떤 사람이 세상에 대해 이미 주어진 명제를 믿는다는 것은 무엇을 의미하는가? 우리는 익숙한 정신적 사건들에 대한 모든 의문들을 대할 때처럼, 익숙하게 쓰고 있는 용어들이 우리를 타락의 길로 이끌지 않도록 조심해야 한다. 우리가 '믿음' 이란 현상에 대해 하나의 단어를 가졌다고 해서 믿음 그 자체가 단일한 것이라는 보증은 없다. 기억의 경우에서 그와 유사한 사례를 끌어낼 수 있다. 사람들은 흔히 '기억' 이 안 난다는 말을 하지만, 지난 수십 년간의 연구들은 인간의 기억이 다양한 형태를 띤다는 사실을 보여주었다. 우리의 장기 기억과 단기 기억이 개별적이고 독특한 신경 회로들이 만들어낸 작품이기만 한 것은 아니다. 그것들은 스스로를 다양한 하부체계로 분화시킨다.[1] 따라서 '기억'을 간단히 말하자면 '경험'이라 하겠다. 우리는 정신 언어들을 머리로 이해하려 애쓰려 전에 그것들이 정확하게 무엇을 뜻하는지를 확실히 해야만 한다.[2]

그것들이 사람, 장소, 그리고 사건들과 관계를 맺는 한, 개와 고양이조차 세상에 대해 많은 것들을 '믿는다'고 말할 수 있다. 그러나 이것은 우리가 추구하는 믿음이 아니다. 사람들이 의식적으로 동의하는 믿음들, 예컨대 '집에 흰개미가 득실거린다.', '두부는 디저트가 아니다.', '모하메드는 날개 달린 말을 타고 승천했다.' 등은 언어로 소통되고 획득된 믿음들이다. 세상을 충실히 대표한다고 해서 어떤 명제를 믿는다는 사실은 우리 믿음의 기준에 대한 직접적인 통찰을 낳는다.[3] 특히 그것은 우리가 왜 증거를 중시할 수밖에 없고, 세상에 대한 명제들에 논리적 일관성을 요구할 수밖에 없는지 알려준다. 이러한 제약은 종교 문제에도 똑같이 적용된다. '믿음의 자유(법적인 의미는 제외)'는 먼 옛날이야기다. 우리가 과학이나 역사에 대한 근거 없는 믿음을 제멋대로 수용하는 것처럼, 혹은 '독(毒)', '북쪽', '영(零)'이라는 단어를 사용하면서 그 뜻을 내키는 대로 정하는 것처럼, 우리는 신에 대해서도 믿고 싶은 대로 마음껏 믿어버린다는 사실을 알게 될 것이다. 그런 것들에 대해 자격을 요구하는 사람을 우리가 무시한다 해도 별로 놀라운 일이 아니다.

행동의 원칙인 믿음

인간의 뇌는 세상에 대한 믿음을 열심히 만들어내는 발전소다. 사실 모든 뇌의 인간성은 뇌가 이미 수용한 이루 헤아릴 수 없는 다른 명제의 관점에서 명제적 진실에 관한 새로운 주장을 평가하는 능력에 있다. 진실과 허위, 논리적 필연과 모순을 가리는 직관에 의지함으로써, 인간은 상당부분 밀착되어 있는 사적인 세계관들을 굳게 결합시킬 수 있게 된다. 이 과정에 어떤 신경 방면 사건들이 내재되어 있을까? 주어진 주장이 '참' 혹은 '거짓'이라고 믿기 위해서 뇌는 무슨 일을 해야만 할까? 현재로서는 모른다. 물론 언어 처리과정이 큰 역할을 할 것이다. 그러나 개인적인 명제들로 하여금 우리 삶의 본질을 변신시키기 위해 뇌가 인식, 기억, 추론의 산물들을 가져오는 방식을 발견하는 것은 우리의 도전으로 남게 될 것이다.

우리의 감각 및 인식 능력의 진화를 촉발시킨 것은 아마도 원시 생물들이 향유했던 운동 능력이었을 것이다. 이는 세상으로부터 특정 정보를 획득한 피조물이 할 수 있는 일이 조금도 없다면, 자연은 그러한 정보를 모으고 저장하고 처리하는 신체 구조의 향상이라는 선택은 하지 못했을 것이라는 사실로부터 나온 추측이다. 따라서 시각처럼 원초적인 감각조차도 운동 신경 체계의 존재에 바탕을 둔 것이다. 만약 스스로 동물의 먹이가 되는 일이 없도록 조심하면서 사냥감을 잡아야 할 일이 없다면, 혹은 절벽에서 떨어져 헤맬 일이 없다면, 세상을 보아야 할 이유가 없다. 그리고 동물의 세계에서 볼 수 있는 시각 기능의 향상은 절대로 일어날 일이 없을 것이다.

따라서 믿음과 같은 보다 고차원적인 인식 단계들은 우리의 행위 능력이 만들어낸 부산물이라고 할 수 있다. 쉽게 말하자면 우리가 사건들을 예측하고 우리의 모든 행위들이 만들어낼 결과들을 고려하는 것은, 세상에 대한 다양한 명제들을 '믿음으로써' 가능하다. 믿음은 '행위의 원칙'

이다. 즉, 믿음이 머릿속에만 머물러 있다 해도 그것은 세상에 대한 우리의 이해를 드러내고 우리의 행동을 이끄는 원천인 것이다.[4]

믿음이 우리의 감정에 끼치는 힘은 절대적인 것으로 보인다. 당신이 느끼는 모든 감정의 근저에는 믿음이 있다. 다음의 명제를 생각해보라.

당신의 딸이 지금 영국의 감옥에서 천천히 고문당하고 있다.

이러한 명제를 믿는 사람에게 닥쳐올 절대 공포의 감정과 당신 사이에는 무엇이 있는가? 아마 당신은 딸이 없거나, 딸이 집에 안전하게 있다고 생각하거나, 영국 교도관들은 합리적인 것으로 유명하다고 믿을 것이다. 이유야 어찌됐든 '믿음의 문'은 아직 닫히지 않았다.

믿음과 행위의 관계는 적잖은 위험을 고조시킨다. 어떤 명제들은 너무나 위험한 나머지, 그 명제들을 믿는다는 이유로 살상하는 행위가 윤리적일 때도 있다. 이는 터무니없는 주장처럼 보이지만, 우리가 사는 세상에 대한 일반적인 사실을 설명하는 것뿐이다. 어떤 믿음들은 평화적인 설득의 수단들이 닿지 않는 곳에 신자들을 두면서 타인에 대해 엄청난 범죄 행위를 저지르도록 그들을 부추긴다. 사실, 어떤 이들에게는 대화란 없다. 종종 그렇듯 만약 그들이 결코 사로잡히는 법이 없다면, 관대한 사람들도 자기 방어 차원에서는 그들을 죽여도 무방하다고 그 정당함을 인정받게 될 것이다. 바로 이런 일은 미국이 아프가니스탄에 시도하는 것들이며, 우리 자신과 기타 무고한 외국인에게 안겨질 더 큰 희생을 감수하면서까지 미국과 기타 서방 강대국들이 이슬람 국가에 시도하려는 것들이기도 하다. 우리는 사상의 전투에서 계속 피를 흘리게 될 것이다.[5]

논리적 일관성의 필요성

믿음에 대해 가장 주목해야 할 것은 이웃 믿음들과의 교제를 감수해야만 한다는 점이다. 믿음들은 논리적·의미론적으로 서로 연관되어 있다. 서로 각자의 믿음을 강요하며, 다른 믿음에 의해 강요당하기도 한다. '보잉 747기는 세계에서 가장 훌륭한 비행기'라는 믿음은 논리적으로 보다 근본적이고('비행기가 존재한다'처럼), 파생적인('747기는 757기보다 낫다'같은) 믿음을 낳는다. '어떤 남자들은 남편들이다'라는 믿음은 '어떤 여자들은 아내들이다'라는 명제 또한 인정할 것을 요구하는데, 이는 '남편'이란 용어와 '아내'라는 용어가 서로를 규정짓기 때문이다.[6] 사실 논리적이고 의미론적인 제약은 동전의 양면과 같다. 이는 각각의 새로운 맥락의 단어들이 의미하는 바를 이해하기 위해서 적어도 논리적으로는 우리의 믿음들에 모순이 없어야 하기 때문이다. 예를 들어 '어머니'라는 단어가 가지는 뜻을 그런 식으로 밝히려 할 때, '내 어머니는 로마에서 태어났다'와 '내 어머니는 네바다에서 태어났다'라는 명제를 둘 다 믿을 수는 없다. 내 어머니가 초음속으로 나는 비행기 안에서 태어났다 해도 그러한 명제들은 동시에 진실일 수는 없다. 주어진 믿음이 무엇에 대한 것인지 알기 위해서, 나는 내가 하는 말들이 무슨 뜻인지를 알아야 한다. 내가 하는 말들이 무슨 뜻인지를 알려면 내 믿음들은 일관성이 있어야만 한다.[7] 우리가 사용하는 말들, 우리가 생각할 수 있는 사고 형태, 세상에 대해 진실이라고 우리가 믿을 수 있는 것들 사이에는 밀접한 관련이 있다.

그리고 행동적인 제약도 마찬가지다. 친구 집에 저녁 먹으러 갈 때, 나는 그가 중심가 북쪽과 중심가 남쪽에 동시에 살고 있다고는 믿지 않기에 그 믿음에 따라 '행동한다.' 정상적인 심리와 육체를 가진 나는 한 번에 서로 반대인 두 방향으로 가야겠다고 생각하지 않는다.

　개인의 정체성 자체는 그러한 일관성을 요구한다. 믿음이 일관적으로 통일되어 있지 않은 사람은 머릿속을 종횡무진하며 상호 양립할 수 없는 믿음들의 숫자만큼 많은 정체성들을 가지게 된다. 의심스러우면 하루 종일 독감으로 침대에 누워 있었다는 생각과 골프의 1 라운드를 다 돌았다는 생각을 동시에 가진, 이름이 짐이라고 생각하면서도 탐이라고 믿는, 어린 아들 하나가 있다고 생각하면서 동시에 자녀가 없다고 생각하는 어떤 남자가 있다고 상상해보라. 그러한 모순된 믿음들을 무한대로 확장해보자. 그 믿음들의 주인이 단일한 주체라는 개념은 완전히 사라진다. 우리가 가진 개체성의 개념과는 양립되지 않는 논리적 모순이 있다. 따라서 우리가 논리적 일관성에 부여하는 가치는 잘못된 것도 의심스러운 것도 아닌 듯하다. 내 말이 다른 사람에게 그리고 내 자신에게도 수용되기 위해서, 세계에 대한 내 믿음들은 상당 부분 일관적으로 통일성을 띠어야 한다. 내 믿음이 내 행위를 설명해주려면, 나는 최소한 '가능한' 행위의 여지를 남겨주는 것들을 믿어야만 한다. 결국 특정한 논리 관계들은 세계 구조 자체 속에 자국을 새기는 것 같다.[8] 전화가 울린다. 형이 전화한 것일 수도 있고 아닐 수도 있지만(혹은 내가 모른다고 믿을 수도 있다) 그 어떤 환경에서도 둘 다를 믿는다는 건 불가능하다.

　'일관적인 기준으로부터의 이탈' 은 많은 연구와 토론들의 주제가 되어왔는데, 옛 믿음의 바탕 위에 새로운 믿음을 쌓을 수 있게 하는 추론의 규칙에 관해서는 특히 그러하다.[9] 그것들 중 어떤 설명을 취사선택하든지 사람이 완벽하게 통일된 믿음들을 만들어낼 수 있다고 믿는 이는 없다. 우리의 피할 길 없는 이성의 결핍은 논리적 비일관성에서부터 주관 자체의 근본적 불연속성에 이르기까지 다양한 형태를 띤다. 예를 들어

‘자기 기만’ 을 다룬 문학작품들 대부분은 인식적 곡해의 발생 여부와 어떻게 그러한 인식적 곡해가 실제로 발생하는지에 대한 의문점을 둘러싼 상당한 논쟁이 있음에도 불구하고, 한 명제를 스스로에게 성공적으로 납득시키면서 동시에 상반되는 다른 명제를 별 무리 없이 믿을 수 있다는 사실(내 아내가 바람을 피우고 있다 : 내 아내는 충실하다)을 보여준다.[10] ‘정신분열증’ 환자에서 ‘다중인격자’ 에 이르기까지, ‘정신적 통합의 결여’ 는 적어도 구조적·기능적으로 서로 격리되어 믿음을 처리하는 뇌 영역의 관점에서는 부분적인 설명이 가능하다.

미국 대사관

적절한 사례 하나. 프랑스를 여행하던 나와 약혼녀는 파리 소재 미국 대사관에 대한 우리 믿음이 기괴하게 분리되는 경험을 했다.

신념 체계 1 _ 9·11테러로 여전히 전 세계에 어두운 그림자가 드리워져 있을 때, 우리는 테러범들의 표적이 될 만한 곳은 여행 중 피하기로 결정했다. 그 첫 번째 물망에 오른 장소는 바로 파리 소재 미국 대사관이었다. 파리는 서방 세계에서 무슬림의 인구가 가장 많은 곳일 뿐 아니라, 실패로 끝나긴 했지만 파리 미국 대사관에서 자살폭탄 사건이 기도된 적도 있었다. 프랑스에 있는 동안 가장 가기 꺼려지는 곳이 미국 대사관이었다.

신념 체계 2 _ 파리에 도착하기 전, 우리는 호텔 방을 잡기가 매우 힘들었다. 우안(Right Bank : 센 강의 오른쪽 기슭 – 옮긴이)에 위치한 빈 방이 많은 호텔 한 군데를 제외하고는 우리가 확인한 호텔마다 만원이었다. 그 호

텔 여직원은 우리에게 무료로 스위트룸을 빌려주겠다는 제의까지 해왔
다. 그녀는 또한 조망 선택권도 주었다. 우리는 미국 대사관이 내려다보
이는 방과 정원을 향한 방 중에서 아무것이나 고를 수 있었다. "아가씨라
면 어떤 경치가 보이는 방을 고르실 건가요?" 내가 물었다. "대사관이
요." 여직원은 대답했다. "그게 훨씬 조용하거든요.""좋아요." 나는 동
의했다. "그 방으로 하죠."

다음날 아침 호텔에 도착했을 때 우리에게 주어진 방은 정원이 보이는
방이었다. 나와 내 약혼녀는 실망했다. 어쨌거나 우리는 미국 대사관이
보이는 방을 약속받았는데 말이다.

나는 파리에 사는 한 친구에게 전화해서 우리의 상황을 알려주었다.
세상살이에 밝은 그 친구는 이런 말을 해주었다. "그 호텔은 바로 미국
대사관 옆이야. 지금 제 정신들이야? 오늘이 무슨 날인지 알기나 해? 바
로 미국 독립기념일이라고."

우리 삶에서 이런 모순이 발견된다는 것은 놀랍다. 우리는 '그 지점을
피하면서 동시에 그 지점에 대한 접근성을 얻으려는 일'로 그 날 하루를
꼬박 보냈다. 이 사실을 깨달은 우리는 매우 놀랄 수밖에 없었다.

그러나 심리학적으로 매우 불가사의하게 보이는 점이라도 신경학적으
로 볼 때는 정말 별 것 아닐 수 있다. '미국 대사관'이란 말은, 그저 우리
뇌의 독특한 연결망을 활성화시키는 것이다. 결과적으로 그 말은 두 개
의 독특한 '의미'를 지니게 되었다. 첫 번째 사례에서, 그것은 테러범의
최우선 표적을 의미했다. 두 번째 사례에서는, 호텔 창문에서 바라볼 수
있는 탐나는 경치를 뜻했다. 그러나 파리의 오직 한 건물만이 거기에 부
합하는 것이기에, '미국 대사관'이 가지는 의미는 단일한 것이다. 신경

세포망 사이의 교류는 무시된 듯했다. 즉 우리의 뇌는 효율적으로 분리되었던 것이다. 그러나 그것이 너무나 쉽게 일어남으로써 그러한 분리의 취약성이 폭로되었다. 이 주제에 대한 내 약혼녀의 생각을 통일시키기 위해 내가 한 일이라곤 그녀를 향해(그녀는 여전히 속으로는 미국 대사관이 보이는 방을 몹시 탐내고 있었다) 노골적인 경고조로 이렇게 말한 것이 다였다. "이 호텔은 미국 대사관에서 3m 거리라고!" 이로써 분리가 시작되었고 그 사실에 그녀는 나만큼 당황해했다. 그리고 여전히 심리학적으로 양립할 수 없는 사실들은 다음과 같다. 우리가 미국 대사관 근처에 기꺼이 묵겠다는 생각을 한 적도 없었지만, 대사관 전망이 보이는 방으로 옮길 것을 열망하지 않은 순간도 없었다는 것이다.

행동적·언어적 필요성이 우리에게 믿음의 일관성을 추구하라고 요구하지만, 우리는 최대한 통합된 뇌에서조차 완전한 일관성은 이루기 불가능할 것임을 안다. 이 사실은 어떤 사람의 주장들을 정리해 놓은 목록(나는 공원을 걷고 있다. 공원에는 보통 동물들이 있다. 사자는 동물이다 등등…)을 상상해보는 순간 명백해진다. 각각의 주장은 그 자체에게 진전된 추론을 형성하는 근거가 됨은 물론 하나의 믿음이 된다(좋은 쪽 : 나는 곧 동물을 보게 될지도 모른다. 나쁜 쪽 : 나는 곧 사자를 보게 될 것이다). 만약 완벽한 통일이 가능하다면 각각의 새로운 믿음은 기타 모든 믿음들과 대조되어 체크당해야 하고, 논리적 모순을 가리기 위해 모든 조합에 대한 확인을 받아야만 한다.[11] 그러나 여기서 우리는 '계량의 어려움'이라는 문제점과 맞닥뜨린다. 각각의 명제가 목록에 더해질 때 비교해야만 하는 숫자는 기하급수적으로 늘어난다. '완벽한 뇌' 하나는 얼마나 많은 믿음들에 대해 논리적 모순을 확인할 수 있을까? 그 대답은 놀랄 만한 것이다. 크기가 우주만하고 그 구성 부품은 양자보다도 작으며 변환 속도가 빛의 속도만큼 빠르고 빅뱅의 순간부터 현재까지를 동시에 병렬 처리하는 컴퓨터가 있다 해도, 그것은 여전히 300번째의 믿음을 목록에 더하느라 고군분투하고 있을 것이다.[12] 우리의 세계관에 모순은 없다고 큰소리치게 될 가능성에 대해 이것이 암시하는 바는 무엇인가? 그것은 정말 비현실적인 이야기가 아니다.[13] 그럼에도 불구하고 언어와 행위의 필요조건들로 볼 때 일관성의 결여는 언어 감각이나 행동 가능성의 결여와 같은 뜻이기 때문에, 일관성이 의심될 때마다 우리는 일관성을 추구해야만 한다는 것은 요지부동의 진실로 남아 있다.[14]

세상을 대표하는 믿음

　세상의 가장 초보적인 지식조차도 그것이 생성·유지되기 위해서는 신경 체계의 규칙성이 환경의 규칙성을 지속적으로 반영해야만 한다. 어떤 사람의 얼굴을 볼 때마다 내 머릿속의 신경세포들이 자극을 받는다면, 그에 대한 기억을 형성할 방법이 없다. 그의 얼굴이 어떤 때는 얼굴로 보이다가 다음 순간에는 토스터로 보인다면, 주어진 신경 활성화 형태가 일관적으로 지속될 수 있는 수단이 없기 때문에 우리는 그 모순성 때문에 놀랄 이유가 없게 된다. 스티븐 핑커*Stephen Pinker*가 말했다시피 이는 '분별력 없는 신체 과정으로부터 이성이 출현하는 사실'을 우선적으로 설명하는 논리 혹은 가능성의 규칙과, 정보를 처리하는 시스템(뇌나 컴퓨터) 사이를 논리정연하게 비추는 유일한 거울이다.[15] 사람이 쓰는 단어들은 계통적이며 규칙에 입각한 방식(구문론)으로 정리된다. 논리적으로 통일성을 띠어야만 한다는 점에서 믿음들도 마찬가지인데, 이는 물체와 세계는 둘 다 그렇게 배치되어 있기 때문이다. '잭의 도시락

속에는 사과 한 개와 오렌지 한 개가 있다.'라는 주장을 생각해보자. '와
(and)'라는 단어가 가지는 체계적인(따라서 논리적인) 의미는, 누구나 이
주장을 믿는 사람은 다음의 명제들도 믿을 것이라는 사실을 보증한다.
'잭의 도시락 속에는 사과가 한 개 있다.'와 '잭의 도시락 속에는 오렌
지가 한 개 있다.' 이것은 구문론이 이 세상에 대해 갖고 있는 마술 같은
힘 때문이 아니다. 그것보다는 우리가 '와'라는 단어를 대상의 규칙적인
행위를 반영하기 위해 사용한다는 사실이 낳은 단순한 결과다. 개별적인
주장은 부정하면서도 두 주장의 결합을 찬성하는 이들은 '와'라는 단어
의 쓰임새도, 사과, 오렌지, 도시락 같은 사물들도 이해하지 못한다.[16] 당
신이 사과 한 개, 오렌지 한 개를 잭의 도시락 속에 넣어둔다면 사과 한
개, 오렌지 한 개, 혹은 둘 다 다 끄집어낼 수 있다고 믿는 우주에 우리가
살고 있다는 사실을 말한다. 세상에서 각 대상들이 보이는 규칙적인 행
위로부터 단어들, 단어들의 계통적 관련성, 합리성 그 자체가 주는 의미
들이 더 이상 분리되지 않는 지점이 있다.[17]

　어떤 믿음이건 우리는 믿음의 숫자가 무한하다고는 생각하지 않는
다.[18] 믿음이 과연 셀 수 없는 것인지 철학자들은 의심하지만, 우리의 뇌
저장 용량, 추상적인 기억의 숫자들, 10만 단어들을 넘나들며 줄었다 늘
었다 하는 어휘 수들이 유한하다는 것은 확실하다.[19] 따라서 '무심코 생
각난 믿음들'[20]과 '필요 여하에 따라 구성될 수 있는 믿음들'은 구분되어
야 한다. 만약 믿음이 인식적 행위라면, 매 순간마다 얼마나 많은 믿음들
이 우리 안에 존재하는지에 대한 우리의 직관은 믿을 수 없는 것이 된다.
예를 들어 '변화에 무지함'에 대한 연구들은, 눈에 보이는 장면 중 상당
수가 우리가 미처 주목할 새도 없이 갑자기 변경될 수 있기 때문에 우리
는 우리가 생각하는 것처럼 세계의 많은 부분을 인지하지는 못한다는 사

실을 알려줬다.[21] 요즘 나오는 컴퓨터 게임은 사람이 그 실체를 요구하는 명령을 내리기 전에는 일부 가상 세계를 고려하지 않는다.[22] 아마도 우리의 인식 참여도 그와 같을 것이다.[23]

우리가 믿는 대부분이 항상 우리 마음에 존재하는지, 혹은 그것이 지속적으로 재구성되어야만 하는 것인지는 믿음이 우리의 행위를 이끌기 전에 새로이 검토되어야만 한다. 이는 우리가 이전에 믿었던 명제를 의심하게 될 때 드러난다. 구구법을 잊어버렸을 때 어떤 느낌이 들지를 상상해보라. 12 × 7은? 우리는 한번쯤 84가 정답처럼 여겨지지 않는 순간을 경험한 적이 있다. 그럴 때 우리는 12 × 7 = 84라는 사실을 다시 믿게 되기까지 별도의 계산을 수행해야만 할 수도 있다. 아니면 낯익은 사람의 이름이 아리송할 때를 생각해보라 '그의 이름이 정말 제프였던가? 내가 그를 그렇게 불렀던가?' 오랜 시간 지녀온 믿음이라도 어느 순간 신뢰하지 못할 때가 있다는 점은 확실하다. 그러한 것은 이제 우리가 주목할 문제에 중요한 의미들을 부여한다.

참과 거짓의 문제

당신이 오랜 친구 몇 명과 식당에서 저녁을 먹고 있다고 상상해보라. 잠시 자리를 떠나 화장실에 다녀오는 길에 친구 하나가 이렇게 속삭이는 소리를 듣게 된다. "조용히 해. 녀석이 듣겠어."

이 말을 듣고 당신은 어떤 생각이 들 것인가? 당신이 '녀석'에 해당하는 사람인지를 믿을 것인가에 모든 생각이 향한다. 만약 여자라서 이 명칭의 사용에서 배제된다면 당신은 호기심만 들 것이다. 그 때 다시 자리에 앉으면서 당신은 이렇게 속삭일 것이다. "누구 얘기를 하고 있는 거야?" 반대로 당신이 남자라면 상황은 좀 더 흥미로워진다. 친구들은 당신에게 어떤 비밀을 숨기려했던 것일까? 당신의 생일이 몇 주 후라면, 아마도 깜짝 파티를 계획했었을 거라는 추측을 할 수 있다. 그게 아닐 경우, 당신을 기다리는 것은 셰익스피어의 희극 같은 극적인 상황이다.

당신이 보였던 이전의 인식 참여와 친구의 발언이 주는 정황적 단서로, 뇌 속의 신용평가 회로가 다양한 가능성들을 시험할 것이다. 당신은 친구들의 얼굴을 꼼꼼히 살펴볼 것이다. 친구들의 표정이 지금 당신에게 떠오르고 있는 불길한 생각들과 들어맞고 있는가? 어떤 친구가 당신의 아내와 자기라도 했단 말인가? 언제 그런 일이 일어날 수 있었단 말인가? 그들 사이엔 늘 뭔가 수상쩍은 조짐이 보이긴 했지… 이젠 하나의 믿음이 되기 시작한 당신만의 해석들이 개인적·사회적으로 중요한 결과들을 낳을 거라고만 말해두자.

어떤 사람이 주어진 명제를 믿거나 믿지 않는다고 말하는 것이 뇌의 관점에서 무엇을 뜻하는지 지금 우리는 알지 못한다. 이후 결과적으로 일어나는 모든 인식·행동 참여도 이 차이점으로부터 비롯된 것이다. 우리가 한 명제를 믿기 위해서는 따라서 행동적 측면에서 그 지배를 받기 위해서는, 그 명제가 표상하는 내용에 찬성해야만 한다. 이 과정은 매우 자동적으로 일어날 뿐 아니라, '하나의 개념을 이해한다는 것은 그 개념을 믿는 것과 같다'는 생각이 들도록 한다. 네덜란드 철학자 스피노자 *Spinoza*는 불신은 거부의 행동을 요하는 반면 믿음과 이해는 동일한 것이라고 생각했다. 매우 흥미로운 한 심리학 저서도 이를 뒷받침한다.[24] 한 명제를 이해하는 것은 신체 영역 내의 한 대상을 인식하는 것과 비슷해 보인다. 우리는 기본적으로 아니라고 판명될 때까지 겉으로 드러나는 모습을 현실로 받아들이도록 설정되어 있다. 이는 친구가 배신할 가능성을 생각하는 것만으로도 마음이 부글부글 끓는 이유를 설명한다.

믿음의 형성이 수동적 과정이든 능동적 과정이든, 논리적·실제적 실수들을 발견하려는 목적으로 우리가 지속적으로 자신과 타인의 발언들을 감시하고 있는 것은 확실하다. 그러한 실수들을 발견하지 못하면 헛말에 불과한 논리에 의지해 살 수밖에 없다. 물론 단어 하나 차이로 평화로운 상황에서 죽음의 위협이 도사리는 급박한 상황으로 바뀔 수도 있다. 만약 아이가 한밤중에 당신에게 와서 "아빠, 거실에 코끼리가 있어요."라고 말한다면, 당신은 상상 속에 총을 지니고 아이를 다시 아이 방으로 데려다 줄 것이다. 만약 아이가 "아빠, 거실에 어떤 남자가 있어요."라고 말한다면, 당신은 아마도 진짜 총을 겨누게 될 것이다.

신앙과 증거

대부분의 인간이 마음을 바꾸기 싫어한다는 사실을 깨닫기 위해서 특별한 심리학이나 신경 과학은 필요치 않다. 많은 저자들이 언급했듯, 이유 없이는 저장해 놓은 내용에 아무런 가감을 하지 않는다는 점에서 우리는 믿음에 보수적이다. 지식적 의미의 믿음, 즉 세상에 대한 우리의 지식을 대표하는 것이 목적인 믿음은 어떤 명제에 대해 참일 것을 요구만 하지 말고 그것이 참이라는 것을 믿으라고 우리에게 요구한다. 낙관적 사고는 자신이 대표한다고 주장하는 이 세계의 규칙성으로부터 우리 믿음을 떼어놓을 것이기에, 우리의 사고에 가해진 그러한 구속은 두말 할 필요 없이 좋은 것이다. 단지 그렇게 하는 것이 좋다는 이유만으로 한 명제가 진실이라고 믿는 것이 왜 틀린 것일까? 그에 관한 문제점을 알아보기 위해서는 'because(중세 영어에서 'by'와 'cause'의 합성어. by는 '~옆에',

cause는 ‘근거’의 뜻임 – 옮긴이)’라는 단어의 뜻을 새겨보기만 하면 된다. ‘because’는 명제의 ‘진실됨’과 사람이 그것을 믿는 사실 사이의 ‘우연한’ 관계를 말한다. 이는 우리가 일반적으로 증거에 가치를 두고 있음을 설명한다. 왜냐하면 증거는 세계의 상태와 그것들에 대한 우리 믿음 사이의 우연한 관계를 설명하는 이유이기 때문이다(“나는 총에서 그의 지문을 발견했고, 내 사촌도 그가 총 쏘는 장면을 목격했으며, 더욱이 내 사촌은 결코 거짓말할 사람이 아니기 때문에 나는 오스왈드가 케네디를 쐈다고 생각한다”). 우리는 우리의 경험이나 세계에 대해 내리는 우리의 추론 중 무언가가 실제로 해당 명제의 진실성과 통할 때만 한 명제가 참임을 믿을 수 있다.[25]

내가 신의 존재를 믿는데 어떤 무례한 사람이 그 이유를 묻는다고 하자. 그럴 때 이 질문은 ‘나는 ~ 때문에 신이 존재한다고 믿는다’는 식의 대답을 이끌어내기 마련이다. 그러나 나는 ‘나는 그렇게 하는 편이 현명하다고 생각하기 때문에 신이 존재한다고 믿는다’고는 말할 수 없다(파스칼이라면 우리가 그런 식으로 대답하도록 했겠지만). 물론 그렇게 말할 수도 있겠지만 그것이 “200여년 동안의 물리학 실험이 그걸 증명하기 때문에 물이 수소 원자 둘에 산소 원자 하나로 이루어졌다는 사실을 믿는다.”라든가 “눈에 보이기 때문에 정원에 떡갈나무 한 그루가 있다는 걸 믿는다.”라고 말할 때 ‘믿는다’가 뜻하는 의미와 같다고는 할 수 없다. 마찬가지로 나는 “그렇게 믿는 것이 기분 좋기 때문에 신을 믿는다.”라고도 말할 수 없다. 신이 있다면 좋을 것이라는 말은 신의 존재를 믿는 근거를 조금도 제공하지 못한다. 신의 존재를 위안을 주는 다른 명제와 바꿔볼 때 이를 쉽게 알 수 있다. 내가 냉장고만한 크기의 다이아몬드가 우리 집 뒷마당 어딘가에 묻혀 있음을 믿고 싶어한다고 가정하자. 그렇게 믿으면 기분은 굉장히 좋을 것이다. 그러나 지금까지 발견된 그 어떤 다이아몬드보다 몇 천 배나 큰 것이 마당 어딘가에 실제로 묻혀 있다고 믿을 만한 근거가 있는가? 없다. 파스칼의 내기(Pascal's wager : 신의 존재 가능성에 대한 확률은 2분의 1이지만 존재할 때의 보상은 무한하기 때문에 신이 존재한다는 쪽에 내기를 걸어야 한다는 주장 – 옮긴이), 키르케고르의 신앙의 도약, 그리고 기타 허황된 인식론적 주장들이 그에 대한 근거를 제시하지 못하는 이유가 여기 있다. 신의 존재를 믿는 것을 '그 존재 자체가 내 믿음의 이유다' 라는 식으로, 신의 존재와 연결된 어떤 관계성 안에 내가 서 있음을 믿는 것이다. 사실과 내가 그 사실을 수용하는 것 사이에는 모종의 원인 관계나 그에 따른 정황이 있어야만 한다. 이런 식으로 우리는 이 세상이 돌아가고 있는 방식에 대한 믿음이 되기 위해, 신앙은 그 어떤 다른 믿음만큼이나 영적인 증거 구성 요소를 갖추어야 함을 알 수 있다.

우리의 믿음이 세상의 상태들을 대표하려는 노력이라고 인정할 때, 우리는 효력을 발휘하기 위해서는 그 믿음들이 세상과 옳은 관계를 맺어야 한다고 생각한다. 특정한 영적 체험을 했기 때문에, 성경이 매우 옳은 소리를 하기 때문에, 교회의 권위를 신뢰하기 때문에 신을 믿는 사람이 대부분의 일상적 사실들에 대한 알 권리를 주장할 때, 그는 우리 모두가 하는 것과 똑같은 정당화 게임을 하고 있는 것이다. 아마도 이는 다수의 종교 신자들이 반대하고 싶어하는 결론일 것이다. 그러나 그런한 반대는 무익할 뿐 아니라 논리적이지도 않다. 세상에 대한 우리의 믿음들이 점령할 논리적 장소란 전혀 없다. 종교적인 명제가 세상이 돌아가는 방식(신은 실제로 당신의 기도를 들으신다, 그의 이름을 망령되게 부르면 나쁜 일이 생길 것이다 등)을 주장하는 한 그것은 세상과의 관계, 그리고 다른 믿음들과의 관계 안에 서 있어야 한다. 그리고 이런 종류의 명제들이 우리의 사고나 행동에 영향을 미치는 것은 그것들이 확실히 자리매김을 할 때만 가능하다. 어떤 사람이 자신의 믿음은 세상의 실제 상태(보이는 상태와 보이지 않는 상태, 영적 상태와 세속적 상태)를 반영한다고 주장하는 한, 그는 자신의 믿음은 세상이 현재 돌아가고 있는 방식의 산물임을 믿어야 한다. 이럴 때 당연히 그는 새로운 증거에 약해질 수밖에 없다. 자신의 신앙에 의문을 품게 만드는 상상 가능한 변화가 없다는 사실은, 그의 믿음이 모든 세상 정세와 형편들을 고려하는 것을 그 기본바탕으로 하고 있지 않음을 증명할 것이다. 따라서 그는 '세상을 대표한다'는 주장따윈 할 수가 없을 것이다.[26]

신앙을 비난하면서 할 수 있는 말들은 많지만 그것이 신앙의 힘을 약화시키지는 못한다. 바로 이 순간조차도, 우리 중 많은 사람들이 근거 없는 믿음을 위해 기꺼이 죽으려 하고 있고 그보다 더 많은 사람들이 그 믿음을 위해 살상하려 하는 것처럼 보인다. 일생 동안 엄청난 고난을 받아야 하거나 죽음의 위협과 맞설 운명인 사람들은 근거 없는 이런 저런 명제 속에서 위안을 찾는다. 신앙은 이성에 의해서만 밝혀지고 있는 세상에서는 좀처럼 생각할 수 없는 평온함으로 힘든 삶을 견뎌내도록 한다. 신앙은 또한 좋든 나쁘든 단순한 기대감이 무사함 혹은 때 이른 죽음이라는 결과로 이어지는 상황들에서도 신체에 직접적인 영향력을 끼치는 것처럼 보인다.[27] 그러나 신앙이 인간의 삶에 막중한 영향력을 끼친다는 사실이 신앙의 '확실성'에 대해서 설명해줄 수 있는 것은 아니다. 이단 박해의 망상에 쫓기는 편집증 환자가 CIA의 위해를 크게 받아들일 수는 있지만 실제로 CIA가 그의 전화를 도청하지는 않는다.

그렇다면 신앙이란 무엇일까? 그것은 믿음 이상의 것일까? 히브리어로 'émuna (ḿn동사)'는 '신앙을 가지는 것', '믿는 것', 혹은 '신뢰하는 것'으로 그때그때 번역될 수 있다. 히브리어 성경을 헬라어로 번역한 70인역 성경에 나오는 'pisteuein'이라는 단어 역시 같은 뜻을 담고 있는데 이 헬라어는 신약 성경에 실렸다. 히브리서 11:1은 믿음을 '바라는 것들의 실상이요 보지 못하는 것들의 증거'라고 정의했다. 정석대로라면, 이 구절은 스스로 옳음을 증명하는 것을 믿음으로 여기는 것 같다. 즉, 어떤 사람이 아직 다가오지 않은 것들('바라는 것들의 실상'), 혹은 아무 증거도 없는 것들('보지 못하는 것들')을 믿는다는 사실 그 자체가 실재('실상')에 대한 증거를 구성하는 듯하다는 말이다. 그 효력에 대해서 이렇게 생각해보자. 나는 니콜 키드먼과 사랑에 빠졌다는, 온몸이 떨리는 '확신'의 감정을 느낀다. 우리는 절대 만나본 적도 없기 때문에, 나의 그러한 감정은 니콜과 내가 특별하고 형이상학적이기까지 한 관계를 맺어야만 함을 의미한다. 그렇지 않고서 내가 어떻게 처음부터 그런 감정을 느낄 수 있겠는가? 나는 내 소개를 하기 위해 그녀의 집 밖에 진을 치기로 결심한다. 이런 종류의 믿음은 확실히 골치 아픈 것이다.

이 책에서 나는 일반적이고 문자적인 면에서 특정한 역사적·형이상학적 명제들을 믿는, 그 명제들을 삶의 방침으로 삼는 신앙을 비판하고 있다. 성경이나 신자들의 입에서 나오는 말들의 뜻은 명백해 보인다. 일부 신학자들과 수도자들이 경박한 믿음을 초월하는 영적 원칙으로써 신앙을 재구성하려는 시도를 했던 건 사실이다. 1957년도 작품 《신앙의 역학 Dynamics of Faith》에서 폴 틸리히 Paul Tillich는 '우상숭배 신앙'으로 불렸던 것과 신앙과 믿음 사이의 모든 유사한 개념들을 버리고 신앙이라는 용어의 원래 의미를 실존으로써 정화시켰다. 그 외의 신학자들도 이와 비슷한 작업을 한 것이 확실하다. 물론 어떤 방식으로 적합성을 발견하든 '신앙'이라는 용어는 누구나 마음껏 재정의할 수 있으며, 따라서 합리적 혹은 신비주의적인 이상에 마음대로 일치시킬 수 있다. 그러나 이것은 2,000년 동안 신자들을 움직여온 '신앙'이 아니다. 지금 내가 의문을 제기하고 있는 신앙은 정확하게 틸리히 그 자신이 '낮은 수준의 증거를 가진 지식이 하는 행위'라고 폄하한 태도를 말한다. 결국 나의 주장은 모든 종교의 대다수 신자들을 향한 것이지 틸리히가 말한 결백한 신자들을 겨냥한 것은 아닌 것이다.

모든 제단 밑에 도사리고 있는 뱀을 보이지 않게 숨기려는 시도를 했던 틸리히 같은 사람들의 상당한 수고에도 불구하고, 궁극적인 면에서 종교적인 믿음은 '근거 없는 믿음'일 뿐이다. 특히 인간의 삶에서 시간과 죽음의 폐해를 면하게 해주는 메커니즘을 약속하는 명제에 대한 믿음이 그러하다. 경박한 믿음이 속세의 압박(합리성, 내적 일관성, 교양, 정직 같은)으로부터 벗어날 수 있는 탈출 속도에 이르렀을 때 그것은 결국 신앙이 된다. 아무리 교회에서 멀리 도망친 것처럼 느껴져도 허블 우주 망원경의 거울을 맞추고 있는 중이라 해도 당신은 인간이 가진 미덕들 중 믿음을 최고의 위치로 올려놓는 증거가 결여된 문화의 산물일 뿐이다. 무지는 그 문화가 만들어낸 것이다("나를 보지 않고도 믿는 사람은 행복하다"(요한복음 20:29)). 그리고 모든 자녀들은 부모의 상상 속에 살아 있는 신에게 복종하기 위해 이 세상의 것들을 포기하는 것은 성스러운 의무까지는 아니더라도 최소한 하나의 선택이라고 교육받는다.

그러나 신앙은 사기꾼이다. 종교 생활에서 발견되는 모든 특이한 현상들(눈물 흘리는 성모상, 짚고 있던 목발을 땅에 집어던지는 아이)은 신자들에 의해 신앙의 확증으로 이용된다. 그러한 순간에 신자들은 마치 불확실의 사막에서 데이터라는 시원한 물을 만난 사람처럼 보인다. 우리는 '핵심 신앙 정당화'에 목말라하고 그러한 정당화가 바로 앞에 있다고 믿을 때만 그러한 믿음들을 믿는다. 그리고 그러한 우리의 행동에는 개선의 여지가 전혀 없다. 서양의 기독교 신자들 중 복음의 문자적 진실을 증명하는 명백한 물증의 출현에 무관심할 사람이 어디 있겠는가? 토리노의 수의를 방사성 탄소로 연대를 측정해 본 결과,[28] 29년 부활절 주일의 것임이 밝혀졌다고 가정하자. 이러한 사실이 기독교계를 열광의 도가니로 몰아넣을 것이란 생각에 어찌 의심을 품을 수 있겠는가?

이것이 바로 믿을 만한 '훌륭한' 근거들이 없을 때는 굴복하지 않으려하는 신앙이다. 그러나 일말의 증거라도 출현한다면 신자들은 지옥의 영혼들만큼이나 눈에 보이는 증거에 안달복달한다는 사실이 드러날 것이다. 이는 신앙이 자발적으로 심판의 날과 같은 증거를 고대하고 있음을 증명한다. 이것은 신앙의 단계별 계획, 즉 확인 불가능한 가설 같은 삶을 살다가 죽으면 결국 그 가설이 옳았음을 알게 되는 계획을 이해하기 위한 탐색활동이다.

그러나 삶의 다른 국면에서 믿음은 모든 이들이 이승과 맞바꿀 것을 고집하는 수표다. 엔지니어는 다리가 튼튼할 것이라고 말한다. 의사는 병원균이 페니실린에 내성을 갖고 있다고 말한다. 이런 사람들은 세상이 돌아가는 방식을 파기할 수 있는 나름의 근거들을 갖고 있다. 그러나 율법학자, 사제 그리고 랍비는 그렇지 않다. 그 핵심 교리 다수의 허위성을 증명하는 그 무엇도 이 세상이나 그들이 경험한 세상을 바꿀 수 없다. 이는 그러한 믿음들이 세상에 대한 관찰이나 그들이 경험한 세상에서 나온 것이 아님을 증명한다. 유대인 대학살조차 유대인들로 하여금 전지전능하고 자비로우신 하느님의 존재를 의심하도록 만들지는 못한 것 같다. 인구 중절반이 지옥불로 떨어지게 되어있다는 사실이, 전능한 신이 당신의 관심사들을 주의 깊게 살피고 있다는 개념에 반대되는 증거로서 중요하지 않다면 그 어느 것도 중요할 수 없다고 생각하는 것이 합리적인 듯하다. 꾸란이 신의 말 그대로를 적은 것이란 사실을 율법학자들은 어떻게 알 수 있을까? '알다' 라는 단어를 흉내내는 그 어떤 말에 대해서도 줄 수 있는 유일한 대답은, '율법학자들은 모른다' 는 것이다.

한 사람의 신앙은 세계에 대해 그가 가진 믿음의 일부분일 뿐이다. 하나의 문화로서, 현세에서는 정당화할 필요가 없다고 우리가 그에게 말해온 궁극적 관심사에 대한 믿음 말이다. 이토록 분리된 우리의 주장이 얼마나 설득력이 떨어지는지 이제 깨달을 때다. 겉치레의 신학 지식들은 2001년 9월 11일 아침, 세계무역센터 100층에서 막 하루를 시작했다가 너무나 단호하고 단순한 선택(제트 연료에 산채로 태워지느냐, 콘크리트 바닥을 향해 30킬로미터를 뛰어내리느냐) 때문에, 꼬리를 물고 이어지는 생각들(가족과 친구들, 하거나 하지 못한 심부름들, 설탕을 넣어야 하는 커피에 대한 생각)을 어쩔 수 없이 끝낼 수밖에 없었던 사람의 관점에서 바라보아져야 한다. 사실 우리는 생각했던 것보다 훨씬 빨리 완전한 공포와 혼란 속에서 생명을 강탈당한 수많은 남녀노소들의 관점에서 바라보아야 한다. 9·11테러를 일으켰던 사람들은 확실히 서방 언론에서 계속 떠들어댄 대로 '겁쟁이' 는 아니었으며, 어느 면에서 보나 미치광이도 아니었다. 그들은 신앙, 그것도 결국 완전한 신앙의 사람들이었던 것이다. 이 점은 결국 인정되어야겠지만 인정받기엔 너무나 끔찍한 사실이다.

신앙을 그런 식으로 매도해버리는 것이 많은 독자들, 특히 신앙이 주는 위안의 기능을 첫손으로 꼽았던 사람들에게는 매정하게 들릴 것이다. 그러나 정당성을 입증받지 못한 믿음이 사람의 마음에 위안을 줄 수 있다는 사실은 믿음에게도 유리한 주장이 결코 아니다. 만약 모든 의사들이 시한부 환자들에게 완전한 회복을 약속한다면, 이는 그들의 마음을 편하게 할지는 몰라도 진실을 희생해야 하는 대가를 치러야 한다. 왜 우리는 진실에 대해 염려해야 하는가? 이런 물음은 그것에 답을 줄 현인을 기다린다. 그 목적을 위해 우리는 진실이 신자들 자신에게는 가장 중요한 관심사라는 사실만 알아차리면 된다. 주어진 교리의 진실성은 진정으로 신앙의 대상이다. 너무나 충격적인 엄청난 제안들로 가득한 모든 경전들은, 어느 누구에게도 위안이 안 되며 그로 인한 고통에도 불구하고 인정받지 못한 어두운 현실을 남길까 봐 신자들이 믿는 것이기 때문에, 진실을 희생시키면서까지 위안을 추구하는 것은 신앙의 동기가 될 수 없다.

실제로 신자들은 진실을 최고로 존중한다. 그리고 그런 면에서 그들은 대부분의 철학자나 과학자들과 같다. 하지만 신앙의 사람들은 신성하고 큰 보상을 안겨주는 형이상학적 진실을 이해할 것을 주장한다. "그리스도는 당신의 죄를 위해 죽었다. 그는 하느님의 아들이다. 모든 인간은 사후에 심판을 받게 될 것이다." 이러한 주장들은 세상의 이치에 관한 독특한 주장들이다. 교리를 믿는 신앙은 그것이 참임을 믿는 신앙이므로, 한 사람의 신앙을 구세(救世)적 성격을 띠게 만들고 유용하며 논리적으로 가능하도록 만드는 일반 현실에 교리가 부합한다는 것은 한낱 개념에 불과하다. 주어진 교리의 진실성을 제외한 그 무엇이 신자들에게 사생아 예수를 믿도록 확신을 줄 수 있을까? 바로 이단의 교리들이 그럴 수 있다고 간주되는데, '거짓'으로 추정된다는 이유 때문에 그 교리들에게는 상당한 모욕이 주어진다. 따라서 만약 성경의 문자적 진실에 관한 지식을 요구하지 않는 기독교인이 있다면, 그는 그리스도의 추종자이면서도 무슬림이나 유대인, 심지어는 무신론자와도 비슷하게 되는 것이다. 만약 그가 명백하다고 인정하는 수단에 의해 그리스도가 죄성을 가지고 태어났고 동물처럼 죽었다는 사실을 발견하게 된다면, 그 사실이 알려질 때 확실히 그의 신앙은 치명타를 맞을 것이다. 신자들은 절대 진실에 무관심하지 않았음에도 불구하고, 여전히 신앙의 원칙은 그들의 가장 큰 관심사로부터 허위와 진실을 가려낼 준비를 갖추지 못한 신자들을 양산하고 있다.

신자들이 세상을 대할 때도 세속적인 이웃들과 똑같이, 즉 얼마간 합리적으로 행동할 것이라는 예상이 가능하다. 중요한 결정을 내릴 때 그들은 비신자들만큼이나 증거와 입증에 신경 쓰는 경향이 있다. 수혈을 거부하는 여호와의 증인 교인들이나, 일체의 현대 의학을 거부하는 크리스찬 사이언스 신도들은 이런 규칙에 예외처럼 보일지 몰라도, 실상은 그렇지 않다. 그런 사람들은 자신의 신앙의 틀 안에서 이성적으로 행동하는 것뿐이다. 종교적인 이유 때문에 아이에게 행해지는 의술을 거부하는 부모도 기도가 단지 위안을 주는 둔화 관습일 뿐이라고 생각하지 않는다. 그보다는 자신이 궁극적으로 구원받기 위해서는 신의 권능과 세심한 주의력에 대해 확신하는 태도를 보여주어야 한다고 믿는 것이다. 이는 그녀가 아이의 생명마저 기꺼이 담보로 제공할 수 있는 이유다. 교리의 경험적 입증을 목적으로 하기에 이처럼 명백하게 비합리적인 행위에도 이유가 있다. 없어서는 안 될 필수 요소로서의 믿음을 생각해 볼 때, 신앙의 가장 극단적인 표출도 가끔은 지극히 이성적일 때가 있다. 뱀춤을 추는 오순절 교회파의 관습을 그 생생한 예로 들어보자. 성경에 대한 믿음(이 경우에 해당하는 말씀은 마가 복음 16:18이다)과 그 진실성을 입증하려고, 그들은 '뱀을 집으며'(다양한 종의 방울뱀) '독을 마실지라도'(일반적으로 스트리키니네 *strychnine*를 마신다) 괜찮다는 예언('아무런 해도 입지 않을 것이며')을 시험하며 마음의 만족을 추구한다. 오순절 교단의 창립자인 조지 헨슬리 *George Hensley*가 그랬듯 그 과정에서 죽는 사람들도 물론 있지만, 이는 믿음이 약해서가 아니라 방울뱀의 독과 스트리키니네의 독성이 그 강한 효력을 나타냈기 때문이라고 우리는 확신할 수 있다.

기본으로 돌아가기 위해 어떤 믿음을 갖느냐는 매 순간 어떤 것이 합리적으로 보이느냐에 대한 지침을 준다. '헤븐스 게이트(Heaven´s gate : 노스트라다무스의 예언을 잘못 해석하여 혜성을 천국으로 가는 우주선으로 착각한 종교 집단 – 옮긴이)' 신도들이 헤일 밥*Hale-Bopp*혜성의 뒤를 이어 올 것으로 믿었던 우주선을 목격하는 데 실패했을 때, 그들은 우주선 관측을 위해 4,000달러나 주고 구입한 망원경이 고장났다고 믿으며 그것을 반환했다.

하지만 신앙이 정말 그 몫을 다한 곳은 미래가 과거보다는 나을 것이라거나 최소한 더 나빠지지는 않을 것이라는 확신에서다. 복음의 메시지를 탁월한 글로 표현해낸 노리치의 줄리안(Julian of Norwich : 1342~1413. 영국의 여류 영성지도자)의 유명한 말 하나를 생각해보자. "모든 것이 잘 될 것이고, 모든 것이 잘 될 것이며, 만사가 잘 될 것이다." 대부분 종교 교리들이 이 이상 장엄하거나 불가해하지는 않다. '결국은 모두 잘 될 것이다.' 신앙은 이 명제의 진실성이 현재에 느껴지고 미래에 확보되기 위한 수단으로써 제공된다. 그러한 메커니즘의 '실존', 몇 마디 기도를 하고 빵 한 개를 먹는 것이 효과적인 구원의 수단이라는 사실, 신이 모든 사람을 지켜보고 귀 기울이고 은총을 나눠주려고 기다리고 있다는 확신(즉, 교리와 현실의 문자적 일치)이 신자들에게 유일무이한 중요성을 띤다는 점은 논쟁의 여지가 없다고 생각된다.

1348년 6월 엄청난 역병이 파리에 도착했고, 그것은 앞으로 1년 6개월 동안 이 도시에 위력을 떨칠 것이다. 필립 6세가 파리 대학 의학교수들에게 이 재앙이 일어난 이유를 하문했다. 교수들은 천국에서 일어난 소동 때문에 태양이 인도 근해를 과열시켰으며, 그 곳의 바닷물들이 해로운 증기를 뿜어내기 시작한 것이라고 보고했다. 의학교수들은 다양한 치료법을 제안했다. 예를 들어 빻은 후추, 생강, 그리고 정향(丁香)으로 양념한 묽은 수프가 도움이 될 것이라고 했다. 닭고기류, 물새, 새끼 돼지고기와 기름진 육류 등은 피해야 했다. 올리브유는 치명적일 수 있었다. 목욕은 위험했지만 관장은 도움이 될 수 있을 것이었다. "다들 금욕해야 합니다." 의사들이 경고했다. "목숨이 소중하다면 말이죠."

그래도 왕은 신의 진노가 걱정되었다. 그는 불경스러운 행위를 금지하는 칙령을 내렸다. 첫 번째 적발 시에는 한쪽 입술을, 두 번째는 다른 쪽 입술을, 세 번째는 혀를 잘라낸다는 내용이었다. (중략) 파리 당국은 일파만파로 퍼지는 공포를 막기 위한 일련의 엄격한 조치들을 단행했다. 종 치는 일도 금했다. 검은 옷의 착용도 금지했다. 장례식에 두 사람 이상이 모이는 것과, 공중 앞에서 애도를 표하는 것도 금지했다. 진노한 신을 달래기 위해 그들은 토요일 정오부터 일체의 노동과, 모든 도박과 욕설을 금지했으며 죄 가운데 사는 모든 사람들은 즉시 결혼할 것을 권고했다. 리 뮈시(Li Muisis : 투르네의 대수도원장)는 결혼하는 사람의 숫자가 현저하게 증가했고, 불경 행위도 더 이상 들리지 않고 있으며, 도박도 사양길에 접어들어 주사위 제작업자들은 묵주 제작으로 업종을 전환하고 있다는 소식을 즐거운 듯이 보고했다. 그는 또한 이렇게 새로이 정결해진 도시에서 2만 5,000명의 시민들이 페스트로 사망하여 파리 외곽에 있는 거대한 구덩이에 매장되었다는 소식도 알렸다.[29]

사람들의 경건한 신앙이 어디에서 사라지고 어디에서 그런 세속적인 신앙이 시작된 것일까? 시련을 겪은 14세기 기독교인들은 페스트와 그 발병 원인 및 전염 형태에 관한 진실하고 효과적인 지식을 갈망했고, 따라서 그것에 대항할 효과적인 해결책을 찾기를 바랐다는 사실에 추호의 의심이 있을 수 있을까? 교리에 대한 그들의 신뢰가 가장 완전한 무지에 의해 강요된 것이었을까? 예를 들어 신자들이 페스트가 상선(쥐들이 짐칸에서 뭍으로 기어오르고 이 쥐들마다 페스트균을 옮기는 벼룩들이 들끓는)에 의해 전염되는 줄 알았어도, 불경죄를 저지른 사람의 혀를 잘라내고 종도 치지 않으며, 밝은 색 옷을 입고 관장을 임의로 사용하는 데 자신들의 정력을 쏟는 것이 가장 잘한 일이라고 생각했을까? 이런 딱한 사람들과의 논쟁에서 이기려면 이질적인 '문화적 관점들'이 판치는 땅이 아닌, 현실이라는 산비탈 위에서 난 페니실린이 있어야 했을 것이다.

신앙과 광기

우리는 믿음이 언어 구조와 외견상 드러나는 세계 구조에 긴밀하게 연관되어 있음을 알았다. 우리에게 주어진 '믿음의 자유'는 있다 하더라도 그야말로 최소한이다. 아무 증거도 없는 명제를 우리는 정말로 마음껏 믿을 수 있는가? 아니다. 감각적이든 논리적이든 증거는 믿음이 애당초 세상에 관한 것이었음을 나타내는 유일한 것이다. 우리는 합리적 정당화라곤 없는 믿음들을 가진 사람들을 알고 있다. 그들의 믿음이 사회적으로 보편성을 띨 때 우리는 그들을 '종교적인' 사람이라고 한다. 그게 아닐 경우 그들은 '미쳤다', 혹은 '망상에 사로잡혔다'고 불리어지기 십상이다. 물론 대부분의 신앙인들은 믿음 때문에 대학살을 저질렀다 할지라도 정신만은 온전하다. 그러나 수많은 유대인 청소년들을 죽이면 신이 72명의 처녀를 상으로 내려줄 거라고 믿는 사람과, 켄타우루스 자리의 알파별에 사는 생명체들이 자신의 헤어 드라이기를 통해 세계평화의 메시지를 보내고 있다고 믿는 사람 사이의 차이점은 무엇일까? 확실히 차이점은 있지만 신앙에 희망을 심어줄 만한 차이는 아니다.

아무도 믿지 않는 것을 믿기 위해서는 그것을 믿는 몇 사람이 필요하다. 아무 증거가 없는 개념의 지배를 받는다는 것(따라서 다른 사람과의 대화에서 절대 그 타당성을 인정받을 수 없는)은 정신이 어딘가 잘못되었다는 신호다. 정신이 온전한 사람이 많다는 건 확실하다. 그럼에도 불구하고 모스 부호를 치며 창문을 두드리는 빗방울을 통해 하느님이 당신과 교신한다는 믿음은 정신병이 있다는 증거인 반면, 조물주가 당신의 생각들을 듣는다는 믿음은 우리 사회에서 정상으로 간주된다는 것은 역사적 재해일 뿐이다. 따라서 종교적인 사람들이 일반적으로 미친 것은 아니지만 그들의 핵심 신앙은 절대적으로 미친 것이 맞다. 대부분의 종교는 고대의 무지와 착란이 낳은 몇몇 산물들을, 그것이 원시시대적 진실임에도 불구하고 경전화해서 우리에게 물려준 것에 불과하다. 그로 인해 제정신인 사람이라면 믿을 수 없을 사실을 우리들이 믿게 된 것이다. 사실 종교적 전통의 핵심 저변에 깔린 것보다 정신병적 요소를 더 많이 품고 있는 믿음은 상상하기 어렵다. 오래 전 로마 가톨릭 서품식 전에 수도사들이 서약했던 것으로, 가톨릭 신앙의 토대가 된 고백문 하나를 생각해보자.

> 나는 또한 참되고 지당한 화목의 성사가 산 자와 죽은 자를 위해 드려짐과 영과 신성과 함께 우리 주 예수 그리스도의 몸과 피가 가장 성스러운 성체성사를 통해 진실로 실제로 나타남을, 빵의 실체가 그의 몸으로 변하고, 포도주의 실체가 그의 피로 변함을 고백한다. 그리고 이러한 변화를 가톨릭은 화체(化體)라 부른다. 나는 또한 각각의 빵과 포도주 하에 온전한 전체의 예수 그리스도와 참된 성사가 드려짐을 고백한다.[30]

동정녀에게서 났으며 죽음을 이기고 부활하여 천국으로 간 예수 그리스도를 지금 사람들은 크래커처럼 생긴 빵의 형태로 먹을 수 있다는 것이다. 당신이 즐겨먹는 적포도주에 몇 마디 라틴어만 더해주면 그의 피도 마실 수가 있다. 이러한 믿음을 홀로 고수하는 사람은 미친 것으로 여겨진다는 데 의혹의 여지가 있을까? 아니, 미친 것으로 여겨지는 것이 아니라 완전히 미쳤다는 데 의심을 품을 수 있을까? 종교적인 믿음이 내포하는 위험은 그것이 정상적인 사람으로 하여금 광기의 열매를 거둬들이게 하고 그 열매들을 성스러운 것으로 생각하게 한다는 점이다. 각 세대의 자녀들은 종교적 명제들은 다른 명제들이 거쳐야 하는 정당화의 과정을 거칠 필요가 없다고 교육받기 때문에, 문명화는 아직도 터무니없는 비상식의 공세 아래 놓여 있다. 지금도 우리는 고대 문서 때문에 스스로 목숨을 끊고 있다. 비극적일 정도로 너무나 터무니없는 그러한 일이 가능하리라고 누가 생각이나 했을까?

무엇을 믿어야 하나?

우리가 세상에 대해 가지는 대부분의 믿음은 다른 사람들이 우리에게 그렇게 믿으라고 말했기 때문에 생긴 것이다. 즉, 전문가들의 권위와 일반인들의 신앙고백에 대한 신뢰로 우리의 믿음이 이루어지게 된 것이다. 사실 더 많은 교육을 받을수록 믿음은 우리에게 간접적으로 다가온다. 완전하게 느낄 수 있거나 신학적인 정당화를 제공할 수 있는 명제들만 믿는 사람은 세상에 대해서 아는 것이 거의 없게 될 것이다. 좀더 엄밀히 말해, 그 자신의 무지함 때문에 당장 죽을 일만 없다면 말이다. 높은 곳에서 떨어지는 것이 위험하다는 사실을 당신은 어떻게 아는가? 그런 식으로 죽은 사람을 목격한 것이 아니라면, 당신은 다른 사람의 권위에 의거하여 그 믿음을 받아들인 것이다.[31] 이것은 문제가 되지 않는다. 우리 중 누구든 지식적 용어들로 혼자 일을 처리하기에는 삶은 너무나 짧고 세상은 너무나 복잡하다. 우리는 모르는 사람들의 지성과 정확성에 늘 의지하고 있는 것이다.

그렇다고 해서 모든 형태의 권위가 다 타당하다는 것은 아니다. 최고의 권위마저도 그 신뢰성에 검증이 따라야 한다는 뜻 역시 아니다. 좋은 주장도 있고 나쁜 주장도 있으며 정확한 의견도 있고 부정확한 의견도 있는 것이다. 그리고 우리들은 세상에 대한 기성 믿음을 채택하는 것이 이성적인지 아닌지에 대한 최종 판단을 해야만 한다.

다음과 같은 정보 자료들을 생각해보자.

1) 저녁 뉴스 때 앵커맨이 콜로라도 주에서 대규모 화재가 발생했다고 말한다. 십만 에이커 이상이 불탔지만, 불길은 아직도 완전히 잡히지 않은 상태다.
2) 생물학자들은 DNA가 유성 생식을 위한 분자의 기초라고 말한다. 우리는 부모님의 DNA를 그대로 물려받았기 때문에 그들을 닮는다. 초기 성장단계 동안 팔과 다리를 만드는 단백질을 위한 유전 암호를 DNA가 지정했기 때문에 우리는 팔과 다리를 가지게 되었다.
3) 교황은 예수가 동정녀에게서 났고, 죽은 뒤 육체적으로 부활했다고 말한다. 그는 6일 만에 우주를 창조한 신의 아들이다. 만약 당신이 이 사실을 믿는다면 당신은 죽은 뒤 천국에 가게 될 것이다. 만약 믿지 않는다면 지옥으로 떨어져 영원한 형벌을 받게 될 것이다.

위와 같은 선언들의 차이점은 무엇인가? 모든 '전문가의 의견' 이 똑같이 우리의 관심을 받을 가치가 있는가? 지금까지 우리의 분석으로 볼 때, 3번은 경시하는 반면 1번과 2번에는 어렵지 않게 권위를 부여할 수 있다.

명제 1

우리는 왜 콜로라도 주의 화재를 보도하는 뉴스는 설득력 있다고 보는가? 그 뉴스는 장난일 수도 있다. 그러나 화염에 휩싸인 언덕과 방화재를 살포하는 비행기들을 보여주는 화면이 나온다면 어떨까? 물론 다른 주에서 화재가 발생한 것일 수도 있다. 아마 실제로 화재가 일어난 곳은 텍사스 주일지도 모른다. 그럴 가능성을 생각하는 것이 이성적인가? 아니다. 왜냐고? 그 점에서는 '상식' 이라는 말이 제 역할을 한다. 인간의 마음에 대한 우리의 믿음, 우리 사이에 널리 보급되어 있는 다른 인간과의 성공적인 협력, 우리가 뉴스를 신뢰하는 정도에 대해 생각해 볼 때, 최고의 텔레비전 방송국과 고액 연봉을 받는 앵커맨이 악의적인 장난을 친다거나 수많은 소방관, 취재기자, 공포에 질린 집주인들이 콜로라도를 텍사스로 오인했을 거라는 상상은 좀처럼 하기 힘들다. 그러한 상식적 판단에는 세상에 존재하는 다양한 과정들, 각각 다른 결과들이 일어날 가능성, 우리가 지금 고려하는 선언을 만들어낸 사람들이 특권을 갖고 있는지 아닌지 등 사실 사이의 우연한 관계에 대한 이해가 내재한다. 전문 뉴스 앵커가 콜로라도에서 발생한 화재에 대해 거짓말을 해서 좋을 일이 무엇이 있겠는가? 이 점은 상세히 논할 필요도 없다. 저녁 뉴스의 앵커가 콜로라도에서 화재가 일어났다는 보도를 하고 불타는 나무들을 찍은 화면을 보여준다면, 실제로 콜로라도에 불이 났다는 사실을 우리는 이성적으로 확신할 수 있는 것이다.

명제 2

과학의 '진실'은 어떨까? 그것은 진리일까? 과학 이론들의 생득적인 임시성에 대해서 씌어진 글들은 많다. 칼 포퍼는 우리는 이론이 옳다는 것은 절대 증명할 수 없고, 다만 그것이 틀리다는 것을 증명하지 못할 뿐이라고 말했다.[32] 토마스 쿤 *Thomas Kuhn*은 매 세대마다 과학 이론들은 대대적인 수정을 겪어야 했기에 진실에 집중하지 못했다고 말했다.[33] 내일이면 우리의 현재 이론들 중 어느 것이 틀렸다고 밝혀질지 알 수 없으니, 그 이론들을 얼마나 확신할 수 있을 것인가? 이런 개념들을 지지하는 경솔한 사람들은 과학은 인간 담론의 한 영역일 뿐이며, 따라서 문학이나 종교 이상으로 이 세상의 사실들에 안착해서는 안 된다는 결론을 내렸다.

그러나 모든 영역의 담론들이 같은 기반을 요하지는 않는다는 간단한 이유 때문에, 담론의 모든 영역들이 같은 기반(혹은 그 어떤 기반이라도)에 있지는 않다. 과학은 세상에 대한 우리의 선언이 진실함(아니면 적어도 틀리지는 않음)을 증명하려는 노력이 발현된 것이다.[34] 기존의 과학 이론이 틀렸을지도 모른다고 말하는 것은, 모든 점에서 틀렸다거나 혹은 다른 이론이 옳을 가능성을 나타내는 것은 아니다. DNA가 유전형질의 기초가 아닐 가능성은? 만약 그렇다면 대자연이 그에 대한 많은 이유들을 갖고 있을 것이 확실하다. 대자연은 인자형(genotype)과 표현형(phenotype)간의 믿을만한 상호 관계들(특수 유전 돌연변이들의 재생산 가능한 결과들을 포함한)을 입증해왔던 지난 50년 동안의 실험 결과들을 설명해야만 할 것이다. 현존하는 분자 생물학 가설들을 뒤엎는 그 어떤 유전형질 이론이라도 기존의 가설들을 지지하고 있는 수많은 자료들에 대해서 속 시원한 해명을 해야만 할 것이다. DNA가 유전형질과는 전혀 관계가 없다는 사실을 발견하게 될 날이 올 가능성은? 그럴 가능성은 사실상 제로다.

명제 3

교황의 권위는 믿을 수 있는가? 물론 수많은 가톨릭 신자들은 그럴 것이다. 사실상 그는 절대 무류다. 우리는 자신이 무엇을 말하고 있는지 교황이 알고 있다는 사실을 믿는 가톨릭 신자들이 틀렸다고 정말로 말할 수 있는가? 확실히 그럴 수 있다.

우리는 교황이 가진 핵심 신앙의 진실성을 입증하는 그 어떤 충분한 증거도 없다는 사실을 안다. 20세기에 태어난 사람이 예수가 실제로 처녀에게서 태어났다는 사실을 어떻게 알겠는가? 초자연적이거나 혹은 반대 방식의, 그 어떤 추론 과정이 한 갈릴리 여인의 성(性)역사에 대해 반드시 알아야 할 사실(잘 알려진 인간 생물학적 사실들과는 완전히 상반되는)들을 전달할 수 있겠는가? 그런 과정은 없다. 예수의 잉태 가능성이 예상되는 몇 달 동안 하루 종일 따라다니며 마리아를 감시할 용의가 없다면 타임머신조차도 우리에게 도움을 줄 수 없다.

우리들의 시각 경험은 역사적 사실들에 대한 의문점에 충분한 대답을 주지 못한다. 교황이 다빈치의 붓에서부터 예수가 살아있는 듯 그에게 다가오는 꿈을 꾸었다고 하자. 교황은 꿈에 나온 예수가 정말 예수였다고 말할 수도 없다. 교황이 아무리 많은 꿈과 환상을 보았다하더라도 그의 무류성은 역사적인 예수가 정말 신의 아들이었는지, 동정녀에게서 났는지, 혹은 죽은 자를 살릴 수 있는지는 고사하고, 그가 턱수염을 길렀는지조차 정확한 판단을 내릴 수 없다. 그런 것들은 영적 경험이 입증할 수 있는 명제들이 아니다.

물론 우리는 교황의 환상이나 우리 자신의 환상에 신뢰를 부여하는 시나리오 하나를 상상할 수 있다. 만약 예수가 나타나 "바티칸 도서관에는 정확하게 3만 7,226권의 책이 있다."고 말했는데 그것이 옳음이 밝혀지면, 우리는 최소한 세상이 돌아가는 방식에 대해 말할 수 있는 누군가와 대화하고 있다고 느끼기 시작할 것이다. 교황의 환상이라는 마취제로부터 끌어내려진, 충분한 숫자의 증명 가능한 주장들을 생각해 볼 때, 우리는 예수가 했을 그 어떤 주장에 대해서도 진지한 대화를 시작할 수 있다. 요점은, 그의 권위가 늘 도출되어 온 유일한 방식으로(폭넓은 관찰에 의해서 증명될 수 있는 주장에 의해) 또다시 도출될 수 있다는 점이다. 명제3에 관한 한, 교황이 성경 그 자체 말고는 내세울 게 없다는 점은 매우 명백하다. 성경이 씌어졌던 당시에 널리 유행했던 증거의 수준을 생각할 때, 성경은 그의 믿음을 정당화하는 충분한 근거가 아니다.

훨씬 발전된 우리 신앙의 자유는 어떤가? 그것은 언론이나 생물학적 믿음의 자유와는 다르다. 그리고 대중매체가 거대한 방화 음모를 꾸미고 있다거나, 분자 생물학이 완전히 틀린 것으로 밝혀질 이론에 불과하다고 믿는 사람이 있다면 그는 바보로 여겨질 정도의 자유를 실행한 셈이다. 이 세상에서 일어나는 무력 분쟁들의 가장 근본적인 원인 중 하나로 남아 있는 한, 종교의 광기가 우리의 담화에서 더한 불명예도 감수해야만 한다. 당신이 이 구절의 마지막을 읽기도 전, 신에 대한 타인의 믿음 때문에 누군가가 죽음을 당할지도 모를 일이다. 우리는 아마도 우리의 이웃들에게 종교의 차이들을 유지하기 위한 보다 나은 이유들(만약 그런 이유들이 존재한다면)을 가질 것을 요구하게 될 것이다.

우리는 우리의 경전에 정말로 무엇이 담겼는지에 대해, 현대의 소심한 이단들(게이와 레즈비언 목사들, 공개 처형에 대한 흥미를 잃은 이슬람 성직자들, 성경을 끝까지 읽어본 적이 없는 선데이 크리스천)이 없는 곳에서 자유롭게 말하기 시작해야 한다. 그러한 경전들과 역사에 대해 자세히 연구해 보면, 경전에 의해 정당화될 수 없거나 명령될 수 없을 정도로 끔찍한 잔혹 행위는 없다는 것이 입증된다. 신의 영광을 위한 맹목적 살인을 피하려면 정전으로서의 자격에 대해 한 번도 의심을 받은 적이 없는 구절들은 요리조리 피해 다니는 수밖에 없다. 버트런드 러셀*Bertrand Russel*은 다음과 같은 견해를 통해 그 점을 확실히 했다.

> 멕시코와 페루를 정복했던 스페인사람들은 인디언의 아기들에게 세례를 주고는 즉시 머리를 박살내버리곤 했다. 그렇게 함으로써 그들은 아기들의 천국행을 보장했던 것이다. 이루 헤아릴 수 없이 많은 방식으로 기독교식 개인 영생 교리는 윤리 면에서 참담한 결과를 초래했다.[35]

신앙이 동기가 되어 타인을 위해 자신을 희생하는 숭고한 행위를 하는 사람들이 많다는 것은 사실이다. 개발도상국의 빈민들이 현지에서 활동하는 기독교 선교사들로부터 받는 원조는 종교적 믿음이 아름답고도 필요불가결한 행위들로 이어질 수 있음을 입증한다. 그러나 그러한 자기희생에는 종교가 제공하는 것보다 훨씬 고상한 이유들이 있다. 많은 사람들로 하여금 선한 일을 하도록 동기부여를 하는 것이 신앙이라는 사실이 신앙 그 자체가 선을 위한 필수적인 혹은 선한 자극제라는 뜻은 아니다. 우주만물의 본질에 대해 거짓말 같은 엄청난 개념들을 믿지 않고서도 타인을 위해 목숨을 바치는 것은 지극히 가능하거나 이성적이기까지 하다. 이와 대조적으로, 인간성에 반하는 가장 악마 같은 범죄들은 늘 정당성을 인정받지 못한 믿음에 의해 고무되어왔다. 이것은 거의 자명한 일이다. 평화적인 사람들을 무차별적으로 살상하는 일에 훌륭한 이유라곤 없기 때문에 대량 학살계획은 그 일을 도모하는 사람들의 합리성을 반영하지 못한다. 그러한 범죄들이 비종교적인 목적으로 행해진 곳에서도, 그들은 터무니없을 정도로 고지식한 믿음이 전체 사회에 형성될 것을 요구해왔다. 스탈린과 마오쩌뚱 치하에서 죽어간 수많은 사람들을 생각해보라. 그런 독재자들이 합리성에 영합하는 사탕발림 발언을 했다 해도, 공산주의는 정치적인 종교에 불과할 뿐이었다.[36] 억압과 공포를 조장하는 공산주의 조직의 중심에는 여러 세대에 걸쳐 수많은 사람들이 그것을 위해 희생당해온, 경직된 이데올로기 하나가 도사리고 있다. 비록 그 믿음이 이 세상의 범위를 벗어나지는 않았지만 그들은 사교적(邪敎的)이고 불합리했다. 일례로 리센코(Lysenko : 구소련의 생물학자로 자신의 학설을 내세워 과도한 정치활동을 하며 강력한 영향력을 발휘했음 – 옮긴이)가 멘델과 다윈의 '자본주의' 생물학과는 구별되는 '사회주의' 생물학을 독단적으로 수용함으로써, 20세기 초반 소련과 중국에서는 수천만 명이 굶어죽게 되었다.

다음 장에서 우리는 신앙 역사상 가장 참혹하고도 암울했던 두 가지 사건, 즉 '종교 재판'과 '유대인 대학살'에 대해 살펴보려 한다. 그토록 많은 평범한 남녀들이 신에 대한 믿음 때문에 발광했던 다른 사례가 없기 때문에 나는 전자를 사례 연구로 택했다. 이성이 그토록 철저히 파괴되고 그로 인한 결과가 그처럼 끔찍했던 사례는 어디에도 없었다. 일반적으로 종교적인 이유와는 거리가 먼 사건으로 간주되기에 유대인 대학살도 이 점에서 적절하다. 그것은 비종교적인 사건이 아니었다. 하나하나씩 벽돌을 쌓아 대학살용 화장터를 지었던, 오늘날도 기세가 여전한 반유대주의는 기독교 신학을 통해 우리에게 다가온다. 고의든 아니든, 나치는 종교의 대행자였다.

CHAPTER 03

신의 그림자

아무런 사전 경고도 받지 못한 채 당신은 재판 전에 체포되었다. 당신은 천둥을 일으켜 마을의 농작물들을 망쳐놓았는가? 악마의 눈빛으로 이웃을 죽였는가? 예수 그리스도가 성체성찬 때 현신(現身)한다는 사실을 의심하는가? 당신은 곧 이러한 심문들에 대해서 그 어떤 변명의 여지도 없다는 사실을 깨닫게 될 것이다.

당신은 당신을 고발한 사람들의 이름조차 듣지 못한다. 그러나 그들이 누구인가는 별로 중요하지 않은데, 비록 지금 당신에 대한 고발을 철회한다 해도 결국 그들은 위증죄로 처벌받게 될 것이기 때문이다. 정의라는 기계에는 신앙이라는 기름칠이 너무나 잘 되어 있어서 그런 사실이 영향을 끼치지 못한다.

그러나 당신에겐 일종의 선택권이 있다. 죄를 시인하고 공범자의 이름을 대는 것이다. 그렇다. 당신에겐 공범자가 있었음에 틀림없다! 당신의 범죄에 다른 사람이 연루되지 않는 이상 그 어떤 자백도 받아들여지지 않을 것이다. 당신과 당신이 선택한 세 명의 지인들은 산토끼로 변해서 악마와 어울린 일이 있었을지도 모른다. 발을 부수도록 설계된 형구인 쇠 장화의 광경이 생생한 기억으로 다가온다. "그렇습니다. 프리드리히, 아서, 그리고 오토 역시 마법사입니다.", "그놈들의 아내는?", "전부 마녀입니다."

이제 당신은 죄의 경중에 따라 형벌을 결정 받아야 할 때다. 채찍질, 도보 성지순례, 재산 몰수, 아니면 장기 투옥이나 종신형을 선고받을지도 모른다. '공범자'들은 곧 검거되어 고문을 받을 것이다.

아니면 계속 결백을 주장할 수도 있는데, 그 편이 확실히 진실에 가깝기는 하다. 어쨌든 천둥을 치게 만드는 사람은 보기 드문 사람이니까. 그에 대한 보답으로 간수는 말뚝에 묶여 화형을 당하기 전까지 당신을 인간 고통의 극한으로 안내할 것이다. 당신은 거듭되는 구타와 굶주림, 고문과 함께 몇 달이나 몇 년을 완전한 암흑 속에 갇혀 지낼 수도 있다. 엄지손가락이나 발가락을 죄는 형틀을 차거나, 서양 배처럼 생긴 바이스(물체를 끼워서 고정시키는 공구 장치 – 옮긴이)를 입, 질이나 항문 등에 집어넣어 고통의 한계점에 이르기까지 강제로 벌리도록 만든다. 어깨가 탈구된 채, 스트라페이도(Strappado : 도르래에 연결되어 손은 등 뒤로 묶이고 발에는 무거운 추들을 차는 형벌 – 옮긴이)를 받기 위해 천장에 매달릴 수도 있다. 이 경우 종종 사망에까지 이를 수 있는 스쿠아세션(Squassation : 스트라페이도를 당하는 상태에서 갑자기 바닥으로 내동댕이쳐지는 형벌 – 옮긴이)이 더해질 수도 있는데, 그래도 말뚝 위에서 겪을 지옥의 고통은 면하는 셈이다.[1] 만약 당신이 운이 없어 재판 시의 고문이 잔혹성의 새로운 경지를 개척한 스페인 땅에서 태어났다면, 당신은 '스페인 의자'에 앉아야 할지도 모른다. 목과 사지를 단단히 묶어두기 위한 차꼬가 달린 쇠로 된 의자 말이다. 당신의 영혼을 위해, 맨발 아래에서는 활활 타는 석탄이 든 화로가 놓여 천천히 발에 열기를 가한다. 이때 살이 너무 빨리 타는 것을 막기 위해 살 위로 끊임없이 기름이 발라진다. 아니면 쥐들로 가득 찬 큰 솥을 벌거벗은 배 위에 거꾸로 엎어둔 채 당신을 의자에 묶는다. 솥에까지 열기가 가해지면, 쥐들은 출구를 찾아 당신의 배를 뚫어대기 시작할 것이다.[2]

고문관들에게 자신이 정말 이단이나, 마법사, 혹은 마녀라고 인정한다면 재판관 앞에서 자신의 진술에 대한 확증을 해야 한다. 그러나 이때 말을 뒤집거나 고문 때문에 강제로 자백을 당했다고 주장한다면 다시 한번 고문실로 가거나 아예 말뚝으로 직행해야 할 것이다. 일단 유죄판결이 내려진 뒤 죄를 뉘우치는 모습을 보이면 그 동정심 많고 유식한 사람들, 게다가 당신의 영혼에 대해 끝없이 염려하는 그 사람들은 화형 집행용 장작에 불이 붙기 전에 질식사할 수 있는 친절함을 당신에게 베풀어 줄 것이다.[3]

중세의 교회는 군중이 모여 일제히 돌을 던지는 처형법에서부터 산 채로 불태우는 화형에 이르기까지, 이단을 뿌리째 뽑을 수 있는 다양한 수단을 제시해주기에 성경은 충분히 훌륭한 책이라고 생각하는데 주저하지 않았다.[4] 문자 그대로 보면 구약은 이단들을 죽일 수 있도록 허용할 뿐 아니라 그렇게 할 것을 요구한다. 그런 신성한 임무를 기꺼이 수행하려는 폭도들을 발견하는 일이나 교회의 권위를 바탕으로 결백하게 그런 행동을 저지르는 일은 결코 어렵지 않았다.

유럽 각국 언어들로 씌어진 성경을 소지하는 것은 여전히 엄중한 죄였다.[5] 사실 성경은 16세기 전까지만 해도 일반 대중이 쉽게 손에 넣을 수 없었다. 일찍이 언급되었다시피, 신명기는 신자들로 하여금 이방 신에게 호의를 표하는 자는 심지어 가족이라도 살인하라고 노골적으로 강요하기 때문에, 모든 종교 재판관의 법규집으로는 안성맞춤이었다. 극소수의 사람만이 실행에 옮겼던 전체주의에 특출한 재능을 보이는 신명기의 저자는 그러한 종교적 살인에 참여하는 일에 지나치게 까다롭게 구는 자는 누구든 역시 죽이라고 요구한다. (신명기 17:12~13)[6]

> 온 이스라엘이 그 말을 듣고 두려워할 것이다. 그리하여 이런 나쁜 짓을 하는 자들이 너희 가운데 다시는 없게 하여야 한다. 너희 하느님 야훼께서 너희에게 살라고 주시는 성읍들 가운데 어느 한 군데서라도 이런 소문이 나돌 것이다. 너희 가운데 패륜아들이 나타나 너희가 일찍이 알지 못했던 다른 신들을 섬기러 가자고 선동한다는 소문이 나돌 것이다. 그런 소문이 나돌거든 너희는 샅샅이 조사해 보고 잘 심문해 보아 그것이 사실임이 드러나면 그같이 역겨운 일을 너희 가운데서 뿌리뽑아야 한다. 그 성읍에 사는 주민을 칼로 쳐죽여야 한다. 그 성읍과 그 안에 있는 모든 것을 말끔히 없애버려야 한다. 거기에 있는 가축도 칼로 쳐죽이고 모든 전리품을 장터에 모아놓고 그 전리품과 함께 온 성읍을 불살라 너희 하느님 야훼께 바쳐야 한다. 그리고 언제까지나 폐허로 남겨두고 다시 세우지 마라. (신명기 13:12~17, 공동번역)

여러가지 이유들 때문에 교회는 마지막 명령은 무시하는 경향을 보였다. 이단의 재산들을 불사르라는 명령 말이다.

아무리 사소한 구절이라도 구약의 모든 법을 준수하라는 요구 외에,[7] 요한 복음 15:6에서 예수는 이단과 불신자들을 죽이는 관습에 대해 좀더 순화된 개선안을 내놓은 듯하다. "나를 떠난 사람은 잘려나간 가지처럼 밖에 버려져 말라버린다. 그러면 사람들이 이런 가지를 모아다가 불에 던져 태워버린다." 물론 예수의 말을 비유적으로 해석할 것인지는 우리가 판단할 일이다. 그러나 성경이 가지는 문제는 가능한 해석(대부분의 문자적 해석을 포함하여) 중 상당부분이 신앙을 지키기 위한 대학살을 정당화하기 위해 사용될 수 있다는 점이다.

종교 재판은 교황 루시우스*Licius* 3세가 다스리던 1184년에, 대중의 인기를 끌던 카타리파(Catharism : '순수한 사람들'을 뜻하는 그리스어 katharoi에서 유래된 것으로, 중세 유럽에서 번창했던 금욕적이고 이원론적인 그리스도교의 일파 – 옮긴이) 운동을 분쇄하기 위한 목적으로 시작되었다. 카타리파는 물질세계가 사탄에 의해 창조되었기에, 태생적으로 악할 수밖에 없다고 믿었다. 카타리파는 금욕생활을 하는 성직자인 페르펙티*Perfecti*와 그들을 존경하는 평신도인 크레덴테스(credentes : '믿는 자들'이라는 뜻)로 구분되어 각각의 영역을 지켰다. 페르펙티는 고기나 달걀, 치즈나 기름 종류는 입에 대지 않았으며 여러 날을 금식하며 엄격한 금욕생활을 지켜나갔고 일체의 개인적인 부도 거부했다. 페르펙티의 삶은 너무나 금욕적이고 엄격하여, 제멋대로 살아온 대부분의 크레덴테스들은 임종 때에 이르러서야 겨우 페르펙티와 합류할 수 있었다. 성 베르나르(Saint Bernard)는 교회 교리로 이 금욕주의 교리와 대항하기 위해 노력했으나 실패로 끝났는데, 그 실패의 원인에 대해 그는 다음과 같이 언급했다.

"카타리파의 주장에는 그 어떤 점도 비난받을 만한 것이 없다. 그리고 그들은 자신들의 말을 행동으로 증명한다. 이 이단의 윤리로 말할 것 같으면 아무도 속이지 않고, 그 누구도 억압하지 않으며, 사람을 치는 법도 없다. 금식을 일삼아 뺨은 창백하고, (중략) 생계를 위해 손은 노동한다."[8]

사실 세계 창조에 관한 일부 비정통적인 믿음을 제외하고는 이 사람들에게 잘못된 점이란 없어 보인다. 그러나 이단은 이단이다. 성경이 한 점 오류 없는 신의 말씀을 그대로 담은 책이라고 생각하는 사람이라면 왜 이 사람들이 죽임을 당해야 하는지 이해할 것이다.

종교 재판은 초기에는 다소 온건한 성격을 띠었지만(자백을 받아내기 위한 고문은 1215년 제4회 라테라노 공의회 전까지는 '공식적'으로 인가되지 않았다) 그 흐름을 바꾸기 위해 공모된 두 개의 사건이 발생하게 된다. 그 첫 번째는 1199년 교황 이노센트 3세가 유죄가 입증된 이단들의 모든 재산이 교회에 귀속될 것임을 공고했을 때였다. 교회는 그 재산을 지방 관리들과 고발자 모두에게 '정직함에 대한 보상'으로 분배해주었다. 두 번째는 도미니크 수도회의 흥기였다.[9] 당시 가톨릭의 모든 훌륭한 신념들을 대변하며 성 도미니크는 이렇게 선언했다. "오랜 세월 동안 나는 너그러운 마음으로, 너희들을 위해 설교하고 기도하고 울어주었지만 헛일이었다. 그러나 옛 속담에 '은혜를 모르면 매가 최고다'라는 말이 있다. 우리는 아아, 우리와 대적하여 각 나라와 열방에 군사를 일으킬 너희 영주들과 성직자들에 맞서 분기할 것이다."[10] 성인(聖人)은 다양한 모습으로 나타나는 것 같다. 탁발 수도사들로 구성된 도미니크 수도회의 설립과 함께, 종교 재판은 열정적으로 작업을 개시할 태세를 갖추었다. 당시의 일반적인 야만성으로 인해 역사 이야기들이 주는 공포에 단련되지 않으려면, 종교 재판이라는 죄를 저지른 고문관, 정보 제공자, 그들을 지휘하는 사람들은 모두 성직자들이었음을 기억해야 한다. 그들은 신의 사람들 즉 교황, 추기경, 수도사였던 것이다. 그들은 핏대를 세우며 비난할 만한 죄가 없는 자들은 깨우쳐주고, 아픈 이들은 치유해주는 신약의 예

수 그리스도에게, 행동은 아닐지라도 말로는 자신의 삶을 바친 사람들이
었다.

> 1234년 성 도미니크의 시성(諡聖 : 복자를 성인으로 추대함 – 옮긴이)이 마침
> 내 툴루즈에서 선포되었을 때의 일이다. 포가의 레이몬드(Raymond du
> Fauga) 추기경은 저녁식사를 위해 손을 씻던 중 고열에 시달리던 한 노파
> 가 근방에서 카타리파 의식을 치르려한다는 소문을 들었었다. 추기경은
> 그녀가 누워있는 침대로 단걸음에 달려가 믿음을 심문하고 나서 그녀를
> 이단이라고 비난했다. 추기경은 믿음을 버리라고 노파에게 명령했다. 그
> 녀는 거절했다. 이에 추기경은 그녀가 누워 있는 침대를 들판으로 끌고
> 나가 거기서 그녀를 불태워 죽였다. 그리고 추기경과 수도사들과 그들의
> 벗들이 일이 끝나는 것을 본 다음, 수사 기욤 _Guillaume_ 은 이렇게 적었
> 다. '다시 식당으로 돌아가 하느님과 성인 도미니크에게 감사의 기도를
> 드린 뒤 준비된 음식을 즐겁게 먹었다.' [11]

이웃을 사랑하고 한쪽 뺨을 맞으면 다른 쪽 뺨을 대라는 예수의 기본
가르침을 교회가 어떻게 살인과 약탈의 교리로 변형시켰는지에 대한 의
문은 그야말로 이해할 수 없는 수수께끼로 느껴질 것이다. 그러나 그것
을 전혀 수수께끼가 아니다. 공존 불가능한 다양한 목적들을 정당화하는
성경의 이질성과 명백한 자기모순은 가장 우선시 되는 문제가 아니다. [12]
확실한 범인은 신앙 교리 그 자체다. 사람이 증거도 없이 어떤 명제(불신
자는 지옥으로 가고, 유대인은 아기들의 피를 마신다 등)가 진실임을 믿을 때,
그는 그 어떤 일도 할 수 있게 된다.

종교 재판이 악명을 떨치면서 용의자와 유죄 판정이 계속 이어지게 된
것은 피의자로부터 자백을 받고 증인의 증언을 강요하기 위해, 죄를 자

백한 이단자가 범행에 연루된 사람들의 이름을 발설하게 하려는 회유책으로 고문을 도입하고 관례화하면서부터였다. 고문 행위가 정당성을 인정받은 것은, 사람의 법을 어긴 사람에게 고문이 적합한 벌칙이라면 하느님의 법을 어긴 사람에게는 더 말할 것도 없다고 생각한 성 아우구스티누스로부터였다.[13] 중세 기독교인들이 실행했던 재판상의 고문은 그들 신앙의 마지막 광기를 반영한 것에 불과했다. 그러한 광기어린 방법으로 진실을 얻을 수 있다고 생각하는 그 자체가 기적처럼 보인다. 1764년 볼테르가 쓴 것처럼 말이다. '사람들이 이런 멍에를 참고 져야만 한다는 것은 이해할 수 없는 일로, 여기에는 무언가 신성한 점이 있음이 확실하다.'[14]

동시대의 스페인식 이단 화형(이단자가 판결을 받은 뒤 공개적으로 화형에 처해지는)은 그 절정을 보여준다. 스페인의 종교 심판은 찰스 다윈 *Charles Darwin*이 비글 *Beagle*호 항해에 나서고, 마이클 페러데이 *Micheal Faraday*가 전기와 자기 사이의 관계를 발견했을 무렵인 1834년(마지막 이단 화형식은 1850년 멕시코에서 있었다)까지도 이단 박해를 멈추지 않았다.

유죄판결을 받은 자들은 즉시 처형 장소인 리베리아 *Riberia*로 옮겨졌는데, 그 곳에는 화형에 처해질 죄수들 숫자만큼의 말뚝들이 박혀져 있었다. 교회를 부정하고 사교에 빠져든 자들은 먼저 질식부터 시킨 뒤 불태운다. 이단 신앙을 자백한 자가 사다리를 타고 말뚝 위로 올라가면, 예수회 수사들은 그를 향해 몇 차례나 반복하여 교회로 돌아올 것을 권고한 뒤 영원한 파멸을 선언하는데, 이렇게 하여 고통으로 끌고 가기 위해 접근하는 악마의 손에 그를 넘긴다. 이 때 커다란 함성 소리가 들린다. "저 개에게 수염을 만들어줘라!" 이를 위해 긴 막대기에 가시금작화 다발을 동여매서 불을 붙인 뒤 죄인의 수염 쪽으로 뻗으면 곧 그의 얼굴은 검게

타들어가고 이를 보는 군중들의 기쁨의 환성은 최고조에 달한다. 마침내 죄인이 묶인 말뚝 제일 아래에 쌓인 가시금작화 더미에 불이 붙기 시작하는데, 너무 높이 묶여 있어 화염이 그가 앉아 있는 자리 이상으로 올라오지 못하기 때문에 그는 불에 태워진다기보다는 구워진다는 편이 어울린다. 이보다 더 슬픈 광경은 없는데다, 죄인은 마지막 순간까지 "신의 사랑에 실망이오!"를 외치지만, 이 장면을 지켜보는 모든 남녀노소들은 기쁨과 만족에 겨워 어쩔 줄을 모른다.[15]

프로테스탄트 개혁자들은 여러 면에서 로마 교황청과의 관계를 청산했지만, 인간을 대하는 그들의 방식은 수치스럽기 짝이 없었다. 공개 처형은 그 어느 때보다 성행했다. 이단들은 여전히 한줌 재로 변해갔고, 학자들은 주제넘은 이성을 보여주었다는 이유로 고문당하고 죽임 당했으며, 간음한 자들은 양심의 가책도 느끼지 못하고 살해당했다.[16] 윌 듀란트 *Will Durant*는 이 같은 모든 사실에서 건져낼 수 있는 교훈 하나를 다음과 같이 멋지게 요약했다. '편협함은 본래 강한 신앙과 일맥상통한다. 관용은 신앙의 확신을 잃을 때만 생겨난다. 확신이란 매우 위험한 것이다.'[17]

이 말에서 우리가 당황할 만한 점은 없다. 영원히 지옥 불에 타죽을 운명인 사람들을 화형에 처하는 일은, 사랑하는 사람이 똑같은 운명을 당하지 않도록 보호하려면 치러야 할 작은 대가일 뿐이다. 이성과 신앙 간의 자유로운 결합(이성적인 남녀가 비이성적인 믿음의 내용에 자극을 받을 수도 있는)은 위로는 혼란과 위선의 절정이, 아래로는 심판관의 고문이 기다리고 있는 위태로운 절벽으로 사회를 몰아넣는다.

마녀와 유대인

역사적으로 볼 때 교회로부터 특별히 언급될 가치가 있다고 지목된 두 그룹들이 있었다. 이러한 의미에서 마녀들은 특별한 관심의 대상이었는데, 중세 유럽에 마녀 따위는 절대 존재하지 않았을 것 같기에 마녀들을 박해하기 위해서는 유례없는 고지식한 믿음이 필요했기 때문이다. 비밀 집회를 열고, 사탄과 약혼하며, 집단 섹스나 식인 풍습에 빠져들고, 이웃 사람과 농작물과 가축에게 주문을 거는 반체제 이교도들의 마법집회는 없었다. 그러한 개념들은 민간전승이나 생생한 꿈, 그리고 완전한 작화증(作話症 : 근거 없는 사실을 꾸며내어 말하는 정신병 증상 – 옮긴이)의 산물이었고, 너무나 견디기 힘든 고문 때문에 날조된 자백으로 인해 확증되었다. 반유대주의는 명백한 신학적 근거와 감내해야 했던 부당대우의 모든 방면에서 흥미를 끈다. 기독교의 가르침에서 보면, 유대인은 웬만한 이단보다도 훨씬 나쁜 사람들이다. 그들은 예수 그리스도의 신성을 노골적으로 무시했다.

기독교 역사 전체를 통틀어 마녀와 유대인에게 가해진 오명들 중에는 희한한 유사점(둘 다 기독교인의 유아들을 죽이고 그 피를 마신 혐의를 받았다)[18]이 있었지만, 그들의 사례는 매우 독특하다. 분명 마녀는 존재하지 않았지만 그 때문에 죽은 사람의 숫자는 300년이 넘는 박해의 역사 동안 4만에서 5만 명을 헤아린다.[19] 반면 유대인은 거의 2,000년 동안 기독교인들과 바로 이웃하여 살면서도 자신들만의 신앙을 지켜왔으며, 본질적이지 않은 이유들 때문에 주후 1세기 이래 부활 신앙은 위험하고 맹목적인 편협의 대상이 되어왔다.

마녀 사냥 이야기는 대부분 면에서 종교재판 내내 널리 확산된 이단 박해를 닮았다. 고발에만 의존하는 감금, 자백을 강요하기 위한 고문, 공범들이 거명되기 전까지는 받아들여지지 않는 자백, 천천히 진행되는 화형, 이어지는 새로운 피의자들의 검거. 다음의 일화는 그 전형적인 사례다.

> 1595년 콘스탄스 근처 마을에 사는 한 노파는 축제일에 열린 주민 행사에 초청을 받지 못했다. 화가 난 노파는 뭔가를 계속 중얼거리면서 들판을 지나 언덕을 향해 걸어갔고 때마침 누군가가 그녀를 보았다. 두 시간 뒤 거센 폭풍우가 몰아쳐 춤추던 사람들이 흠뻑 젖었으며 작물은 경미한 피해를 입었다. 마법을 부렸다는 의혹을 받은 그 노파는 붙잡혀 감금되었으며, 구덩이 하나를 술로 채워 막대로 저음으로써 폭풍우를 일으킨 혐의로 고발되었다. 자백하기 전까지 그녀는 고문을 당하다가 다음 날 저녁 산 채로 화형에 처해졌다.[20]

동네주민들이 의기투합하여 이웃을 마녀로 몰게 된 원인들을 추론하기는 어렵다 해도, 여기에 마녀의 존재에 대한 믿음이 전제되어 있음은 명백하다. 그러나 사람들이 정확하게 믿은 것은 도대체 무엇이었을까? 그들은 이웃이 악마와 섹스하고, 빗자루를 타면서 야간비행을 즐기며, 고양이나 토끼로 변신하고, 사람고기를 먹는다고 믿었던 것 같다. 더욱 중요한 것은 그들은 말레피시움(Maleficium : 다른 사람에게 해를 끼치는 마법)의 존재를 철저하게 믿었던 것이다. 짧고 어려운 생애 동안 닥칠 수 있는 많은 질병들이 만연했던 가운데, 중세 기독교인들은 이웃이 주문을 걸면 자신의 건강이나 재산에 피해가 닥칠 것을 특히 염려했다. 과학의 출현, 그리고 그로 인한 환상적인 잔혹성의 표출만이 그런 사고를 물리칠 수 있었다. 우리는 질병의 원인에 대한 온갖 억측들을 잠재웠던 병균 이론이 나타난 때가 겨우 19세기 중반이었다는 사실을 기억해야 한다.

이런 종류의 마법은 주술에 사로잡혔던 우리의 원시시대 조상들로부터 물려받은 것임에 틀림없다. 예를 들어 뉴기니의 포어 *Fore* 부족은 열광적인 축제 후, 마법을 부린 혐의를 받고 있는 사람에 대한 무시무시한 복수 행사를 거행했다.

> 공회 참가 후 포어 사람들은 마법사로 여겨지는 사람들을 잡아들여 죽였다. 마법사 사냥에 나선 사람들은 투카부 *tukabu* 라 불리는 특별한 공격법을 사용했다. 신장을 찢어발기고, 돌도끼로 생식기를 박살내며, 넓적다리뼈를 부수고, 목을 물어뜯어 숨통을 끊어놓고, 대나무 가시를 혈관에 쑤셔 박아 유혈이 낭자하도록 했다.[21]

각각의 행위들이 형이상학적 의미를 띠고 있음에는 의심의 여지가 없다. 이런 행위는 적어도 1960년대까지 포어에서 흔했던 것으로 보인다. 인간의 무지가 빚어낸 이 끔찍한 촌극은 분명한 사실 하나를 보여준다. 포어 사람들이 보여준 행동은 그들 속에 있는 마법사가 옮긴 것이 아니라, 죽은 사람의 몸과 뇌를 먹는 그들의 종교 의식 때문에 발병한 전염성 쿠루병(kuru : 치명적인 뇌 해면상 병변)이 원인이었을 뿐이다.[22]

중세와 르네상스 시대를 통틀어 질병이 악마와 흑마술에 의해 감염될 수 있다는 것은 명백한 사실이었다. 건장한 남자를 죽이고 그 말의 목을 부러뜨린 죄(고문 하에서 자백을 강요당한 행위들)로 고발된 연약한 노파들에 대한 이야기들이 많은데, 당시 그 죄를 믿기 어렵다고 생각한 사람은 거의 없었다. 죄인에게 가해진 무자비한 고문조차도 해괴한 합리성이 부여되었다. 자비를 구하는 죄인의 울부짖음에도 불구하고, 악마는 그의 신도가 고통을 느끼지 못하도록 만든다고 믿어졌다. 수세기에 걸쳐 못생기고, 늙고, 남편을 여의었거나 정신병을 앓는다는 죄로 수많은 남녀들이 유죄판결을 받고 신을 위해 살해되었다.

400여년이나 지나서야 일부 성직자들은 이 모든 것이 얼마나 미친 짓이었는지를 깨닫기 시작했다. 프리드리히 슈페*Frederick Spee*의 통찰을 살펴보자. '고문은 우리 독일을 마녀들과 전대미문의 사악함들로 채우고 있다. 비단 독일뿐 아니라 고문을 행하는 어느 나라건 그렇다. (중략) 만약 우리 모두 자신이 마녀임을 고백하지 않았다면 이는 우리가 고문당하지 않았기 때문일 뿐이다.'[23] 그러나 슈페는, 브런즈위크*Brunswick*의 의심 많은 한 친구가 마법을 부린 혐의를 받고 있는 어떤 여자를 기술적으로 고문하고 심문하는 장면을 직접 목격하고 나서야 이 이성적인 견해에 이르게 되었다. 그 불쌍한 여자는 슈페가 늑대, 염소, 기타 야수로 변신하여 두꺼비 머리에 거미 다리를 한 마녀들과 어울려 엄청난 수의 아이들을 만들어내는 것을 보았다고 증언했다. 참으로 다행스럽게도 동행했던 친구가 있었기에 자신의 결백함을 확신시킨 슈페는 곧바로 《죄인들에게 주는 경고*Cautio Criminalis*, 1631》란 책의 저술에 착수했다.[24]

그러나 버트런드 러셀은 이성적인 사람들이 모두 슈페처럼 행운아였던 것은 아니라고 생각했다.

박해가 최고조에 달했을 때조차 일부 대담한 이성주의자들은 폭풍우, 비바람, 그리고 천둥번개가 정말 여자들의 조화로 일어났을까 하는 의문에 빠져들었다. 그런 사람들에게는 눈곱 만큼의 자비도 주어지지 않았다. 16세기 말엽 트레베 대학 학장이자 선제후(選帝侯 : 중세독일의 황제를 뽑을 수 있는 자격을 가진 제후 - 옮긴이) 의회의 최고심판관이었던 플라드*Flade*는 무수한 마녀들에게 유죄판결을 내리다가, 그들의 자백이 고문으로부터 벗어나려는 욕망에서 비롯된 것일지도 모른다는 생각을 하게 되었으며 이로 인해 판결을 주저하게 되었다. 그는 사탄에게 자신을 팔았다는 죄로 고발되어 그가 다른 이들에게 행해왔던 것과 똑같은 고문을 받았다. 그들처럼 플라드는 자신의 죄를 자백하고 1589년에 질식사한 후 태워졌다.[25]

1718년은 천연두 예방접종이 영국에 도입되고 영국의 수학자 브룩 테일러*Brook Taylor*가 미적분에 중요한 발전을 이룩한 때다. 그 같은 근대의 시기에도 우리는 마녀 사냥의 광기가 여전히 사회에 강력한 영향력을 미쳤음을 발견한다. 찰스 맥케이*Charles Mackay*는 스코틀랜드 북동부 케이스네스*Caithness*에서 있었던 한 사건에 대해 들려준다.

월리엄 몽고메리*William Montgomery*라는 이름의 한 어리석은 목수는 고양이에 대해 끔찍한 혐오증을 갖고 있었는데 어쩐 일인지 이 동물들은 보통 그의 뒷마당에 모여 소름끼치는 울음소리를 내곤했다. 다른 집들을 놔두고 왜 하필 자신이 이런 고통을 받아야 하는지 그는 오랫동안 머리를 쥐어짜내며 생각해보았다. 마침내 그는 자신을 괴롭히는 것들의 정체가 고양이가 아니라 마녀들이라는 현명한 결론에 이르게 되었다. 뒷마당에 모인 고양이들이 인간의 목소리로 말하는 것을 몇 번이나 들었다고 거듭 맹세한 하녀의 진술이 도움이 되었다. 다음 번 불행한 그 고양이들이 뒷마당에 모였을 때, 망을 보고 있던 용맹스런 목수는 도끼와 단검, 날이 넓은 칼로 무장한 채 고양이들 속으로 뛰어들었다. 그는 고양이 한 마리를 겨냥해 등과 엉덩이, 다리를 내리쳤지만 잡지는 못했다. 며칠 후 그 교구의 노파 두 명이 죽었다. 입관 준비를 할 때 한 노파의 등에서 최근에 생긴 듯한 상처 하나가, 그리고 다른 노파의 엉덩이에서 비슷한 상처 하나가 발견되었다는 이야기가 들렸다. 목수와 하녀는 그들이 바로 그 고양이들임에 틀림없다고 확신했으며 온 동네 사람들도 같은 이야기를 했다. 모두들 결정적인 증거를 찾기에 혈안이 되었다. 곧 매우 눈에 띄는 사람 하나가 발견되었다. 70세의 불쌍한 늙은이인 낸시 길버트*Nancy Gilbert*

가 다리가 부러진 채 침대에 누워 있었던 것이다. 마녀에 어울리는 추한 외모를 가졌기에 그녀 또한 목수의 손에 심한 부상을 당한 고양이들 중 하나임에 틀림없었다. 이 사실을 알게 된 목수는, 자신은 분명 고양이 중 한 마리를 날 넓은 칼등으로 내리친 것을 기억하며 그 고양이는 다리가 부러졌을 것이 틀림없다고 단언했다. 낸시는 곧 침대에서 끌려 내려와 감옥에 처넣어졌다. 고문을 받기 전, 그녀는 다리가 부러진 경위에 대해 자연스럽고 명료하게 설명했으나 이는 만족을 주지 못했다. 고문관들의 전문적인 가혹행위에 그녀는 지금까지와는 다른 이야기를 하기 시작했으며, 자신은 정말 마녀이고 그날 밤 몽고메리의 습격으로 부상당했으며 최근에 사망한 두 노파 역시 마녀였음을 실토했다. 그 밖에도 많은 사람들이 그녀의 입에서 거명되었다. 이 불쌍한 늙은이는 집을 떠나 너무나 고통스러워했으며 고문의 후유증으로 다음날 감옥에서 죽었다.[26]

특정 믿음이 만들어낸 어마어마한 결과를 생각하는 것 외에도, 우리는 자신들의 의심에 확실한 증거를 주기 위해 이 마녀 사냥꾼들이 시도했던 합리적인 방식을 눈여겨봐야 한다. 그들은 고양이에게 가해진 것과 유사한 상처를 가진 한 사람을 필요로 했다. 노파가 고양이로 변했다가 다시 사람으로 되돌아올 수 있다는 가정을 일단 당신이 받아들이면, 나머지는 사실상 과학이나 마찬가지다.

교황 비오 7세가 1816년에 교서를 내리기 전까지 교회는 고문의 사용을 공식적으로 정죄하지 않았다.

고딕 양식 성당에 부벽과 주건물을 연결하는 벽받이가 필수이듯 교회 교리에는 반유대주의(반셈족주의)[27]가 필수적인 것인데, 이 끔찍한 진실은 서기(西紀)가 시작된 이래 유대인의 피에 그대로 담겨 흐르고 있다.

종교 재판의 역사처럼, 반유대주의의 역사도 이 책에서 충분히 다뤄지기에는 부족함이 있다. 간단하게나마 나는 이 주제를 다뤘는데, 그것은 유대인에 대한 비이성적 증오는 우리 시대에 가장 정확하게 감지되는 결과들을 양산했기 때문이다. 반유대주의는 기독교와 이슬람교 양쪽에 모두 존재한다. 두 종교 모두 유대인을 신이 내린 초기 계시를 받아들이지 못한 사람들로 간주한다. 기독교인들은 유대인들이 예수 그리스도를 죽였고 그들이 유대인으로 계속 존재하는 한, 메시아로서의 예수의 지위는 부정될 수밖에 없다고 믿는다. 정황이 어떠하든, 유대인에 대한 증오는 유대교는 물론 기독교, 이슬람교 신앙의 산물로 남았다.

당대 무슬림들의 반유대주의는 기독교의 영향을 많이 받았다. 유대인과 관련된 각종 음모 이론들의 원전으로, 러시아에서 발견되었으며 반유대주의 내용을 담은 위조문서 〈시온 장로 의정서 *The Protocols of the Elders of Zion*〉는 이제 아랍 세계에서 권위 있는 출전으로 간주된다.[28] 이집트 카이로의 유력지 중 하나인 〈알 아크바르 *Al-Akhbar*〉의 한 기고문에는, 백악관 로즈 가든에서 그 어떤 화해의 악수가 이뤄진다 해도 해결할 수 없는 무슬림 반유대주의 문제가 깊어지고 있다는 기사가 실렸다. '팔레스타인을 위해 히틀러는, 지구상에서 가장 수치스럽고 악랄한 죄를 저지른 자들에게 복수했다. 이것은 너무나 영광스런 기억이다. (중략) 그의 복수는 충분하지 못했기에 우리는 불만을 갖고 있지만 말이다.'[29] 이 의견은 무슬림이 술도 마시고 영화관에도 가며 벨리 댄스도 구경하는, 그리고 정부가 원리주의자들을 강경하게 단속하는 온건한 카이로에서 나온 것이다. 확실히 유대인에 대한 증오는 무슬림 세계에서 특히 격렬하다.

해를 거듭할수록 유대인들은 자신들이 겪는 고통으로 인해 스스로가 문제를 만든 것인지도 모른다는 생각은 품을 수조차 없다. 그러나 좀더 좁은 의미에서 이는 사실이다. 교회가 흥기하기 전부터 유대인들은 그들 종교 문화의 편협성과 공언된 우월성으로 인해, 그리고 동화되기를 거부함으로 인해, 즉, 비이성적이고 옹졸한 믿음 때문에 의혹과 박해의 대상이 되어왔다. '선택된 백성'의 교리는, 적어도 대부분의 종교에서 명백히 주장되는 것이긴 하지만 고대 세계에서는 알려지지 않았던 유대교의 갈등요인으로 자리 잡았다. 다신을 숭배했던 문화와 나중에 출현한 유대교의 유일신 사상은 융합이 불가능한 것으로 드러났다. 그리고 하나의 민족인 유대인을 노골적으로 악하게 만들기 위해서는 기독교 교회의 격분에 찬 작업이 필요했고, 따라서 유대교 이데올로기는 오늘날까지 편협함 때문에 비난받고 있다. 하나의 신념 체계로서 유대교는 자연 본래의 신학적 상황에서 살아남기에는 가장 부적합한 교리로 보인다. 기독교와 이슬람교는 둘 다 구약의 신성함을 인정하기 때문에 대화가 쉽게 이루어진다. 이슬람은 아브라함, 모세, 예수를 마호메트의 앞길을 예비한 선지자로 예우한다. 힌두교는 눈에 보이는 대부분의 것들을 넓은 품 안에 포용한다(예를 들어 힌두교 신자 다수는 예수를 3대 신의 하나인 비슈누 *Vishnu* 로 생각한다). 유대교만 그렇지 못한 것이다. 따라서 유대교가 종파주의의 불꽃을 지폈다는 사실은 별로 놀랄 일이 아니다. 경건한 유대인은 자신들을 신과 유일무이한 계약을 한 사람으로 믿는다. 그 결과 자신들은 자신들이 어쩔 도리 없이 그렇게 된 것으로 생각함으로써, 그들을 이질적이라고 생각하는 사람들과 협력하느라 지난 2,000년을 보내야 했다. 유대교는 그 어떤 종교만큼이나 본질적으로 분열을 조장하는 요소를 포함하고 있고, 문자주의 면에서 터무니없는 주장을 하며, 문명화된 현대식 통찰과 불화한다. 분열과 다툼이 심한 땅에서 자신들의 '믿음의 자유'를 실천함으로써, 유대 정착민들은 현재 중동지역의 평화를 방해하는 근본적인 원인을 제공하고 있다. 이슬람과 서방세계 중 어느 하나는 (이스라엘 팔레스타인 분쟁에 대해 과격한 입장을 보인다면 유대인들은 이슬람) 서방세계 전쟁의 직접적인 원인이 될 것이다.[30]

　1세기 기독교인들의 문제는 간단했다. 그들은 예수를 메시아(그리스어로 christos)로 인정했던 유대인 종파에 속했지만, 다수의 유대인들은 그렇지가 못했다. 물론 예수는 유대인이었으며 그의 어머니도 유대인이었다. 그의 제자들도 모두 유대인이었다. 후대 교회의 편향적인 글은 차치하고, 자신이 유대교의 완성과 로마 치하에 놓인 유대의 자치권 회복을 추구하는, 유대인 중의 유대인이라는 것 외에 예수가 다른 생각을 품었다는 증거는 그 어디에서도 찾아볼 수 없다. 많은 저자들의 견해대로, 예수의 통치를 예언한 것으로 되어 있는 수많은 히브리의 예언들은 변증론과, 복음 저자들의 빈약한 학식을 드러낸다.

　예를 들어 예수의 생애를 구약의 예언과 일치하게 만들려는 노력을 기울인 누가복음과 마태복음의 저자들은, 그리스어로 된 이사야서 7:14에 의해 마리아가 처녀(그리스어로 parthenos)의 몸으로 잉태했다고 주장한다. 마리아의 처녀성을 애호하는 사람에게는 불행한 일이지만, 히브리어로 alma(그리스어 parthenos는 이 단어의 오역이다)는 처녀성에 관한 암시는 전혀 배제된, 단지 '젊은 여자'를 뜻할 뿐이다. 처녀 탄생에 관한 기독교 교리, 그리고 결과적으로 성에 대한 교회의 근심은 히브리어를 잘못 번역한 결과다.[31]

　처녀 탄생의 교리에 가해지는 또 다른 타격은, 다른 복음서 저자인 마가와 요한은 그 사실에 대해서는 아무 것도 모른다는 점이다. 예수가 사생아라는 비난에 둘 다 힘들어하는 것처럼 보이긴 하지만 말이다.[32] 사도 바울은 분명히 예수가 요셉과 마리아의 아들이라고 생각한다. 그는 마리아의 처녀성에 대한 언급은 하지 않고 예수에 대해서 '육신으로는 다윗의 혈통으로 나셨고(로마서 1:3 – 요셉이 그의 아버지임을 뜻한다)', '여자에게서 나게 하시고(갈라디아서 4:4 – 예수가 정말 인간임을 뜻한다)' 등으로 표현했다.[33]

마리아의 처녀성은 성에 대한 신의 태도를 암시해왔다. 아담 이후 원죄가 대를 이어 유전되는 구조이기에 성은 순전히 죄악이다. 마태복음과 누가복음의 저자들이 히브리어를 읽을 수 없었다는 이유 하나만으로, 서양 문명은 2,000년 동안 신성한 성 노이로제를 감수해야만 했던 것으로 보인다. 처녀 탄생은 예수의 신성을 증명하는 근본적인 '증거' 중 하나였으므로, 예수와 그 사도들의 진정한 후손들인 유대인들에게 처녀 탄생의 교리는 영원한 박해에 대한 정당한 근거를 제공해주었다.

예수의 생애를 구약의 예언과 동일하게 만들려는 시도와 함께, 신약에서 기적들을 강조하는 태도는 비록 허점이 있어도 그들의 신앙을 합리적으로 보이게 만드는 작업에 대해 최초의 기독교인들이 보이는 헌신이다. 모든 기적은 심오한 의미를 담고 있으며 예언은 널리 수용된다는 점을 감안하면, 그렇게 계획된 사건들이 예수 그리스도의 신성을 드러내는 증거가 된다는 것은 매우 합리적인 생각이었을 것이다. 성 아우구스티누스는 그 점에 대해 자신의 입장을 솔직하게 말했다. "기적이 아니었으면 나는 기독교인이 되지 않았을 것이다." 천 년 후 천재적인 수학자이자 철학자, 물리학자였던 블레이즈 파스칼 *Blaise Pascal*은 예언을 확증한 예수 그리스도에게 감동한 나머지 기독교 교리를 변호하는 작품을 쓰는데 짧은 생애의 말년을 바쳤다.

예수를 통해 우리는 신을 안다. 신을 안다고 주장하면서 예수 그리스도 없이 신의 존재를 증명하는 사람은 쓸데없는 증거만 제시할 뿐이다. 그러나 예수 그리스도를 증명하기 위해 우리는 믿을 만하고 명백한 증거들인 예언을 갖고 있다. 사건이 실현되고 진실을 입증 받음으로써 그러한 예언들은 그 사건들이 필연적임을 보여주며 따라서 예수가 신임을 증명한다.[34]

믿을 만하고 명백한 증거? 두뇌회전이 빠른 사람이 그러한 교리에 빠져들었다는 것은 그 시대의 가장 경이로운 사건들 중 하나임에 틀림없다.[35] 오늘날까지도 신약에 구약의 예언이 명백히 확증되어 있음은 예수를 구세주로 받아들이는 주요 이유로 제공된다. 따라서 '신앙의 도약'이란 사실상 허구다. 1세기의 기독교인들조차도 그것에 의지하며 안심하지 못했다.

신이 이스라엘과 계약을 맺고 자신의 아들을 유대인으로 태어나게 했던 반면, 기독교 탄생 초기에는 이방인의 숫자가 증가추세를 보였다. 기독교가 교세를 확장할 무렵, 갓 세례를 받은 신자들은 예수의 신성을 부정하는 유대인들을 완전한 악으로 보기 시작했다. 이러한 종교배척 사조는 사도 바울 때에 이미 확립되어 있었다.

교우 여러분, 여러분은 유다에 있는 그리스도 예수를 믿는 하느님의 교회를 본받는 사람들이 되었습니다. 유다의 신도들이 그들의 동족인 유다인들에게서 박해를 받은 것처럼 여러분도 동족에게서 박해를 받았습니다. 그 유다인들은 주님이신 예수와 예언자들을 죽이고 우리를 몰아냈습니다. 그래서 그들은 하느님의 마음을 상하게 해드리고 모든 사람의 원수가 되었습니다. 또 그들은 우리가 이방인들에게 복음을 전해서 구원을 얻게 해주는 일까지 방해했습니다. 이렇게 그들의 죄는 극도에 달해서

마침내 하느님의 진노가 그들에게 내리게 되었습니다. (데살로니가전서
2:14~16, 공동번역)

유대인을 노골적으로 악마시하는 태도는 요한복음에도 나타난다.

예수께서 또 이렇게 말씀하셨다. "내가 하느님에게서 나와 여기 와 있으
니 만일 하느님께서 너희의 아버지시라면 너희는 나를 사랑했을 것이다.
나는 내 마음대로 온 것이 아니고 하느님께서 보내셔서 왔다. 너희는 왜
내 말을 알아듣지 못하느냐? 내 말을 새겨들을 줄 몰라서 그런 것이 아니
냐? 너희는 악마의 자식들이다. 그래서 너희는 그 아비의 욕망대로 하려
고 한다. 그는 처음부터 살인자였고 진리 쪽에 서본 적이 없다. 그에게는
진리가 없기 때문이다. 그는 거짓말을 할 때마다 제 본성을 드러낸다. 그
는 정녕 거짓말쟁이이며 거짓말의 아비이기 때문이다. 그러나 나는 진리
를 말한다. 너희가 나를 믿지 않는 이유가 바로 여기 있다. (요한복음 8:42
~45, 공동번역)

70년에 성전이 파괴되자 기독교인들(이방인과 유대인 모두)은 로마군대
가 그리스도를 배신한 자들에게 신의 벌을 내리는 것이라며 예언이 성취
되는 것을 목격하고 있다고 생각했다. 반유대주의는 곧 승리의 오만에
빠져들었다. 콘스탄틴 황제의 승인으로 312년 기독교가 국가종교의 위
치로 상승하면서 기독교인들은 공공연히 유대민족을 깎아내리기 위한
작업에 착수했고 그것을 즐기기 시작했다.[36] 법령을 통해 예전에 유대인
들에게 내려졌던 많은 특혜들이 폐지되었다. 유대인들은 군대에 들어가
지 못했으며 고위 관직에도 오를 수 없었고, 개종이나 기독교 신자 여인
들과의 성관계도 금지(두 가지 죄 모두 사형에 처해졌다)되었다. 6세기에

편찬된 유스티니아누스 법전은 본질적으로 유대인의 법적 지위가 무효하다고 선언하며, 미슈나(유대교 구전 율법)를 폐지하고 부활과 마지막 심판에 대한 불신을 사형에 해당하는 죄로 규정했다.[37] 준비된 종교파벌주의자인 아우구스티누스는 유대인 정복을 즐거워했고, 유대인들이 성경의 진실과 이방인의 구원을 목격하는 고통을 감내하며 세상을 방랑할 운명이라는 사실에 특히 기뻐했다. 고통 받고 예속당한 유대인은 결국 그리스도가 구세주였다는 증거가 되었다.[38]

마녀들처럼 유럽의 유대인들은 종종 믿기지 않는 범죄를 저지른 것으로 고발되었는데, 가장 흔했던 죄가 '피의 의식(blood libel : 유대인들이 다양한 종교 의식에 기독교인들의 피를 필요로 한다는 믿음에서 발생)'이라는 이름으로 알려지기 시작했다. 중세 유대인들은 기독교인의 유아를 살해한 죄목으로 심심찮게 고발되었다. 그리고 유대인들은 그 죄 때문에 충분한 경멸을 받았다. 모든 유대인들은 여자건 남자건 똑같이 월경을 하기 때문에 피를 보충하기 위해서 기독교인의 피를 필요로 한다는 믿음이 널리 퍼졌다. 그들은 또한 그리스도를 죽인 벌로, '무죄한' 본디오 빌라도 앞에서 "그 사람의 피에 대한 책임은 우리와 우리 자손들이 지겠습니다."(마태복음 27 : 25, 공동번역)라고 외친 가당치도 않은 소동에 대한 보복의 하나로 끔찍한 치질과 진물 나는 상처로 시달렸다. 유대인들이 이러한 냉대에 대한 위안으로 기독교인들의 피를 사용하는 습관을 가졌다는 것은 놀라운 일이 못 된다. 기독교인의 피를 양피지에 바를 만한 형편이 되는 유대인이 그 피 묻힌 양피지를 주먹에 넣고 꽉 쥐면 노동 뒤의 통증이 완화된다는 말도 있었다. 모든 유대인들은 장님인 채로 태어나는데 기독교인의 피를 그 눈에 바르면 볼 수 있게 된다는 것 또한 흔히 알려진 일이었다. 유대인 소년들은 이마에 손가락이 붙은 채로 태어나는 경우가 많은데 기독교인의 피만이 아이에게 아무 위험 없이 손가락이 떨어지게 할 수 있다고도 했다.

일단 태어난 이상, 기독교인의 피를 갈망하는 유대인의 욕구는 좀처럼 사그라질 수 없었다. 할례를 치르는 동안에도 기독교인의 피는 정화된 기름(기독교인 전용의 필수품인 크리쌈 crissam)을 대신했는데, 유대인의 어린이들은 어른이 되었을 때 생식능력을 왕성하게 만들기 위해 불쌍하게 잡힌 경건한 사람(길에서 급습당한 뒤 도랑에서 목이 졸린)의 피를 생식기에 발랐다. 중세 기독교인들은 유대인들이 그들의 피를 입술연지나 성욕을 돋우는 약에서부터 나병을 막는 예방책으로까지 모든 용도에 사용한다고 믿었다. 이런 상황에서 결혼식 피로연 동안 나중에 노인들을 위해 사용하려는 목적으로 모든 유대인들이 '침과 작은 갈대'로 기독교인 어린이들의 피를 빨아댄다는 사실에 어찌 의심을 품을 수 있었겠는가? 종국에는 자신들의 모든 기반을 숨기고 싶은 마음에 유대인들은 "만약 예언에서 말한 구세주가 정말 온 거라면, 그리고 그가 예수라면, 이 결백한 피가 너에게 영원한 생명을 보장해 줄 것이다!"라고 말하면서, 죽어가는 형제들에게 순수한 기독교인 아기(최근에 세례 받은 뒤 질식사한)의 피를 발라주기에 이르렀다.[39]

물론 피의 모욕은 커다란 오해들, 특히 당시에 널리 수용되었던 인간의 육체를 구성하는 각 성분들은 마술 같은 치료의 효과를 갖고 있다는 개념을 그 위태로운 존립기반으로 하고 있다. 이는 인간의 기름으로 만든 초가 주위는 환히 밝히면서 사람은 보이지 않게 만든다는 믿음의 사례처럼, 마녀들의 죄와 유사한 죄를 받아들인다는 뜻이다.[40] 기적 같은 이런 속임수가 유행에 뒤떨어진 것이 되기 전에, 이웃집에 몰래 침입해 고약한 냄새가 나는 초를 당당히 높이 치켜들면서 훔칠 물건을 찾아다니는 도둑 중에 잡힐 사람이 과연 몇 명이나 있을까 궁금하다.

그러나 중세시대 최고의 어리석은 행위로는 수 세기 동안 경건한 기독교인의 근심을 독차지해온 성체(聖體) 모독에 대한 염려를 능가하는 것이 없다. 화체설(化體說) 교리는 1215년 제4회 라테란 총회(심문관의 고문 사용을 허가하고 유대인들의 토지 소유와 공직 진출 및 군대입대를 금지했던) 때 공식적으로 수립되었고 이후 기독교(지금은 가톨릭) 신앙의 중심사상이 되었다(로마 가톨릭의 신앙 고백(The Profession of Faith of the Roman Catholic)에서 발췌한 글이 2장에서 인용되었다). 이제 성찬에 쓰이는 성체가 미사 때 예수 그리스도의 몸으로 변한다는 주장은 논쟁의 여지가 없는 사실이 된 것이다. 단순한 몇 마디 말의 반복으로 이 어처구니없는 교리가 확정된 후, 기독교인들은 이 살아 있는 성체가 유대인이나 이단의 손에서 잘못 다루어지거나 심지어 신체 고문을 당할지도 모른다는 걱정을 하기 시작했다(예수의 몸을 먹는 것은 왜 그에게 고문 행위가 아닌지 의아하게 여길 사람도 있겠다). 이제는 예수의 몸을 무기력한 얇은 빵의 형태로 손에 넣을 수 있음을 안 유대인들이 다시 신의 아들을 해코지하려 한다는 것에 의심의 여지가 있겠는가? 이 가상의 범죄를 고발한 단 한 건의 주장 때문에 3,000명이나 되는 유대인들이 살해되었다는 역사 기록이 있다. 성체 모독은 수 세기 동안 유럽 전체에서 처벌받았다.[41]

종교와 관계없는 반유대주의의 출현은 신학적으로 강제된 이 박해의 역사로부터 비롯되었다. 독일 나치주의나 러시아 사회주의처럼 명백한 반기독교 운동조차 교회가 가진 교리상의 편협함을 그대로 물려받았다. 놀랍게도 피의 의식처럼 비합리적인 개념들을 믿는 사람들이 우리와 가까운 무슬림 세계에 많다.[42]

유대인 대학살

> 우리 모두의 국가 사회주의는 무비판적인 충성 안에서, 개별적인 각 경우를 설명하는 이유를 요구하지 않고 총통(아돌프 히틀러를 말함 – 옮긴이)에 대해 복종할 때, 그의 명령을 말없이 실행에 옮길 때 정착된다. 우리는 총통이 독일 역사를 새로 쓰는 고귀한 소명을 받들고 있음을 믿는다. 이러한 믿음에 비판이란 있을 수 없다.
>
> – 루돌프 헤스*Rudolf Hess*가 1934년 6월에 한 연설 중에서[43]

독일 나치주의의 흥기는 '무비판적인 충성'을 요구했다. 히틀러에 대한 비굴한(그리고 경건한) 충성 너머로 매우 믿기 어려운 생각들을 수용한 사람들로부터 유대인 대학살은 출현했다.

하인리히 히믈러*Heinrich Himmler*는 친위대가 아침식사로 부추와 광천수를 먹어야 한다고 생각했다. 그는 사람들이 텔레파시로 고백하게 만들 수 있다고 생각했다. 아서왕과 원탁의 관습을 좇아, 그는 12명과만 식사할 것이었다. 아리아 사람(비 유대계 백인 – 옮긴이)은 다른 인종처럼 원숭이로부터 진화한 것이 아니라, 태초부터 천국의 얼음 속에 저장되어 있다가 땅에 내려온 것이라고 믿었다. 그는 이 우주이론을 증명하기 위한 과업을 부여할 기상국을 설립했다. 히믈러는 극단적인 케이스였다. 제정신이 아닌 사람이라고 봐야 할 것이다. 그러나 그의 특징 중 하나는 널리 공유되었다. 바로 정신이 성장을 장려 받지 못해왔다는 점이다. 정보와 의견으로 가득한 그였지만 비판능력은 없었다.[44]

모든 전체주의적 모험의 중심에서, 우리는 준비가 미흡한데도 가당치도 않은 죽음의 기계에서 어쩔 수 없이 기어로 작동하는 희한한 교리들을 본다. 물론 나치주의는 각종 경제·정치적 요인들로부터 파생된 것이긴 하지만 독일 민족의 인종적 순수성과 우월성에 대한 믿음 하에 하나로 합쳐졌다. 인종에 대한 매혹의 표면에는 모든 불순분자들, 예를 들어 동성애자, 환자, 집시, 유대인들은 조국 번영에 위협이 된다는 확신이 도사리고 있었다. 유대인에 대한 독일인의 증오가 두드러지게 비종교적인 방식으로 표출되긴 했지만, 이는 중세 기독교로부터 그대로 물려받은 것이었다. 수 세기에 걸쳐 경건한 독일인들은 유대인을 가장 열등한 이교도로 간주했으며, 모든 사회악의 원인을 신자들 사이에서 계속 그 존재를 이어가는 유대인의 탓으로 돌렸다. 다니엘 골드하겐*Daniel Goldhagen*은 독일이 유대인을 하나의 '종족'과 '국가'로 보기 시작한 기원을 규명했는데, 고대 기독교에서 비롯된 이 적개심은 국수주의가 공식화될 때 최고조에 달했다.[45] 물론 유대인을 종교적 이유로 악마시하는 태도는 당대에서도 볼 수 있는 현상이다(1914년에도 바티칸은 자체 신문에 피의 의식에 대한 글을 실었다).[46] 아이러니컬하게도, 먼 옛날부터 독일과 기타 지역에서 강제거주 지역에 감금당하고 시민권을 박탈당하는 등의 유대인이 받은 학대는 종교와 상관없는 현대식 반유대주의를 촉발시켰는데, 그 이유는 유대인에 대한 증오에 뚜렷하게 인종적 의미가 더해진 것이 19세기 초 노예해방을 위한 노력이 싹틀 때였기 때문이다. 시민권이 주는 풍요로운 특권들을 제공하여 유대인이 독일사회로 진입하게 되기를 추구하면서 '유대인의 친구'임을 자처하는 사람들조차, 유대인이 독일 민족과 지속가능한 협력에 의해 개조되고 정결하게 될 수 있다는 가정 하에 그렇게 한 것이었다.[47] 이처럼 독일 내 자유주의자들의 관용의 목소리들도 반대편인 보수주의자와 마찬가지로 반유대적인 경우가 많았는데 이는 그들이 단지 유대인은 정신 개조가 가능하다는 믿음에서만 이견을 보였기 때문이다. 19세기 말엽, 유대인을 독일식 관용으로 흡수시키려던 자유주의적 실험이 실패로 끝난 후, 이전의 '유대인의 친구들'은 이상주의자적 면모가 적었던 동시대인들이 늘 가져왔던 것과 동일한 혐오증으로 그들 속에 있는 이 이방인들을 대하게 되었다. 1861년에서 1895년까지의 걸출한 반유대주의 작가들과 출판물들을 분석해 보면 독일의 반유대주의가 얼마나 위험한 것이었는지 드러난다. 그 중 '유대인 문제'에 대한 '해결책'을 제시하고자 한, 정확하게 3분의 2에 해당하는 작품이 유대인의 물리적 근절을 공공연하게 제창했다. 그리고 골드하겐이 지적했다시피, 이때는 히틀러가 출현하기 수십 년 전이었다. '대량 학살'이 정식 개념이기 전에, 그리고 그런 대대적 규모의 살인이 실제로 실행가능한 일임이 두 차례의 세계대전을 통해 증명되기 훨씬 전에, 하나의 민족 전체를 없애는 가능성이 고려되었던 것이다.

독일인들은 히틀러를 위한 '자발적 사형집행인'이라는 물의를 일으킬만한 골드하겐의 비난은 대체로 공정하게 보이는 반면, 다른 국가의 국민들도 똑같이 자발적이라는 것도 사실이다. 대량 학살을 기도하는 반유대주의는 특히 동부 유럽에서 그 기미가 보였던 적이 있었다. 예를 들면 1919년에는 우크라이나 한 지역에서만 6만 명의 유대인이 살해되었다.[48] 제3제국(히틀러 치하의 독일을 일컬음 – 옮긴이)이 유대인에 대한 공공연한 박해를 시작하자, 폴란드, 루마니아, 헝가리, 오스트리아, 체코슬로바키아, 크로아티아, 그리고 기타 지역 곳곳에서 반유대주의자의 유대인 학살이 자행되었다.[49]

1935년 뉘른베르크 법(Neremberg laws)이 통과되면서 유대인들은 원칙적으로 건강한 독일인에게 해를 끼치는 민족으로 간주됐다. 따라서 그들은 근본적으로 개선의 희망이 없는데, 유대인이 종교적 이데올로기를 버리고 심지어 세례까지 받는 기독교인이 될 수는 있어도 원래의 사람됨은 버릴 수 없기 때문이다. 그리고 여기서 우리는 하나의 민족 전체를 살해하려는 시도에 교회도 명백하게 가담했다는 사실과 대면한다. 독일 가톨릭은 그들의 핵심 교리 중 적어도 하나와 상치하는 인종차별주의에 대해 철저한 묵인으로 일관해왔다. 만약 세례가 진실로 죄를 속해주는 힘을 갖고 있다면, 교회는 개종한 유대인을 완전한 구원을 입은 사람으로 여겨야 한다. 그러나 모든 믿음 체계의 일관성은 완전하지 않다. 그리고 결국 예배 동안 질서를 유지하기 위해, 독일 교회들은 경배의 시간 동안은 유대인 개종자들을 공격하지 말라고 신도들을 훈계하는 전단지를 인쇄할 수밖에 없었다. 어떤 인종은 바꿀 수 없다는 사실은 이미 1880년 바티칸 공식 문서에 분명히 실렸다. "오, 유대교가 가톨릭, 무종교, 신교처럼 그저 종교일 뿐 사실상 하나의 인종이나 민족, 국가는 아니라고 생각하는 사람들은 얼마나 착각을 하고 있는 것인가! (중략) 유대인들은 그들의 종교 때문에 단지 유대인인 것은 아니기 때문이다. (중략) 그들은 특히 유대인종이기 때문에 유대인이다."[50] 독일 가톨릭 주교단은 1936년에 독일 가톨릭만의 지침을 발표했다. "인종, 나라, 혈통, 민족은 귀중한 자연의 가치들로, 하느님은 그것들을 창조하셨고 우리 독일인들에게 그 보호를 위임하셨다."[51]

그러나 교회가 저지른 진정 불길한 범죄는 족보 기록을 기꺼이 나치에 공개하여 그들로 하여금 어떤 사람이 유대인 선조를 몇 명이나 갖고 있는지를 추적할 수 있도록 했다는 점이다. 가톨릭교회를 연구하는 역사학자였던 귄터 레비 *Guenther Lewy* 는 다음과 같이 썼다.

(가톨릭)교회가 유대 혈통을 골라내는 나치 정부의 작업을 도와야 하는가
에 대한 의문은 한 번도 논의된 적이 없었다. 오히려 한 사제는 "그들이
감사해하든 말든 상관없이, 우리들은 늘 그들을 위해 헌신적으로 일해 왔
다."라고 1934년 9월 〈클레루스블라트 *Klerusblatt*〉 지(紙)에 썼다. "우리
는 또한 그들을 위한 봉사에 최선을 다할 것이다." 그리고 이 문제에 대
한 교회의 협력은 2차 세계대전 동안에도 순조롭게 이어졌는데, 이 때 유
대인으로 태어난 것에 대한 대가는 더 이상 관직으로부터의 해고나 생계
수단 상실이 아니라 추방이나 노골적인 학살이었다.[52]

위의 모든 것은, 가톨릭교회는 나치주의와 정반대의 입장이라는 사실
을 무색케 한다. 골드하겐은 또한 전쟁이 일어나기 전이나 일어나는 동
안, 혹은 끝나고 난 다음, 즉 '인간 역사상 일어난 그 어떤 범죄만큼이나
중대한 범죄를 저지른 후'에도, 독일 가톨릭은 단 한 번의 파문도 당하지
않았다는 사실을 우리에게 상기시킨다. 이것은 정말 이상한 사실이다.
이 시기 내내 교회는 비정통적인 견해를 가졌다는 이유로 수많은 신학자
와 학자들을 파문시키고 수백여 권의 도서를 금지시켰지만, 대학살을 자
행한 그 어떤 사람(이루 헤아릴 수 없는 증거가 있는)도 교황 비오 12세의
이맛살을 찌푸리게 만들지는 못했다.

이 놀라운 사실은 가벼운 여담 하나를 생각나게 한다. 19세기 말, 바티
칸은 엄격한 지식으로 무장한 채 현대 성경 주석자들의 비정통적인 결론
들과 싸웠다. 가톨릭 학자들은 성경을 꼼꼼하고 냉정하게 연구한 결과들
이 교회 교리와 일치됨을 증명하기 위해 현대 비판의 기교들을 채택할
수밖에 없었다. '모더니즘'으로 알려진 이 운동은 곧 상당한 당혹감을
불러일으켰는데, 훌륭한 가톨릭 학자들이 이 모더니즘 역시 성경의 문자
적 진실에 대해 회의적이 되어가고 있음을 발견했기 때문이었다. 1893

년 교황 레오 13세는 이렇게 선언했다.

1907년, 교황 비오 10세는 모더니즘이 이단임을 선언하고 그 옹호자들은 파문시켰으며 성경에 대해 비판적인 시각을 보이는 연구물들은 모두 금서 목록에 올렸다. 데카르트의 선집들, 몽테뉴의 《수상록 *Essais*》, 로크의 《인간오성론 *Essay on Human Understanding*》, 스위프트의 《통 이야기 *Tale of a Tub*》, 스베덴보리의 《원리 *Principia*》, 볼테르의 《철학서간 *Lettres phylosophiques*》, 디드로의 《백과전서 *Encyclopedie*》, 루소의 《민약론 *Du Contrat Social*》, 기번의 《로마제국의 몰락 *The Decline and Fall of the Roman Empire*》, 페인의 《인간의 권리 *The rights of Man*》, 스턴의 《풍류여정기 *A sentimental Journey*》, 칸트의 《순수이성비판 *Critique of Pure Reason*》, 플로베르의 《보바리 부인 *Madame Bovary*》, 그리고 다윈의 《종의 기원 *On the Origin of Species*》 등 수많은 작가들이 동시에 사라졌다. 추가 검열로 1948년에는 데카르트의 《수상록 *Meditations*》이 금서 목록에 추가되었다. 1940년대에 이미 발생했던 모든 일들을 종합해 볼 때, 교황청은 근심거리가 될 만한 더 엄청난 범죄들을 발견할 수도 있었을 것이다. 제3제국의 지도자 그 누구도, 심지어는 히틀러조차도 파문을 당하지 않았음에도 불구하고 갈릴레오는 1992년까지 이단 죄를 사면 받지 못했다.

현재의 교황인 요한 바오로 2세의 발언 중에서도 우리는 이런 입장을 확인할 수 있다. "이 계시는 명확하다. 우리는 이것을 받아들이거나 거부하거나 둘 중에 하나다. 전능하시고 우주만물의 창조주이신 하느님과, 아버지 하느님과 성령과 한 몸이시며 생명을 주신 우리 주 예수 그리스도에 대한 믿음을 고백하면서 우리는 그 사실을 받아들일 수 있다. 그럴 수 없다면 이 모든 사실을 거부하는 것이다."[54] 교회 내에서의 모더니즘의 흥망은 이성의 힘의 승리로 보기는 어렵지만 중요한 점 하나를 시사한다. 세상을 알기 원하는 욕구는 새로운 증거에 약한 면을 보인다. 종교 교리와 솔직한 질문은 우리 세계에서 좀처럼 함께 병치되기 힘들다는 것은 우연이 아니다.

교회가 가족들이 보는 앞에서 죄 없는 사람들의 창자를 꺼내고, 군중 앞에서 산 채로 여자들을 화형시키고, 별의 법칙에 대해 연구했다는 이유만으로 학자들을 미칠 지경까지 고문하는 일을 그만 둔 것이 불과 몇 세대 전의 일임을 생각할 때, 세계 대전을 치르는 동안 독일에서 무언가 크게 잘못되었다는 사실을 교회가 깨닫지 못한 것도 별로 놀랍지는 않다. 일부 바티칸 고위관리들(가장 악명 높은 사례로는 알로이스 후달*Alois Hudal* 추기경이 있다)이 아돌프 아이히만*Adolf Eichmann*, 마르틴 보만*Martin Bormann*, 하인리히 뮐러*Heinrich Mueller*, 프란츠 스탱글*Franz Stangl*, 그리고 그 외 수백 명의 전범들을 도와 전쟁이 끝난 후 남아메리카와 중동으로 도피할 수 있게 했다는 것 또한 널리 알려진 사실이다.[55] 이 경우 바티칸에는 유대인의 도피를 도와준 이들도 있었다는 사실 역시 생각할 수 있다. 그것은 사실이다. 그러나 바티칸은 그 유대인들이 이전에 세례를 받았는가의 여부에 따라 원조 제공을 결정했다는 것 또한 사실이다.[56]

교회가 나치 대량학살에 가담했는가에 대해, 오늘날까지도 교회는 근엄한 침묵으로 일관하고 있다. 바티칸이 독일에 대해 제공한 비난받을 만한 협력행위에 대해 사과하지 않는 것은 가톨릭 신조에 힘입은 바가 크다. 즉 교황은 정의상 절대 오류가 없는 존재라는 점이다. 그 결과 교황의 지위에 그런 절대권을 부여하는 교리를 부정하지 않는 한, 교황들 중 그 누구도 전임자가 아무리 큰 죄를 지었어도 그 행위를 비난할 수 없다. 유대인에게 다가가기 위한 활발한 그의 노력에도 불구하고, 교황 요한 바오로 2세는 비오 12세를 비난하는 단 한 마디 말도 입 밖에 낼 수 없었다.

자신의 신앙 때문에, 그들 가운데 있는 유대인을 보호하려고 목숨까지 무릅쓴 기독교인이 유럽에 있었다는 사례 또한 무수하다.[57] 그러나 그 숫자는 충분하지 않다. 사람들이 그리스도의 가르침에 따라 친절한 영웅 행위를 해야겠다는 영감을 받기도 한다는 사실이, 그가 신의 아들이었음을 믿는 것이 현명하다거나 필수임을 말하지는 않는다. 우리는 타인의 고통을 동정할 증거가 불충분하면 그 어느 것도 믿을 필요가 없다는 사실을 진정 알게 될 것이다. 우리는 다른 인간들이 해를 입지 않도록 그들을 보호할 만한 이성은 공통적으로 갖고 있다. 한편, 학살을 꿈꾸는 비정은 불가피하게 다른 곳에서 영감을 찾아야만 했다. 사람들이 고의적으로, 그리고 무차별적으로 비무장 민간인을 살해하기 시작했다는 소식을 들을 때마다 무엇이 그들의 생각을 조종하고 있는 것인가를 자문해보라. 이 풋내기 살인자들은 무엇을 믿고 있나? 그것은 언제나 터무니없는 믿음임을 당신은 알게 될 것이다.

이 장을 기술한 목적은 기독교 신앙으로부터 불거져 나온 끔찍한 결과들을 가능한 한 간단명료하게, 논리적으로, 부득이하게 알려주기 위함이었다. 불행하게도 공포의 목록들은 언제고 상세히 덧붙여질 수 있다. 아우슈비츠 수용소, 순결파 이단, 마녀 사냥 등의 표현들은, 확실한 설명이 배제된 인간의 악행과 고통의 심연에는 그 자신에게 아무 임무도 부여하지 않는 작가가 있었음을 알려준다. 제3장에서 이미 매우 큰 그물 하나를 쳐놓은 나는, 대로변에서 난 교통사고를 전속력으로 지나쳐버린 것 같은 느낌이 드는 독자들에게는 관련 주제들에 대한 문헌을 참고해볼 것을 강권할 수밖에 없다. 그러한 활동은, 원칙적으로 기독교가 응답해주는 신의 사랑의 역사가 아니라 인류의 비극과 무지의 역사라는 사실을 알려줄 것이다.

기독교계에 현존하는 종교심판관은 없다고 할 수 있지만, 이슬람은 많다. 다음 장에서는 이슬람 세계관과 반대 입장인 미국은 억제된 역사로 이루어진 문명과 대치중이라는 사실을 알게 될 것이다. 이는 마치 시간의 입구가 열려서 14세기의 약탈자들이 이쪽 세계로 떼거리로 몰려오고 있는 것과 같다. 불행하게도 그들은 지금 21세기의 무기들로 무장하고 있는 실정이다.

CHAPTER 04

이슬람의 문제점

이 책에서의 주장이 신앙 그 자체에 초점이 맞춰지고 있는 가운데, 각 신앙 간의 차이들은 그 뚜렷한 정도만큼 의미가 있다. 세계 구석구석에서 우리가 자이나교 테러범이 아닌 무슬림 테러범과 대치해야만 하는 이유는 결국 하나다. 자이나교도들은 불신자들에게 자살테러 같은 범죄행위를 저지르라고 조종하는 것들은 믿지 않기 때문이다. 우리가 선택하기를 원하는 규범성(윤리적, 실제적, 인식론적, 경제적 규범성 등)의 그 어떤 척도에서 봐도 좋은 믿음과 나쁜 믿음이 있는데, 무슬림들의 믿음에는 후자 쪽이 더 많다는 것은 모든 사람에게 이제 명백하게 다가와야 한다.[1]

물론 이슬람도 최고를 구가하던 때가 있었다. 무슬림 학자들은 대수(代數)를 창안했고, 플라톤과 아리스토텔레스의 작품들을 번역했으며, 유럽의 기독교인들이 지독한 무지의 늪에 빠져 허덕거릴 때 다양한 초기 과학이론들을 수립하는 데 중요한 공헌을 했다. 고전 그리스 원본들이

라틴어로 옮겨져서 서유럽에 르네상스의 씨앗을 뿌린 것도 바로 무슬림이 스페인을 정복한 이후였다. 모든 종교에게 이 같은 모든 종류의 사실들을 나열하려면 수천 페이지도 가능하다. 그러나 결말은 어떤가? 종교적 믿음이 양호하거나 훌륭하다는 암시가 포함되어 있는가? 신앙인들이 세상의 거의 모든 가치를 창조해냈다는 것은 엄연한 사실이다. 애써 만들고 조정한 사람들 대부분이 이러저러한 종교 문화의 독실한 일원이었기 때문이다. 이는 그 일을 할 사람들이 달리 없었기 때문이다. 우리는 20세기 이전에 이루어진 대부분의 발전들은 생명의 분자 기초에 대해 전혀 무지했던 사람들이 이루어놓았다는 사실도 말할 수 있다. 이 사실이 19세기 생물학은 유지할 만한 가치가 있었음을 의미할까? 위대한 이성의 제국이 십자군 원정시대에 출현해서 유럽과 중동의 경솔한 대중들을 위로해주었다면 지금 세상은 어떻게 바뀌었을지 알 수 없다. 아마 1,600년쯤에 현대식 민주주의와 인터넷이 보급되었을지도 모른다. 종교적 믿음이 우리 문명의 모든 면면에 그 자국을 남겨놓았다는 사실은 그 믿음에 유리한 사실도 아니며, 그 믿음을 가진 자들이 인간 문화의 토대가 되는 공헌을 이룩했다고 해서 그 죄가 용서되는 것도 아니다.

그러나 무슬림역사의 파란만장한 부침을 떠올려볼 때 나는 이 책의 도입부(자신의 신앙에 따라 자살폭탄을 투하한 젊은이의 이야기)는 독자들의 심기를 거스를 수밖에 없다고 생각하는데, 왜냐하면 그것은 대부분의 중동 관련 평론가들이 이야기하는 무슬림 폭력의 근본 원인들을 무시하고 있기 때문이다. 즉, 그것은 요르단 서안지구와 가자 *Gaza* 지역을 이스라엘이 점령하게 된 고통스런 역사를 외면한다. 부패한 독재정권이 서구 열강과 결탁한 사실도 묵과한다. 지금 아랍 세계가 겪고 있는 지역 고유의 빈곤상황과 경제적 기회들이 부족한 현실도 외면한다. 그러나 나는 '우리가 이 모든 사실을 무시할 수 있다’ 또는 ‘그것들을 무사히 폐기처분하기 위해 논의할 수 있다’는 주장을 하려 하는데, 그 이유는 테러행위는 범하지 않는, 특히 지금 무슬림 사이에 매우 흔해진 그런 종류의 테러행위는 절대로 저지르지 않을 가난하고, 무식하고, 착취당하는 사람들로 세상은 가득하기 때문이다. 그리고 신을 위해 이단을 처단하려는 열정으로 가득하고 꾸란의 종말론에 심취한 정도를 약간 상회하는 고통도 견디는, 교육수준 높고 성공한 사람들이 무슬림 세계에는 결코 부족하지 않기 때문이다.[2]

미국은 이슬람과 전쟁중이다. 미국의 정치 지도자들이 이 사실에 대해 공개적으로 인정하는 것은 직접적인 외교정책 목표에 부합하지 않을 수도 있지만, 그것은 엄연한 사실이다. 우리는 과격주의자에 의해 ‘납치’된 평화로운 신앙과 전쟁하고 있는 것이 아니다. 우리는 모든 무슬림에게 꾸란을 통해 명령되고, 모하메드의 언행을 기록한 하디스에서 한층 상세하게 다루어지는 삶의 미래상과 전쟁을 치르고 있다. 이슬람과 서방 세계가 상호 멸망의 위기로부터 벗어나는 미래는 바로 대부분의 기독교인들과 마찬가지로 대부분의 무슬림들이 자신들의 경전을 무시하는 법을 배우는 미래다. 그러나 이슬람의 교리들을 생각해보면 그러한 변혁이 반드시 일어나리라는 보장은 결코 없다.

알맹이 없는 껍질

원리주의자 무슬림과 주류 무슬림 사이에는 커다란 교리적 차이가 있음을 암시하기 때문에 많은 작가들이 무슬림 ‘원리주의자’는 명확한 표현이 아님을 지적해왔다. 그러나 대부분의 무슬림들이 서방 세계의 어감상 '원리주의자'로 보인다는 점은 사실이다. 이슬람에 '온건적'으로 접근하는 경우조차도 보통 꾸란은 문자 그대로의 유일신의 오류 없는 말로 간주된다는 점에서 그러하다. 원리주의자와 온건주의자 사이의, 그리고 확실히 모든 '과격주의자'와 온건주의자들 사이의 차이점은 그들이 신앙의 실천에 정치적·군사적 행동을 어느 정도까지 본질적인 것으로 생각하느냐에 달렸다. 어느 경우에서건 정치와 법을 포함하여 인간 생존양식의 모든 차원을 이슬람이 알려주어야 한다고 생각하는 사람들은 현재 일반적으로 '원리주의자'라든가 '과격주의자'로 불리지 않고 '이슬람교도'라고 불리고 있다.

이슬람의 관점에서 세계는 '이슬람의 집'과 '전쟁의 집'으로 나뉘는데, 후자의 명칭은 얼마나 많은 무슬림들이 자신들과 이슬람 신앙을 공유하지 않는 사람들과의 차이가 궁극에는 해결될 것이라고 믿는지를 나타내준다. 자신들의 종교가 가지는 뚜렷한 호전성을 간과하기로 결심한 일부 '온건한' 무슬림들이 확실히 있긴 하지만, 이슬람은 부정할 수 없이 정복의 종교다. 독실한 무슬림이 상상할 수 있는 유일한 미래는 모든 이교도들이 이슬람으로 개종하거나, 이슬람에 복속되거나, 처단되는 것이다. 이슬람의 교리들은 '신의 적들'과는 한시적으로만 힘을 공유하는 것 외의 그 어떤 여지도 남기지 않는다.

대부분의 종교들처럼 이슬람도 다양한 분열을 겪어왔다. 7세기 이래 최대 종파인 수니파 *Sunni* 는 시아파 *Shia* 를 이단으로 간주해왔으며 시아파는 이에 응분의 보답을 해왔다. 각각의 종파들 내부에서도 또한 많은 분열이 이루어졌는데 오해의 여지가 없는 분명한 무슬림 계층도 예외가 아니었다. 이러한 분열들이 이슬람의 집을 내분한 유익한 효과에 대한 언급은 별문제로 치고, 우리는 이러한 종파주의적 이해관계를 자세히 파고들 필요는 없다. 이는 현재 서방 세계를 향한 이슬람의 위협에 완충적 역할을 하고 있지만, 이슬람과 서방 세계의 문자주의는 여전히 양립이 불가능한 실정이다. 진정한 의미에서 온건주의이며 무슬림의 비합리성에 비판적인 온건한 이슬람은 존재하는 것 같지 않다. 만약 존재한다면 그것은 14세기 때 온건한 기독교가 그랬던 것처럼 그 존재를 숨기기에 급급할 것이다.

무슬림이 아닌 사람들에게 가장 큰 문제로 다가올 뿐 아니라 이슬람 옹호자들도 당황하는 이슬람의 특성은 바로 지하드*jihad*에 대한 원리인데, 이 단어는 원래 '고투'나 '분투'로 옮길 수 있지만 일반적으로 '성전(聖戰)'으로 번역되는 것은 우연이 아니다. 무슬림들이 개인의 죄에 대한 전쟁 수행과 연관된 내부(혹은 '대(大)')지하드를 받아들이는 데 발 빠르긴 하지만, 그 어떤 억지 주장도 외부(혹은 '소(小)')지하드가 이슬람 신앙의 핵심이라는 사실은 감출 수 없다. '이슬람을 방어하기 위한' 무장 투쟁은 모든 무슬림 남자에게 있어 종교적인 의무다. '이슬람을 방어한다'는 표현을, 전쟁하는 모든 무슬림들이 '자기 방어'를 위해 싸우는 것으로 이해한다면 이는 오산이다. 오히려 지하드의 임무는 세계 정복에 대한 명백한 요구다. 버나드 루이스*Bernard Lewis*의 글처럼, '아마 지하드의 임무는 전 세계가 무슬림 신앙을 받아들이거나 무슬림의 규칙에 굴복할 때까지 지속될 것이며, 오직 정전에 의해서만 중단될 수 있을 것이다.'[3] 무슬림이 다음 세상은 물론이고 현세에서의 승리도 기대한다는 사실은 부인할 수 없다. 말리스 루스벤*Malise Ruthven*의 지적대로 '모하메드는 스스로 시저*Caeser*였다. 《그리스도를 본받아*Imitatio Christi*》가 개인적인 덕행에 의한 구원과 세속적인 야망의 포기를 구현했다면,《모하메드를 본받아*Imitatio Muhammadi*》는 조만간 내외적으로 이슬람을 위

협하는 요소들과의 전쟁에 착수한다는 뜻이었다.' [4] 꾸란이 이 주제들을
보다 충분히 설명해주는 가운데, 하디스는 꾸란의 설명을 다음과 같이
상세히 뒷받침하고 있다.

> 지하드는 주권자가 신성하든 사악하든 그 통치 아래 있는 너의 임무다.
>
> 알라의 대의를 위한 분투 하나에 오전이나 오후를 바치는 일이 세상 그
> 무엇보다 낫다.
>
> 변경에서 전쟁하는 한나절이 한 달간의 금식기도보다 낫다.
>
> 순교의 미덕을 아는 순교자가 다시 이 세상에 와서 (알라의 대의를 위해)
> 또 죽임 당하기를 원하는 경우를 제외하고는, 죽어서 (저 세상에서) 알라
> 가 주는 보상을 받는 사람은 심지어 온 세상을 다 준다 해도 다시는 이 세
> 상에 돌아오려 하지 않을 것이다.
> 출정에 참가하지 못하고 죽는 자는 믿음이 없는 자다.
> 천국은 칼 가까이에 있다. [5]

이런 종류의 하디스는 다수가 발견될 수 있는데 이슬람교도들은 이를
이교도와 배교자에 대한 공격을 정당화하는 근거로 곧잘 인용한다.

이슬람 고유의 호전성을 부풀릴 방법을 찾는 이들은 무차별적인 폭력
에 직접적으로 반대하는 것처럼 보이는 글이 꾸란에서 별로 발견되지 않
는다고 생각했다. 지하드를 수행하는 이들은 먼저 공격하지 말 것을 명
령받았는데(꾸란 2:190), 이는 '신은 공격자들을 사랑하지 않기' 때문이
다. 그러나 아무도 이 명령을 염두에 두지 않았다. 이슬람과 서방 세계간
의 긴 분쟁의 역사를 생각할 때, 이교도에 대한 그 어떤 행위도 지금은

믿음을 방어하는 행위로 그럴싸하게 해석된다. 미국이 최근 이라크에 대해 감행한 모험은 큰 뜻을 품은 순교자가 '사탄'과 맞서 지하드를 수행해야만 하는 이론적 근거를 제공한다. 루이스는 신을 위해 싸울 사람들은 정당방위가 아니면 여자나 어린아이, 그리고 노인들을 죽이지 말라는 명령 또한 지켜야 한다는 점도 언급하지만, 정당방위의 개념에 대해 약간의 억지주장만 보태면 무슬림 투사들은 이 비난을 교묘히 피해나갈 수 있다. 요컨대, 독실한 무슬림들은 천국의 실재나 천국에 갈 수 있게 만드는 순교의 효력에 대해서 눈곱만큼의 의심도 가지지 않는다는 것이다. 그들은 또한 신학적인 불만거리에 불과한 이유로 살상하는 것이 과연 얼마나 현명하고 합당한 일인지에 대해서 일말의 의심도 품지 않는다. 이슬람 내에서 믿지 않는 자들을 개종·굴복시키거나 죽이고 배교자들을 처단하는 등 세상을 정복해야 하는 이슬람 교리의 기본을 부정할 수 없음에 머리를 쥐어뜯으며 고민하는 사람들이 바로 '온건주의자'다. '제국주의'는 무슬림이 서방세계를 비난하는 중요한 죄목들 중 하나라는 점에서, 세계 정복의 명령은 흥미로운 일이 아닐 수 없다.

제국주의는 중동지역에서 특히 중요한 주제인데 서방세계에 맞서는 이슬람의 상황이 특별히 더욱 그렇다. 그들에게 있어 제국주의란 말은 특수한 의미를 띤다. 예를 들어 위대한 무슬림 제국들(첫 번째는 아랍 제국, 마지막은 투르크 제국으로서 광대한 영토와 민족들을 정복하고 그들을 이슬람의 집으로 통합시켰던)의 무슬림들은 결코 이 말을 쓴 적이 없다. 무슬림들이 유럽과 유럽인들을 정복하고 통치하여 그들로 하여금 참된 신앙을 수용하도록 만든, 그러나 결코 강요하지는 않은 일은 더할 나위 없이 합법적이었다. 반면 유럽인이 무슬림을 정복하고 지배한 일, 설상가상으로 그들을 타락의 길로 인도하려고 노력한 것은 명백한 범죄였다. 무슬림의 관점에서 이슬람으로의 개종은 개종자에게는 유익이요, 그를 개종시킨 사람에게는 공덕이 되는 일이다. 이슬람법에서 다른 종교로의 개종은 배신행위로, 배교자와 그를 개종시킨 사람 모두 최고형에 처해진다. 이 의문에 대해 이슬람법은 명확하기 이를 데 없다. 만약 어떤 무슬림이 이슬람교를 포기하면 비록 다시 이슬람교로 되돌아온다 해도 그는 사형에 처해진다.[6]

이제 곧 우리는 배교라는 주제로 다시 돌아갈 것이다. 그러나 우리는 정복민들에게 이슬람을 강요하지 않았다는 루이스의 주장은 잘못된 판단으로 이어질 수 있음을 먼저 주목해야 한다. 꾸란이 무슬림 '온건주의자'에게 일종의 제어장치(종교에는 강요가 없나니, 꾸란 2:256)를 제공한다는 것은 사실이지만, 꾸란의 나머지나 무슬림 역사를 훑어볼 때 우리는 그 용도에 대해 지나친 기대는 금물이라는 사실을 알게 된다. 이러한 경향은 무슬림의 관용을 설명하기에는 너무나 빈약한 기반을 제공한다. 우선 불교, 힌두교, 기타 우상 숭배자들은 영적으로 너무나 타락한 나머지 정도를 한참 벗어난 것으로 간주되다보니 관용에 대한 개념은 유대인과 기독교인 이른바 '성경의 사람들'에게만 제한적으로 적용된다.[7] 성경의 사람들조차 다른 곳보다 무슬림 지배자들에게 '겸손하게' 십일조를 바쳐야 (종래의 신앙을 허용 받는 대신 인두세 형식으로 내는 지즈야 *jizya*를 말함) 한다. 파리드 자카리아 *Fareed Zakaria*는, 많은 사람들이 그렇게 생각했듯, 유대인들은 수세기 동안 무슬림의 통치 하에서 살았고 비교적 평탄한 시간을 보냈다고 생각했지만,[8] 이는 신정(神政)통치의 기독교 하에서 느껴지는 삶의 공포와만 비교했을 때 그렇다는 것뿐이다. 그러나 진실은 이슬람의 집에 사는 유대인들의 삶은 끊임없는 모멸감과 정기적인 학살을 그 특징으로 한다는 점이다. 유대인에게는 무장이 금지되고, 법정에서 증거도 할 수 없으며, 말도 탈 수 없는 격리주의가 적용되었다. 그들은 강제적으로 눈에 띄는 옷(나치 독일이 아닌, 바그다드에서 유래된 노란 휘장)을 착용해야 했으며 특정 거리와 건물에는 들어가지 못했다. 폭행을 당하거나 심지어는 죽을지도 모르는 위험 속에서 그들은 무슬림 옆을 지나갈 때도 눈을 내리깔고 왼쪽(불결하다고 생각되는)으로만 지나가야 했다. 아랍 세계의 각 지역에서 무슬림 어린아이들이 유대인에게 돌을 던지고 침을 뱉는 것은 현지의 하나의 관습처럼 되어왔다.[9] 이러한 모욕들은 조직화된 대량학살과 유대인학살 행위를 통해 정기적으로 강조되어 왔는데, 해당 지역으로는 모로코(1728, 1790, 1875, 1890, 1903, 1912, 1948, 1952, 1955년), 알제리(1805, 1934년), 튀니지(1864, 1869, 1932, 1967년), 페르시아(1839, 1867, 1910년), 이라크(1828, 1936, 1937, 1941, 1946, 1948, 1967, 1969년), 리비아(1785, 1860, 1897, 1945, 1948, 1967년), 이집트(1882, 1919, 1921, 1924, 1938~39, 1945, 1948, 1956, 1967년), 팔레스타인(1929, 1936년), 시리아(1840, 1945, 1947, 1948, 1949, 1967년), 예멘(1947년) 등이 있다.[10] 이슬람 지배 하의 기독교인의 삶은 좀처럼 기분 좋은 양상을 띠지 못했다.

교리로서 무슬림의 관용 개념은, 비무슬림이 정치적으로나 경제적으로 예속당하고 변형을 강요당하거나 학살당해온 역사를 포함한다. 무슬림 세계가 대부분의 역사 동안 단일 정부 하에 통일된 적이 없었다는 사실은, 그리고 앞으로도 그럴 일이 없을 것이란 사실은 주도권 장악을 위한 야망과 관련되어 있다. 이슬람 내 각 정치공동체에게 있어 '계시된 법에 대한 복종을 이끌어내는 것이 이슬람 국가의 임무다.'[11]

자카리아는 서방 세계에 사는 무슬림은 대개 타인의 믿음에 관대한 것 같다고 생각한다. 일단 이 특징을 인정해보자. 많은 서방 국가들이 현재 '이슬람 투쟁의 온상'이 된 것처럼 보이긴 하지만 말이다.[12] 그러나 이

점을 무슬림 관용의 한 특성으로 인정하기 전에, 우리는 서방에서 어떤 경위로 무슬림의 편협성이 드러나게 되었는지를 자문할 필요가 있다. 아무리 과격한 소수집단이라 해도 생애 대부분의 시간 동안 소수가 어떻게 일반적으로 다수에 '관대'하지 않겠는가? 공인된 테러범과 혁명가들조차 때를 기다리느라 대부분의 인생을 보낸다. 우리는 정치적, 경제적, 숫자상의 약점으로 인한 '관용'을 진정한 자유주의로 오해해서는 안 된다.

루이스는 '일단 한번 이슬람의 영토였던 땅은 무슬림이 결코 포기하는 법이 없다'고 생각한다.[13] 우리는 여기에 일단 이슬람의 사람이 되면 절대 포기되는 법이 없다는 사실 또한 추가해야 할 것이다. 왜냐하면, 루이스도 말했지만 배교자에 대한 형벌은 사형이기 때문이다. 잠시 이 사실을 곰곰이 되새겨 보는 편이 나을 듯한데 왜냐하면 이것은 그 어떤 자유주의적 해석도 완전히 소화하지 못하는 편협성의 정수이기 때문이다. 이슬람에서 세상을 지나치게 많이 아는 것(신앙의 교리에 의문을 품을 정도까지)은 사형에 해당하는 죄다. 21세기를 사는 무슬림이 신앙을 버려도, 비록 그가 단 한 시간 동안은 무슬림이었다 해도 이슬람 치하 어디를 가나 이에 대한 처벌 기준은 사형이다. 꾸란은 다음 세상에서 배교자를 기다리고 있는 형벌들에 대해 단순히 설명만 하고 있는 반면(꾸란 3:86~91), 하디스는 내려져야만 하는 응보에 대해 단호한 태도를 취한다. '종교를 바꾸는 자는 누구든 죽일지라.' 이 명령에는 그 어떤 비유도 숨어 있지 않으며 그 어떤 자유주의적 해석도 이 명령을 달리 가공할 수 있을 것 같지 않다. 우리는 이 명령이 꾸란 자체에는 보이지 않는다는 사실에 큰 의미를 부여하고픈 충동을 느낄 수도 있지만, 실제적으로 하디스는 어느 모로 보나 무슬림 세계관의 본질을 담은 것으로 보인다. 하디스가 종종 꾸란을 해석하는 해설서 역할을 한다는 점에서, 많은 무슬림 법학자들은 하디스가 이슬람 관습에 더 큰 권위를 가졌다고 인정한다.[14] 그 배교자가 이후로도 이슬람에 적대적인 발언을 하는가를 사형을 재가하기 전 확인해야한다고 주장하는 일부 자유주의 법학자들이 있는 것은 사실이지만, 처벌 그 자체는 보통 '과격'하다고 간주되지 않는다. 배교자를 사형에 처하는 제재는 관습까지는 아니더라도 일반적으로 용인되는 사실이다. 이는 아야톨라 호메이니 *Ayatollah Khomeini*가 살만 루시디 *Salman Rushdie*의 목에 현상금을 걸었을 때 이 땅에는 단 한 명의 이성적인 무슬림도 살고 있지 않는 것으로 느껴졌던 이유를 설명한다. 많은 서양인들은 왜 수많은 '온건주의자' 무슬림들은 드러내놓고 이 파트와(fatwa : 종교상 문제에 대해 유자격 법관이 내리는 판단을 말함 – 옮긴이)를 거부하지 않았는지 궁금해 한다. 서방 출신 포크 가수 캣 스티븐스(Cat Stevens : 지금은 요서프 이슬람 *Yosuf Islam*으로 개명한 이슬람교도)조차도 그 정당성에 의문을 품을 수 없었던 사실을 보면, 그 해답은 이슬람 교리에서 직접 나온다.[15]

우리가 지금까지 알아본 것처럼 기독교와 유대교도 이와 똑같은 어조의 편협한 목소리를 내는 것처럼 들릴 수 있지만 그들이 그렇게 된 것은 불과 수 세기밖에 되지 않는다. 그러나 세상에 대한 끝없는 호기심에 빠져 잘못된 길로 가는 문을 열게 된 사람이 있을 때 믿음의 형제들은 그가 죽어야한다고 생각하는 것이 바로 이슬람 세계의 현실이다. 그럴 때 우리는 도대체 어떤 면에서 무슬림들은 '종교에는 강요가 없나니'라고 믿는 것인지 의아하게 여기게 될 것이다.

이슬람을 주제로 한 루이스의 최근 작품을 논평하며 케네스 폴락 *Kenneth Pollack*은 매우 훌륭한 문체로 지금까지의 나의 주장에 부합하는 비판 하나를 제기했다.

루이스는 아직도 그의 독자를 위해 심도 깊은 문제들을 해결해주지 못하고 있다. 그는 이슬람 신앙을 가진 중동이 낙후된 이유, 중동의 개혁 시도가 실패한 이유, 의미 있는 방식으로 세계경제에 통합되는데 실패를 겪고 있는 이유, 그 실패들이 성공해야겠다는 각오(지난 50년 동안의 동아시아가 그랬고, 오늘날의 인도, 남미, 그리고 사하라 사막 이남 일부 국가들이 그렇듯이)가 아닌, 무력 행위를 금지하는 모든 이슬람법에도 불구하고 유혈 자폭 테러행위를 자행할 정도로 강하게 팽배한 분노와 좌절을 낳게 된 이유를 여전히 설명해주지 못하고 있다.[16]

위의 의문들은 모두 훌륭한 질문이지만, '심도 깊은 문제들'은 아니다. 만약 당신이 지옥 불을 피하기 위해 믿어야만 한다고 꾸란에 씌어 있는 내용을 믿는다면, 적어도 오사마 빈 라덴이 저지른 일에 공감은 할 것이다. '자살 테러행위'의 금지와 관련된 구절은 폴락이 제시한 것처럼 많지는 않다. 꾸란에는 단 한 줄 '너희 자신들을 살해치 말 것이니(4:29)'라는 구절이 있을 뿐이다. 이러한 주제를 연구하는 대부분의 주석가들처럼 폴락은 꾸란에 설명되어 있는 그 명제들(천국이 기다리고 있고, 우리의 감각들은 신의 영광을 위한 필사적인 정복의 욕구에 사로잡혀 타락한 세상의 증거 말고는 아무 것도 전해주지 않는다)을 실제로 믿는 사람의 입장에서 생각하지 못하고 있는 것으로 보인다. 매 구절마다 완벽한 꾸란을 펼쳐서 믿음의 눈으로 그냥 읽어보라. 우리는 신이 '조롱하고', '저주하고', '모욕주고', '벌하고', '혼내고', '심판하고', '불태우고', '뿌리째 없애고', '용서하지 않고', '구해주지 않는' 대상에 대해 동정심은 별로 필요하지 않음을 알게 될 것이다. 무한한 지혜를 가진 신은 불신의 마음을 가진 이교도들을 저주했다. 신은 그들의 삶을 연장시키고 재산을 늘려줌으로써 죄에 죄를 더하여 사후에 그들을 기다리는 고통을 받을 자격을 더더욱 충분하게 만들었다. 이 점에서 볼 때, 9·11테러로 죽은 사람들은 신의 정의를 위한 영원한 지옥 불을 타오르게 만드는 연료나 다름없었다. 꾸란 원전에 실린 불신자들에 대한 비방의 냉혹성을 알리기 위해서 나는 원전에 실린 순서대로 글을 인용, 편집하여 아래에 소개했다. 이것은 조물주가 그 마음에 담은 (중력상수나 원자량에 대해서는 연연해하지 않는)생각들이다. "그대가 경고하든 경고하지 아니하든 믿음을 부정하는 사람들은 믿으려 하지 아니하매"(2:6). "하나님이 조롱하사 그들을 암흑 속에서 버리시니 그들은 장님처럼 방황하노라"(2:15). "그곳에는 인간과 돌들이 불에 이글거리고 있으며 불신자들을 위해 준비된 곳이라"(2:24). 그들은 "이생에서 치욕이 있을 뿐이며 심판의 날 엄한 응벌이 있을 것이라"(2:85). "이들 불신자들에 하나님의 저주가 있을 것이라"(2:89). "그들은 분노에 분노를 초래하였으니 불신자들에게는 수치스러운 징벌이 있을 것이라"(2:90). "하나님은 믿음이 없는 자들의 대적이시라"(2:98). "성서의 백성들 가운데 믿음이 없는 자들이나 불신자들은 그들 주님으로부터 너희들 위에 복음이 계시되는 것을 좋아하지 않으나"(2:105). "현세에서는 수치와 내세에서는 큰 응벌이 그들에게 있을 것이라"(2:114). "성서를 받은 그들이 이슬람에 귀의하여 올바르게 성서를 낭송할 때 그들이야말로 믿음을 올바로 가진 신앙인들이며 이를 불신한 자 멸망하니라"(2:121). "불신하는 자들을 당분간 만족하게 하다가 불지옥으로 비참한 여행이 되게 하리라"(2:126). "동서가 하나님 안에 있으며 그분께서는 믿음이 진실한 자들을 옳은 길로 인도하시니라"(2:142). "순교자들이 죽었다고 말하지 말라 그들은 살아 있으되 너희들이 인식을 못하고 있을 뿐이라"(2:154). "믿음을 부정하며 불신자로 죽을 때 그들에게는 하나님과 천사들과 진실한 사람들의 저주만이 있을 뿐이라 그들은 지옥에서 영주하고 벌이 경감되지 않을 것이며 고통이 잠시도 모면되지 않을 것이라"(2:161~162). "불지옥으로부터 피하지 못하니라"(2:167). "불신자들을 비유하매 목동이 양떼를 고함질러 부르나 그 말을 이해하지 못하고 소리로밖엔 들리지 아니하니 그들은 아무것도 모르는 귀머거리요 벙어리며 장님이라"(2:171). "그들에겐 엄한 벌이 있을 뿐이라"(2:174). "그들이 유황불 위에서 참을 수 있단 말이뇨. 그것은 하나님께서 그 성서를 진리로 보내셨는데 그 성서에 이의를 제기하여 분열을 초래했기 때문이라"(2:175~176). "그들을 발견한 곳에서 그들에게 투쟁하고. 그들이 너희들을 추방한 곳으로부터 그들을 추방하라. 박해는 살해보다 더 가혹하니라. 그들이 하람사원에서 너희들을 살해하지 않는 한 그들을 살해하지 말라. 그러나 그들이 그곳에서 살해할 때는 살해하라 이것은 불신자들에 대한 보상이라. 만약 그들이 싸움을 단념한다면 하나님은 그들을 관용과 은총으로 충만케 하시니라 박해가 사라질 때까지 그들에게 대항하라. 이는 하나님을 위한 신앙이니라 그들이 박해를 단념한다면 우매한 자들을 제외하고는 적대시하지 말라"(2:191~193). "비록 싫어하는 것이지만 너희에게 성전이 허락되었노라. 그러나 너희가 싫어해서 복이 되는 것이 있고 너희가 좋아해서 너희에게 악이 되는 것이 있나니, 하나님은 너희가 알지 못하는 것을 알고 계시니라"(2:216). "그들은 너희가 종교를 배반할 때까지 너희들과 투쟁을 포기하지 않을 것이며, 배반자가 되고 믿음을 갖지 않고 죽는다면 그들의 일은 현세와 내세에서 아무 열매도 맺지 못하고 불지옥의 거주자가 되어 그곳에서 영원히 기거할 것이라. 믿음을 가진 자 이주를 한 자 하나님의 길에서 투쟁한 자는 모두 하나님의 은혜를 갈구하나니, 하나님은 관용과 은혜로 충만하심이라"(2:217~218). "하나님은 우매한 자들을 인도하지 아니하시니라"(2:258). "하나님은 믿음을 배반한 자들을 인도하지 않으시니라"(2:264). "우매한 자 도움을 받을 길이 없도다"(2:270). "하나님이 그분의 뜻대로 인도하시니라"(2:272).

"하나님의 말씀을 배반하는 자, 그들에게는 엄한 벌이 있을 것이라, 하나님은 강하사, 그들을 패배하게 하시니라"(3:4). "믿음을 배반한 그들의 재산과 자손이 그들에게 아무런 효용이 되지 못하고 불의 연료가 될 것이라"(3:10). "믿음을 부정한 자들에게 이르되 그들은 곧 멸망당하여 악마의 거주지인 지옥에 모이게 되리라 말하라"(3:12). "하나님의 종교는 이슬람 뿐이며 (중략) 하나님의 말씀을 불신하는 자, 곧 하나님의 심판을 받으리라"(3:19). "신앙인들은 불신자들을 신앙인들에 우선하여 친구로 택하지 아니하도다. 그렇게 하는 자 있다면 하나님에 대한 믿음이 조금도 없나니"(3:28). "믿는 자들아 불신자를 친구로 택하지 말라. 그들은 너희를 해치기 위해 노력을 아끼지 아니하며 단지 너희가 파괴되기를 바랄 뿐이라 그들의 입들에서는 증오가 발산되며, 그들의 마음은 더욱 사악하도다"(3:118). "너희가 상처를 입었다면 그 백성들도 그만큼 상처를 받았노라. 이것은 하나님이 인간에게 주는 흥망성쇠이거늘 하나님은 믿는 신앙인들을 알고 계시어 너희 가운데서 순교자들을 택하시도다. 이처럼 하나님은 우매한 자들을 사랑하지 않으시니라. 이렇게 하여 하나님은 믿음을 가진 자들을 순결하게하사 불신자들은 멸망케 하시니라"(3:140~141). "믿는 신앙인들이여 너희가 불신자들에게 복종한다면 그들은 발꿈치로 너희를 돌려보내리니 (중략) 하나님은 믿음이 없는 자들의 심중에 공포를 불어 넣으리라 (중략) 불지옥이 그들의 거주지가 되며"(3:149~151). "믿음을 가진 자들이여 위선자가 되어 멀리 떠나는 자에게, 또는 전쟁에 나가는 자에게 만일 너희가 우리와 함께했다면 죽지도 않았을 뿐만 아니라 살해되지도 않았을 텐데 라고 그들 형제에게 말하지 말라. 하나님은 그들 심중에 고뇌를 심어줄 것이며 (중략) 하나님의 길에서 살해당했거나 죽었다면 하나님으로부터 관용과 자비가 있을지니 이는 생전에 축적한 것보다 나으리라"(3:156~157). "하나님의 길에서 순교한 자가 죽었다고 생각지 말라. 그들은 하나님의 양식을 먹으며 하나님 곁에서 살아 있노라. 그들은 하나님이 주신 은혜로 기뻐하며, 그들과 함께 하지 못하고 뒤에 올 순교자들을 기쁘게 할 것이며, 그곳에는 두려움도 슬픔도 없노라. 그들은 기뻐하리니 하나님의 은총과 자비가 그것이로다. 하나님은 믿는 자들의 보상을 삭감치 않으시니라"(3:169~171). "하나님이 불신자들과 잠시 머물러 있음이 그들에게 길보라고 생각지 않게 하리라 실로 그분이 그들과 잠시 체류함은 죄악을 증가시켜 그들에게 재앙이 있게 할 따름이라"(3:178). "그들의 집을 떠났거나 추방당했거나 나의 길에서 수고한 자 성전하였거나 살해당한 그들을 속죄하여 줄 것이며 강이 흐르는 천국으로 들어가게 하리니 이것이 하나님으로부터 받을 보상이라 그중 좋은 보상은 하나님께 있노라. 지상에서 믿지 아니한 자들의 흥망성쇠가 그대를 기만치 않도록 하리라. 쾌락은 순간이요 그들의 주거지는 지옥이니, 얼마나 저주받은 거처뇨"(3:195~197).

"하나님은 그들을 저주하시니"(4:46). "실로 하나님은 그분에 비유하려 한 자를 용서치 아니하며, 그 외에는 그분의 뜻에 따라 용서를 베푸시나 하나님에 비유하려 하는 자는 죄를 조성하는 것이라 (중략) 성서의 일부를 받은 그들을 보지 아니했느뇨? 우상과 악마를 믿은 그들이 믿는 자들보다 더욱 옳은 길로 인도된다고 어떻게 불신자들에게 말할 수 있느뇨"(4:48~51). "하나님의 계시를 불신하는 자들을 화염 속으로 들게 하며 피부가 불에 익어 다른 피부로 변하니 그들은 고통을 맛보더라. 실로 하나님은 권능과 지혜로 충만하심이라"(4:56).

"믿는 자들이여 너희 종교를 조롱과 오락으로 하는 자들을 친구로 삼지 말라. 이들은 너희 이전에 성서를 받은 자들로 믿음을 배반했노라"(5:57). "주님으로부터 그대에게 계시된 것은 분명 그들 대다수에게 거역함과 불신을 증가하리니, 하나님은 그들을 적대시하며 심판의 날까지 증오하리라"(5:64). "신앙이 없는 백성들은 인도하지 아니하시니라"(5:67). "주님으로부터 그대에게 계시된 것이 분명 많은 무리에게 적의와 불신을 증가시키나 신앙이 없는 무리를 보고 슬퍼하지 말라"(5:68). "그들 가운데 다수가 불신자를 보호자로 택한 자를 보리니 자신들이 저지른 죄에 저주가 있을 것이며, 하나님은 그들에게 분노하시니 그들은 고통 속에서 영생하리라… 그대는 신앙인들에게 대적하는 이들을 유대인과 이교도들 가운데서 발견하리라. 또한 그대는 우리는 기독교인들이요 라고 말하는 신앙인들에게 사랑을 표시하는 그들을 발견하리니"(5:80~82). "그러나 말씀을 불신하고 거짓된 자들은 지옥이 그들의 것이라"(5:86).

"그것이 도래했을 때 그들은 그 진리를 불신하나 곧 그들이 조롱했던 진리를 알게 되리라"(6:5). "너희들에게는 부여하지 아니한 권능을 주었으며, 하늘에서 비를 내리게 하여 물을 풍부하게 하였고, 물이 흐르는 강들을 두었으되, 그들의 죄악으로 하나님은 그들을 멸망케하고 다음 세대를 두시었노라. 그대에게 성문화된 성서를 제시하여 그것이 그들 손 안에 있다 하여도 불신하는 자들은 실로 이것은 분명한 마술일 뿐입니다 라고 말했으리라. 또 그들은 천사가 그에게 임하지 아니하느뇨 라고 하더라. 그러나 천사를 그에게 임하도록 하였다면 그 문제는 해결되었을지도 모르나 그들은 그 진리를 불신하였으리라"(6:6~8). "하나님께 거짓함과 그분의 말씀을 믿지 아니하려 함이 가장 큰 죄됨이니"(6:21). "그

144

대에게 귀를 기울인 척하는 자가 그 가운데 있으나 그들은 심중에 베일을 씌우니 그것을 이해하지 못하고, 그들의 귀를 봉하니 그들이 모든 예증을 본다 하여도 그것들은 믿지 않더라. 게다가 그대에게 다가와 반론하며 이것들은 옛 선조들의 얘기에 불과하다고 불신자들은 말하더라. 그들은 다른 사람들에게 금지하여 그것을 멀리하려 하니 이는 스스로의 영혼을 멸망시킴이라. 그러나 그들은 인식하지 못하더라. 그들이 지옥의 불에 이르되 우리가 다시 세상으로 돌아갈 수 있다면 우리는 주님의 말씀을 거역하지 아니하며 믿는 자 가운데 있을텐데 라고 말하는 그들을 그대는 보리라"(6:25~27). "그들이 다시 돌아간다면 그들은 분명히 그들에게 금지된 것들로 다시 돌아가리니 이는 그들이 거짓말을 하는 자들이기 때문이라"(6:28). "또한 하나님의 뜻이 있었다면 그들 모두를 복음으로 인도하셨으리라"(6:35). "하나님의 말씀을 거역하는 자들은 암흑 속에 거하는 귀머거리와 벙어리 같노라. 하나님의 뜻이 있을 때 누구든 방황케하고, 하나님의 뜻이 있을 때 누구든 옳은 길로 인도하시니라"(6:39). "그들의 마음은 더욱 굳어졌으며 사탄은 그들이 행함이 올바른 것처럼 보이게 하더라 그들이 충고를 잊었을 때 그들에게 모든 은혜의 문을 열어주었노라. 이에 그들은 기뻐하며 거만을 더하였으니 하나님은 그들에게 돌연히 벌을 내렸도다. 이때 이들은 온전히 실망하여 있더라. 이리하여 죄지은 자들은 근절되었으니 모든 영광이 만유의 주님이신 하나님께 있음이라"(6:43~45). "그러나 말씀을 거역한 자 그들은 스스로 지은 죄악으로 벌을 받게 되리라"(6:49). "그들의 행위로 말미암아 스스로를 멸망케하는 자들이매 불신의 대가로 그들은 단지 이글거리는 물을 마시게 될 것이라"(6:70). "그대는 그 사악한 자들이 죽음의 고통에서 헤매는 것을 보리라. 천사들이 그들의 손을 펼치며 너희 영혼을 포기하라, 오늘 너희는 수치스러운 벌을 받으리니 너희는 하나님께 거역하며 거짓하고 그분의 말씀에 거만하였노라 하더라"(6:93). "우상 섬기기를 그만두라 하셨노라. 하나님의 뜻이 있었더라면 그들은 다른 것을 그분께 비유하여 거역하지 아니했으리라. (중략) 하나님은 그들의 마음과 시력을 혼돈케 하리니 이는 처음에 그것을 믿지 아니한 것과 같게 하여 그들을 사악함 속에서 방황케 두리라. 그들에게 천사들을 보내고 죽은 자가 그들에게 얘기를 하며 모든 것을 그들 앞에 모이게 하였더라도 그들은 믿지 아니하였으리라. 하나님의 뜻이 있는 것에는 제외되었음이라 하나 그들 대다수는 진리에 무지하더라. 그리하여 각 예언자를 위해서도 인간과 영마 가운데서 사탄을 두었으니 그들은 서로가 서로를 기만하여 거짓을 조성하더라. 그대의 주님께서 뜻이 있었다면 그들은 그렇지 아니했으리라. 그러하매 그들이 거짓한 대로 두라 하셨노라(6:106~112). "사탄은 그들의 동료들로 하여금 너희와 논쟁토록 고무하도다. 만일 너희가 그들에게 복종한다면 너희는 실로 불신자들이라. (중략) 사악한 자들은 곧 하나님 앞에서 굴욕과 그들의 음모에 대한 대가로 엄한 벌을 받으리라"(6:121~124). "하나님의 뜻이 있어 인도하고자 하는 자를 위해서는 그들의 가슴을 이슬람에로 열었으며, 그분의 뜻이 있어 방황케 하고자 하는 자를 위해서는 그들의 가슴을 좁게 하시니 이는 그들이 하늘에 오르는 것과 같더라. 이렇듯 하나님은 믿음을 거역하는 이들 위에 벌을 내리심이라"(6:125).

물론 이 모두는 장황하기 이를 데 없다.[17] 그러나 원전 자체와 겨루기 위해서는 다른 방법이 없다. 나는 아라비어 언어의 우수성을 판단할 수 없다. 아마도 탁월하리라. 그러나 꾸란의 내용은 그렇지 않다. 매 페이지

마다 꾸란은 경건한 무슬림들에게 불신자들을 멸시하라고 가르친다. 거의 모든 페이지에서 꾸란은 종교 분쟁의 근거를 제공한다. 위에서 인용된 구절을 읽었는데도 여전히 무슬림 신앙과 무슬림 폭력 사이의 관계를 알아차리지 못하는 사람은 정신과 치료를 받아야 한다.

인간이 창안해낸 다른 어떤 종교보다도 이슬람은 죽음을 철저하게 숭배하는 요소를 모두 갖고 있다. 이슬람 세계에서 가장 영향력 있는 사상가이자 수니파 중 근대 이슬람 사상의 아버지인 사이드 쿠트브*Sayyid Qutb*는 이렇게 말한다. "꾸란은 유대인의 비열한 특성 하나를 지적한다. 즉 삶의 질이나 명예, 존엄성에 어떤 대가를 치르든 상관하지 않는 삶에 대한 비겁한 욕구다."[18] 이는 실로 간결함의 절정을 이루는 경이로운 표현이다. 얼핏 보면 무심결에 튀어나온 유대인 자극 발언 같지만, 사실은 무슬림 세계관의 극치인 것이다. 이는 바로 편협하고 자멸적인 과장과 떠벌림의 한판이다. 자살에 대한 꾸란의 명백한 금지는 전혀 아무런 문제가 되지 않는 듯하다. 자폭행위는 이슬람 교리에 위배되고 따라서 자살폭탄 테러범들은 순교자가 아니라 지옥에 갈 사람들이라고 말할 이슬람 법학자들도 확실히 있을 것이다(그나저나 그런 법학자들이 어디 있단 말인가?). 만약 존재한다 해도 그런 소수 의견은, 대부분의 무슬림 세계에서 자살폭탄 투하가 정당성을 인정받고 있다는 사실('성전(聖戰)'으로 불리는)을 바꿀 수는 없다. 이슬람 교리로 볼 때 그러한 정당화는 너무나 손쉽다. 지하드, 순교, 천국, 이교도에 관한 독실한 믿음을 가진 무슬림들의 관점에서 볼 때 자살폭탄 투하는 믿음의 탈선일 수가 없다. 그리고 그런 식으로 죽는 사람들을 다수의 동료 신자들은 순교라고 생각한다는 것도 전혀 놀랄 일이 아니다. 죽음의 위협이 다분한 투쟁 행위는 '알라의 대의를 위해 싸우는' 사람이 임무 수행 시 자살하느냐 죽음을 맞느

냐의 차이뿐 어느 상황에서건 '자멸적'이라고 간주된다. 순교에의 대망을 품게 되는 핵심은 바로 이점인 듯하다. 즉, 당신이 '이슬람을 보호하기 위해' 이교도나 배교자들을 죽이는 한, 알라는 그 과정 중에 당신이 자살하든 말든 신경 쓰지 않는다는 것이다.

퓨 리서치 센터(Pew Research Center for the People and the Press)가 최근 전 세계를 대상으로 실시한 여론조사에는 3만 8,000명이 넘는 사람들이 참가했다. 그 결과가 '2002년 세계의 생각'이라는 제목 하에 글로벌 애티튜즈 프로젝트 *Global Attitude Project* 제1호로 출간됐다.[19] 이 조사에는 무슬림에게만 해당하는 다음과 같은 질문이 포함되어 있었다.

어떤 사람들은 자살폭탄 투하와 민간인을 표적으로 한 그 어떤 형태의 폭력도 적으로부터 이슬람을 보호하기 위한 목적이라면 정당화될 수 있다고 생각합니다. 또 어떤 이들은 이유 여하를 막론하고 이런 종류의 폭력이 절대 정당화될 수 없다고 믿습니다. 이슬람을 보호하기 위해서는 그런 폭력이 자주 정당화될 수 있다, 가끔 정당화될 수 있다, 좀처럼 정당화되기 힘들다, 절대로 정당화될 수 없다 중 개인적인 의견은 무엇입니까?

이 연구조사물의 결과를 보기 전에, 우리는 나란히 놓여진 '자살폭탄 투하'와 '민간인 표적'이라는 두 표현의 의미를 따져보아야 한다. 우리는 지금 무슬림들이 이슬람을 보호하기 위해서 민간인 남녀노소를 고의적으로 살인하거나 불구로 만드는 일을 ('자주', '가끔', '좀처럼' 혹은 '절대로' 등의 빈도에 따라 어느 정도로) 지지하는지에 대해 과학적으로 조사당하는 시대에 살고 있는 것이다. 여기 조사 결과의 일부가 있다(모든 백분율 합계가 100은 아니다).

만약 이 숫자들이 그다지 놀랍지 않다면, 사우디아라비아, 예멘, 이집트, 수단, 이라크, 팔레스타인은 이 조사에 포함되지 않았다는 사실을 상기해보라. 만약 이 국가들이 포함되었더라면 레바논은 1위 자리를 고수하지 못했을 것이다. 또한 자살 폭탄 테러는 당연히, 대부분의 무슬림들이 신이 확실히 금지한 행위라고 믿는 자살을 수반한다. 결과적으로, 만약 이것이 '이슬람을 보호하기 위해서는 민간인을 공격하는 것도 정당화될 수 있습니까?' 라는 질문이었다면 우리는 테러 행위에 대한 무슬림들의 보다 적극적인 찬성을 예상할 수 있었을 것이다.

그러나 퓨 리서치 센터의 조사는 위의 표가 보여주는 것보다 실제 더무서운 결과를 암시한다. 통계자료를 자세히 살펴보면, 조사원들은 응답중 '좀처럼 정당화될 수 없다'와 '절대로 정당화될 수 없다'를 동일시함으로써 결과를 왜곡하여 무슬림 평화주의를 잘못 해석하고 있음이 드러난다. 요르단의 조사 결과를 살펴보자. 43%의 요르단 국민이 테러 행위를 지지하는 반면, 48%는 반대한다. 그러나 문제는 22%의 요르단 국민들이 실제로 응답한 것은 '좀처럼 정당화될 수 없다'로, 이는 '아니오'라는 응답의 절반에 가까운 수치를 차지한다. '좀처럼 정당화될 수 없다'는 것은, 특정한 상황에서는 그 응답자들이 투쟁의 우연적 결과가아니라 의도된 결과로서의 무차별적인 민간인 살상 임무(아울러 자살까지도)도 수행 가능함을 뜻한다. 테러 행위를 용인하는 무슬림의 관용을 정확히 꿰뚫어보려면, 우리는 '절대로 정당화될 수 없다'는 쪽에 마음을 정하지 못한(여전히 '모름/무응답'의 그늘에서 헤매는 많은 사람들은 젖혀두고) 응답자들의 숫자에 집중해야 한다. 만약 이 통계를 아래와 같은 방식으로 재구성한다면, 이성의 태양은 무슬림 세계에 그 빛을 던져줄 것이다.

이슬람 보호를 위한 자살 폭탄 테러 정당화가 가능한가?

나라	예(%)	아니오(%)	모름 / 무응답(%)
레바논	73	21	6
아이보리코스트	56	44	0
나이지리아	47	45	8
방글라데시	44	37	19
요르단	43	48	8
파키스탄	33	43	23
말리	32	57	11
가나	30	57	12
우간다	29	63	8
세네갈	28	69	3
인도네시아	27	70	3
터키	13	73	14

숨겨진 숫자들이 있다. 만약 모든 무슬림들이 터키처럼 대답한다고 해도(각각 4%, 9%의 사람만이 자살 폭탄 테러는 '종종', 그리고 '가끔' 정당화될 수 있다고 생각하고, 7%만이 '좀처럼 정당화될 수 없다'고 생각한) 여전히 우려할 만한 문제점이 있다. 즉, 결국 우리는 테러 행위를 드러내놓고 지지하는 200만 명 이상의 사람들에 대해 이야기하고 있는 것이다. 그래도 터키는 나머지 이슬람 세계와 비교할 때 드물게 호의적인 국가이긴 하다.

어느 날 중동에 평화가 찾아들었다고 치자. 무슬림들은 자신들이 널리 인정해온 자살 폭탄 투하에 대해서 어떤 말을 하게 될 것인가? "이스라엘 점령 때문에 우리가 미쳤던 게지."라고 말하겠는가? "우리는 성격 이상자 세대였어."라고 말할 것인가? 이 '성전'에 뒤이어 찾아온 축복들에 대해서 어떻게 설명할 것인가? 비교적 혜택 받은 환경에서 태어난 한 젊은이가 옷에다 폭발물과 볼 베어링을 가득 넣은 채 한 디스코테크에서 이슬람 보호를 위한 자살 폭탄 테러 언제나 정당화될 수 있는가?

나라	예(%)	아니오(%)	모름/무응답(%)
레바논	82	12	6
아이보리코스트	73	27	0
나이지리아	66	26	8
요르단	65	26	8
방글라데시	58	23	19
말리	54	35	11
세네갈	47	50	3
가나	44	43	12
인도네시아	43	54	3
우간다	40	52	8
파키스탄	38	38	23
터키	20	64	14

수많은 어린이들과 함께 죽어가고, 그의 어머니는 그 소식이 전해지자 즉시 이웃들로부터 축하인사를 받느라 바쁘다. 평화가 정착되고 난 후 팔레스타인 사람들은 그러한 행위에 대해서 어떤 생각을 갖게 될 것인가? 만약 그들이 여전히 독실한 신자라면 이렇게 생각해야만 한다. '우리 아이는 지금 천국에 있고, 우리가 따라갈 길을 예비해 놓았어. 이교도들에게는 지옥이 준비되어 있지.' 그 어떤 평화라도 이런 종류의 믿음은 오래 견뎌내지 못할 것이라는 것이 인간 본성의 자명한 이치로 보인다.

우리는 상당수 무슬림들이, 세계무역센터를 내려앉게 만든 사람들이 지금 '썩는 일 없이 물이 흐르는 하천, 맛이 변하지 않고 젖이 흐르는 하천, 달콤한 미주가 흐르는 하천, 맑은 꿀이 흐르는 하천'을 옆에 두고 신의 오른편에 앉아 있다고 믿는다는 사실을 간과해서는 안 된다. 그런 사람들(시속 800km로 나르는 비행기 안에서 스튜어디스의 목을 가르고 아이가 딸린 젊은 부부들을 죽음으로 내몰았던)은 현재 '복되고 즐거운 왕국'에서 '영원한 젊음의 영광의 주어진 소년들의 시중'을 받고 있다. '은과 수정으로 된 잔이 그들 사이를 오가고'(76:15) 그들이 누릴 수 있는 특권의 목록은 길다. 그러나 살아 있는 자들 속에서 보내는 마지막 날 아침에 그를 침대 밖으로 끌어낸 힘은 무엇이었을까? 19명의 여객기 납치범들은 그들 몫의 여자를 받을 목적만으로 알라의 정원에 급히 들어갔던 것일까? 그렇게 보기에는 의심스럽다. 이 점에서 발견되는 아이러니는 경이에 가깝다. 노상 매음굴만도 못한 천국의 개념에 사로잡혀 순교의 매력에 홀리는 사람들은, 오늘날 세계에서 성적(性的)으로 가장 억압된 삶을 사는 사람들이 출현하는 베이워치(Baywatch : 해상구조요원의 활동을 주제로 한, 비키니 미녀들이 많이 나오는 미국 인기TV프로그램 – 옮긴이)의 재방송건 때문에 펄펄 뛴다.[20]

그런 형식의 내세관에서 비롯되는 끔찍한 윤리적 결과들은 별개로 하고, 꾸란에서 말하는 천국이 얼마나 허황한가 우리는 생각해보아야 한다. 7세기의 선지자가 천국은 젖과 꿀로 가득한 정원이라고 말한 것은, 21세기의 어떤 예언자가 모두 갓 뽑은 렉서스 자동차를 몰고 다니는 번쩍거리는 도시에 대해 말하는 것과 같다. 잠깐만 생각해봐도 그러한 주장은 사후 세계와 인간 상상력의 한계에 대해 아무것도 알려주지 못함을 알 수 있다.

지하드와 원자의 위력

독실한 무슬림에게 있어 종교적 정체성은 그 무엇보다 앞서는 것 같다. 범 아랍주의의 영향력은 별로 크지 않음에도 불구하고 서양에서는 희미해진 민족 혹은 국가 정체성은 무슬림 세계에서 절대로 근절되는 법이 없었다. 미국의 이라크 공격에 대해 무슬림 국가들이 전반적으로 보이는 사담 후세인에 대한 지지는 무슬림 단결의 성찰성(reflexivity)을 결정하는 그 어떤 방법만큼이나 좋은 방법이다. 세속적인 독재자였던 사담 후세인은 미국이 이라크를 침공하기 전에는 무슬림 세계에서 멸시의 대상이었으나, 이라크와 쿠웨이트, 그리고 이란 사람들에 대해 저지른 그의 죄가 얼마나 컸는가는 상관없이 대부분 무슬림들이 보인 반응은, 이교도 적들이 바그다드를 점령한다는 것은 어떤 인도주의적 목적에 부합하든지 간에 묵인할 수 없는 사실임을 드러낸다. 사담이 뇌리에 남아 있는 그 누구보다 많은 무슬림들을 고문하고 죽인 사람인지는 몰라도 미국인들은 '신의 적'이다.

부조리한 모든 것이 훤히 드러날 정도의 세부설명은 정말이지 무의미하기 때문에 이와 같은 대략적인 큰 그림에 계속 주목하는 것이 중요하다. 무슬림 세계와 대화할 때 우리는 정당화할 근거가 없고 따라서 토론할 거리조차 없는 믿음을 가진 사람들과 대치하게 되는데, 무슬림이 우리에게 하는 요구들 다수의 저변에는 여전히 이런 믿음이 깔려있다.

무슬림의 믿음은 핵무기 자제에 대한 우리의 유별난 관심에 특별한 문제를 하나 제기한다. 바로 장거리 핵무기들로 무장한 이슬람 군대와의 일말의 '냉전' 가능성이다. 죽음의 위협 때문에 냉전은 양측이 상호 포기할 것을 요구한다. 순교와 지하드의 개념은 다소 영구적으로 미국과 소련을 반세기 동안 일대 결전에의 위기 직전으로 몰아넣었던 논리를 생각나게 한다. 천국이란 말만 꺼내도 눈이 휘둥그레 커지는 이슬람 군대가 장거리 핵무기를 손에 넣는다면 우리는 어떻게 할 것인가? 만약 역사가 우리에게 알려준 대로라면 우리는 그 공포의 핵탄두가 어디로 향할 것인지, 즉응력(卽應力)은 어떤지 확신할 수 없게 될 것이며 따라서 표적이 되고 있는 재래식 무기들이 핵무기를 파괴할 것이라는 믿음도 가질 수 없다. 그런 상황에서 우리가 목숨을 부지할 수 있는 유일한 길은 우리 측에서 선제 핵무기 공격에 들어가는 것이다. 말할 것도 없이 이는 상상조차 할 수 없는 범죄(단 하루 만에 수천만 명의 목숨을 앗아갈)지만, 이슬람이 믿는 바를 생각할 때 우리가 할 수 있는 유일한 행동이다. 그런 터무니없는 자기 방어 행위가 나머지 무슬림 세계의 입장에서는 어떻게 느껴지겠는가? 아마도 대량 학살을 위한 십자군의 첫 침략으로 느껴졌을 것이다. 이 순간이 갖는 무시무시한 아이러니는 '눈에 보이는 대로 대응한다' 로써, 이러한 감각인식은 스스로 핵무기를 보유할 능력을 갖춘 무슬림과의 뜨거운 교전으로 이어질지도 모른다. 물론 이 모든 행동은 그야말로 미친 짓이다. 나는 지금 배트맨, 철학자의 돌(중세 연금술사들이 비금속을 금으로 바꿀 수 있는 재료가 있다고 믿고 그 재료에 붙인 이름－옮긴이), 그리고 유니콘 등과 같은 부류에 속할 종교적 믿음 때문에 세계 인구의 다수가 멸망할지도 모른다는 명백한 시나리오에 대해 말하고 있는 것이다. 우리 중 다수가 한낱 전설 때문에 죽어야 한다는 것은 어불성설이지만 그렇다고 그렇게 되지 말란 법은 없다. 신앙이 우리의 담화에서 누리는 모든 이성 개입 면책권을 생각할 때, 이런 종류의 재앙은 매우 있을 법한 가능성으로 점점 다가온다. 우리는 19명의 여객기 납치범처럼 모든 면에서 죽음을 열망하는 사람이 어느 날 장거리 핵무기에 손을 댈 가능성에 익숙해져야 한다. 특히 무슬림 세계는 그 가능성을 예상하고 그것을 막을 방책을 찾아보아야 한다. 꾸준한 기술 확산 추세를 생각해 볼 때, 시간은 우리 편이 아니라고 말해야 할 것이다.

충돌

  사무엘 헌팅턴이 이슬람과 서방 세계 간의 분쟁을 '문명의 충돌'로 불렀다는 것은 유명하다. 헌팅턴은 무슬림과 비무슬림이 국경을 공유하면 무장 분규가 일어나는 경향이 있다고 보았다. 부적절한 사실을 묘사할 적절한 표현을 찾던 그는 '이슬람은 피의 국경을 가졌다'고 선언했다.[21] 그러나 많은 학자들이 헌팅턴의 이론을 반박했다. 에드워드 세드*Edward Said*는 '수많은 민중 선동과 철저한 무지는 하나의 종교나 문명을 대변하려는 만용을 뜻한다'라고 썼다.[22] 세드는 헌팅턴의 이론에 믿음을 보태는 것과는 반대로 알 카에다 요원들이 다윗 지파, 가이아나*Guyana* 짐 존스(Jim Jones : '인민사원(People Temple)' 이라는 이단종교단체를 이끌었으며 남미의 원시림에 '존스타운' 이라는 정착촌을 지어 시한부 종말을 기다리며 거주했던 인물 – 옮긴이) 목사의 신도들, 옴 진리교 등 사교집단으로 분류되어야 할 '미치광이'와 다름없다는 주장을 유지했다. "헌팅턴은 전 세계 1억가량의 무슬림들이 '자신들의 문화의 우월성을 확신하면서도 힘의 열등감에 사로잡혀 있다'고 한다. 그는 인도네시아인 100명, 모로코인 200명, 이집트인 500명, 그리고 보스니아인 50명씩을 조사한 것일까? 설사 그랬다 치더라도 무슨 사례가 그렇단 말인가?" 이런 비난은 불성실하다고 생각된다. 당연히 우리는 하나의 문화를 일반화할 때의 한계를 인식해야 하지만, 오사마 빈 라덴이 이슬람에 있어 짐 존스 목사와 같은 존재라는 건 우스운 일이다. 세드의 견해와 달리 빈 라덴은 '미국이 혐오하고 두려워하는 모든 것의 광대하고 단호한 상징'이 되지 못했다.[23] 헌팅턴의 주장대로 진정 독실한 무슬림들은 모두 '자신의 문화에 대한 우월성은 확신하면서 힘에 대해서는 열등감에 사로잡힐' 것이라는 사실은 꾸란만 읽어봐도 알 수 있다. 그리고 이것이 그의 이론이 요구하는 전부다.

헌팅턴의 공식을 좋아하든 그렇지 않든 한 가지는 분명하다. 결국 우리에게 마수를 뻗쳐온 불행은 테러 행위가 아니다. 바로 현재 정치적 패권을 잡고 있는 종교 신앙이다. 물론 이슬람교는 역사 속의 현 시기에 매우 상승세를 타고 있긴 하지만 그러한 끔찍한 변혁을 감당할 수 있는 상황은 아니다.[24] 우리의 분쟁 대상이 이슬람이 아니라고 주장하는 서구의 독자들은 착각하고 있는 것이지만 이 책에서 내가 주장하고 있는 바대로 기독교와 유대교 또한 문제를 갖고 있다. 이성적인 사람이라면 누구나 공동의 적을 갖고 있다는 사실을 우리는 이제 깨달았다. 그것은 우리와 너무 가까운 거리에서 현혹하고 있는 적으로, 그것이 인간 행복의 가능성을 파괴하려고 위협할 때조차 우리는 그 정체를 밝히지 않는다. 그 적은 바로 다름 아닌 신앙이다.

무슬림 세계와의 대화에 상호 관용의 미래가 있다고 믿는 편이 위안이 되긴 하지만 그것(이슬람 교리와는 가장 상관없는 특징)을 보장해주는 것은 아무것도 없다. 무슬림 정통의 한계들을 생각할 때 이성을 현대적으로 적용하면 처벌하는 그들을 보면 나는 이슬람이 스스로 개혁할 길을 평화로운 방법으로든 혹은 다른 방법으로든 찾아야만 한다고 생각한다. 이것이 뜻하는 바는 전혀 분명하지 않다. 그러나 분명한 것 하나는, 서방세계는 무슬림과의 논쟁 혹은 전쟁 중 하나에서는 꼭 이겨야한다는 사실이다. 이기지 못하면 모두 노예가 될 것이다.

무슬림 '굴욕감'의 수수께끼

지칠 줄 모르고 열정적으로 세계의 여러 불평거리들을 조사하는 〈뉴욕 타임스*New York Times*〉의 칼럼니스트 토마스 프리드먼*Thomas Friedman*은, 무슬림의 '굴욕감'이 무슬림 테러행위의 근본 요인이라고 밝힌 바 있다. 다른 이들도 같은 분석을 내놓았는데, 정작 무슬림들은 걸 핏하면 서구 제국주의가 자신들의 위엄과 긍지와 명예를 더럽힌다는 주 장을 제기하곤 한다. 우리는 이 점을 어떻게 생각해야만 할 것인가? 이슬 람 법 그 자체보다 무슬림들의 위엄을 많이 훼손한 것을 집어낼 수 있는 가? 이슬람 교리에 전적으로 의존하는 사회의 현대적 사례로서 탈레반 치하의 아프가니스탄을 떠올려보자. 온몸을 가린 채 총총걸음으로 지나 가고, 발목이 드러났다는 이유로 걸핏하면 맞아야 했던 상상조차 안 되 는 삶을 산 사람들이 도대체 누구였단 말인가? 그들은 바로 '이슬람의 집'의 고귀한(그리고 문맹인) 여인들이었다.

자카리아와 다수의 학자들은 일반적으로 억압정치를 펼치는 아랍의 독 재자들이 자신들이 압제하는 국민들보다 더 자유주의적 경향을 띤다는 사실에 주목했다. 그 한 예로 자신을 결단코 자유주의자라고 밝혔던 사우 디아라비아 왕자 압둘라*Abdullah*는 최근 사우디아라비아에서도 여자들 이 자가용을 운전하는 것을 허용해야 한다고 주장했다. 그의 반대파들은 그러한 영적 압박을 견디지 못했고, 왕자도 결국 그 주장을 철회할 수밖 에 없었다. 이러한 때에 무슬림들에게 선거권을 준다면 그들은 그러한 정 치적 자유를 아예 없애버리자는 데 거리낌 없이 한 표를 던질 것이다. 우 리는, 그들이 그럴 힘만 있다면 우리의 자유 또한 축소할지도 모를 가능 성에 대해 잠시라도 신경을 꺼선 안 된다.

이라크, 시리아, 알제리, 이란, 이집트와 같은 무슬림의 폭군들에 맞섰 던 미국의 무력충돌이 비난받을 일이었다는 데는 추호의 의심도 없다. 미국이 상당 부분 힘을 실어준 무슬림 군대에 의해 저질러진 무슬림 수만 명에 대한 학대 및 학살 방지를 위해 미국이 한 일은 아무것도 없었다. 1991년 남부 이라크에서 일어난 시아파 반란을 도우려다 실패한 일은 미국이 자초한 일로써 최근 수십 년 동안 가장 비윤리적이고 중대한 외교정책상의 실수로 인정될 것임에 분명하다. 그러나 이 사건에서 미국이 저지른 과실은, 그들 국가에 갑자기 민주주의가 찾아든다 해도 그것은 신정(神政)으로 넘어가는 다리 정도의 의미 밖에 없을 것이라는 생각 하에 처리되어야 한다. 이슬람 원칙들 내부에는 샤리아(Sharia : 이슬람법)를 권장하는 내용으로 가득한 반면 그것을 막을 장치는 아무 것도 없는 듯하다. 우리가 직면해야만 하는 끔찍한 진실은 바로 소용돌이치는 무슬림 비이성과 우리 사이에 지금 유일하게 놓인 것은 우리가 일조를 한 학정(虐政)과 인권 공격의 벽이라는 사실이다. 이 상황은 개선되어야만 하지만 우리는 무슬림 독재자들을 권좌에서 끌어내려 투표소 문을 열게 하지는 못한다. 그것은 마치 14세기 기독교인들에게 투표소 문을 여는 거나 마찬가지일 것이다.

빈곤과 무식이 이 모든 상황에 일조를 한다는 것 또한 사실이지만, 이는 쉬이 개선될 수 있는 성질이 아니다. 아랍 세계는 지금 인간 지식을 발달시키고 보존하는 역사적 역할이 수행 가능하다고 생각하는 사람이 거의 없을 정도로 경제적으로나 지성적으로 정체 상태다. 2002년 모든 아랍국들의 국내총생산(GDP) 총계가 스페인 하나에도 미치지 못한 실정이다. 더 기가 막힌 것은 전체 아랍국들이 9세기 이래 아랍어로 번역해 온 책의 수가 스페인이 매해 번역해내는 것과 같다는 점이다.[25] 이렇듯 편협과 퇴보의 정도가 충격적이지만 그렇다고 해서 우리는 빈곤과 무식이 문제의 원인이라고 믿어서는 안 된다. 가난한 문맹 아이들의 세대가 마드라사스(Madrassas : 사우디아라비아가 투자하는 종교학교)라는 원리주의 조직의 먹이가 되고 있다는 사실은 확실히 우리를 공포에 떨게 만든다.[26] 그러나 무슬림 테러범들은 교육받지 못한 빈곤계층 출신이 아니다. 이들 중 다수는 교육의 혜택을 받은 중산층으로 개인 생활에서도 명백한 문제점이 없는 사람들이었다. 자카리아가 지적한대로 19명의 여객기 납치범들과 비교할 때 존 워커 린드(John Walker Lindh : 탈레반에 가담한 캘리포니아 출신 청년)는 '확실한 저학력자'였다. 아메드 오마르 셰이크*Amed Omar Sheikh*는 〈월 스트리트 저널*Wall Street Journal*〉의 기자인 다니엘 펄즈*Daniel Pearls*의 납치 및 살인을 주도했던 인물로 런던경제대학(London School of Economics)에서 공부했다. 유혈 투쟁 중 사망한 신의 당(헤즈볼라*Hezbollah* : 레바논 시아파의 과격파) 전투요원들은 실제로 동시대 민간인들보다 부유계층이며 중등교육도 더 많이 받았다.[27] 하마스(Hamas : 팔레스타인 과격파 이슬람 단체)의 지도부들은 모두 대학 졸업자이며 일부는 석사 학위 소지자다.[28] 이러한 사실은 모든 무슬림들이 미국 중산층 수준의 삶을 누린다 할지라도 서방 세계는 여전히 이슬람과 충돌할 상당한 가능성 속에서 살아가야 함을 뜻한다. 나는 무슬림이 부유해지면 사태가 더욱 악화될 것이라고 믿는데, 이는 그들의 세계관에 문제가 있다고 무슬림을 설득시킬 수 있는 유일한 방법은 무슬림이 실패한 사회라는 증거를 보여주는 것밖에는 없다고 생각되기 때문이다.[29] 만약 무슬림의 정통 교리가 경제적으로나 기술적으로 서구 자유주의만큼 성장할 가능성을 내포한다면, 우리는 지구촌이 이슬람화하는 장면을 목격할 암울한 운명에 처하게 될 것이다.

오사마 빈 라덴의 경우에서 본 것처럼, 위험한 종교적 열정은 재산과 교육 정도와 관련 있다. 기술적인 면에 정통한 많은 무슬림 테러분자들을 볼 때 이는 과학 교육과도 연관되어 있음을 실제로 대변한다. 신앙 그 자체를 세속화할 때 이를 대체할 만한 그 어떤 인식적·문화적 요소도 없는 것은 다 이 때문이다. 지구상의 모든 사람들이 어떤 방식으로 살아가기를 신이 원하는지 자기가 모두 알고 있다고 생각하는 사람의 믿음이 받아들여지는 한, 신화 때문에 서로를 죽이는 행태는 지속될 것이다. 무슬림 세계를 대할 때 우리는 9·11 여객기 납치범들이 실제로는 유대인이었다는 뜬금없는 소문들은 별도로 하더라도 그 납치범들의 행동에 이의를 제기할 그 어떤 요소도 무슬림들은 발견하지 못했다는 사실을 인정할 수밖에 없다.[30] 현재 무슬림의 담화에는 신화, 음모 이론,[31] 그리고 7세기의 영광을 되찾자는 강력한 권고만이 무성하다. 무슬림 세계에서 그들에 의해 이루어지는 경제적·정치적 발전들이 이 모든 상황을 치유할 거라는 믿음은 근거 없는 것이다.

낙관론의 위험

폴 버만*Paul Berman*은 전체주의에 대한 훌륭한 입문서를 하나 써서, 전체주의는 항상 대량학살과 자살 국면들을 포함한다는 사실을 고찰했다. 그는 20세기가 '치료가 필요한 대중 운동'과 '학살에 도취된' 정치 운동의 거대한 온상임에 주목한다.[32] 또한 자유주의 사상가들이 종종 그러한 테러들의 실체를 있는 그대로 깨닫지 못하는 경우가 있음도 지적한다. 버만의 주장에는 '부인하는 자유주의'라는 큰 전통이 있다. 1930년대 프랑스 사회주의자들은 이런 식의 자기기만에 유달리 뛰어난 재능을 보였는데, 그것은 동쪽으로부터 날아드는 비이성의 뭉게구름에도 불구하고 심각하게 받아들일 만한 가치가 있는 문제를 나치스가 제기했다는 생각은 할 수 없었기 때문이다. 독일의 위협과 직면하자 그들은 전쟁 도발의 책임을 정부와 군수산업 탓으로 돌렸다. 버만의 주장대로, 위의 경우에서 볼 수 있는 안이한 사고와 자기 회의의 기세가 9·11테러 이후 서방세계에서 힘을 얻었다. 모든 사람들은 동일한 욕구와 공포에 의해 고무된다고 생각하기 때문에, 많은 서구 자유주의자들은 지금 무슬림 테러범들의 지나친 행동이 자신의 정부 탓이라고 생각한다. 어쨌든 많은 이들이 이 불행을 자초한 것은 우리 자신이라고 생각한다. 예를 들어 버만은, 세계는 지금 팔레스타인에서 일어나는 자살 테러를 이스라엘의 탓으로 돌린다고 생각한다. 이런 관점은 단순한 반유대주의의 표현(확실히 그렇긴 하지만)이 아니라 해괴한 정신 논리의 산물이다. 즉 사람은 어디까지나 그냥 사람이므로 그러한 생각은 일어나는 법인데, 그럴싸한 이유가 없는 한 사람들은 그렇게까지 극단적인 행동은 하지 않는다는 것이다. 따라서 팔레스타인 자살폭탄 테러범들은 과도한 이스라엘 점령행위가 그 동인이었어야만 한다. 버만은 이 사고로 서방 언론은 이스라엘을 자주 나치에 비유했다고 지적한다.[33] 말할 것도 없이, 이 비유는 실로 괴상하기 짝이 없다. 더쇼비츠 *Dershowitz*가 말한 대로 진실은 '역사상 필적하는 도전에 봉착한 그 어떤 국가도 이스라엘보다 높은 수준의 인권에 집착하고, 무고한 시민들의 안전에 민감해하며, 법의 규칙 하에 집행하기 위해 노력을 기울이거나 평화를 위한 더 큰 모험을 감수하려 하지 않았다'는 것이다.[34] 이스라엘인들은 폭력을 사용함에 있어 나치 같으면 절대로 고려조차 않았고 오늘날의 무슬림도 신경 쓰지 않을 일정 수준의 신중함을 보여주었다. 만약 유대인들이 팔레스타인 점령지 안에 살아가는 힘없는 소수민족이며 자살폭탄 테러를 감행할 기질이 농후하다고 할 때, 팔레스타인 사람들이 유대인을 살상함에 있어 유대인이 한 것 같은 신중함을 보일 가능성이 어느 정도일까를 자문해보라. 모하메드가 날개 달린 말을 타고 승천한 이야기

만큼이나 그 가능성은 비현실적이 아닐 수 없다.[35]

그러나 버만은 헌팅턴의 마음에 있는 '문명화'라는 개념이 쟁점이 될 만한 실제 변수를 선택하지는 못했다는 점에서 헌팅턴의 이론에 이의를 제기한다. 문명의 충돌이라기보다 우리는 '자유주의와 세계 1차 대전의 재앙이 있은 이래로 자유주의 문명에 대항하여 부상한 계시와 환상 운동' 사이의 '이데올로기의 충돌'을 맞고 있는 셈이다.[36] 그 차이는 있는 것 같으나 중요하지 않다. 문제는 우리의 믿음이 다른 믿음 옆에서는 살아남을 수 없다는 점이다. 전쟁이냐 대화냐는 선택사항인데 우리가 늘 그것들 사이에서 선택권을 가진다는 보장은 없다.

버만은 우리의 상황을 다음과 같이 멋지게 요약한다.

> 그런 테러범들이 만들어지기 위한 필요조건은 무엇이었나? 우선 무슬림 세계 내에서는, 정치적 용기와 상상력이 결여되어야만 했다. 우리 쪽에서는, 세계 다른 지역 사람들의 그러한 결핍 상황에 대해 고의적으로 호기심이 결여(전체주의가 새로운 전성기를 구가하고 있을 때조차도 전체주의는 패배했다고 생각하게 만든 호기심의 결여)될 필요가 있었다. 엄청난 정도의 안이한 사고(현실을 이해하지 못하는 무능력으로 전체주의 운동에 첫 번째로 불을 지핀, 이성적인 세상에 대한 단순한 믿음)를 필요로 했다. (중략) 또한 세계 다른 지역의 지적 경향들에 대한 편협한 무지를 필요로 했다. 유럽에 대해서는 바보스러운 분노를, 미국에 대해서는 바보스러운 오만을 필요로 했다. 우리는 너무나 많은 것들을 필요로 했다! 그러나 실제로 결핍된 것은 아무 것도 없었다. 필요한 것들은 모두 여기 풍성하게 있었던 것이다.[37]

그러나 우리는, 우리를 지금 이 순간으로 정확하게 데려 온 무언가를 하나 더 필요로 했다. 즉 반자유주의와 무지와 자살테러에 대한 맹세를 양산하는 개발도상국을 지배하고 있는 종교 교리였다. 버만의 분석과는 반대로 이슬람은 단순히 전체주의적 폭력혁명주의의 최신 형태는 아니다. 폭력혁명주의와 하늘로부터의 보답을 기대하는 욕망 사이에는 차이점이 있다. 이 세상을 산산조각 내어도 무슬림은 폭력혁명주의의 죄는 쓰지 않을 수 있는데, 이는 그들의 세계관으로 볼 때 모든 것은 천국의 빛에 의해 거룩하게 될 수 있기 때문이다. 무슬림들이 믿는 바에 의하면, 현대성을 탄압하는 것은 그들에게 있어 지극히 이성적인 일이기 때문이다. 신의 대의를 위해 싸우는 한, 무슬림 여인들이 그 자녀에게 자살을 권유하는 것조차 합당한 일이다. 경건한 무슬림들은 그들이 더 좋은 곳으로 갈 거라는 사실을 안다. 신의 권능과 공명정대함은 끝이 없다. 그럴진대 왜 죄 많은 세상 중에 거하면서도 기뻐하지 않겠는가? 사회의 담론으로부터 마지막 이성의 입김까지 제거해버린 다른 이데올로기들도 많지만, 이슬람이 그중 최고라는 데는 의심의 여지가 없다.

비종교주의자들은 한 사회의 성격을 규정지음에 있어 이슬람 혹은 그 외 종교의 역할이 정치의 역할보다는 부수적이라고 주장하는 경향이 있다. 이런 이유로 사람들은 먼저 정치적인 이해관계에 의해 자극받고 나서 상황에 맞는 종교적 근거를 찾는다는 것이다. 정치 지도자들이 종교에 호소하는 이유가 순전히 독단적이고 때로는 비웃음을 살 만한(쿠데타를 통해 대통령이 된 파키스탄의 독재자 지아 울 하크 *Zia ul-Haq* 가 좋은 예다) 사례가 숱하다는 사실에는 의심의 여지가 없다. 그러나 우리는 여기서 잘못된 교훈을 이끌어내서는 안 된다. 지레는 무언가에 연결되었을 때에만 작동한다. 즉, 신의 말이 정치적으로 효력을 발휘하기 위해서는 결국 누군가는 신을 믿어야만 한다. 그리고 나는 많은 사람들이 폭탄 테러에 자신의 한 몸을 던지거나 지뢰 제거 용도로 자신의 자녀를 기꺼이 바치려 할 때(이란과 이라크 전쟁 때 흔했던 현상)마다,[38] 그들의 행동을 뒷받침하는 근거들이 단지 정치적이지만은 않다는 사실은 자명하다고 생각한다. 이는 열렬한 의지에 불타는 순교자들이 자신의 마지막 행동이 지니게 될 엄청난 정치적 의미를 기뻐하지 않는다는 뜻은 아니지만, 특히 사후(死後)에 일어날 일들과 같이 믿기지 않는 어마어마한 사실들을 믿지 않고서는 이런 종류의 행동은 여간해서는 하기 힘들 것이다. 무슬림 과격주의자들의 행동을 설명할 수 있는 것은 아무 것도 없으며, 그들의 행동을 널리 포용해주는 것은 이슬람 교리가 아니라 이슬람 세계다.

많은 무슬림들의 믿음을 생각할 때 과연 이 세상의 참된 평화는 가능할까? 무슬림 국가들의 상대적인 후진성이 이슬람과 서방 세계 간의 노골적인 전쟁을 막는 유일한 대책일까? 그러한 의문들에 대한 대답이 쉽지 않을까봐 두렵다. 이슬람 교리에서 자유주의에 대한 근거를 찾기란 완전한 망상으로 여겨질 정도다. 기독교인과 유대교인 모두에게 있어 성경 그 자체는 편협함의 위대한 보고(성 아우구스티누스의 작품에서부터 이스라엘 정착민들이 현재 보이는 행동들이 모두 증명하듯)임을 우리는 알게 되었지만, 반론을 제기하는 훌륭한 복음이나 기독교나 유대교 주해서를 찾기는 어렵지 않다. 이성과 현대성이 고스란히 살아있는 세계에서 살기 원하는 기독교인들이라면 마태복음의 예수는 산상설교를 계속하도록 놔두는 대신 속세를 버려야하는 대가를 치르게 하는 장황한 계시록은 그저 무시해버릴 수 있다. 하지만 이슬람은 다원적인 세계에서 평화롭게 살아가려는 사람에게는 조금의 피난처도 제공하지 못하는 것 같다. 물론 가장 암울한 상황에서도 희망은 솟아날 수 있다. 버만이 지적했듯 무슬림 정통주의가 쏟아내는 비난은 서구 자유주의가 무슬림 정신을 엄습하고 '그 충성심을 앗아'가고 있다는 두려움(다른 사람들처럼 무슬림들도 자유를 향한 사이렌(그리스 신화에 나오는 요정으로 지나가는 뱃사공을 아름다운 노래로 홀려 죽였다고 함 - 옮긴이)의 노래에 영향을 받는다는 뜻)에서 나온 것이다.[39] 우리는 당연히 그것을 바라야 한다. 그러나 그들 신앙의 특징은 그들이 우리보다는 자유주의의 영향을 덜 받는다는 사실을 암시한다.

우리가 이미 탐구하기 시작한 이유들 때문에, 우리의 담화에는 이런 종류의 결론에 대한 뿌리 깊은 편견이 존재한다. 이슬람을 이야기할 때 자유주의자들은 수 세기에 걸친 이기적인 정복과 간섭의 역사를 통해서 무슬림 세계의 분노를 촉발시킨 서방 세계를 탓하는 반면 보수주의자들은 중동 아시아, 아랍, 혹은 무슬림 역사의 부수적인 면들을 비난한다. 무슬림 신앙은 그 정수를 제외한 모든 것에 문제가 있는 듯 보이지만, 믿음은 모든 이교도들과 무슬림을 구별 짓는 특징이다. 신앙 없이 서방 세계에 대한 대부분 무슬림의 불만은, 원수를 갚을 생각을 하기는커녕 생기기조차 불가능하게 될 것이다.

좌파의 비이성과 노암 촘스키의 이상한 사례

그럼에도 불구하고 현재 많은 사람들이 9 · 11테러는 이슬람보다는 서방의 야비한 행로 때문에 일어난 사건이라고 확신하여 특별히 미국 외교 정책의 실패에 초점을 맞춘다. 프랑스 철학자인 장 보드리아르*Jean Baudrillard*는 테러리즘은 미국의 '패권'이 낳은 당연한 결과라고 천명하면서 그야말로 현란한 표현으로 이 주제를 다룬다. 그는 테러리즘이 만들어내는 참상이 우리를 압도할 날을 은근히 기다리라고 우리에게 말할 정도다.

위기 때 그 위기를 만든 것은 그들이라고 말할 수 있지만, 실상은 우리가 '그것을 자초한' 것이다. (중략) 세계 열강이 상황을 이 정도까지 독점할 때, 전문기술 조직 내에 모든 기능들이 그토록 끔찍하게 집중되어 있을 때, 그리고 그 어떤 대체 사고도 허락되지 않을 때, '테러에 의한 상황 전환' 말고는 무슨 다른 방법이 있겠는가. 이 잔인한 보복의 외형적 조건을 만들어낸 것은 바로 그러한 시스템 자체였다. (중략) 이는 테러에 대한 테러다. 그 테러 뒤에는 더 이상 아무 이데올로기도 없다. 우리는 이제 이데올로기와 정치를 넘어섰다. 그들의 이데올로기와 정치라는 탑들을 건재하게 떠받치던 모든 힘이 갑자기 사라진 것처럼, 그 도도하던 힘이 갑자기 어떤 강력한 시도 때문에 밀려난 것처럼, 그 시도는 항상 유일무이한 세계의 전형이 되려는 시도다.[40]

혹 이 글에 공감이 간다는 사람이 있다면, 이 심오한 문제에 접근하는 데 필수적인 어떤 표현이 번역 과정에서 빠져서 그런 게 아닐까 하는 추측이 가능하다. 그러나 나는 아예 처음부터 프랑스어로 된 원서에도 그런 표현이 실릴 수 없었을 거라고 생각한다. 만약 보드리아르가 아프가니스탄의 탈레반 치하에서 살 수밖에 없었다 해도 그는 엄청난 자유의 제한이 유일무이한 세계 전형이 되려는 미국의 시도 때문이라고 생각할 수 있었을까? 축구 시합의 중간종료 시간마다 끼어드는 해괴한 여흥 행사(간통·간음자, 그리고 도둑들이 센터필드에서 먼지를 뒤집어쓰며 일정한 간격으로 처형)를 '테러에 의한 상황 전환'에 대한 첫 번째 불만거리로 여겼을까? 우리는 정치는 넘어설지 모르나 최소한 '이데올로기'는 넘어서지 못했다. 이데올로기는 우리의 적들이 무장한 모든 것이다.[41]

그래도 여전히 보드리아르보다 훨씬 분별력 있는 사상가들도 9·11테러를 미국 외교정책의 결과물이라고 본다. 아마도 그들 중 최고봉은 노암 촘스키*Noam Chomsky*일 것이다. 언어학과 언어심리학에 지대한 공헌을 한 학자 촘스키는 30년이 넘는 세월 동안 미국의 외교정책에도 끊임없는 비판을 해왔다. 그는 또한 힘에 관대한 비판이 가지는 중요한 결점을 증명했다. 그는 폭력의 형태와 폭력을 일으키는 목적의 다양성 사이의 가장 기초적인 윤리적 차이점들도 허락하지 않는 정치적 견해를 가진 매우 도덕적인 사람이다.

세계무역센터의 잔해들이 아직 연기를 내뿜으며 널려 있는 가운데 책 《9·11》에서, 촘스키는 '미국이야말로 주요 테러 국가'임을 잊지 말라고 강조한다. 이 주장을 뒷받침하기 위해 그는 50만 명은 족히 될 어린이들을 죽음으로 내몬 대 이라크 제재조치들, 부수적 결과로 수만 명의 무고한 수단 국민들을 결핵, 말라리아 등 치료가능한 병으로 죽게 만든 1998년 알 시파*Al-Shifa* 의약품 공장 폭격 등을 포함하여 미국이 저지른 수많은 잘못들을 나열한다. 촘스키는 그 사례들로부터 도덕적 동의성(同意性), 즉 '근대 역사상 처음으로 유럽과 인근국가들은 자신들이 지금껏 다른 곳에서 저질러왔던 잔학무도함을 고국 땅에서 고스란히 당할 위험에 처하게 되었다.'[42] 는 논리를 거침없이 이끌어낸다.

나는 이 주제에 대한 촘스키의 생각이 얼마나 불안정한 것인지를 지적하기 전에 나는, 그의 견해 다수가 현안 문제에 대해 일반적으로 중요하면서도 동시에 무관하기도 한 장점을 가졌다는 점을 인정하고 싶다. 미국이 국내외적으로 속죄할 것이 많다는 데에는 의심의 여지가 없다. 이점에서 우리는 촘스키의 전체 이론을 얼마간 씹어먹을 수도 있다. 이 달콤한 사탕을 집에서 만들기 위해서는 아메리카 원주민의 대량학살에서부터 시작하여, 200여 년의 역사를 자랑하는 노예제도에, 죽음의 제3제국을 탈출하려는 유대인 난민들에게 입국을 거절한 일을 더하고, 수많은 현대 독재자들과 일으켰던 충돌 및 경악할 만한 인권 기록들에 대한 우리의 멸시를 섞은 뒤, 캄보디아 폭격과 국방부 보고서를 가미하여, 다시 온실가스 배출에 대한 교토의정서(Kyoto protocol) 비준 거부와 지뢰 금지 지지 거부, 그리고 국제전범재판소 판정 불복 사례를 장식으로 뿌려 마무리한다. 이 음식에서는 죽음, 위선, 갓 피어오른 유황 냄새가 난다.

미국은 확실히 과거에 몇몇 끔찍한 과오들을 저질렀다. 틀림없이 미래에도 끔찍한 일들을 저지르려 할 것이다. 내가 이 책에서 쓴 그 어떤 글도 그 사실들을 부정하는 뜻으로 해석되거나, 그야말로 가증스러운 국가 관행들을 변호하는 내용으로 이해되어선 안 된다. 서방 강대국들, 특히 미국이 지불해야 할 배상금은 어마어마할 것이다. 그리고 오랜 세월 동안 저질러온 악행들을 인정하지 못한 실수는 국제사회에서 미국의 신뢰도에 악영향을 끼쳤다. 미국이 처한 현 상황에 대해 내린 그의 분석은, 도덕적 무지가 빚은 걸작품임을 깨닫는다면 우리는 이 모든 사실을 인정할 수도 촘스키의 격분에 공감할 수도 있다.

알 시파 의약품공장 폭격사건을 생각해보자. 촘스키에 의하면 9·11테러도 1998년 8월 클린턴 행정부에 의해 자행된 이 폭격사건 앞에서는 무색해진다고 한다. 그러나 촘스키가 스스로에게 던지지 못하고 지나간 기본적인 의문들을 이제 우리가 자문해보자. 수단에 크루즈 미사일을 투하했을 때 미국정부는 자신이 무슨 일을 하고 있다고 생각했던 것일까? 바로 알 카에다의 화학무기 기지를 폭파하는 임무였다. 클린턴 행정부는 수천 명의 수단 어린이들을 죽음으로 내몰 것을 의도했던 것일까? 아니다. 미국의 목적이 가능한 한 많은 수단인들을 살상하는 것이었을까? 아니다. 그렇다면 미국은 아무나 죽이려고 했던 것일까? 그날 한밤중에 알 카에다 조직원들이 알 시파 공장에 있었을 거라는 생각을 하지 않는 한 그것도 아니다. 오사마 빈 라덴과 19명의 납치범들에 대해서도 이와 같은 의문들을 품어 볼 때, 우리는 전혀 다른 경지의 도덕 세계에 접어든다.

만약 우리가 촘스키가 제공하는 도덕적 의미를 좇아서 인간 의지가 수행하는 역할을 무시하게 된다면, 미국이 수단에서 한 일보다 하지 않았던 일들이 훨씬 더 큰 결과들을 낳았기 때문에 우리는 알 시파 공장 폭격 사건을 잊을 수 있다. 1998년 이전에는 우리가 수단인들에게 제공할 생각조차 않았던 그 모든 돈과 음식은 어떤가? 수단의 상황에 전혀 무지하게 산다는 이유만으로 얼마나 많은 어린이들을 우리가 죽였던가(즉, 우리가 살리지 못했던가)? 만약 우리가 가능한 한 수단에서 살상을 일으키지 않는 일에 주안점을 두었다면, 그 많은 사람들이 죽어가야 하는 일은 없었을 것이다. 우리는 선량한 남녀들을 카르툼(Khartoum : 수단의 수도)으로 보내어 수단사람들이 안전벨트를 잘 매었는지를 확인하게 할 수도 있었다. 미국이 사전에 아무런 예방조치도 하지 않았던 예방 가능한 그 모든 사상(死傷)에 대해 미국은 비난받아야 하는가? 관점에 따라서는 그렇다. 철학자 피터 웅거*Peter Unger*는 생존을 위해 필요불가결한 곳을 제외한 다른 곳에 쓰이는 우리의 1달러에는, 그것이 없어 굶어 죽어가는 어린이의 피가 묻어있다는 설득력 있는 주장을 펼친다.[43] 우리는 세계정세에 대해, 우리들 대부분이 받아들일 준비가 된 것보다 훨씬 더 많은 도덕적 책임을 지니고 있는 것 같다. 그러나 이것은 촘스키가 주장하는 바가 아니다.

촘스키의 열렬한 숭배자인 아누다티 로이*Anudhati Roy*는 그의 입장을 다음과 같이 잘 요약했다.

미국 정부는 다른 것들을 판단할 때와 같은 도덕기준으로 자신을 판단하기 거부한다. 그 기술은 바로 시장 자유화를 위해 힘쓰고, 사회를 현대화하기 위해 노력하며, 여성해방을 위해 노력을 기울이고, 영혼 구원을 위해 애쓸 뿐 아니라, 온갖 농간을 부려대는 사람들이 사는 이상한 국가들 내에서 그 선행을 제대로 인정받지 못하는 선한 거인으로 자신을 자리매김하는 것이었다. (중략) 미국 정부는 '자신의 이익을 위해' 사람들을 살상하고 근절할 수 있는 권리와 자유를 자신에게 부여했다.[44]

그러나 많은 면에서 미국은 그야말로 정말 '선한 거인'이다. 그리고 촘스키와 로이처럼 똑똑한 사람들이 그 점을 알지 못한다는 사실은 다소 충격이다. 그들의 주장에 반대하기 위해 우리가 필요로 하는 것은, 오사마 빈 라덴이나 사담 후세인이 지닌 도덕성과 조지 부시나 토니 블레어가 가진 도덕성을 구분할 수 있는 장치다. 그러한 도구가 가지는 특성은 상상하기 힘들지 않다. 우리는 그것을 '완전 무기'라고 부를 것이다.

완전 무기와 '부수 피해'의 윤리학

전쟁의 시대에 우리가 '부수 피해(collateral damage)'라고 완곡어법으로 표현하는 현상은 바로 우리 기술의 힘과 정확성이 가지는 한계가 낳은 직접적인 결과다. 정말 그런가 알기 위해서 우리는 완전 무기의 정의에 대해서 먼저 알아야한다. '완전무기'란 거리가 얼마나 떨어져 있든 표적 외 타인이나 타인의 재산에 피해를 입히는 일 없이 특정 개인이나 단체를 죽일 수도, 일시적인 손상을 가져다줄 수도 있는 무기를 말한다. 이 무기를 가졌을 때 우리의 분쟁들이 어떤 양상으로 진행되겠는지를 상상해보면 된다. 그런 기술이 있다면 우리는 무엇을 할 것인가? 현재 세계에 만연한 다양한 형태의 괴물들, 즉 어린이들을 죽이고 고문하는 자들, 학살을 일삼는 자들, 바른 유전자와 바른 양육과 바른 생각의 부족으로 우리와 함께 평화롭게 살기를 기대할 수 없는 사람들이 있음에도 불구하고 평화주의자들은 완전무기의 사용을 거부할 것이다. 숭고한 도덕주의의 독선에 싸인 매우 비도덕적인 입장으로 내게 비춰지는 평화주의에 대해 다음 장에서 몇 가지 언급하겠지만, 대부분의 우리는 평화주의자가 아니다. 우리는 대부분 그런 무기를 사용하는 데 찬성할 것이다. 잠깐만 생각해봐도 그런 무기는 사용하는 사람의 윤리수준을 완벽하게 관찰할 수 있는 창문 하나를 제공하는 것임을 알 수 있다.

조지 부시와 사담 후세인(혹은 오사마 빈 라덴이나 히틀러 등)을 너무나 이해하기 쉽게 비교해놓은 로이와 촘스키 같은 작자들의 저서, 아랍 언론, 자유세계의 교실에서 제기된 최근 주장 모두를 살펴보자. 조지 부시는 이라크와의 최근 전쟁을 어떤 방식으로 수행했겠는가? 폭탄으로 죽거나 불구가 된 수많은 이라크인들을 표적으로 삼았겠는가? 어린 소녀들의 눈알을 빼거나 소녀의 어머니들의 팔을 갈가리 찢었겠는가? 혹은 그를 존경하든 그렇지 않든 간에, 그가 단 한 명이라도 무고한 생명의 사망이나 부상을 명령했을 걸로 생각하는 것은 조리에 맞지 않다. 사담 후세인이나 오사마 빈 라덴이라면 그 완전무기로 어떤 일을 했겠는가? 히틀러는 또 어땠을까? 그들은 다른 방식으로 그 무기들을 사용했을 것이다.

이제 우리는 모든 문화들이 같은 도덕적 발전 단계에 있는 것이 아니라는 사실을 인정해야 한다. 물론 그렇게 말하는 것이 매우 무례하긴 하지만, 이는 모든 사회가 같은 물질 자원을 가지지 않았다고 말하는 것만큼이나 객관적인 사실로 보인다. 우리는 그런 식으로 우리의 도덕적 차이까지도 이해할 수 있다. 즉, 모든 사회가 같은 수준의 '도덕적 풍요로움'

을 누리는 것은 아니다. 이것을 누리려면 필요한 여러 요소들이 있다. 정치적·경제적 안정, 교양, 어느 정도의 사회적 평등… 이런 기반들이 결핍된 곳의 사람들은 다른 사람을 해코지해도 되는 강제적인 많은 이유들을 발견하는 경향이 있다. 우리의 최근 역사들은 이런 면에서 우리 자신이 이루어놓은 많은 증거들과 이에 부응하는 도덕성의 변화를 알려준다. 1863년 여름의 뉴욕을 방문한 사람이라면 이곳저곳을 누비고 다니는 흉악한 패거리들로 뉴욕거리가 넘쳐난다는 사실을 발견했을 것이다. 백인에게 속한 노예가 아닌 흑인들은 구타당해 죽거나 불태워졌다. 19세기 뉴요커 상당수가 우리의 현재 기준으로 보면 야만인이었음을 의심할 수 있겠는가? 그 당시 우리의 수준이 어느 정도였나를 생각할 때, 우리보다 사회 발전이 150년 정도 뒤처지는 어떤 한 사회에 대해 이렇다 저렇다 말하는 것은 실로 끔찍한 비판이 아닐 수 없다. 이제 그 무지몽매한 1863년의 미국인들이 화생방 무기들을 소지한 채 쳐들어오는 장면을 상상해보자. 이는 바로 상당수 개발도상국에서 볼 수 있는 장면이라 하겠다. 비교적 최근인 1968년, 미 라이*My Lai*에서 미국에 의해 자행된 비극을 생각해보자.

> 아침 일찍 병사들은 헬리콥터로 미 라이 촌락에 도착했다. 병사들은 흩어져 사람이건 동물이건 사정없이 발포하여 죽였다. 그날 베트콩은 찰리 중대(Charlie Company : 미 육군 소총중대―옮긴이)를 향해 단 한 번도 발포한 적이 없었지만 그들은 계속 임무를 수행했다. 모든 집을 불태웠다. 여자와 소녀는 겁탈한 뒤 죽였다. 질을 찔렀고, 내장을 꺼냈으며, 손이나 머리 가죽을 잘라내기도 했다. 임신한 여자들은 배를 가른 뒤 죽도록 내버려두었다. 총검을 사용한 집단 강간과 살상이 자행되었다. 노인과 여자, 어린이들을 포함한 많은 사람들이 구덩이에 넣어져 한꺼번에 기관총 난사를 당했다. 네 시간 만에 거의 500명의 주민들이 살해된 것이다. [45]

이것은 인간이 저지를 수 있는 최악의 범죄다. 그러나 많은 적들과 우리를 구분하는 차이점은 바로, 우리는 이런 무차별적 폭력에 경악한다는 점이다. 미 라이에서의 대학살은 미군들에게 있어 치욕적인 순간의 대명사로 기억된다. 미군들조차도 당시 전우들의 그러한 행위를 대하고 공포에 입이 얼어붙을 지경이었다. 현장에 도착했던 한 헬리콥터 조종사는 그의 부하들에게, 주민 살상을 멈추지 않을 경우 자기 중대원들을 향해 기관총을 발포하라고 명령했다.[46] 하나의 문화로서, 우리는 무고한 사람들에 대해 계획적으로 이뤄지는 고문과 살인에 확실히 너그럽지 않게 되었다. 반면 다수의 세계는 그렇지 않다는 점을 알아야 할 것이다.

알려져야 할 사실이 있는 곳마다 한 가지는 확실하다. 모든 사람들이 동시에 그 사실들을 발견하거나 똑같이 잘 이해하지는 않는다는 점이다. 그 점을 인정하면 현재 대부분의 자유주의 담론에서 허용되지 않는 단계의 사고로 가는 지름길만 남는다. 중요한 질문들에 대한 옳고 그른 답마다 그런 대답을 얻기에 더 좋거나 나쁜 길이 있으며, 그 대답들을 이용하기에 더 좋거나 나쁜 방식이 있다. 자녀 양육을 예로 들어보자. 아이를 질병에 걸리지 않게 하려면 우리는 어떻게 해야 하는가? 그들을 책임감 있고 행복한 사회 구성원으로 키우려면 어떻게 하는가? 이런 질문에는 당연히 좋고 나쁜 대답들이 따르기 마련인데, 모든 믿음들과 문화관습들이 좋은 대답들을 밝혀내는 데 똑같이 적합하지는 않을 것이다. 이는 모든 질문에 단 하나의 정답만이 존재한다거나 모든 특정한 목표에 닿는 데는 하나의 최선의 길만 있음을 뜻하지 않는다. 그러나 이 세상의 필연적인 특수성을 생각할 때 그 어떤 문제건 최적 해결책의 범위는 대개 매우 제한적일 것이다. 먹기에 가장 좋은 음식이 없다고 해서 우리가 돌을 먹을 수는 없다. 그리고 돌 먹기를 미덕이나 종교 지침으로 삼는 사회는 심한 영양부족 그리고 치아 부실로 고통 받게 될 것이다. 따라서 정치, 경제, 과학, 때로 영성과 윤리의 차원에서 접근하려는 해결 방법은 다른 수단보다 나을 것이며, 그럴 때 보이는 단계별 차이는 인간 행복의 매우 현실적인 차이들로 해석될 것이라는 점은 불가피하다.

문명사회의 필수적인 기반들이나 윤리를 이해하기 위한 계통적 접근을 할 때마다, 비린내 나는 14세기 식 야만성에 몰입하는 많은 무슬림들을 발견하게 될 것이다. 그런 행동에는 분명히 역사적이고 문화적인 각종 근거들과 충분한 죄목이 있지만, 우리는 지금 도덕과 정치의 발전이 우리보다 뒤지는 사회들 전체와 대치해야만 한다는 사실을 잊어서는 안 된다. 이는 아마도 비과학적이고 인종차별적인 의미까지 내포하는 말로 들릴지도 모르지만, 그렇지 않다. 여기에는 최소한의 인종차별주의도 배제되어 있는데, 왜냐하면 그 차이에 생물학적 요인들은 포함되어 있지 않기 때문이며, 과학은 아직까지는 계통적 방법으로 도덕적 특성을 구별할 입장이 못 되기 때문에 그런 생물학적 요인은 비과학적이다. 우리가 동굴에서 살고 서로를 곤봉으로 때려죽이는 때로 되돌아간 게 아니라면 윤리에 대해 과학적으로 재치 있게 설명할 거리를 갖고 있을 것이다. 하지만 현재 발생하고 있는 사건들을 정직하게 목격한다면, 문명화된 민주주의가 이 세상에 투사하는 이러저러한 힘과 무슬림 전사나 무슬림 정부들에 의해 저질러진 폭력적인 분쟁 간에는 그 어떤 도덕적 동의성도 없다는 사실을 깨닫게 될 것이다. 촘스키는 그 차이가 존재하지도 않고 달리 있지도 않다고 생각하는 것 같다.

최근의 이라크 사태를 생각해보자. 상황이 역전되었을 때, 워싱턴 정권교체를 획책하는 이라크 공화국 수비대가 민간인 사상자들을 최소화하기 위해 미국이 했던 만큼 마음을 썼을 가능성은 어느 정도나 될까? 인간방패를 사용했을 때 이라크 군대가 주춤할 가능성은? 미국이 인간방패를 사용할 가능성은? 송두리째 흔들리고 있는 미국 정부가 그 국민들에게 자살테러에 자원할 것을 요구할 가능성은? 이라크 군인들이 검문소에서 한 트럭이나 되는 미국 민간인들이 죽어가는 장면을 보고 슬피 울 가능성은? 상상 속의 이 모든 가능성은 제로일 것이다.

촘스키의 설명 그 어느 부분도 부모에게 끼칠 영향을 계산하면서 고의적으로 어린아이를 죽이는 것(우리는 이를 '테러 행위'라고 부른다)과, 명백한 아동 살인범을 체포하거나 죽이려다가 주의소홀로 어린아이를 죽이는 것(이는 '부수 피해'라고 한다)의 차이점을 인정하지 않는다. 물론 두 경우 모두 비극이다. 그러나 개인이든 나라든 그 일을 저지른 이들의 윤리상태는 좀처럼 구분되지 않는다.

촘스키라면 한 어린이의 생명을 고의적으로 위험에 빠뜨리는 것은 어느 경우에서건 용인할 수 없는 일이라고 반대하겠지만, 확실히 이것은 우리가 따를 수 있는 원칙은 아니다. 예를 들어 롤러코스터 제작업자들은 엄격한 안전 예방조치에도 불구하고 가끔 새로운 기구를 타다가 어린이가 죽는 일도 있음을 안다. 자동차 제조업체들 역시 이 점을 안다. 하키 스틱, 야구배트, 비닐종이, 수영장, 철망 울타리, 그 외에 어린이를 죽음으로 내몰 수 있다는 의심을 살 만한 모든 제품을 만드는 업자들 역시 그러하다. 스키 연습장에서 일어난 어린이의 어쩔 수 없는 죽음을 두고 '극악무도한 스키'라고 부르지 않는 이유가 있다. 그러나 촘스키의 책을 읽어서는 그 이유를 알 수가 없다. 그에게 있어 고의적인 의도가 있었느냐는 중요하지 않다. 사망자 수만이 중요하다.

우리는 이제 더 이상 최강의 무기로 정비한 사악한 군대들을 묵인할 수 없다. 완전무기 없이는 무고한 사람의 살상 등의 부수 피해가 불가피하다. 완전한 자동차, 완전한 비행기, 완전한 항생물질, 완전한 외과수술법, 완전한 창문용 유리가 없다는 이유로 여전히 더 많은 무고한 이들에게 유사한 고통이 전가될 것이다. 만약 우리가 기성인과 기성사회가 미래에 하게 될 일도 예상하면서 윤리에 대한 결론을 이끌어내기 원한다면, 우리는 인간의 의도를 무시해서는 안 된다. 윤리가 있는 곳이라면 어디든 의도가 있다.[47]

귀중한 자원의 낭비

중동 전문 평론가들 다수는 무슬림 테러리즘의 문제가 경건한 무슬림들의 믿음에 대한 문제로까지 이어질 수 없다는 의견을 보인다. 자카리아는 무슬림 폭력의 근원은 이슬람이 아니라 아랍의 최근 역사에 있다고 썼다. 그는 50년 전 아랍 세계가 현대성으로 넘어갈 수 있는 경계선에 있었지만 안타깝게도 퇴보해버렸다고 지적했다. 따라서 테러리즘의 진정한 원인은 대부분 아랍인들이 지금까지 그 치하에서 살아 온 독재정권 때문이다. 자카리아가 지적했듯 문제는 '빈곤이 아니라 부'다.[48] 땅에서 바로 돈을 뽑아내는 능력 덕분에 아랍 정부들은 그들 국민들의 관심사에는 철저히 둔감해졌다. 세금을 거둘 필요가 없다는 것은 국가 권력이 매우 부패했음을 드러내는 것이다. 그 결과는 우리가 아는 바대로 정치적·경제적 늪지대에 세워진 돈 많은 독재정권이다. 중요하지 않은 패스트푸드, 텔레비전, 최신무기 같은 현대 문물들 역시 그 늪지로 흘러들어온 반면, 바람직한 현대적 요소들은 별로 획득되지 못했다.

자카리아에 따르면 '이슬람 원리주의자들이 흥기하게 된 가장 큰 요인은 아랍세계 내 정치적 직관력의 총체적 결핍'이라고 한다.[49] 아마 그럴지도 모른다. 그러나 이슬람 원리주의는 하나의 문제이기 때문에 '이슬람 원리주의자들의 흥기'도 단지 하나의 문제일 뿐이다. 반면 자이나 원리주의의 흥기는 아무에게도 위협을 가하지 않을 것이다. 사실 자이나교가 온 세상에 걷잡을 수 없이 그 교세를 뻗어간다면 우리 상황에도 엄청난 발전이 있을 것이다. 우리는 해충 때문에 농작물에 더 많은 피해를 입을 수는 있지만(자이나교 신자들은 보통 곤충을 포함하여 그 무엇도 살상하지 않는다), 자살테러범이나 그들의 행동을 널리 용인하는 문화에 둘러싸이지는 않을 것이다.

자카리아는 지배자에 대한 복종은 지배자가 신의 법을 따라 다스릴 때에만 필요하므로 이슬람이 실제로는 매우 반권위주의적인 종교라고 말한다. 그러나 우리가 살펴본 것처럼 독재정권이 내세우는 판에 박힌 말들 중 '신의 법'에 대한 복종보다 더 강력한 것은 별로 없다. 여전히 자카리아는 종교 혁신에 대한 그 어떤 강조도 잘못된 것이라고 생각한다.

> 진실은 이슬람의 진정한 본성에 대한 실마리를 찾기 위해 꾸란을 읽어도 별로 얻는 것이 없다는 사실이다. '이슬람의 본성'에 대해 목청 돋우어 내는 주장이 가지는 문제는, 다른 종교처럼 이슬람도 책이 아니라 사람이 만든 종교라는 점이다. 소수 원리주의자들의 함성은 잊어라. 대부분 무슬림의 일상생활은 본질적으로, 반서구적이고 반근대적인 믿음의 개념을 확증하지 않는다.[50]

자카리아에 의하면 아랍 구원의 열쇠는 정치, 경제, 사회적인 현대화다. 그리고 이것은 이슬람으로 하여금 서구에서 기독교가 그렇듯이 자유주의로 가는 길을 따르도록 강요한다. 이에 대한 증거로써 그는, 수백만 명의 무슬림들이 미국, 캐나다, 유럽에 살고 있지만 그들은 '반계몽주의자가 되지 않으면서 독실하게 믿는 길, 분노를 포용하지 않으면서 경건해지는 길을 찾았다'고 생각한다.[51] 여기에는 얼마간의 진실이 있을지도 모르지만, 우리가 지금까지 본 것처럼 자카리아는 몇몇 문제가 될 만한 핵심들을 놓치고 있다. 이 책을 통해서 내가 줄곧 반박해온 바대로, 종교 안에서 유익한 모든 것들을 다른 모든 장소에서도 가져야 한다면(예를 들어 우리가 확실히 알지 못하는 것들을 알아야겠다고 우리가 주장하지 않는데도 윤리적·영적 경험들이 장려되고 표현된다면), 우리의 모든 종교 활동은 기껏해야 시간과 에너지 낭비에 불과하게 된다. 자신들의 가장 긴박한 임무가 교회나 성전을 하나 더 짓거나 고래(古來)의 식사관습을 강요하거나 무지한 사람들의 혼란한 생각에 대해 엄청난 양의 주석들을 만들어내는 것이라고 생각하는 인간들 때문에 많은 유익한 일들이 장래에 이루어지지 못한다고 생각해보라. 상상 속의 신 때문에 인간의 노동은 얼마나 시간적 피해를 입었을까? 한번 생각해보자. 만약 어떤 컴퓨터 바이러스 때문에 미국 전역의 전화선이 5분 동안 먹통이 되었다고 가정할 때 생산성의 손실은 수십억 달러로 측정될 수 있다. 종교적 믿음은 2,000년 동안 매일같이 우리의 노정을 방해해왔다. 나는 모든 인간 행위의 가치가 생산성의 관점에서 측정되어야 한다고 주장하는 것이 아니다. 실로 그러한 분석 아래서는 우리가 하는 일의 다수가 그 의미를 잃을 것이다. 그래도 우리는 조직적인 종교가 인간 자원(재정적인 자원과 정신적인 자원 모두)에 얼마나 큰 손해를 입히는지를 깨달아야 한다. 이라크 재건을 보자. 수백만 이라크 시아파들은 자유를 맞이하여 제일 먼저 해야 할 일이 무엇이라고 생각했을까? 바로 스스로를 채찍질하는 것이었다. 폭격으로 허물어지고 오물로 뒤덮인 거리와 골목을 지나 선지자 모하메드의 손자인 후세인의 묘지가 있는 성스런 도시 카르발라*Karbala*에 집결하기 위해 걸어가는 그들의 머리와 등에는 피가 솟구쳤다. 이렇게 하는 것이 정말 시간을 가장 잘 활용하는 것일까 자문해보라. 그들의 사회는 폐허 그 자체다. 신선한 물과 전기는 거의 끊겼다. 학교와 병원은 약탈당했다. 그리고 점령군은 시민 사회를 함께 건설해갈 이성적인 사람들을 찾으려 애쓰고 있다. 자책적인 고행과 경전암송은 우선순위에서 하위를 차지했어야 옳은 일이었다.

그러나 종교의 문제는 단순히 시간과 자원의 차원에서 그칠 문제가 아니다. 신앙이 '서양에서 다소 얌전하게 길들여졌다'는 자카리아의 주장은 옳지만, 그 신앙은 여전히 긴 발톱을 가지고 있다는 사실을 그는 간과한다. 다음 장에서 알게 되겠지만, 가장 유연한 형태의 기독교조차 개발도상국의 AIDS예방과 가족계획, 의학연구와 합리적인 제약정책 개발에 엄청난 장애요인들을 제공하고 있다. 인간에게 비극을 안겨주는 이러한 모습들은 시대를 불문하고 가장 끔찍하고 지독한 이성 결핍의 일면이라 하겠다.

우리는 무엇을 할 수 있을까?

이슬람과 그것이 지금 서방을 향해 가하고 있는 위협을 생각할 때, 우리는 14세기 기독교인들(여전히 성체 모독이나 마법 같은 죄목으로 사람들을 처단하는 데 혈안이 된 기독교인들)과 평화롭게 공존하기 위해서는 무슨 조건이 필요할까 생각해보아야 한다. 우리는 과거라는 현재에 살고 있다. 건설적인 대화로 사람들을 끌어들이는 것, 그들에게 우리의 공통 관심사를 확신시키는 것, 민주주의를 향한 노정에 착수하도록 그들을 고무시키는 것, 그리고 문화의 다양성을 서로 칭찬해주는 것은 결코 간단한 일이 아니다.

전 세계적으로 볼 때 우리는 지금 시민 사회가 단순히 훌륭한 개념만이 아닌 역사적 시기에 도달했음은 확실하다. 문명의 유지를 위해 이는 필수다. 실패한 국가조차 잠재적 파괴력을 지닌 기술을 보유하고 있음을 생각하면 우리는 더 이상 나쁜 독재정권이나 바다 너머 밀려오는 무지라는 적들과 나란히 살아갈 여유가 없다.

무엇이 시민사회를 만드는가? 최소한 그것은 물리적인 폭력에 대한 위험 없이 모든 종류의 사상이 비난받을 수 있는 곳이라야 한다. 만약 당신이 왕이나 가상의 존재, 혹은 어떤 책에 대해서 발언할 경우 사형이나 고문 혹은 투옥을 당하기 때문에 단 한마디의 말도 해서는 안 되는 곳에 산다면, 시민사회에 산다고 할 수 없다. 선진국이 당면한 가장 긴급한 임무 중 하나는 도처에 시민사회가 출현하도록 만드는 방법을 찾는 길인 것 같다. 그러한 사회가 민주적이어야 하는지의 여부는 전혀 확실하지 않다. 자카리아는 독재에서 민주주의로의 변천은 국민투표로 가능한 일이 아니라는 설득력 있는 주장을 폈다. 그 차이를 메우기 위해 양호한 독재정권의 형태는 일반적으로 필요하다는 것은 거의 확실하다. 그러나 문제는 양호성이다. 그리고 나라 안에서 그 양호성이 나올 수 없다면, 결여된 양호성은 강제로 외부로부터 부과될 수밖에 없다. 그렇게 하기 위한 수단은 필연적으로 강경한 방법일 수밖에 없다. 경제 고립, 군사 개입(공개적이든 암암리든), 혹은 이 둘이 혼재된 식이다.[52] 이것은 신봉하기에는 너무나 오만한 교리로 보일지 몰라도 다른 대안은 없어 보인다. 우리는 구소련에서부터 조금씩 대량 살상무기가 흘러나와 미치광이의 손에까지 들어가는 것을 두고 볼 수는 없다.

나는 현대 독재정권을 인질의 위기로 보아야 한다고 생각한다. 김정일은 3,000만 명의 인질을 잡고 있다. 사담 후세인은 2,500만 명의 인질을 데리고 있다. 이란의 성직자들에게는 7,000만 이상의 인질이 있다. 많은 인질들이 극도의 세뇌를 당한 나머지 자신들을 해방시켜줄지도 모르는 사람들과 전쟁 끝에 그들을 죽일 수도 있다는 사실은 중요하지 않다. 그런 인질들은 두 번이나 연속하여 감옥에 갇히는 셈이다. 독재정권과 자신의 무지로 인해서. 어쨌거나 선진국들은 그들을 구출하러 와줘야 한다. '적절한 자금 지원을 받는 강력한 유엔 상비군과 함께 개입에 대한 명확한 기준과 그것에 권위를 부여하는 국제 법원'이 필요하다는 조나단 글로버*Jonathan Glover*의 주장은 옳은 것 같다.[53] 훨씬 더 간단하게 말할 수도 있다. 즉, 우리에겐 세계정부가 필요하다. 텍사스 주와 버몬트 주 간에 전쟁이 일어나지 않는 것과 똑같이 미국과 중국 간에도 전쟁이 일어나지 않게 하기 위해서는 달리 무슨 방법이 가능하겠는가? 세계정부는 우리가 절대로 이루어낼 수 없는 수준의 정치적, 문화적, 도덕적 통합을 요구한다. 우리의 다양한 종교 신앙은 여기서 주요한 장애물로 작용한다. 대부분의 우리들이 신에 대해 가지고 있는 믿음을 생각할 때, 중요성이 덜한 모든 관계들은 거부하면서 인간이 자신들을 그저 단순히 인간으로만 여길 거라고 생각하기는 어렵다. 우리가 그 여행을 참고 견뎌내지 못하는 한 세계정부로 가는 길은 멀게만 느껴진다.

이슬람과 시민사회의 양립은 가능할까? 선한 무슬림이 되기 위해서, 군사력과 경제력을 보유하기 위해서, 다른 사회를 향해 터무니 없는 협박을 가하지 않기 위해서 당신이 믿어야만 하는 것들을 믿는 것이 가능할까? 나는 이 의문들에 대한 대답은 '불가능'이라고 생각한다. 이슬람과 서방 간에 평화가 정착된다면, 이슬람은 급격한 변화를 겪을 수밖에 없다. 무슬림의 구미에 맞는 이 변화는 무슬림 자신들로부터 시작되는 것처럼 보여야 한다. 문명의 운명은 '온건한' 무슬림들의 손에 달려 있다고 말해도 과언은 아닌 듯하다. 무슬림들이 자신의 종교를 근본적으로 선량한 이데올로기의 틀 안으로 변형시킬 수 없다면(혹은 종교를 벗어날 수 없다면) 이슬람과 서방은 대격전이 예상되는 지속적인 전쟁 상태로 빠지는 것을 피할 방법이 없다. 따라서 핵무기, 생물학무기, 화학무기들이 발명되지 않을 수 없다. 마틴 리스 *Martin Rees* 가 지적했듯 그러한 무기들의 확산을 막는 것이 불법 마약을 끊는 것보다 성공률이 더 높다고 기대할 근거는 없다.[54] 만약 이것이 사실이라면 원하는 사람 누구나 대량살상 무기를 가질 수 있는 날이 곧 올 것이다.

아마도 서방은 외부 압력을 행사함으로써 무슬림의 변화를 촉구할 수 있을 것이다. 그러나 기타 유럽 국가와 아시아 국가들이 최신무기와 '양용(兩用)' 원자로를 달라는 곳마다 판매하는 상황에서 미국과 몇몇 유럽 국가들이 강경 노선을 취하는 것만으로는 충분하지 않을 것이다. 필수적인 경제적 지렛대(economic leverage) 효과를 달성하기 위해, 따라서 이 사상의 전쟁을 수행할 가능성에 평화적인 방법으로 대처할 수 있도록 하기 위해, 대체 에너지 기술의 발전은 새로운 맨해튼 계획(Manhattan Project : 2차 세계대전 중 이루어진 미국의 원자폭탄 제조 계획 - 옮긴이)의 대상이 되어야만 한다. 당연히 여기에는 충분한 경제적·환경적 근거들 외에 정치적인 근거도 있다. 즉, 석유의 가치가 없어진다면 무슬림 사회의 가장 두드러진 역기능이 갑자기 태양처럼 환히 드러날 것이란 점이다. 그때 무슬림들은 다양한 주제들에 대한 자신들의 생각을 온건하게 만드는 지혜를 알게 될 것이다. 그렇지 않다면 우리는 우리의 이익들을 계속 무력으로 지켜낼 수밖에 없게 된다. 이 경우 우리의 신문들은 점점 더 요한계시록처럼 해석되기 시작할 것이란 사실은 거의 확실해 보인다.

에덴의 서쪽

신정(神政)이 빚어낸 중세 유럽의 공포들과 비교할 때 현재 서방에서 종교가 가지는 영향은 다소 양호해 보인다. 그러나 우리는 그런 차이에 현혹되어서는 안 된다. 종교가 여전히 정부 정책, 특별히 미국의 정책을 결정하는 현 상황은 모든 이에게 엄청난 위험을 안겨준다. 예를 들자면 로널드 레이건 대통령이 성경의 예언들을 통해 중동의 발작을 감지했다는 것은 널리 알려진 사실이다. 심지어 제리 팔웰(Jerry Falwell : 대표적인 극우파 보수주의 목사 – 옮긴이), 할 린제이(Hal Lindsey : 환상적인 개인 체험에 의거하여 휴거설에 관한 소설을 쓴 목사 – 옮긴이) 같은 이들을 국가안보 브리핑에 참석시킬 정도였다.[1] 그들은 핵무기 배치에 대한 조언을 구할 만한 온전한 정신을 가진 사람이 아니라는 사실은 말할 필요조차 없다. 오랜 세월 동안 미국의 중동 정책은 기독교 근본주의자가 유대인 국가의 미래에 대해 가지는 관심사들에 의해 결정되어왔다. 기독교인의 '이스라엘 지지'는 사실 우리 정치 담론에서는 거의 알아차리기 불가능할 만큼 심원한 종교적 냉소주의의 한 예다. 근본주의 기독교인들이 이스라엘을 지지한 이유는 성지에 유대인 권력이 최후로 들어설 때, 특히 솔로몬 성전이 재건축될 때 그리스도의 재림과 유대인의 최후 멸망은 동시에 촉발된다고 믿기 때문이다.[2] 그러한 희망에 찬 멸망에의 기대가 바로 이스라엘의 탄생을 관장했던 것으로 보인다. 유대인의 팔레스타인 귀환을 처음으로 지지한 영국의 1917년 '밸푸어*Balfour* 선언'은 상당 부분 성경적 예언을 충실히 따른 것이었다.[3] 현대 정치로 침범해 들어오는 이러한 종말론은 신앙이 초래하는 위험은 과장이 아님을 보여준다. 수많은 기독교인과 이슬람교도들은 지금 예루살렘으로부터 피의 강이 흘러넘치기 시작해야 성취되었다고 할 수 있는 예언의 전설 옆에서 삶을 꾸려가고 있는 셈이다. 일단 진지하게 받아들여진 대격전의 미래가 어떤 식으로 자기완성을 이룰지 상상하기란 결코 어렵지 않다.

영원한 입법자

미국정부의 많은 관리들이 현재 자신들의 직업적 책무를 종교적 관점에서 보고 있다. 앨라배마 주 최고재판소의 최고재판관이었던 로이 무어*Roy Moore*의 경우를 생각해보자. 전국에서 6번째로 높은 살인사건 발생률로 골머리를 앓던 무어 재판관은 십계명을 새긴 2.5톤 무게의 비석을 몽고메리에 위치한 주 법원 홀 안에 설치하는 것이 적절한 조치가 되겠다고 생각했다. 그의 행동은 제1차 미국 수정헌법(First Amendment to the U.S. Constitution)의 '국교 조항'의 정신을 위반하는 것이라고 반박하는 사람은 아무도 없었다. 연방법원이 무어 재판관에게 그 비석을 치울 것을 명령했을 때도 그는 거부했다. 교회와 정치를 실제로 분리하는 일에 노골적으로 끼어들기를 원하지 않았던 미 의회는 그 비석을 철거하는 데 연방 기금을 사용할 수 없음을 확실히 하기 위해 세출 예산안을 개정했다.[4] 국가 법률 집행만이 유일한 임무인 법무장관 존 애쉬크로프트 *John Ashcroft*는 내내 경건한 침묵만 유지했다. 그가 입을 열 때면 늘 "우리는 자유(어떤 정부나 문서가 준 것이 아닌, 하느님이 내려주신)를 수호하기 위한 소명을 가진 국가입니다."식의 말을 한다는 점을 생각할 때 이는 놀랄 일도 아니다.[5] 갤럽조사에 의하면 조사대상자의 78%가 비석 철거에 반대했기 때문에 미국 국민이 있는 한 애쉬크로프트와 의회는 끄떡없는 셈이다.[6] 무어, 애쉬크로프트, 미 의회, 그리고 3분의 2의 미국 국민들이 국가 법정 안 대리석 위에 새겨진 신성한 계명들을 어긴 데 대한 처벌들도 보고 싶어 하는지 궁금하게 여기는 사람도 있을 것이다. 결국 하느님의 이름을 망령되게 일컫는 데 대한 벌은 무엇일까? 그것은 죽음이었다(레위기 24:16). 안식일에 일한 것에 대한 벌은? 그 역시 죽음이었다(출애굽기 21:17). 간음에 대한 벌은? 마찬가지임을 눈치 챘을 것이다(레위기 20:10). 그 명령들 자체는 기억하기 어려워도(특별히 출애굽기 20~34장까지는 조화될 수 없는 목록들을 제공한다), 그 명령들을 위반한데 대한 벌은 명확함 그 자체다.

현 정부의 신앙심을 증명하는 사례들은 어디에서나 볼 수 있다. 유명한 공화당원들 다수가 소속되어 있는 국가정책위원회는 근본주의자인 팀 라헤이 *Tim LaHaye* 목사(계시를 다룬 소설 시리즈인 《남겨진 것들 *Left Behind*》의 공동 저자)가 설립한 기독교 비밀 압력단체다. 이 조직은 분기마다 회합하여 각자 아는 것에 대해 의견을 교환한다. 조지 W. 부시가 1999년 이 위원회에서 비공개 연설을 한 후 기독교 우파는 그의 대통령

입후보를 지지했다.[7] 과연 결국 부시를 뽑은 40%의 사람들은 백인 복음주의자들이었다.[8] 존 애쉬크로프트를 법무장관으로 임명한 것을 시작으로 부시 대통령은 호의를 호의로 갚아야 할 경우를 끝없이 찾아냈다. 법무부, 주택 도시개발 기금부(Housing and Urban Development), 보건복지부, 교육부는 지금 정기적으로 정교 분리 원칙을 뒤흔드는 지령들을 쏟아낸다.[9] '신앙을 기반으로 한 주도권'을 가진 부시는 납세자로부터 거둬들인 수천만 달러의 세금을 그들이 적당하다고 생각하는 방식대로 사용될 수 있도록 직접적으로 교회 단체들에 쏟아 부었다.[10] 그가 미국식품의약국에 단행한 인사 중 하나는 임신중절 합법화에 반대하는 산부인과의사로, 혼전 섹스는 죄악이며 '기독교적 진실'과 '세속적 진실'을 분리하려는 그 어떤 시도도 '위험'하다고 공개적으로 천명한 데이비드 헤이거David Hager 박사의 임명이었다.[11] 중장 윌리엄 G. 보이킨William G. Boykin은 최근 국방부 정보차관보에 임명되었다. 다수의 훈장을 받은 특수 첩보부대 장교였던 그는 이제 오사마 빈 라덴, 물라 오마Mullah Omar, 그리고 숨어있는 나머지 미국의 적들의 수색에 관련된 정책을 세운다. 알려진 대로 그는 사탄의 열렬한 반대자다. 1993년 그의 부대가 불길했던 파병(모가디슈 사건이라 불리며, 소말리아의 군벌 아이디드의 각료를 납치하는 작전을 수행하던 미국 특수부대가 소말리아 민병대의 공격을 받은 사건을 말함-옮긴이)으로부터 돌아온 후 모가디슈(Mohadishu : 소말리아의 수도)를 찍은 사진 하나를 분석하면서, 보이킨은 사진 속 형상의 일부 그림자들이 '어둠의 주권… 하느님이 나에게 적임을 알려준, 그 도시 안에 있는 악마의 실존'임을 드러내준다는 발언을 했다.[12] 테러와의 전쟁이라는 주제에 대해 그는 '우리의 적은 사탄이라는 이름을 가진 놈이다'라고 단언했다.[13] 이러한 발언들이 대중매체에서 일부 물의를 빚기도 했지만 대부분의 미국인들은 그다지 대수롭지 않게 여겼을 것이다. 어쨌거나 65%의 미국인이 사탄의 존재를 확신한다니 말이다.[14]

주의 일을 하려는 열망에 불타는 사람들은 연방정부의 기타 분야에도 부름을 받았다. 공화당 하원 원내대표인 탐 들레이*Tom DeLay*는 '기독교만이 이 세상에서 우리가 발견하는 실체들에 응답하는 삶을 사는 길을 제시한다. 오직 기독교만이 그러하다'는 등의 심오한 주장을 곧잘 한다. 그는 자신이 '성경적 세계관을 전파하기 위해' 정치에 뛰어들었다고 주장했다. 그런 세계관을 갖고 있을 때 바보 같은 말은 하기 불가능하다는 것을 분명히 아는 그는, 컬럼바인 고등학교에서 일어난 총기난동 사건을 두고 오늘날 진화론을 가르치고 있는 학교들 때문에 일어난 일이라고 말했다.[15] 어마어마할 정도로 비이성적인 이러한 발언이 어째서 즉각적인 비난과 해임이라는 결과로 이어지지 않았는지 의아하다.

이런 종류의 사실들은 끝도 없이 열거될 수 있다. 이는 독자와 작가 모두에게 똑같이 속상한 일이 아닐 수 없다. 법관의 사례만 하나 더 열거하자. 2002년 1월에 독실한 가톨릭 신자인 대법원장 안토닌 스칼리아*Antonin Scalia*는 시카고 신학대학교에서 사형을 주제로 연설을 했다. 그의 발언은 우리가 거의 신정국(神政國)에 살고 있는 것과 마찬가지라는 사실을 알려주기에 아래와 같이 스칼리아의 말을 인용해본다.

> 강조하지만 이것은 구약이 아니라 성 바울입니다. (중략) 여러분이 그 개념을 어떤 식으로 제한하려 하든간에, 그 메시지의 핵심은 정부가 그 도덕적 권위를 하느님으로부터 찾는다는 점입니다. (중략) 실로 기독교 국가일수록 사형을 나쁘게 생각할 확률도 줄어드는 것 같습니다. (중략) 나는 기독교인들에게 있어 죽음은 큰일이 아니라는 사실에서 그 이유를 찾습니다. 무고한 사람을 의도적으로 죽이는 일은 큰 일입니다. 그것은, 그

의 영혼을 잃게 하는 무지무지한 죄입니다. 그러나 다음 생을 얻는 대가로 이생을 잃는다면 어떨까요? (중략) 한편 믿지 않는 자에게 있어 한 사람의 생명을 박탈하는 것은 그의 존재를 종결시키는 것입니다. 이 얼마나 끔찍한 행동입니까!

정부 뒤에서 신성한 권리를 어둡게 만드는 이러한 민주주의의 경향에 대해 신앙이 있는 사람들이 보이는 반응은 체념이어선 안 되며, 가능한 한 효과적으로 싸우겠다는 결의여야 합니다. 우리는 공적인 생활에 '우리는 경건한 사람들로, 우리의 법은 하느님의 존재를 그 전제로 함(1940년대에 나온 대법원 의견 중 일부)' 을 상기시켜주는 많은 것들을 보존함으로써 이 나라에서(유럽 대륙은 그렇게 하지 못했지만) 그것을 실행에 옮겨왔습니다. (중략) 내 말처럼 이 모든 것은 가장 비유럽적인 것으로, 왜 우리 국민들이 정부는 '신의 대리인' 으로서 악을 행하는 자에게 '천벌을 내린다' 는 사실을 잘 이해하는 경향이 있는지를 설명해줍니다.[16]

이 모두가 서방에서는 권력의 내부 성소에서 이성이 우세할 것이라고 기대하는 사람들에게 위협일 것이다. 어떤 사람이 사후에 대해 믿는 믿음은 죽음에 대한 그의 시각, 그리고 그의 윤리까지 결정한다는 스칼리아의 생각은 전적으로 옳다. 가톨릭 신자이지만 그는 사형에 대해서는 미국인들 다수(약 74%)와 같은 의견으로, 교황과는 다른 의견을 보였다.[17] 미국이 '악인' 에게 죽음을 내리는 마지막 문명국이라는 사실은 놀랄 만한 일로, 법관 스칼리아는 이것은 바로 미국의 깊은 신앙 덕분이라고 생각한다. 여기에서 우리는 잠시 세계에서 미국이 차지하고 있는 독특한 위치가 정말 스칼리아가 생각한 것과 같은 도덕적 성취인지 의문을 가져볼 수 있을 것이다. 예를 들어 우리는 인간이 자신의 유전자나 초기 생활 경험을 만들 수 없다는 사실을 알면서도 그러한 요소들이 일생을 통해 사람의 성격을 결정한다고 믿는다. 사형수 독방에 갇힌 사람들은 나쁜 유전자와 나쁜 부모, 나쁜 생각, 나쁜 운을 타고났다고 말하는 것은 충분히 진실로 보인다. 그런 특성들 중 사형수들이 책임져야 할 요소가 있을까? 사형에 대해 성경적 근거에 의지하는 행위는, 인간 행동에 대해 커져가는 지식과 가장 끔찍한 범죄에 대한 보복에의 욕구 사이를 중재하기 위해서는 아무 일도 하지 않는다. 사형의 윤리학에 대해서는 비종교적 토론을 필히 거쳐야 하지만, 인간 정신과 현대 사회에 대해서 우리는 성 바울이 가진 것보다는 더 많은 지식을 보여주는 자료들에 의존해야 한다는 것은 명백한 사실이다.

그러나 우리가 이미 신의 영원한 명령을 문서로 받았다고 생각하는 스칼리아 같은 사람들은 이런 주제들에 대한 의심이나 과학적 세계관에 대항하는 예방접종을 이미 마쳤다. 스칼리아는 부시 대통령이 연방법원에 임명하려고 했던 부류의 판사라는 사실은 놀라울 게 없다.[18] 스칼리아가 피고인이 정신지체로 인정되는 상황에서조차 사형을 적용할 것을 지지한다.[19] 그는 또한 소도미 법(sodomy law : 동성 간 성행위 처벌에 관한 법 – 옮긴이)을 지지했다.[20] 당연히 스칼리아는 대법원이 국가의 종교 교조주의에 영향을 미칠 수 없다고 주장할 법적 근거들을 찾았는데, 이러한 일들을 처리할 때 그는 인도자로서 성 바울, 그리고 야만적인 레위기의 저자를 의지한다는 데는 의심의 여지가 없다.

죄와의 전쟁

미국에서, 그리고 세계 다수 지역에서 현재 법적으로 추구해서는 안 되는 쾌락들이 있다. 아무리 자신의 집에서 은밀하게 한다 해도 금지된 수단으로 쾌락을 추구했다가는 총을 든 사내들이 문을 박차고 들어와 당신을 당장 감옥으로 데려갈 것이다. 이 상황에 대해서 가장 놀라운 일 중 하나는, 우리들 대부분이 그것을 그다지 놀랍지 않은 일로 받아들인다는 사실이다. 대부분 꿈속에서 그렇듯, 이런 사건들의 이상한 조짐을 알아차려야 할 이성은 잠에 곯아떨어진 것 같다.

약물 복용, 매춘, 동성 간 성행위, 음란물 열람 같은 행위들은 '피해자 없는 범죄'로 분류되어왔다. 물론 사회는 인간이 할 수 있는 거의 대부분 행위들(소음 유발에서부터 화학폐기물 조성에 이르기까지)의 명백한 피해자지만 일정 한도 내에서 저질러진 일이라면 우리는 범죄화하지 않았다. 그런 한도들을 설정하는 것은 늘 위험 평가가 따르는 문제다. 폭력과 섹스로 뒤덮인 포르노영화를 보는 일과 같이 은밀하게 행해지는 행위들은 실제로 타인에 대한 범죄행위를 유발할 수도 있다고 주장하는 사람도 있다.[21] 따라서 사적 자유와 공적 위험 사이에는 긴장이 감돌기 마련이다. 어떤 약물이나 책, 영화, 혹은 섹스 체위를 경험하는 사람들의 90%가 거리로 뛰쳐나가 마구 사람을 죽여대기 시작한다면, 개인적인 쾌락에 대한 관심은 확실히 공공안전 앞에 무력하게 될 것이다. 우리 중엔 또한 자녀 세대들이 메탐페타민(methamphetamine : 각성제의 일종)과 마르키 드 사드(Marquis De Sade : 기행과 성도착증으로 유명했으며 '사디즘'이라는 말의 기원이 된 18세기 프랑스 작가 – 옮긴이)에 탐닉해 사는 모습을 보기 원하는 사람은 아무도 없을 것이다. 전체적으로 사회는 그 자녀들의 발전상에 관심을 갖고 있으며, 대중매체의 내용과 함께 부모의 개인적 행위는 그 발전상에 확실한 일조를 한다. 그러나 왜 우리는 누구에게도 해를 끼치지 않는 별 위험 없는 행위를 한다는 죄목으로 사람들을 처벌하기 원하는지 스스로 물어보아야 한다. 피해자 없는 범죄라는 개념에 대해 놀랄 만한 사실은, 해당행위로 피해를 입는 대상이 전혀 없음에도 불구하고 그 처벌에 혈안이 된 사람들에 의해 여전히 그 행위는 범죄성을 확인받는다는 점이다. 우리 법망의 뒤안길을 서성이던 진정한 천재들이 모습을 드러내는 것은 그러한 경우다. 피해자 없는 범죄라는 개념은 '죄'의 기독교적 의미에 대한 판정을 번복하는 것이나 다름없다.

신앙인들이 타인의 개인적 자유를 축소하기 원할 때도 있다는 것은 우연이 아니다. 이런 충동은 종교의 역사와는 별 관계가 없으며 그 논리와 관계 있다. 왜냐하면 사생활이라는 개념은 신의 존재와는 양립 불가능하기 때문이다. 만약 신이 모든 것을 보고 알고 있다면, 또한 특정한 성적 행위나 두뇌 상태 때문에 분개할 정도로 옹졸한 존재라면, 비록 공개적으로 해도 아무 의미 없는 행위라 할지라도 사람들이 자신의 집에서 은밀하게 하는 행위는 믿음의 사람들에게는 여전히 공적인 관심사로 남게 될 것이다.[22]

범죄에 대한 다양한 종교적 이해들이 여기(특히 비생식적 성행위와 우상숭배에 대한 염려들)에 집중되는 것처럼 보이는데, 이러한 이해들은 아무에게도 해를 끼치지 않는 사적인 행위를 했다는 이유로 때로 가혹하게 사람들을 처벌하는 것이 윤리적이라는 생각을 우리 모두에게 심어준 것 같다. 여러 세대 동안 인간의 행복이 무지막지한 파멸을 맞았던 비이성이 치러야했던 대부분의 값비싼 대가들처럼, 이 점에서 종교의 역할은 명백하고도 근본적이다. '악'에 대항하는 우리 법이 실제로 사람들이 신체적·정신적 피해를 입지 않도록 하게 하려는 것과는 거리가 멀다는 사실을, 신을 노엽게 하지 않으려는 것과만 밀접한 상관이 있다는 사실을 알기 위해서, 우리는 성인 커플끼리의 동의 아래 행해지는 구강 섹스와 항문 섹스가 13개 주에서 범죄 행위에 해당된다는 사실만 숙지하면 된다. 네 군데(텍사스, 캔자스, 오클라호마, 미주리)는 동성 커플 사이에 행해지는 이러한 행위들을 금지하고 있으며, 따라서 이는 동성애를 효과적으로 방지하고 있는 셈이다. 기타 아홉 군데는 모든 사람들의 합의적 동성 간 성행위를 금한다(평등성에 빛나는 이 주들은 바로 앨라배마, 플로리다, 아이다호, 루이지애나, 미시시피, 노스캐롤라이나, 사우스캐롤라이나, 유타, 버지니아 주다).[23] 비생식적 성행위를 한다는 이유로 상호 합의를 이룬 성인들을 처벌하려는 충동이 종교적 믿음과 강하게 결부되어 있음을 파악하기 위해서 인구 통계학자까지 될 필요는 없다.

신앙이 형법에 끼치는 영향은 엄청난 대가를 부른다. 마약의 경우를 생각해보자. 공교롭게도 복용 시 일시적인 과도한 쾌락 상태로 몰고 가는 물질들(그것들 중 다수는 자연적으로 생겨난)이 많다. 종종 그것들은 일시적인 비탄의 상태로도 빠지게 하는 것이 사실이지만 그 적용 기준은 쾌락이다. 그렇지 않으면 인간들은 2,000년 동안이나 그러한 물질들을 복용하려는 끊임없는 욕망을 느끼지 못했을 테니까. 물론 쾌락과 경건함이 늘 불편한 관계를 유지해온 이래로 쾌락은 정확하게 그러한 물질들이 가지는 문제다.

미국의 약물 관련법들을 보면, 그것들에 합리성을 부여하는 유일한 구성 원칙은 기도나 생식적 성행위를 쾌락의 원천으로 철저히 오용할 만한 가능성을 지닌 모든 것에 대한 불법화였다. 특히 사용해본 사람들이 그것의 영적 혹은 종교적 의미를 높이 평가하는 약물들(LSD, 메스칼린, 실로시빈, DMT, MDMA, 마리화나 등)은 모두 금지되었다. 알코올이나 담배의 합법성이 증명하듯 시민 보건이나 생산력에 대한 우려는 여기에서는 상관없는 주제다.

알코올은 여전히 필수 상품으로 자리매김하는 반면 마리화나를 했다는 죄목으로 사람들이 계속 처벌받고 투옥당하는 현실은, 약물 관련법들은 사람들이 자신이나 타인에게 해악을 끼치는 행동을 하지 못하게 하려는 목적으로 만들어졌다는 개념이 극단적으로 전개되는 상황이다.[24] 알코올이 단연코 더 해로운 물질이다. 그것은 의학적 용도도 인정받지 못했고 쉽사리 치명적인 결과를 초래할 수 있다. 자동차 사고에 기여하는 알코올의 역할은 따져볼 필요도 없을 정도다. 알코올은 사람들의 억제된 마음을 해방시켜 폭력, 개인 상해, 계획에 없는 임신, 성병 확산 등의 결과를 낳는다. 알코올은 또한 중독성으로도 유명하다. 오랜 세월에 걸쳐 다량의 알코올을 섭취할 경우 심각한 신경 손상이나 간 경변, 그리고 죽음에까지 이를 수 있다. 미국에서만 매년 10만 명이 넘는 사람들이 알코올 중독 때문에 죽어간다. 알코올은 그 어떤 약물보다 태아에게 유해하다(실제로 '결함 있는 아기들'은 치명적인 알코올 증후군을 앓아온 것으로 보인다).[25] 이상에서 열거한 그 어떤 혐의도 마리화나에게는 향해질 수 없다. 약물로서 마리화나는 몇몇 의학적 효능 면에서 유일무이할 뿐 아니라 치명적인 복용 결과도 알려져 있지 않다. 또한 아스피린과 이부프로펜 같은 약물의 부작용 때문에 매년 미국에서만 7,600명이 사망한(그리고 7만 6,000명이 병원신세를 진) 반면, 마리화나 때문에 죽은 사람은 없다.[26] '관문 마약(gateway drug : 초보자용 마약이라는 뜻 – 옮긴이)'로서의 마리화나의 기능은 이제 별로 그럴듯해 보이지 않는다(그리고 그런 적도 없었다).[27] 사실 운전, 비행기 조종, 골프 등의 인간들이 하는 거의 모든 일들은 집에서 몰래 마리화나를 피우는 것보다 위험하다. 인간에게 안겨줄 수 있는 위험 때문에 마리화나는 금지할 가치가 있다고 진지하게 주장하려던 사람이라면 누구나 마리화나를 금지할 만한 능력이 인간의 뇌에는 부족함을 알게 될 것이다. 그럼에도 불구하고 사람들은 여전히 자연적으로 생겨난 식물을 재배하거나 팔거나 소유하거나 구매한 죄로 가석방의 가능성 없는 종신형을 언도받고 있다니, 우리는 어렴풋이 보이는 이성의 숲으로부터는 너무나 멀리 떨어져 있다고 하겠다.[28] 암 환자와 마비 환자들은 마리화나 소지죄로 수십 년 형을 언도받았다. 정원용품 상점 주인은 그들의 고객들이 마리화나를 재배했다는 이유로 비슷한 형을 선고받았다. 인간의 삶과 물질자원이 이토록 엄청난 낭비를 감수해야 하는 이유는 무엇인가? 유일한 설명은 이 주제에 대한 우리의 담화가 결코 이성의 경계 안에서 기능해야 할 의무가 없었다는 점이다. 현행 법 아래에서는 사용자에게 물리적인 해악이나 중독의 위험을 일으키지 않고 다만 100% 그것을 사용하는 사람 안에서 잠깐 동안 정신적인 황홀함과 통찰을 이끌어내는 약물이 발명된다 해도 이 약물은 불법이며, 사람들은 그것을 복용한 대가로 무자비한 처벌을 받게 될 것이다. 우상 숭배라는 성경상의 범죄에 대한 염려만이 이 인과응보의 충동을 이해 가능하도록 만들어주는 듯하다. 우리는 이웃들의 죄성을 염려하도록 가르침 받은 신앙 깊은 사람들이기 때문에 국가 권력의 비이성적 사용에 너그러워지도록 교육 받았다. 특정 물질에 대한 우리의 금기는 다른 방면으로는 생산적이고 법을 준수하는 수많은 남녀들이 한꺼번에 수십 년, 때로는 평생 동안 감옥에 갇혀 지내도록 만든다. 그들의 자녀들은 국가의 보호 아래 맡겨졌다. 살인범, 강간범, 아동 성추행범들과 같은 강력범들의 엄청난 죄상도 그다지 불안을 안겨주는 요소가 되지 못하는 듯 그들은 마약범들에게 방을 마련해주기 위해 정기적으로 가석방된다.[29] 이런 면에서 우리는 악의 진부함을 뛰어넘어 어리석음의 바닥끝까지 뛰어드는 것 같다.[30]

이러한 국면을 맞는 비이성의 결과들은 너무나 지독하기 짝이 없기에 그 결과들은 정밀검사를 받아야 한다. 미국에서만 매년 150만 명 이상의 남녀가 마약법으로 체포된다. 이 순간에도 40만 명 쯤 되는 남녀들이 비폭력적인 마약법 위반으로 미국 감옥에서 시들어가고 있다. 100만 명가량은 현재 집행유예중이다.[31] 미국에서 비폭력적인 마약법 위반으로 수감된 사람들은 유럽 전체에서 모든 죄목으로 수감중인 사람들의 숫자보다 많다(유럽의 인구가 더 많은데도). 이러한 노력에 드는 비용은 연방 차원에서만 볼 때 거의 매년 200억 달러가 든다.[32] 마약법에 든 총비용(주 정부와 지방 정부에 든 비용과 마약류 판매 규제의 실패 때문에 손해를 본 세금 수입까지 계산에 넣을 때)은, 매년 천억 달러를 거뜬히 상회할 것이다.[33] 미국이 벌이는 마약과의 전쟁에 법정 재판 건수의 약 50%와 40만 명이 넘는 경찰관들의 전 시간 활동이 낭비된다.[34] 이것들은 폭력적인 범죄나 테러행위와 대항하는 데 사용될 수 있었을 자원들이다.

역사적인 관점에서 볼 때, 그러한 금지정책이 실패하리라고 예상할 만한 충분한 이유가 있었다. 예를 들어 미국에서 실험된 알코올 금지정책은 음주 증가, 조직적인 범죄, 경찰 부패라는 끔찍한 코미디를 양산해냈을 뿐이었다. 그 금지정책이 여자기독교절제회(Woman′s Christian Temperance Union)와 어떤 개신교 선교단체들의 로비가 만들어낸 합작품으로, 노골적인 종교 실습이었다는 사실은 보통 잘 기억하는 사람이 없다.

인기상품이 금지될 때의 문제는 돈이다. UN은 매년 이루어지는 마약 교역량을 4,000억 달러로 추정한다. 이는 미국 국방부의 1년 예산을 초과하는 것이다. 만약 계산이 정확하다면 불법 마약의 교역은 모든 국제 상업의 8%(섬유 판매는 7.5%, 자동차 판매는 겨우 5.3%임)를 차지한다.[35] 게다가 금지 그 자체는 마약류의 제조 및 판매가 상상을 초월할 정도로 많은 이윤을 남기는 장사가 되도록 만든다. 이런 일로 생계를 꾸려가는 이들은 세금을 낼 필요 없는, 투자액 대비 5,000에서 20,000%의 이익을 남긴다. 마약 판매와 관련된 지수들(약물의 사용허가와 판매금지 비율, 생산 추정량, 길가에서 파는 마약의 순도 등)은 그런 이윤이 존재하는 한 정부가 그 판매를 중지하기 위해 할 수 있는 일은 아무 것도 없음을 보여준다(실제로 그러한 이윤들은 어느 상황에서나 법 집행을 매우 어지럽히고 있다). 천정부지의 비용이 드는 생활 유지를 위해 중독자가 저지르는 범죄들과, 자신의 영역과 상품을 지키기 위해 거래업자가 저지르는 범죄들도 마찬가지로 금지의 결과들이다.[36] 사탄의 작품이라 해도 좋을 만큼 훌륭해 보이는 마지막 아이러니는, 마약법에 의해 조성된 그 시장이 알 카에다, 이슬라믹 지하드(Islamic Jihad : 이슬람 시아파의 과격테러 단체-옮긴이), 헤즈볼라(Hezbollah : 레바논 이슬람 시아파의 무장 단체-옮긴이) 등 샤이닝 패스(Shining Path : 페루의 좌익 게릴라 조직-옮긴이), 기타 테러 조직들에게 꾸준한 수입원이 되고 있다는 사실이다.[37]

마약 복용 금지가 정당한 사회적 목표임을 우리가 인정한다 해도, 마약과의 전쟁에 드는 재정적 비용은 우리가 직면한 다른 도전들의 관점에서는 어떻게 보여질까? 밀수입된 핵무기에 대항할 수 있도록 상업 항구 도시를 방비하기 위해서는 단 한 번 200억 달러의 지출만 요구된다는 사실을 생각해보자. 미국은 현재 그러한 용도를 위해 단지 9억 3,000만 달러만 배정했을 뿐이다.[38] 만약 로스앤젤레스 항구 위로 핵폭탄 하나가 날아온다면 미국의 마리화나 사용 금지정책(이를 위해서는 매년 40억 달러가 든다)은 어떻게 보일 것인가? 아니면 미국 정부가 매년 아프가니스탄 재건에 겨우 23억 달러만 사용할 수 있다는 사실을 따져보자. 탈레반과 알 카에다는 지금 조직을 재정비하고 있는 중이다. 군벌이 카불의 시 경계선 너머를 지배한다. 우리에게 어느 것이 더 중요한가? 문명이 지배할 수 있도록 아프가니스탄을 교화하는 것인가, 버클리*Berkeley*에 있는 암 환자들이 토악질을 마리화나로 진정시키지 못하도록 막는 것인가? 미국 정부기금이 현재 활용되고 있는 양상은 국가 우선순위의 엄청난 왜곡(우리는 이를 발광이라고까지 말할 수 있다)을 보여준다. 이처럼 제멋대로 배정된 자금으로 인해 향후 몇 년간 아프가니스탄은 계속 폐허 속에 방치될 것임에 확실하다. 이는 또한 아프가니스탄 농부들에게 아편 재배 말고는 다른 대안이 없도록 만들 것이다. 그들에게 다행인 것은, 미국의 마약법은 여전히 아편 재배를 짭짤한 사업이 되도록 해 준다는 점이다.[39]

신(神)이 별들 너머에서 우리를 지켜보고 있다고 믿는 사람들이라면 누구나 개인적인 쾌락을 추구했다는 혐의로 무고한 남녀들을 처벌하는 것은 지극히 합리적인 일이라고 생각할 것이다. 우리는 지금 21세기에 살고 있다. 총으로 위협하며 이웃의 자유를 박탈하려면 더 그럴듯한 근거들을 갖추어야만 할 것이다. 미국에 당면한 진정한 문제들의 중대성 (테러리즘, 핵무기 확산, 각종 전염병들의 기승, 부족한 사회 기반시설, 교육과 보건을 위한 충분한 예산의 부족 등)을 생각할 때, 범죄와의 전쟁은 이성적인 논평의 여지가 없을 정도로 명백하게 어리석은 일이다. 미국은 어찌하여 보다 중대한 관심사들에는 무지하게 되어버렸을까? 그리고 어찌 이렇다 할 토론이나 검토 없이 그런 정책들을 계속 제정하고 있단 말인가?

치료의 하느님

이성과 신앙 사이에는 확실히 반목이 있지만, 이성과 사랑 혹은 이성과 영성 사이에는 아무 대립이 없다는 사실을 우리는 알게 될 것이다. 이 주장에 대한 논거는 간단하다. 인간이 할 수 있는 모든 경험은 그 원인과 결과에 대해(혹은 그것에 대한 우리의 무지에 대해) 이성적인 토론의 여지를 남긴다. 이는 상당 부분 색다른 경험을 안겨주지만 신앙적인 면에서는 그렇지 않다. 심리적인 각종 현상들, 외계 생명체, 환생, 기도의 치유 효능, 혹은 그 어떤 다른 현상들을 믿는 그럴싸한 이유들이 많겠지만, 그런 것들은 증거의 잣대로 헤아려 믿어야만 한다. 신앙의 교리는 이것을 부정한다. 믿음의 관점에서는, 조상의 행위를 그대로 따르는 것이 현재 새로운 진실들을 밝히기 위해 창조적인 방식들을 발견하는 것보다 낫다.

물론 종교적인 믿음 외에도 불합리성의 원천들이 있지만, 공공 정책을 결정하는 데 있어 그만한 역할을 하는 것은 아무것도 없다. 최고법원 판사들은 점성술에 대한 의존이나 넘쳐나는 UFO 목격 사례, 혹은 심리학자들이 인류에 다소간 특이하게 존재함을 발견한 다양한 추리 성향들 때문에 미국을 칭찬하는 건 아니다.[40] 오직 주류 종교의 교조주의만이 정부의 무조건적인 지지를 받는다. 게다가 종교적 믿음은 실제 사실들에 대한 우월성을 확보하기 위해, 알려져 있지 않고 믿기도 어려운 공공연한 잘못을 허용하면서 명백하게 존재하는 불확실성을 드러나지 않게 숨긴다.

인간배아줄기세포 연구를 둘러싸고 현재 일어나고 있는 논쟁을 생각해보자. 종교적인 관점에서 볼 때 이 연구가 가지는 문제점은 간단하다. 인간배아 파괴에 대한 가능성 때문이다. 해당 배아는 시험관 안(여성의 몸이 아닌)에서 배양되어 3일에서 5일 동안 자라게 될 것이다. 이 단계에 있는 배아는 배반포(胚盤胞)라 불리며, 현미경으로 봐야 보이는 150개의 세포로 이루어져 있다. 이 배반포 안쪽에는 30개가량의 배아줄기세포가 모인 덩어리가 하나 있다. 이 세포들은 과학자들에게 변함없는 관심을 불러일으키는 두 가지 특성을 갖고 있다. 하나는 줄기세포로서, 오랜 기간 동안 세포분열을 통해 자가 증식하며 특정하게 분화되지 않은 상태를 유지(배양으로 살아가는 이러한 세포들은 세포주(細胞株)라고 불린다)한다. 줄기세포들 중에는 만능세포들도 있는데, 이들은 인체의 그 어떤 특정한 세포(뇌와 척추 신경, 췌장의 인슐린 분비 세포, 심장 근육세포 등등)로도 분화될 수 있다.

이것에 대하여 우리가 아는 사실이 있다. 우리는 인간배아줄기세포 연구로부터 많은 것들을 배울 수 있다는 점이다. 특히 그러한 연구는 우리에게 세포의 분열과 분화 과정에 대한 깊은 통찰을 제공해 줄 수 있다. 이는 암이나 선천성 기형을 앓고 있는 환자들에게 한 줄기 빛이라 할 수 있다. 우리는 배아줄기세포 연구가 세포 단계에 있는 150개 배아의 파괴를 요구한다는 사실 또한 안다. 그러나 그런 배아가 통증을 느끼거나 고통을 받거나 어떤 면에서건 생명의 손실을 체험할 능력을 갖고 있다고 믿을 이유는 조금도 없다. 반면 그러한 능력을 가진 수많은 인간들이 지금 뇌와 척추에 입은 외상으로 고통 받고 있다는 사실은 명백하다. 많은 사람들이 파킨슨씨병과 알츠하이머병을 앓고 있다. 많은 사람들이 심장질환과 뇌졸중으로, 화상으로, 당뇨병으로, 류머티스성 관절염으로, 푸르킨예 세포손상(Purkinje cell degeneration)으로, 뒤센형 근위축증(Duchenne muscular dystrophy), 그리고 실명과 청력상실로 고통 받고 있다. 우리는 인간배아 줄기세포가 머지 않은 장래에 이와 같은 고통들을 덜어줄, 인체 조직과 기관들을 재생할 수 있는 원료로 사용될 수 있음을 안다.

신앙에 대한 주제로 돌아가보자. 우리는 지금 대학졸업의 학력을 가진 정치인들이 단세포들의 운명을 너무나 걱정한 나머지 그러한 연구를 방해하려고 무진 애를 쓰는 세상에서 살고 있다. 그들은 단지 150개의 세포들이 파괴되는 것을 걱정하는 것이 아니다. 정확히 말하면 그들은 하나의 인간 접합자(수정란)조차도 완전히 성숙한 인간의 보호 아래 놓여야 한다고 믿는다. 결국 그런 세포는 완전히 성숙한 인간이 될 가능성을 가진 셈이다. 그러나 복제 생물학의 최근 발전상을 보면 인체의 거의 대부분 세포들도 마찬가지다. 세포의 '잠재성'이라는 잣대에 의하면, 대통령이 코를 닦을 때마다 그는 무시무시한 영혼 학살에 한몫하고 있는 셈이다.

설명이 빈약한 기독교 교리(배아나 태아를 죽이는 것이 인간을 죽이는 것과 같은 의미라고 말하는 성경구절은 한 군데도 없다)를 옹호하는 차원에서 미국 하원은 2003년 2월 27일에 인간배아줄기세포 연구를 금지하는 법안을 통과시켰다.

윤리에 대한 그 어떤 이성적 접근도 우리를 그러한 난국으로 몰고 가지는 않을 것이다. 인간 줄기세포에 대한 미국의 현 정책은 생존 방식의 경험에 관해 우리가 형성할 수 있는 모든 합리적인 직관과는 동떨어진 믿음에 의해 만들어진 것이다. 신경학적 관점에서 우리는 인간 접합자나 인간 배아를 파괴하는 것보다 파리 한 마리를 죽임으로써 지구상 생물체에 더 큰 고통을 안겨주고 있다(어쨌든 파리 머리 하나에만 10만 개 이상의 세포가 들어있으니 말이다). 물론 인간이 완전한 인간다움과 고통을 느끼는 능력을 획득하는 단계가 언제인지는 미해결의 문제로 남아 있다. 그러나 그러한 특징들이 임신의 순간에 맞춰 동시에 일어나야한다고 독단적으로 주장하는 이는, 그 무지함은 차치하고라도 이 논쟁에 아무런 기여도 하지 못함을 깨달아야 한다. 종교적인 근거로 치료용 줄기세포 연구에 반대하는 이들은 지구가 평평하다고 믿는 사람들과 생물학적·윤리학적 면에서 볼 때 똑같다. 이 주제에 대한 우리의 담론은 그러한 면을 반영해야만 한다. 줄기세포와 관련된 공공정책만 보았을 때, 우리의 신앙은 향후 수십 년 동안 인간이 겪어야 할 무한한 고통을 자초하는 것 말고는 아무 하는 일이 없을 것이다.

그러나 비이성은 더 멀리까지 그 마수를 뻗치고 있다. 부시 대통령은 최근 임신 중절에 대한 정보를 제공하는 모든 해외 산아제한 국가에 대한 자금지원을 중단할 것을 결정했다. 〈뉴욕 타임스*New York Times*〉에 따르면, 이번 조치로 '16개 국가에 대한 콘돔 공급이 중단되었고 세계에서 에이즈 감염률이 가장 높은 일부 국가를 포함한 13개 국가에 대한 콘돔 공급이 줄었다'고 한다.[41] 혼외 섹스를 죄악시하는 기독교적 관념에 지배받고 있는 미국 정부는, 아프리카에 배정된 에이즈 예방기금의 3분의 1을 콘돔 사용이 아닌 금욕 지도에 써야 한다고 주장했다. 홀로 활개치는 종교 교조주의의 직접적인 결과로 수많은 사람이 죽을 수도 있다는 것은 결코 과장이 아니다. 니콜라스 크리스토프*Nicholas Kristof*의 말마따나 '섹스는 사람을 망치지만 이런 종류의 군자연한 고상함 역시 마찬가지다.'[42]

게다가 이렇듯 어마어마한 공포가 가지는 문제점을 아는 사람이라도 신앙 그 자체를 비난하기는 불가능하다. 크리스토프의 주장을 예로 들어보자. 그는 미국정부를 압도하는 중세주의와 그로 인해 해외에서 발생 가능한 결과들을 폭로하면서, '신자들은 자신들의 믿음에 대해 완벽하게 책임져야 한다'고 주장하는 이들을 맹렬히 비난한다.

나는 거의 대부분의 면에서 복음주의자들에게 동의하지 않는다. 그리고 이처럼 거대해지는 종교의 영향이 낳은 암울한 결과들을 대놓고 지적하는 것을 전혀 문제라고 생각하지도 않는다. 예를 들어 콘돔과 성교육에 대한 복음주의자들의 불만은 행정부로 하여금 임신과 낙태의 증가는 물론 더 많은 사람들이 집이나 길거리에서 에이즈로 죽어가는 상황을 초래할 수 있는 정책을 내놓게 만들었다.

그러나 자유주의적 비난들은 복음주의가 배경이 된 정책에 대한 분노로 가득 차 있을 뿐만 아니라, 보수주의 기독교 그 자체에 대한 조롱도 담고 있다. 그러한 허울뿐인 신앙은 용서될 수 없다. 그리고 자유주의자들은 종종 앨라배마의 종교보다는 아프가니스탄의 종교에 대해 더 많은 지적 호기심을 보이며, 성경보다 우파니샤드(Upanishad : 고대인도 철학서-옮긴이) 읽기에 더 많은 흥미는 느낀다.[43]

이것은 이성의 파멸이다. 크리스토프는 '암울한 결과들'은 비난하면서 그 원인들은 예우한다.[44] 문명 담론의 규칙들은 현재 이성에게 공공장소로의 외출을 감행할 때마다 베일을 뒤집어쓸 것을 요구하고 있다. 그러나 문명 담론의 규칙들은 변해야 한다.

신앙은 윤리와 고통 사이를 이간시킨다. 어떤 행동들이 조금의 고통도 유발하지 않을 때도 종교 교조주의자들은 그런 행동들(동성 간 성행위, 마리화나 복용, 동성애, 배반포 파괴 등)은 사악하며 처벌받아야 한다는 입장을 고수한다. 반면 고통과 죽음이 다반사로 발견되는 상황의 근거들은 바람직한 것으로 간주되는 경우가 많다(제3세계 국가의 가족계획에 대한 자금지원 중지, 일체의 폭력도 휘두르지 않은 마약사범의 기소, 줄기세포 연구 금지 등). 이러한 우선순위의 역전은 무고한 사람들을 희생시키고 부족한 자원들을 낭비할 뿐 아니라 우리의 윤리까지 왜곡한다. 옳고 그름의 문제에 답변하기 위한 보다 이성적인 접근법을 찾아야 할 때다.

선과 악의 과학

선과 악의 차이는 과연 어떤 특정 단체의 인간들이 말하는 그대로의 문제일까? 16세기 파리에서 가장 큰 인기를 끌었던 오락행사 중 하나가 '고양이 태우기'였음을 생각해보라. 한여름의 축제가 시작되면 행사 주관자는 그물에 고양이들을 그득 잡아와서는 특별히 설치된 무대에서 공중으로 그것들을 높이 들어 올린 뒤, 모든 이들이 즐거워할 수 있도록 꿈틀대는 고양이들을 그물째 모닥불 바로 위까지 내린다. 모인 관중들은 '고통에 몸부림치는 고양이들이 불에 구워지고 태워져 결국 재가 될 때 웃음보를 터뜨리며 깔깔거렸다.'[1] 오늘날 이런 장면을 목격한다면 우리는 경악하지 않을 수 없을 것이다. 그러나 우리가 그렇게 놀라는 것이 옳은가? 탐욕스런 고양이 가해자들이 모르는 윤리적 진리가 있다고 우리는 말할 수 있는가?

많은 사람들이 과학적 진실과는 달리 윤리적 진리는 문화면에서 부차

적이라고 보는 것 같다. 실제로 윤리적 진리 수용의 실패는 속인들이 가지는 중요한 맹점 중 하나로 보인다. 문제는 일단 우리가 입법자로서 신에 대한 믿음을 버리고나면, 기존 행위가 왜 선이냐 혹은 악이냐 하는 문제는 논쟁거리가 된다는 점이다. 그리고 ‘살인은 잘못이다’ 와 같은 주장도 대부분의 사회에서는 논란의 여지가 전혀 없는 당연한 것이긴 하지만 행성이나 분자에 대한 주장만큼 이 세상 사실들에 단단히 고착되어 있지는 않은 것 같다. 철학적 관점에서 그러한 문제는 우리의 도덕적 직관이 추구한다고 말할 수 있는 ‘사실’ 들을 특징지어왔다. 실제로 직관들이 그런 사실들을 따라갈 때 말이다.

윤리에 대한 이성적 접근은, 옳고 그름의 문제가 실제로는 감각 있는 피조물들의 행복과 고통에 관한 문제라는 것을 우리가 깨달을 때 가능하다. 타인의 행복과 고통에 영향을 미치는 위치에 있을 때 우리는 그들에게 윤리적인 책임을 갖고 있는데,[2] 그러한 책임들 중 다수는 민사나 형사법 상의 문제가 될 정도로 너무나 막중하다. 행복과 고통이라는 주제로 이야기를 시작할 때, 우리는 도덕성이라는 가면을 쓴 사람들이 염려하는 대상 중 상당수가 이 주제와 상관없음을 알 수 있다. 희생자 없는 범죄는 채권자 없는 빚과 같다는 사실을 우리는 깨달아야 한다. 죄는 아예 존재조차 하지 않는다.[3] 상호 동의하에 즐기는 다른 성인들의 은밀한 쾌락에 대해 염려하면서 밤잠을 설치는 사람이 있다면 그는 시간이 남아돈다고 봐야 한다. 그는 옳고 그름의 본성에 대해 이치에 맞지 않는 믿음을 갖고 있는 것이다.

각각 다른 시간과 문화에서 온 사람들이 윤리적 문제에 대해서 불일치를 보인다는 사실이 우리를 괴롭혀선 안 된다. 그것은 도덕적 진실의 상황에 대해서는 아무것도 알려주지 않는다. 고대인 중 가장 훌륭한 사상가들에게 기초 과학에 관한 질문을 던진다면 어떨지 상상해보라. 이렇게 물어본다고 치자. "불이 무엇인가요? 생명계는 어떻게 하여 스스로 번식하나요? 밤하늘에 보이는 저 여러 가지 빛들은 무엇인가요?" 우리는 이 문제들에 대한 합의가 이루어지지 않는 당황스러운 상황에 부닥칠 게 틀림없다. 고대 세계에도 똑똑한 사람들은 전혀 부족하지 않았지만, 그들은 이런 질문들에 대답할 물리적·개념적 수단이 부족했던 것뿐이다. 합의의 실패는 그러한 진실이 존재하지 않는다는 것이 아니라 그들이 특정한 물리적 사실들에 대해 무지함을 뜻한다.

윤리 문제들에 대해 옳고 그른 대답이 있다면, 그 대답들은 현재의 삶에서 가장 잘 탐구될 수 있을 것이다. 탐구가 우리를 외딴 동굴로 인도하든 현대식 실험실로 인도하든 해당 사실들이 존재한다는 데는 아무런 차이가 없다. 만약 윤리가 지식의 참된 국면을 나타낸다면, 그것은 잠재적인 진보와 퇴보의 한 국면을 말한다. 이러한 담론에 대해 전통이 부여하는 타당성은 다른 것들에 대한 타당성처럼 현재의 연구를 받쳐줄 때 가능할 것이다. 뒷받침해주지 않는 전통은 단지 무지를 전달해주는 매개체일 뿐이다. 어쨌든 종교가 가장 깊이 있는 윤리적 직관의 원천이라는 사고는 우리 속에 팽배한 터무니없는 미신이다. 잔혹 행위가 잘못임을 성경을 통해 아는 것보다 2 더하기 2는 4라는 사실을 수학책에서 배우는 것이 더 쉽다. 잔혹 행위는 잘못이라는 기본 의식도 없는 사람이 경전을 통해 그것을 배울 수 있다는 사실을 알 리 없다. 그리고 대부분의 경전은 어느 경우에서나 이런 사실에 대해 다의적(多義的) 선언을 제공한다. 우리의 윤리적 직관은 자연 세계에서 선배를 찾아야만 한다. 왜냐하면 자연의 이빨과 발톱은 온통 붉게 물들어 있긴 해도 단순히 그런 것만은 아니기 때문이다. 원숭이들조차도 다른 원숭이에게 해를 끼치지 않기 위해 엄청난 결핍을 감내하려 한다.[4] 타인에 대한 배려는 선지자의 발명품이 아닌 것이다.

우리의 윤리적 직관이 생물학에 근거하고 있다는 사실은, '도덕적 의무'에 대한 종교적 개념 안에 윤리를 묶어두려는 우리의 노력이 잘못되었음을 드러낸다. 연역법은 논리법의 하나임을 이해하는 것이 도덕적 의무가 아닌 만큼 물에 빠진 아이를 구하는 것 역시 이와 마찬가지다. 우리는 윤리적인 삶을 살아야겠다는 각오를 다지기 위해 종교 신념을 필요로 하지 않는다. 일단 행복과 고통에 대해 진지하게 생각하기 시작하면 우리의 종교 전통이 보통 과학적 의문에 대한 것이 아니듯 윤리에 관련된 문제도 아님을 발견할 것이다.

우리가 이 자연 세계에 대해 지금 알고 있는 지식을 생각할 때, 모든 신앙에 내재한 인간적인 생각은 극단적으로 기괴하게 보일 수밖에 없고 불가능하게 보일 수밖에 없다. 생물학적 진실은 설계자 신, 혹은 선한 신의 개념에는 전혀 부합하지 않는다. 진화가 보여주는 불합리한 불가사의가 바로 이 점이다. 믿기지 않는 아름다움과 살아있는 세상의 다양성을 창조하는 바로 그 메커니즘이 잔인성과 죽음을 담보한다는 것이다. 사지 없이 태어난 아이, 보지 못하는 파리, 사라진 종들…. 이는 흙을 집어던지다 들킨 대자연의 모습이라 하지 않을 수 없다. 완벽한 신이라면 그러한 모순을 유지할 수 없다. 신이 세상과 만물을 창조했다면 천연두와 역병, 그리고 필라리아병도 만들었다는 사실을 기억할 필요가 있다. 이 지구에 의도적으로 그런 끔찍한 병들을 풀어놓은 사람이 있다면 그는 그 죄로 인해 뼈가 가루가 되었을 것이다.

2,000년 전 중동의 사막을 으스대며 지나간 이래 그의 이름으로 행해진 유혈참사에 사막을 방치한 신…. 그 신은 윤리 문제에 관해서는 의지

할 존재가 못 된다. 신의 작품을 근거로 하여 신을 판단하는 것은 정말 미움을 살 만한 일이다. 먼저 버트런드 러셀의 생각을 들어보자. '논리적 설득력은 차치하고, 무수한 세월 동안 생명 없는 구름들 옆에서 잠잠히 준비 작업을 하다가 최종적으로 히틀러와 스탈린과 수소폭탄의 출현으로 자신이 적절한 보상을 받았다는 것이 전지전능하고 자비한 신의 생각이라고 믿는 이의 윤리 의식을 나는 희한하게 생각한다.' [5] 이는 그야말로 탁월한 관찰이며 반박의 여지가 없다. 명백하게 부적격한 신의 모습을 대할 때, 경건한 신자들은 세속적인 기준을 창조주에게 적용할 수 없다는 반박을 흔히 하곤 한다. 하지만 인간적인 판단을 초월한다는 조물주가 끊임없이 인간의 열정, 즉 질투, 분노, 의심, 그리고 지배하려는 욕망의 지배를 받는다는 사실을 우리가 아는 순간 그 주장은 힘을 잃는다. 경전들을 잘 살펴보면 아브라함의 하느님은 터무니없고 변덕스럽고 까다롭고 잔인한 존재로, 그 하느님이 아브라함과 맺은 계약은 건강과 행복의 보증이라고는 볼 수 없음을 알 수 있다. [6] 이것이 신의 특징이라면 우리가 바라는 것 이상으로 우리 중 가장 최악의 모습이 신의 형상 안에 구현된 것이다.

악의 존재에도 불구하고 전지전능한 신을 입증해야 하는 문제(이는 전통적으로 신정론(神正論 : 악의 존재를 신의 섭리로 보는 이론 – 옮긴이)의 문제라 불린다)는 감당하기 힘들다. 자유의지와 기타 모순적인 생각에 의지하여 그것을 극복했다고 주장하는 사람들은 잘못된 윤리에 잘못된 철학을 쌓아올린 것에 지나지 않는다. [7] 그 명백한 사실을 우리가 인정하게 될 날이 확실히 올 것이다. 신학은 이제 인간의 무지라는 나무에 달린 가지 이상의 의미다. 무지에 확실히 날개가 달린 셈이다.

윤리학과 정신과학

의식에 대한 과학과 윤리학 사이의 조화로운 관계는, 비록 성립되기 힘들긴 해도 불가피하다. 이는 우리의 의식 혹은 잠재적인 의식을 피조물들에게 쏟아주어야만 그 피조물들이 우리의 윤리적 관심의 대상이 될 수 있기 때문이다. 우리 대부분이 돌에 대해서는 아무런 윤리적 의무(친절하게 대해야 한다거나, 부당한 취급을 해서는 안 된다)를 느끼지 않는다는 사실은, 우리 대부분은 돌이 될 일이 없을 거라고 믿는다는 사실로부터 유추될 수 있다.[8] 의식의 과학은 아직도 태동하려 애쓰는 반면 인간이라 할 수 없는 동물들(뇌신경 손상 환자, 태아, 배아 등도 물론)에 대한 우리의 윤리적 의무를 확정하는 문제는, 정신과 물질의 관계에 대한 깊은 이해를 요구한다는 반증이다. 귀뚜라미가 고통을 느끼는가? 우리 스스로 그 해답을 풀 수 있는 위치인지에 상관없이, 나는 이 문제를 조리에 맞고 해답도 있는 하나의 기정사실로 받아들인다. 정신과 물질에 대한 개념이 옳고 그름에 대한 개념에 영향을 미치는 것은 이런 점이다. 기독교 교리와 기계 물리학에 깊이 빠져들었던 데카르트가 인간이 아닌 모든 동물들은 단지 영혼이 없는 자동인형이며 따라서 고통을 느낄 수 없다고 단언했을 때, 우리는 생체 해부 실습이 정신의 철학 속으로 실족함으로써 새 생명을 얻었다는 사실을 떠올려야 한다.[9] 그와 동시대를 살았던 한 사람이 그런 견해가 낳은 직접적인 결과를 목격했다.

과학자들은 차갑기 이를 데 없는 태도로 개들에게 무차별 구타를 가했으며, 개들의 고통을 동정하는 사람들을 조롱했다. 과학자들은 개들이 시계라고 말했다. 맞았을 때 내뱉는 외침은 작은 스프링이 접촉되면서 내는 소리일 뿐이며, 몸 전체는 아무 감각을 느끼지 않는다고 말이다. 그들은 그 불쌍한 개들의 네 발을 판자에 못 박고 혈액순환을 관찰하기 위해 생체해부를 했는데, 이는 엄청난 논란을 불러일으켰다. [10]

이러한 종류의 인지적 광신은 단지 동물들에 국한된 문제만은 아니었다. 남아메리카 인디언들이 과연 '영혼'을 가지고 있는가에 대해 스페인 탐험가들이 가졌던 의심은, 그들이 신세계 정복기간 동안 인디언들을 잔인하게 다룬 데 확실히 일조했다. 시인하건대 우리의 윤리적 책임들이 계통수(系統樹 : 동식물의 진화관계를 나타내는 나무 형태의 그래프-옮긴이)의 하부 어느 지점에 있는가를 말하기란 어렵다. 다른 동물들의 의식에 대한 우리의 직관은 다양한 요인에 의해 조종되는데, 그 요인들 중 다수는 그 동물들이 의식적인가 아닌가의 문제와는 상관이 없다. 예를 들어 얼굴에 표정이 없는, 혹은 얼굴이 아예 없는 생명체들은 우리의 정신적 관심의 범위에 포함되기 힘들다. 우리가 뇌와 정신의 관계에 대해 완전한 이해를 얻기 전에는 동물들이 고통을 느끼는 범위에 대한 우리의 판단은 비교적 맹목적이고 독단적일 것이다. [11]

우리가 인간의 행복이나 윤리적 판단 그 자체에 대해 뇌의 차원에서 상세하게 이해하게 될 날이 아마 있을 것이다. [12] 색각이상이 유전병이나 발달장애에서 기인할 수 있듯, 우리의 윤리 및 감정 회로에서도 역시 문제들이 출현할 수 있다. 어떤 사람이 '사악한 이상성격자'냐 '도덕적 기질 부족'이냐를 말하는 것은 절망적일 정도로 비과학적으로 보이는 반면, '색약'이나 '전색맹'이냐를 말하는 것은 뇌 속에 있는 시각 경로의 상태를 직접적으로 말하는 것이다. 여기에는 확실히 변화가 있을 것이다. 인간이 서로를 행복하게 하거나 혹은 비참하게 만들려고 공모하는 방식에 대해 알려질 진실들이 있어야 윤리에 대해 알려질 진실도 있는 것이다.[13] 의도, 인간관계, 행복의 상태 사이의 관계에 대한 과학적 지식은 선과 악의 본질, 그리고 타인의 도덕적 범죄를 대하는 적절한 반응에 대해 할 말이 많을 것이다. 다른 모든 과학이 수렴된 것처럼 도덕 영역의 지속적인 탐구, 말하자면 그 임무에 가장 적합한 사람 중에서 이루어지는[14] 우리의 다양한 믿음 체계들을 강제로 수렴시킬 것이라고 믿는 데는 충분한 이유가 있다. 윤리학에서 이렇다 할 수렴이 이뤄지지 못한 것은 윤리학 내에는 별다른 사실들이 없는 탓일 수 있다(하지만 우리는 윤리적인 사실들을 사실이라고 간주할 만한 가장 기초적인 기준에는 동의하여야만 한다). 너무나 많은 대화들이 아직 이루어지지 못했으며 너무나 많은 직관들이 실행되지 못했고 너무나 많은 논쟁들이 아직 승리를 맛보지 못했다. 이 현상을 설명하는 것이 종교 교리에 대한 우리의 의존성이다. 대부분의 종교는 일반적으로 과학 탐구에 보인 협력 이상의 노력을 진정한 도덕적 탐구에 할애하지 않았다. 이는 오직 새로운 담론 규칙만이 극복할 문제다. 물리학이나 역사 방면에서 타인의 근거 없는 믿음을 '존중'하지 않았다는 이유로 어떤 사람이 마지막으로 비난받은 때가 언제였던가? 같은 규칙이 윤리적, 영적, 역사적 믿음에도 역시 적용되어야 한다. 단 한 구절로 우리의 타락을 저지하는 담론 규칙을 정제해 낸 크리스토퍼 히첸스*Christopher Hitchens*를 칭찬하고 싶다. "증거 없이 주장되는 것은 또한 증거 없이 버려질 수도 있다."[15] 우리 인류들이 곧 그의 의견에 동의하게 되기를 기도하자.

도덕 공동체

　도덕 공동체라는 개념은 인간 행동을 통해 나타나는 많은 역설들을 해결한다. 나치 수비대가 화장터에서의 매일 일과를 마치고 집에 돌아와서는 그의 아이들에게 다정한 아버지가 되는 것은 어찌된 연유인가? 대답은 놀라울 정도로 간단하다. 하루 종일 그가 고문하고 죽였던 유대인들은 그의 도덕적 관심의 대상이 아니었던 것이다. 유대인들은 그의 도덕 공동체 밖에 있었을 뿐만 아니라 그 공동체의 성질과는 정반대되는 존재였다. 유대인에 대해 그가 가진 믿음은 그런 행동을 하지 않게 만들 수도 있었던 자연스런 인간의 동정심과는 동떨어진 무자비함에 길들여졌다.

　불행하게도 종교는 여기에 빛보다는 어두움만 보태주었다. 인간 단합에 대한 진정한 이유들을 찾아주기보다, 종교는 민족 본위의 단합을 제공하고 허구의 사실을 민족의 특징으로 만들어주고 있다. 우리가 알게 된 사실이지만, 대부분의 신자들은 같은 신앙을 공유하지 않는 이들과 자신을 도덕적으로 구별하기 때문에 종교는 도덕적 일치를 가로막는 가장 큰 방해요소 중 하나다. 하나의 도덕 공동체를 다른 도덕 공동체와 분리시키는 문제에 대해서 이만큼 설득력 있는 이데올로기도 없다. 대부분의 종교적 일치가 성립된 기본 토대인 이러한 전제를 일단 수용하게 된 사람은, 그 전제를 함께 하지 않는 이들에 대한 도덕적 관심은 매우 자연스럽게 거둬들이게 된다. 말할 필요도 없이 지옥에 떨어져야 하는 운명인 사람들의 고통은 의인의 고통과는 비교될 수 없다. 어떤 사람들이 내 종교의 유일무이한 지혜와 신성함을 알지 못한다면, 그들의 마음이 죄 때문에 어두워졌다면, 다른 사람들이 그들을 학대한다고 해서 내가 신경 쓸 게 뭐란 말인가? 그들은 만물을 창조한 바로 그 신에 의해 저주받은 존재들이다. 그런 사람들이 행복을 찾는 것은 처음부터가 암울한 운명이었다.

일단 우리가 자신의 윤리학에 대한 이성적인 근거를 찾는 데 전념하게 되면 새로운 문제들이 출현한다. 원칙이라고 정해진 방식대로 우리의 도덕적 관심의 경계선을 긋는 일이 어렵다는 것을 우리는 알게 된다. 예를 들어 고통에 대한 민감함은 우리들만의 유일한 감정일 수 없다는 것이 확실하다. 리차드 로티*Richard Rorty*의 말대로, '만약 고통이 그토록 중요하다면, 나치로부터 유대인을 막아내는 일이 중요한 만큼 여우로부터 토끼를 막는 일이 중요하다.' [16] 모든 토끼들의 편에 서서 중재할 필요는 없다고 스스로를 확신시키는 것은 무엇의 힘인가? 우리는 토끼들이 사람의 수준으로 행복이나 고통을 느끼지 못한다고 생각한다. 시인하건대 우리는 틀릴 수 있다. 그렇다면 토끼들에 대한 우리의 윤리적 입장은 확실하게 바뀔 것이다. 우연하게도 낙태 논쟁에 대한 이성적 해답이 바로 여기 숨어있다. 우리는 초기 3개월까지의 태아를 도덕 공동체 내에서 완전한 위치를 부여받지 못하는 행복과 고통을 갖는 토끼와 비슷한 존재라고 여긴다. 현재로서 이는 꽤 합리적으로 보인다. 미래의 과학적인 통찰만이 이런 직관의 잘잘못을 밝힐 수 있다.

도덕 공동체에 포함되는 기준을 밝히는 문제는 우리가 주는 대답이 무엇이건, 해당 생명체의 주관성에 대해 느끼는 우리의 지각을 반영해야만 한다는 것 이외에는 나로서도 상세한 대답을 가지고 있지 않다. 오답은 분명히 있다. 예를 들어 인간은 도덕 공동체에 다 포함되고 동물들은 다 배제된다고는 말할 수 없다. 인간다움에 대한 기준은 무엇인가? DNA일까? 인간의 세포 한 개가 한 무리의 코끼리떼보다 우월할까? 문제는 인간과 동물을 구별하기 위해 우리가 사용하는 속성이 무엇이든(지능, 언어 사용, 도덕적 정서 등) 인간과 인간을 구별하는 데에도 똑같이 사용될 수 있다는 점이다. 자신의 관심사를 명확하게 표현할 수 있기 때문에 사람이 오랑우탄보다 더 중요한 거라면, 왜 논리적이고 조리 있는 사람이 더 중요하지 않단 말인가? 그러면 실어증에 걸린 불쌍한 사람들은 어떻게 하란 말인가? 우리는 그런 사람들은 도덕 공동체에서 제외시킨 것처럼 보인다. 보르네오 섬에 있는 가족에 대해 불평하는 오랑우탄이 있다면, 그는 구명보트에 탄 한 두 사람은 거뜬히 밀어낼 자격이 있다.

상대성 이론이라는 악마

우리는 2장에서, 우리의 믿음들이 논리적으로 기능하기 위해서는(실로 그 믿음들이 어쨌든 믿음이 되기 위해서는) 그 믿음들이 세계의 상태들을 충실히 반영해야 한다고 믿어야 한다는 사실을 알았다. 이는 특정 믿음 체계가 더 많은 경험된 자료들을 설명하고 미래의 사건들에 대해서 더 나은 예측을 보인다는 점에서 다른 체계들보다 더 충실하게 보일 것임을 시사한다. 그리고 아직도 많은 지성인들은 지난 세기 서양에서 이루어진 추론의 무언가가 모든 세계관들을 동일한 기반에 놓은 것처럼 말하는 경향이 있다. 정말로 믿음을 가진 사람은 없다. 그는 다만 동일한 믿음을 가진 공동체를 지향할 뿐이다. 자살 테러도 실제로 완전히 잘못된 행위는 아니다. 서양문화의 편협한 관점에서 그렇게 보일 뿐이다. 토마스 쿤 *Thomas Kuhn* 에 의하면, 각 세대의 새로운 과학자들은 그 구미에 맞는 자연 법칙을 새로이 발명해내기 때문에 우리는 세상에 대해서 정말로 안다고 할 수 없다는 사실에 모두 동의할 수 있다. 이런 종류의 신념을 보통 '상대주의'라고 하는데, 그것들은 타인의 믿음에 대한 극단적 비난을 삼가는 행동에 대한 이론적 근거를 제공한다. 그러나 대부분의 상대주의 형태(가장 일반적 형태로 보이는 도덕적 상대주의를 포함하여)는 가당치도 않은 것이다. 그것도 위험할 정도로. 나치스가 정말로 윤리적인 면에서 잘못됐다고 생각하든, 아님 그저 그들의 생활양식을 마음에 들어 하지 않는 것이든 간에 중요하지 않다고 생각하는 사람들도 있을지 모르겠다. 그러나 나에게는 어떤 세계관들이 다른 세계관들보다 실제로 낫다는 믿음은 별개의 지적·도덕적 능력에서 나온 것처럼 들린다. 그것들은 우리 세계를 지배하는 무지와 민족·종족주의와 맞서서 궁극적으로는 그것들을 무력화시켜야 할 때 우리가 필사적으로 필요로 할 능력들이다.

상대주의에 대한 가장 큰 비난은 간단하다. 대부분의 상대주의자들은 자신의 이론을 주장하는 중에 그 모순을 드러낸다. '도덕성'에 관련된 상대주의를 예로 들어보자. 도덕 상대주의자들은 보통 모든 문화적 관습들은 그것들의 입장에서 존중되어야 하며 지구상에 남아 있는 다양한 야만주의 관습을 실천하는 자들을 서양의 기준에 의해 판단해서도 과거 사람들을 현재의 기준으로 판단해서도 안 된다고 믿는다. 그럼에도 불구하고 상대적이지도 절대적이지도 않은 주장 하나가 도덕에 대한 이러한 접근법 이면에 숨어있다. 대부분의 도덕 상대주의자들은 문화적 다양성에 관대한 것이 노골적인 완고함보다 낫다고 생각한다는 점이다. 물론 이것은 더할 나위 없이 합리적일 수도 있지만, 다양성에 대한 관용의 근거로써 사용될 때, 도덕 상대주의는 자가당착의 모순을 드러낼 수 밖에 없다.

그러나 그렇게 간단하게 처리할 수 없는 더 복잡한 사고 하나가 있다. 그것은 보통 '실용주의'라는 이름을 갖고 있는데 그 사고를 가장 논리적으로 대변하는 인물은 누가 뭐래도 리처드 로티*Richards Rorty*일 것이다.[17) 로티는 귀에 익은 이름은 아니지만, 그의 작품은 우리의 담론에 지대한 영향을 미쳤으며 상대주의를 비호하는 은신처를 제공했다. 만약 우리가 윤리학 방면에서 세계적인 합의점에 도달하기를 바란다면(예를 들어 간음한 여인을 돌로 쳐 죽이는 행위가 절대적인 의미에서 진실로 잘못이라고 말할 수 있게 되길 바란다면), 실용주의를 거부할 심원한 근거들을 찾아보아야 한다. 그렇게 함으로써 우리는 우리가 믿음의 다양한 체계들이 가지는 합리성과 선악에 대해 전 문화를 관통하는 강력한 주장을 제기하는 입장에 있다는 사실을 알게 될 것이다.

실용주의자들의 기초 전제는 우리가 아무리 노력해도 '생각' 이라는 통화(通貨)는 '있는 그대로의 현실과의 일치' 라는 금본위제도(金本位制度 : gold standard)와 맞지 않다는 것이다. 어떤 주장을 '진실' 이라고 부르는 것은 일부 담론의 영역에서 그 주장의 기능을 칭찬하는 것에 불과하다. 그것은 그 주장이 우주 전체와 맺는 관계에 대해서 말하는 것이 아니다. 실용주의의 관점에서 볼 때, 우리의 믿음이 '현실과 일치한다' 는 개념은 그야말로 어리석은 생각이다. 믿음이란 세상을 살아가기 위한 수단에 불과한 것이다. 망치가 현실과 일치하는가? 아니다. 망치는 단지 어떤 임무에 대해서만 그 쓸모를 입증할 뿐이다. 생물, 역사, 혹은 다른 영역의 '진실들' 도 그러하다. 실용주의자들에게 있어 어떤 믿음의 효용은 다른 모든 걱정들, 심지어 일관성에 대한 걱정까지 해결한다.[18] 월요일 사무실에서 일할 때는 신에 대한 불가지론에 자신을 적응시키던 사람이 일요일에는 자유주의적 성경 해석에 몰두할 수 있다 해도, 그가 세계관의 모순 때문에 걱정할 이유는 없다. 이것들은 세상에 대해 양립할 수 없는 주장들이라기보다는 각각의 특별한 경우에 적합한, 다른 형태의 주장들이다.

만약 이 모든 것이 다소 학문적이며 비현실적으로 느껴진다면, 오사마 빈 라덴이 가장 좋아하는 철학자인 사이드 쿠트브는 실용주의가 미국 문명의 쇠락을 초래할 것이라고 생각했다는 데 주목하는 것도 흥미로울 것이다. 버만*Berman*의 표현에 의하면 그는 실용주의가 '적을 밀어내는 미국의 능력을 저하' 시킬 것으로 생각했다.[19] 이런 주장에 일말의 진실이 있을지도 모른다. 문명이 충돌해올 때 실용주의는 그다지 실용적인 것 같지 않다. 모든 면에서 자신이 실제로 옳다는 확신을 잃는 것은 예이츠가 예언한 마지막 날의 혼란에 대한 처방으로 보인다. '최악이 강렬한 열정에 가득 찰 때, 최선은 모든 확신을 잃는다.' 나는 상대주의와 실용주의가 다양한 주제들에 대한 우리의 사고를 흐려놓는데 이미 많은 기여를 했다고 생각하는데, 그것들 중 다수는 문명의 생존에 일시적인 타당성 이상을 의미한다.

철학적인 관점에서, 실용주의는 사실주의의 정반대다. 사실주의자에게 있어 세상에 관련된 우리의 주장들은 다른 믿음들이 떡 버티고 있는 가운데 제 기능을 다했다고 해서, 문화 지향적 기준들과 관련되었다고 해서 '진실' 혹은 '거짓' 이 되는 것이 아니다. 다름 아니라 사실은 우리의 생각과는 별개인 하나의 특정한 길이기 때문에 '진실' 혹은 '거짓' 이 된다.[20] 사실주의자들은 우리의 이해능력을 초과하는 세상에 대한 진리가 있다고 믿는다. 우리가 그런 사실들을 눈에 보이도록 할 수 있는지의 여부와는 관계없이 그러한 사실들은 존재한다. 윤리적인 사실주의자가 되는 것은 물리학처럼 윤리학에도 발견되기를 기다리는 많은 진실들이 있음을 아는 것이다. 그리고 그렇게 함으로써 그 진실들에 대한 우리의 믿음은 옳거나 틀릴 수 있게 된다.[21]

로티 같은 실용주의자에 의하면 사실에 대한 우리의 설명은 설명될 수 없는 사실과 비교할 방법이 없기 때문에 사실주의의 미래는 암울하다. 위르겐 하버마스(Jurgen Habermas : 독일의 대표적인 사회철학자 ― 옮긴이)의 말대로, '믿음이나 명제의 진실은 다른 믿음이나 명제의 도움에 의해서만 번갈아 그 정당성을 인정받을 수 있기 때문에, 우리는 언어의 마법에서 풀려날 수 없다.' [22] 이는 현명한 논리다. 그러나 참으로 그럴까? 언어가 우리의 지식이 해석되고 소통되는 매개체라는 사실은 매개체가 없는 지식의 존재 가능성을 전혀 말해주지 않는다. 말로 설명된 경험은 언어를 매개로 중개되지 않는 경우가 없다는 사실이 모든 인식이 해석 가능함을 뜻하지는 않는다. 만약 사실의 모든 면면을 완전히 알 수 있다면 (예를 들어, 어떤 신비주의자들이 초자연적 진실에 대해 매개되지 않은 지식들을 자신이 향유했다고 생각한 것이 옳았다면) 실용주의는 사실주의적으로 봤을 때 그야말로 틀린 것이 된다. 실용주의의 문제점은 그런 신비주의자가 유리한 입장에 서 있다는 것이 아니다. 문제는 그 신비주의자가 옳든 틀리든 그는 사실주의적으로 옳거나 틀려야만 한다는 점이다. 우리가 사실을 직접 알 수 있다는 생각과는 반대의 입장인 실용주의자들은 인간 지식의 한계에 대해 은밀하고도 사실적인 주장을 했다. 실용주의는 사실주의의 가능성을 사실주의적으로 부정한 것과 마찬가지다. 그리고 상대주의자들처럼 실용주의자들도 그런 식으로 신발 끈도 채 여미기 전에 자가당착에 빠진 것 같다. 이와 관련해 더 빈틈없는 주장 하나가 있지만 따분해서 미칠 지경이 될 일반 독자들을 생각해서 권말의 주에서 다루기로 하겠다. [23]

상대주의자들과 실용주의자들은 진실은 합의의 문제라고 생각한다. 그러나 나는 비슷한 마음들 사이에 이루어지는 합의가 진실의 최종적인 중개자일지는 몰라도 진실을 만들지는 못함이 확실하다고 생각한다. 모든 사람들이 동의해도 틀린 합의가 이루어질 수 있다. 모든 사람이 한 목소리로 반대해도 단 한 사람이 옳은 경우도 가능하다. 사실주의적 관점에서 보면, 단 한 사람이나 단 하나의 문화가 진실을 독점하는 경우가(비록 가능성은 적지만) 가능하다.

　따라서 세상에 대한 우리의 믿음이 세상 본연의 모습과 일치할 수 있다는 우리의 가정을 뒷받침하는 것은 아무 것도 없어 보인다. 우리가 나중에 결국 그러한 일치를 입증할 수 있는 위치에 이를지의 여부와는 상관없다. 우리 인류들이 최대한 행복해질 수 있는 방법에 대해 알려진 진실들이 있음을 생각할 때, 윤리에 대해 알려져야 할 진실은 확실히 있다. 우리가 윤리에 관련된 모든 문제에 대해 절대 동의를 이루지 못할 거라고 말하는 것은 물리학의 모든 문제들에 대해 절대 동의를 이끌어내지 못할 거라고 말하는 것과 똑같다. 어느 경우도 우리의 끝없는 탐구가 알아야 할 진정한 사실들은 없다거나 우리가 가진 대답들 일부는 다른 대답들보다 정말 낫다는 사실을 암시하지 않는다. 윤리적 관점에서 우리가 보이는 다양성에 대한 존중은 기껏해야 더 많은 사실들이 반입되기 전까지의 지적 보유의 한 형태일 뿐이다.

직관

　도덕주의 이론가들의 무리 속을 걸어 다니려면 우리의 '도덕적 직관' 능력은 칭송받든지 혹은 매도당하든지 둘 중 하나다. 매도당하는 이유는 '직관'이라는 용어가 철학적·과학적 담론에서는 부적절한 뉘앙스를 풍기기 때문이다. '여자의 직관(마음을 읽는 능력이 뛰어나다는 뜻이다)', 혹은 '이성'과 정반대의 뜻으로 사용되는 여러 경우처럼 회화체에서 흔히 쓰이며 수치를 당해온 그 말은 지금은 상아탑 밖에서 일어나는 모든 비합리적이고 몸서리쳐지는 일들을 뜻하는 것처럼 보인다. 이런 규칙에 대해 유일하고도 인상적인 예외는 조금도 당황하지 않고 자신들의 직관을 말하는 수학자들에게서 발견된다. 그러나 우리가 알다시피 수학자들은 정말로 색다른 분야들을 여행하는 사람들이다. 자신들은 귀신을 쫓기 위해 경험 많은 현자를 의지할 필요를 느끼지 못하는 이성적인 플라톤주의자임을 그들 다수가 인정한다는 사실 또한 우리는 주목할 수 있을 것이다.

어떤 오명을 갖고 있든 간에 우리의 이해력을 구성하는 가장 기본 요소를 뜻하는 '직관' 이라는 용어는 우리에게 꼭 필요한 말이다. 윤리학의 관점에서 이것은 사실인 반면 과학에서는 전혀 그렇지 않다. 우리가 어떤 것에 대한 지식을 더 이상은 파고들 수 없을 때, 더 이상 축소될 수 없는 남아 있는 그 간극의 도약은 직관적으로 이루어지게 된다. 따라서 이성과 직관 사이의 전통적인 상반 관계는 잘못된 것으로서 하나의 명제가 '합리적' 인지 '논리적' 인지에 대한 판단은 직관에 의지하는 사실에서 볼 수 있듯 이성 그 자체는 철저하게 직관적이다. 과학자나 철학자들이 종종 무언가를 '맹목적 사실(brute fact)' 로 시인하는 걸 들어본 적이 있을 것이다. 말하자면 물리적 현상들의 원인이 생기게 된 이유에 대해 과학자들은 생각하고픈 유혹을 조금도 느끼지 않는다는 것이다. 그것은 그냥 그렇게 된 것이다. 매우 기초적인 사실에 대한 설명을 요구하는 것은 2 더하기 2가 4인 것을 어떻게 아는지를 물어보는 것과 같다. 과학자들은 그러한 맹목성이 타당함을 미리 추정한다. 확실히 그들은 그럴 수밖에 없다.

요점은 확실하다. 우리는 첫 발자국을 떼지 않고서는 어둠 밖으로 나갈 수 없다. 그리고 방법을 모르는 이성은 어쨌든 뭔가를 이해하려 한다면 이 말이 뜻하는 바를 안다. 따라서 직관에 의지하는 것은 물리학자들에게나 윤리학자들에게나 당황스러운 일이 되지 않아야 한다.

우리의 직관이 실패할 때도 있다. 표출되는 이성의 상당수가 처음에는 이성적으로 보이지 않는다. 신문지 한 장을 연속해서 백 번 접었을 때의 두께가 얼마나 될까에 대한 질문을 받았을 때, 우리는 대부분 벽돌 정도의 두께를 상상한다. 그러나 조금만 계산해 봐도 그러한 물체는 알려진 은하계만큼이나 두꺼울 거라는 사실이 드러난다. 만약 우리가 지난 2,000년 동안 배운 게 있다면 무엇이 합리적인가를 느끼는 한 사람의 인식이 충분히 뿌리박기 위해서는 약간의 도움이 필요하다는 것이다.

혹은 '따라 하면 그렇게 된다' 같은 말에 담겨진 마술과도 같은 공감을 이끌어내면서 이성과는 명백한 상충을 일으키는 믿음이 가지 않는 직관을 생각해보자. 중국인이 그렇게 믿듯 호랑이 뼈로 담근 술을 마시면 용감해진다는 믿음이 합리적일까? 아니다, 그렇지 않다. 그렇다면 합리적이 될 수는 있을까? 그럴 수는 있을 것이다. 호랑이 뼈와 용감해지는 것 사이의 심오한 연관성을 담고 있는 잘 정리되고 다듬어진 연구결과만 제시되면 된다. 그러나 합리적인 사람이라면 그러한 연관성을 발견하겠는가? 아닐 것이다. 만약 연관성을 발견한다면 중국인이 아무 근거 없이 수많은 동물들을 마구 잡아 죽이고 있는 현실 앞에 이성이 굴복할 수밖에 없다.

그러나 마술적 사고가 가지는 직관적 내용을 비난할 수 있는 유일한 길은 이성적 사고가 가지는 직관적 내용에 의지하는 것뿐임에 주목하라. '잘 정리된 연구?', '연관성?' 어쨌거나 그런 기준들에 우리가 설득당하는 이유는 무엇인가? 강한 설득력을 지닌 기타 원인들(위약(僞藥) 효과, 착각, 환경적 요인, 피실험자들 간의 건강상의 차이 등)을 배제하지 않으면, 호랑이 뼈가 인체에 효능을 미칠 변수의 도출에는 실패한다는 것은 너무나 명백하지 않은가? 그것은 너무나 자명하다. 왜 그런 것일까? 다시 한 번 말하자면, 우리는 한계에 이르기 때문이다. 비트겐슈타인(Wittgenstein : 20세기 분석철학의 대표 철학가-옮긴이)의 말대로 우리의 근거는 바닥을 드러낸다.

윤리적 의문들에 대답하기 위해 특정 직관들에 의지해야 한다는 사실이, 윤리적 진리가 중요하지 않다거나 모호하다거나 문화적으로 부수적임을 뜻하는 것은 절대 아니다. 다른 분야에서 그러하듯 옳고 그름의 문제는 지적인 불화의 여지가 있긴 해도 그 불화에는 한계가 있다. 즉, 지구가 편평하다고 믿는 사람들은 지리학자들을 반대하는 것이 아니다. 유대인 대학살은 없었다고 부정하는 사람들은 역사학자들을 반대하는 것이 아니다. 신이 기원전 4004년에 우주를 창조했다고 믿는 사람들은 천문학자들을 반대하는 것이 아니다. 그리고 '명예 살인(집안의 명예를 더럽혔다는 이유로 가족구성원을 살해하는 관습–옮긴이)' 같은 야만적인 관습을 실천하는 사람들도 윤리학자들을 반대하는 것이 아니라는 사실을 우리는 알게 될 것이다. 좋은 생각들은 직관적으로 얻어진다는 사실은 나쁜 생각들이 더 이상 대접받지 못하게 만든다.

윤리, 도덕 정체성, 이기심

우리의 윤리적 관심에는 다른 사람들도 행복과 고통을 느낀다는 이해가 필수적으로 수반되는 반면, 우리는 이 세상에서 혼자가 아니라는 단순한 사실 이상의 무언가가 윤리학에 있다. 우리에게 윤리가 중요하려면 다른 이의 행복과 고통이 우리에게 중요해야 한다. 그것은 정말 우리에게 중요하지만, 왜 그럴까?

지나친 단순화는 윤리학에 그다지 희망찬 통찰을 안겨다주지 못한다. 물론 대부분의 고차원적인 현상들에 대해서도 마찬가지다. 원자의 작용에는 필수적으로 경제 행위가 수반되지만 우리는 분자 물리학을 통해 경제학 지식에 접근하지는 않는다. 예를 들어 게임 이론과 진화 생물학 같은 분야는 과학 논문 속에서 일반적으로 '이타적 행위'라고 불리는 것들의 근원에 대해서 알려줄 그럴듯한 이야기들을 갖고 있지만, 우리는 그러한 이야기를 지나치게 많이 만들어내선 안 된다. 우리의 윤리적 직관을 위해 자연이 선택한 그러한 발견은, 그러한 윤리적 직관들이 종교의 산물이라는 보편적인 오류가 거짓임을 밝힐 때만 적절하다. 그러나 자연은, 우리가 아프리카 정글에 두고 오는 편이 좋았을 많은 것들을 선택했다. 강간이라는 관습은 우리 인류에게 일단 적응의 기회를 주었을 수도 있었을 것이다. 과연 각양각색의 강간범들을 자연세계에서 발견할 수 있다(돌고래, 오랑우탄, 침팬지 등). 이 사실은 강간이 인간사회에서 별로 반대할 만한 일이 아님을 뜻하는 걸까? 인간들이 얼마나 잘 흥분하는지를 생각해서 어떤 강간은 불가피하다고 시인한다 하더라도, 이는 일부 암이 불가피하다고 말하는 것과 어떤 차이가 있을까? 우리는 어떤 경우에라도 암을 고치기 위해서는 무진 애를 쓸 것이다.

어떤 것이 '자연스럽다'거나 '인류에게 적응의 기회를 준다'고 말하는 것은, 현재 인간 행복에 이바지하기 위해 요구되는 의미에서 '좋다'고 말하는 것은 아니다.[24] 행복에 중요한 것이 무엇인지, 어떤 형태의 행복이 다른 행복을 대신할 수 있을지를 판단하는 문제는 시인하건대 어렵다. 그러나 다른 모든 문제도 그런 식으로 생각해볼 만한 가치가 있다. 인간 본성에서 '자연스러운' 것들의 상당수가 '좋은' 것과는 불화할 가능성을 알기 위해, 우리는 지각하는 존재(우리 자신을 포함하여)로서 갖는 행복과 고통은 우리와 관계 있으며 그러한 관계의 영역은 윤리학의 영역임을 시인하기만 하면 된다. 유전학과 자연선택(환경에 적응한 것이 생존하여 자손을 남기는 일. 자연도태라고도 함 – 옮긴이)에 의존하는 것은 한계가 있는데, 왜냐하면 자연은 번식하는 일 말고는 우리를 적응시킨 것이 없기 때문이다. 진화의 관점에서 볼 때, 어떤 사람이 살면서 할 수 있는 최고의 일은 가능한 한 많은 자녀를 낳는 것이다. 스티븐 핑커 *Steven Pinker*의 생각처럼, 만약 우리가 유전자의 눈으로 세계를 본다면 '남자들은 정자은행 밖에서 줄을 서서 기다리고 여자들은 채취된 자신의 난자가 불임 커플들에게 나눠지기를 기도할 것이다.' [25] 결국 나의 게놈의 입장에서 보면, 내가 지금 부양의 책임을 지지 않아도 되는 수많은 아이들의 아버지가 됨을 아는 것보다 더 기쁜 사실은 없는 셈이다. 말할 필요도 없이 이는 대부분의 우리가 이 세상에서 추구하는 행복의 방식은 아니다.

대부분의 우리는 엄밀히 말해 매정할 정도로 이기적이지도 않다. 우리의 이기심은 우리가 도덕적으로 일체감을 느끼는 대상에게까지 확장된다. 친구나 가족, 동료, 그리고 다른 인간과 동물에게까지. 조나단 글로버 *Jonathan Glover*는 이렇게 썼다. '우리와 가까운 사람들과의 관계는 단순한 이기심을 약화시킨다. 남편, 아내, 연인, 부모, 자녀 그리고 친구들은 모두 이기적인 관심의 경계를 흔들어놓는다. 프란시스 베이컨은 '자녀가 있는 사람들은 행운에 인질로 잡힌 신세'라는 정곡을 찌르는 표현을 했다. 불가피하게도 기타 우정이나 사랑의 형태도 우리를 인질로 잡아두는 것은 마찬가지다… 옹색한 이기심은 무너졌다.' [26]

타인을 윤리적으로 대하는 것은 그들의 행복과 고통에 대한 관심에서 나오는 행동이다. 칸트의 생각처럼, 그것은 다른 목적에 대한 수단으로써가 아니라 그들 자체를 목적으로 대하는 것이다. 많은 윤리적 지침들이 여기에 집중(칸트의 정언명령(categorical imperative), 예수의 황금률(마태복음 7:12, 누가복음 6:31의 교훈, 특히 '너희는 남에게서 바라는 대로 남에게 해주어라 – 옮긴이))되지만, 기초적인 사실들은 이것이다. 즉, 우리는 우리 스스로 행복과 고통을 체험한다. 우리는 이 세상에서 다른 이들과 마주치며 그들도 행복과 고통을 느낀다는 사실을 깨닫는다. 우리는 곧 '사랑'이, 다른 사람들이 고통보다는 행복을 느끼기를 바라는 마음임을 발견한다. 그리고 미움보다는 우리 모두의 사랑이 행복에 보다 많은 기여를 한다는 것을 알게 된다. 여기서 우리를 서로에게 이어주는 순환논법이 있다. 즉, 우리 각자는 행복해지기를 원하며, 사랑이라는 사회적 감정은 행복의 가장 큰 원천 중 하나이고, 사랑은 우리가 다른 이의 행복에 신경 쓸 것을 요구한다는 점이다. 이렇게 우리는 다함께 이기적이 될 수 있음을 발견한다.

개략적인 설명에 불과하지만 이는 윤리학과 긍정적 인간 정서 사이의 분명한 관계를 나타낸다. 우리는 사랑하는 사람들이 행복해지기를 바라며 오고가는 사랑에 의해 행복해진다는 사실은 경험적인 관찰이다. 그러나 그런 관찰은 이제 막 태동하는 과학의 산물이다. 서로 사랑하지 않고 사랑의 가치를 알지 못하면서 완전한 행복을 주장하는 사람들은 어떤가? 그런 사람들이 존재하기나 할까? 아마 존재할 것이다. 그렇다면 그 존재가 윤리학의 사실적인 설명에 혼란을 일으킬 것인가? 상대성에 대한 특수 이론을 이해하지 못할 때 현대 물리학에 던져지는 의심도 마찬가지 경우다. 어떤 사람들은 시간의 흐름이 좌표계(座標係 : 시간의 상대적 흐름을 감지할 수 있는 기준체계 - 옮긴이)와 관계있다는 주장을 이해하지 못한다. 이로 인해 그들은 그 어떤 진지한 물리학 대화에도 끼지 못한다. 사랑과 행복 사이의 관계를 알 수 없는 사람들은 윤리학에 관해서도 같은 입장일 것이다. 의견의 차이들은 윤리적 사실주의에 문제를 제기하지 못한다.

아프리카, 중동, 그리고 남동 아시아에서 널리 행해지는 '명예살인' 관습을 생각해보자. 이 세상에는 성적(性的) 과실(그저 남자와 말을 했다는 이유에서부터 강간의 희생양이 된 상황까지)이 발각되었다는 이유로 남자 친척들에 의해 살해당하는 소녀와 여인들이 있다. 거의 무슬림 사회에서만 일어나는 일임에도 그러한 잔혹행위를 보도하는 서방 언론들은 보통 이를 '종족적' 관습으로 부른다. 명예살인을 불러일으킨 신념을 '종족적'이라 하든 '종교적'이라하든 그것은 중요하지 않다. 문제는 수치와 명예, 여성의 역할, 여성의 성행위 등에 대해 그런 사회의 남자들이 갖는 믿음의 결과다. 그러한 믿음들의 결과로 강간은 전쟁의 무기로까지 격상되었다. 병사들이 대대적 규모로 강간을 저지르는 데 보다 피조물적이면서 덜 계산적인 동기가 있음이 확실하지만, '명예'에 대한 남자들의 신념은 명예를, 심리적·문화적 강박감이 유감없이 표출되는 수단으로 만들었음은 부정할 수 없다. 강간은 공동체로부터 명예를 강탈하기 위해 공동체의 금기사항들이 사용되는 방식이 되었다. 세르비아인들에 의해 계획적으로 강간당한 보스니아 여인들을 생각해보자. 그 여인들의 남자 친척들 다수가 죽음을 면할 수 없었기 때문에 여인들도 강간을 피할 수 없었다고 인정하는 것이 합리적일 것이다. 그러나 윤리적 지성의 그러한 도피는 정당화될 수 없는 믿음(여성의 고유한 죄성에 대한 믿음, 결혼 이전에 순결을 지키는 것의 중요성에 대한 믿음, 그리고 강간당하는 것이 수치라는 믿음)과 함께일 수는 없다. 물론 이와 비슷한 동정심의 결여는 서양 기독교에서도 상당한 역사를 가진다. 예를 들어, 아우구스티누스는 고트사람에 의해 겁탈당한 처녀들의 도덕 수준을 언급하면서 '그들의 청렴, 금욕, 순결이 부적절하게 칭찬받았던' 게 아닐까 의심했다. 그들은 '자신들을 덮친 수치심에 압도당하지 않았더라면 당당하게 깔보는 태도를 보일 수도 있었을 숨은 허약함'에 시달렸을 것이다.[27] 즉 다른 말로 하면, 그들은 그런 일을 당할만했다는 것이다.[28]

'명예'에 대해 가진 필연적인 믿음으로 보아, 어떤 사람은 딸이 강간 당했음을 알자마자 딸을 죽이려고 혈안이 될 것이다. 동정심이라는 한결 같은 천사가 그녀의 오빠들을 찾아갈지도 모른다. 그러한 살인은 요르단, 이집트, 레바논, 파키스탄, 이라크, 가자 지구와 서안 같은 곳에서 전혀 드문 일이 아니다.[29] 이러한 지역들에서는 나이를 불문하고 강간을 당한 소녀들은 가족에게 수치를 안겨주는 것이다. 다행히도 이 수치심은 깊지 않아서 소녀의 피로 쉽사리 지워질 수 있다. 그러한 나라들 중 어느 한 곳도 가족에게 수치심을 초래하는 죄에 대해 법적인 처방이 될 만한 시스템을 마련하지 않았기 때문에, 이후의 의식은 불가피하게 저차원적인 일일 수밖에 없다. 소녀는 목이 잘리거나, 휘발유가 끼얹어져 불에 태워지거나, 총살당한다. 소녀를 처단한 남자들에 대해서는 기소된 경우에만 국한된 말이지만 늘 가벼운 교도소형이 선고된다. 많은 남자들은 그들 나라에서 영웅대접을 받는다.

이 명예살인 행위에 대해 우리는 어떤 말을 할 수 있을까? 여성의 성적 순결에 병적으로 집착하는 중동 남자들은 미국인이나 유럽인들보다 자신의 아내, 딸, 여동생들을 덜 사랑한다고 말할 수 있을까? 물론 그렇게 말할 수 있다. 하지만 우리의 담론에서 진정 믿기지 않는 사실은 그런 주장은 논쟁을 불러일으킬 뿐 아니라 대부분의 정황에서 입 밖으로 표현되지 않는다는 점이다.

그러면 그런 남자들이 우리들보다 사랑하는 능력이 떨어진다는 증거는 어디 있을까? 가령 우리 사회에서 그런 행동을 하는 남자가 있다면 그 증거는 무엇이겠는가? 존 F. 케네디를 쐈던 남자가 실제로 그를 사랑하지 않았다는 증거는 어디에 있는가? 그 일에 대해 우리가 필요로 하는 모든 증거는 도서 보관소에서 나왔다(케네디 대통령 저격범 오스왈드는 도서 보관소 꼭대기에서 총 3발을 쏘았다 – 옮긴이). 우리는 우리의 담론에서 '사랑'이라는 단어가 기능하는 방식을 안다. 우리는 모두 사랑을 느껴본 적이 있고 사랑을 느끼는 데 실패해 본 적도 있으며, 그 반대되는 감정도 종종 느껴봤다. 그들의 '명예'의 기준에 일말의 공감을 느끼지 않아도 우리는 이 명예살인자들이 무슨 짓을 꾀하고 있는지는 안다. 그리고 그것은 삶 속에서 여자에 대한 그들의 사랑을 표출하는 차원의 문제가 아니다. 물론 명예살인은 타고난 남성적 상상력이 낳은 끔찍한 주마경의 한 단면일 뿐이다. 지참금 문제로 인한 살인, 신부 태워죽이기, 여아 살해, 산성약제 공격, 여성성기 훼손, 성노예…. 이러한 비이성적이고 끔찍한 행위는 세계 많은 지역에서 공공연하게 이루어지고 있다. 특정 신념들은 사랑과는 모순되는 관계이며 이와 같은 '명예'의 개념이 바로 그러함은 의심의 여지가 없다.

사랑은 무엇인가? 이 주제에 대해 사전을 찾아보는 사람은 별로 없을 것이다. 우리는 우리가 사랑하는 사람들이 행복해지기를 원한다는 사실을 안다. 우리는 그들의 고통에 연민을 느낀다. 사랑이 진실로 효력을 나타낼 때(즉, 단순히 상상되어지는 것이 아니라 실제로 느껴질 때) 우리는 우리가 사랑하는 사람들의 기쁨과 고통을 나누지 않을 수 없다. 사랑은 완전한 '자기몰입의 상실'을 수반한다. 그리고 그것은 사랑이라는 정신 상태가 아름다운 이유를 알려주는 단서들 중 하나임에 확실하다. 우리 대부분은 겁탈당한 소녀의 손을 자르는 것은 그러한 감정과는 잘 맞지 않다는 사실을 알 것이다.

바로 이 점에서 많은 인류학자들이 문화적 정황의 중요성에 대해 논쟁하기 원할 것이다. 그 명예살인자들은 보통 개념의 살인자들이 아니다. 그들은 평범한 사람들로, 부족 관습을 행하는 데 앞장서는 충성스러운 신사들이기도 하다. 논리적인 결론을 내리자면 이런 견해는 모든 행위는 모든 정신 상태와 양립 가능함을 나타낸다. '사랑'의 표시로 첫아이를 산채로 가죽을 벗겨야만 하는 문화가 있을지도 모른다. 그러나 그 사회 구성원 모두가 산채로 벗겨지기를 원하는 게 아니라면, 이 행위는 우리가 아는 사랑과는 조화될 수 없다. 내가 대접을 받고자 하는 대로 남을 대접하라는 황금률은 이 점에서 우리의 직관을 잘 포착한다. 우리는 우리 자신이 대접받기를 원하는 방식으로 사랑하는 사람들을 대접한다. 명예살인자는 자신들에게 휘발유를 끼얹고 차례로 불태우라고 다른 사람들에게 부탁하는 습관은 갖고 있지 않는 사람들로 보인다.

남자들에게 불행한 소녀를 위로해주기는커녕 죽이라고 가르치는 사회는 사랑의 성장이 지속적으로 정체되는 사회다. 물론 그러한 사회는 그 구성원들에게 많은 것들을 가르치지 못하고 있다. 글 읽는 법을 배우지 않는 것은 교양의 또 다른 형태라 할 수 없으며, 다른 사람을 목적 그 자체로 생각하는 법을 배우지 못하는 것은 윤리의 또 다른 형식이라 할 수 없다. 그것은 윤리의 결여인 것이다.

제한된 범위를 넘어 도덕적 공감을 연장시키도록 다른 인간들을 고무하려면 우리는 어떻게 해야 할까? 어떻게 하면 우리는 강압적인 국가, 민족, 혹은 종교적 정체성이 제거된 단순한 인간 자체가 되는 법을 배울 수 있을까? 그러기 위해서 우리는 이성적이 되어야 한다. 인지적·도덕적 한계들을 제거하는 것은 이성의 지극히 자연스러운 본성에 속한다. 이성은 사랑의 수호자나 다름없다.

도덕과 행복

단순히 도덕적인 것보다는 행복해지는 것이 더 많은 것을 의미함이 확실한데도, 도덕과 행복 간의 관계는 분명해 보인다. 절대로 거짓말하지 않고 속이거나 훔치지 않는 사람이 제멋대로 이 모든 죄를 범하는 사람보다 확실한 행복을 보장받는다는 생각은 전혀 근거 없는 것이다. 우리 모두 알다시피, 친절하고 인정 많은 사람도 끔찍할 정도로 불행할 수 있으며 짐승처럼 몹쓸 사람이 행운의 여신의 옷자락을 잡은 것처럼 보이기도 한다. HGPRT(hypoxanthine-guanine phosphoribosyltransferase)효소를 생산하는 유전자 복제기능이 없이 태어난 아이들은 레히-니한 증후군(Lesch-Nyhan syndrome)으로 알려진 질환을 겪게 된다. 조직 내에 요산이 축적됨으로 인해 이 질환을 앓는 아이들은 강박관념에 사로잡혀 스스로에게 상해를 입힌다. 아무런 제재가 없으면 그런 아이들은 입술과 손가락을 물어뜯고 심지어는 뾰족한 물건으로 눈을 찌르기도 한다. 그 아이들의 행복에 도덕적 교훈이 어떻게 의미 있는 공헌을 하는지를 발견하기란 힘들다. 그 아이들이 필요로 하는 것은 더 나은 도덕적 가르침도 더 많은 부모의 사랑도 아니다. 그들이 필요로 하는 것은 HGPRT효소다.

　행복에는 많은 필수요건들(좋은 유전자, 예상 외 반응을 하지 않는 신경체계 등)이 필요함을 부정하지 않는 우리는 어떤 사람의 현재 행복 수준이 어떻든 간에 그가 더 애정 넘치고 인정 많은, 즉 윤리적인 사람이 됨으로써 일반적으로 진보한다는 가설을 세울 수 있다. 이는 매우 경험적인 주장으로 다양한 영적 전통들, 특히 불교의 수행자들에 의해 오랜 세월 실험 되어왔다. 검증될 수 없는 사랑과 연민의 성장이 다른 사람의 고통은 점차적으로 자신의 것이 되면서 자신의 안녕에 대한 감각은 소멸되는 경지로 이끈다는 사실에 우리는 의구심을 가질 수 있다. 비범한 정도까지 그러한 정신 상태를 수양해온 사람들만이 이 의문을 해결할 위치에 있게 되겠지만 일반적으로 사랑과 연민은 우리를 다른 사람들과 보다

깊은 관계를 맺게 한다는 점에서 선한 것이라는 데는 의심의 여지가 없어 보인다.[30]

주어진 상황이 이러할 때, 우리는 완전히 이기적인 이유들 때문에 사랑 넘치고 인정 많은 사람이 되기를 바랄 수 있다는 사실을 알 수 있다. 그러한 태도는 의미상 이기심을 바래게 한다는 점에서 이는 일종의 역설이다. 그러한 태도는 또한 다른 인간의 행복에 이바지하는 행동을 이끌어낼 수 있다. 즉 이러한 마음 상태는 자신에게 좋게 느껴질 뿐만 아니라 다른 사람과 좋은 관계를 낳고 그 사람으로 하여금 자기 자신에 대해서도 좋은 느낌을 가질 수 있도록 하는 사회적 관계를 양산한다. 미움, 부러움, 심술, 혐오감, 부끄러움… 이 모든 것들은 개인적으로나 사회적으로나 행복의 원천이 아니다. 사랑과 연민이 원천이다. 우리가 우리 자신에 대해서 알 듯 그런 주장은 잘 정리된 논문으로 증명될 필요가 없다.

우리는 부정적인 감정들은 그렇지 않은 반면 왜 긍정적인 사회적 감정들은 우리를 기분 좋게 만드는지에 대해 발전된 이유를 쉽게 생각해볼 수 있지만 그것이 요점은 아니다. 요점은 윤리적이 되기 위해 타인의 행복을 고려하는 기질은 한 사람의 행복을 배가시킬 수 있는 합리적인 수단으로 보인다는 점이다. 다음 장에서 보겠지만 그 관계는 우리의 행복이 정화될수록 더욱 크게 다가오게 된다. 영성(주의력을 엄정하게 순화함으로써 직접적으로 행복을 배양하는)과 윤리와의 관계는 명백히 증명되었다. 어떤 태도와 행동은 명상적 통찰에 도움이 되는 반면 어떤 태도와 행동은 그렇지 않다. 이는 그저 믿어야 될 하나의 제안이 아니다. '한 사람의 생애'라는 실험실에서 실험되어야 할 가설이다.[31]

종교재판관을 위한 틈?

행복과 고통의 관점에서 윤리학에 대한 의문들을 던지다보면 낯선 영역으로 들어가게 된다. 재판 과정의 고문에 대해 생각해보자. 처음에 그것은 명백한 악으로 비춰질 것이다. 그런데도 미국의 이성적인 사람들은 처음으로 그것을 공개적으로 재고하기 시작했다. '유죄가 입증될 때까지 무죄일 권리'의 옹호자였던 앨런 더쇼비츠(Alan Dershowitz : 하버드 대학 법학 교수로, '범죄계획을 알아낼 수 있는 경우에는 고문을 허가해야 한다'는 주장으로 유명함–옮긴이)가 CBS의 '60분(60 Minutes)'과 가진 인터뷰로 이 주제에 대한 관심은 증폭되었다.[32] 고문은 다시 생각할 수 없는 개념이라고 생각하는 수많은 시청자들 앞에서 더쇼비츠는 이 프로그램을 통해 시한폭탄이 째깍거리는 전형적인 상황을 펼쳐놓았다.

공인된 테러범 한 명이 근처 도심에 대형 폭탄 하나를 설치해놓았다고 상상해보자. 이 남자는 지금 수감 중이다. 폭탄의 위치에 대해서 그가 언질을 주는 것이라곤 최대한의 인명 살상을 낳을 수 있는 위치라는 것뿐이다. 이런 상황에서(특별히 끔찍한 참사를 막을 시간이 아직 있다는 점에서) 형틀을 다시 꺼내어 이 기분 나쁜 작자에게 과거의 설득 방식을 적용한다 해도 해로울 것은 없어 보인다.

더쇼비츠는 이러한 상황에서는 우리 모두의 속에 잠들어 있는 최고 종교재판관이 깨어날 것이라고 주장했다. 째깍거리는 시한폭탄에도 아무런 동요를 느끼지 않는다면, 당신의 일곱 살짜리 딸이 딱 5분 거리에 있는 한 창고에서 천천히 질식당하고 있는데 딸이 풀려날 수 있는 열쇠를 당신이 수감 중인 이 남자가 갖고 있다고 생각해보라. 그래도 잘 실감이 나지 않는다면 여기다 반경 1,000km 내에 있는 모든 부부의 딸들을 더해보라. 정부의 잘못된 무관심에 방치된 수많은 소녀들이 당신 눈앞에 수감되어 있는 천재적인 악마의 통제 아래 놓여 있다고 생각해보라. 한 남자의 비협조는 엄청난 무서운 결과를 낳을 수 있으며 그의 사악한 죄는 너무나 명백해서 교조주의라는 혼수상태에 빠진 가장 자기혐오적인 도덕 상대주의자조차 깨울 수 있을 정도다.

고문에 의지할 때 우리가 직면하는 가장 중대한 윤리적 문제는 바로 무고한 사람을 고문해야만 할 때라는 것이 일반적인 생각이다. 어떤 사람의 유죄 여부가 불확실해질 때, 위에서 나열된 경우들에서는 종교재판관의 자리에 앉고 싶어 안달 난 우리들 대부분이 현실 시나리오에서는 말을 더듬기 시작한다. 다른 걱정거리들에 신경 쓰기 훨씬 전부터 그렇다. 예를 들자면 고문 하에서 거짓으로 고백된 증언은 믿을만할까? 단지 보기만 해서 무고한 사람과 죄인을 분간할 수 있을 것인지에 대해 이미 망설이는 입장인 우리이기에, 실제 세상에서 그런 종류의 문제는 제기할 필요조차 없다.

따라서 온전한 사람들에게는 윤리적으로 아무 상관 없이 느껴지는 두 개의 상황이 존재한다. 더쇼비츠가 구현한 첫 번째 상황에서 그토록 무고한 생명들을 위험에 빠뜨린 공인된 테러범의 권리에 대해 걱정하는 일은 옳지 않아 보인다. 보다 현실적인 상황에서 어떤 이의 유죄가 불확실할 때 대개 고문의 사용은 배제될 것이다. 그렇다면 현실은 실제로 그러한가? 아마 아닐 것이다.

고문을 사용함에 있어 그러한 제한을 두는 것은 전쟁을 수행하려는 우리의 의지와는 처음부터 조화될 수 없는 것처럼 보인다. 결국 무고한 남녀노소에 행해지는 무자비한 고문 말고 '부수 피해'가 무엇이란 말인가? 폭탄 투하에 동의할 때마다 우리는 어린이들이 눈이 멀고, 배가 갈라지고, 마비가 되고, 고아가 되고, 죽임을 당할 수도 있다는 것을 알면서 그렇게 하는 것이다. 오사마 빈 라덴의 고문은 우리 지도자들 사이에 양심의 일대격동을 불러일으키기를 기대할 수 있는 반면 고의적이지 않은 어린이 학살은 그렇지 않다는 것이 이상하다.

그렇다면 무고한 어린이들 상당수가 죽거나 다쳐야 하는 방법을 실행에 옮기려 하면서, 혐의가 다분한 테러범에게는 우리가 채찍질을 아껴야 하는 이유가 무엇이란 말인가? 무고한 사람들을 고문의 위협 속으로 몰아넣는 일련의 행위를 추구하는 것과, 이보다 훨씬 많은 무고한 남녀노소들을 살상하는 행위를 추구하는 것의 차이는 무엇인가? 고문의 오용이 그로 인해 빚어진 부수 피해보다는 우리를 덜 힘들게 해야 한다는 것은 명백한 사실처럼 보인다. 어쨌거나 관타나모 만(Guantanamo Bay : 미 해군기지가 있는 곳으로 2001년 미군이 아프가니스탄에서 사로잡은 탈레반과 알 카에다의 포로들을 이곳에 억류시켜둠으로써 다시 이목이 집중됨-옮긴이)에 억류된 사람 중 유아는 없었다. 미군 병사들을 죽이려고 시도하다 현장에서 적발된 젊은이들이 있었을 뿐이다.[33]

어떤 정황에서 발생하는 물리적 폭력행위에 대한 우리의 감정에는 그 행위의 윤리적 상태에 대한 우리의 직관처럼 많은 변수들이 작용한다는 사실에 주목해야 한다. 글로버가 지적했듯 '현대 전쟁에서 가장 충격적인 것은 무엇이 가장 해로운지에 대한 지침이 부족하다는 점이다.' 누군가의 할아버지가 2차 세계대전 중 드레스덴에 폭탄을 투하하라는 지령을 받았다는 사실을 아는 것과 그가 삽 하나로 다섯 명의 소녀와 그 어머니들을 죽였다는 사실을 아는 것은 다르다. 그는 공중 높이에서 폭탄을 떨어뜨림으로써 더 많은 소녀와 어머니들을 죽일 수도 있었으며 그랬을 때 그들은 똑같이 끔찍한 죽음을 맞이했겠지만 그의 죄는 같아 보이지 않는다는 사실을 우리는 확신할 수 있다. 우리는 직관적으로 후자의 폭력을 자행하는 데 다른 종류의 사람들이 필요하다는 사실을 알고 있다. 아프가니스탄에 주둔했던 한 소련 병사가 한 다음의 말을 생각해보자. "사람을 죽여야만 하는 일은 겁나고 찝찝한 일이지만 정말로 불쾌한 일은 누군가를 바로 겨냥하여 쏘는 일이지요. 하지만 많은 사람을 모아놓고 떼로 죽이는 일은 흥미진진하고 재미있기까지 하답니다. 내가 그렇던걸요."[34] 이는 사람을 코앞에서 죽이는 일을 즐기는 사람은 없다는 이야기를 하려는 것이 아니라, 그러한 즐거움을 위해서는 타인의 고통에 대해 엄청난 정도의 무감각이 필요함을 깨달아야 한다는 이야기를 하려는 것이다.

이러한 불일치를 해결하기에(글로버의 말에 의하면, 가장 해로운 것에 가장 충격 받기에는) 우리가 준비되지 않았다는 것은 가능한 이야기다. 수백만 년의 세월이 흘러도 아프리카 초원에서는 21세기의 공포를 감정적으로 이해할 수 있을 만한 생물학적 이성이 선택될 수 없었지만, 생물학적 이성은 그렇게 발견하기 힘든 게 아니다. 진화론적 관점에서 볼 때, 구석기 시대의 우리 유전자들이 이제는 우리 의지대로 할 수 있는 화생방 무기를 가졌다는 사실과 우리가 이 기술을 침팬지들의 손에 넘겼다는 것은 약간 다르다. 한 명을 죽이는 것과 천 명을 죽이는 것의 차이는 실제로 우리에게 중요해보이지 않는다. 글로버의 생각대로 전자가 훨씬 더 큰 혼란을 야기하는 경우가 많다는 사실을 우리는 알게 될 것이다. 콩고에서 300만 명이 기아와 살인으로 허덕이는 동안에도 엄한 감시자인 우리의 대중매체는 눈 하나 깜짝이지 않는다. 그러나 왕자비 하나가 차사고로 죽으면 지구상의 인구 4분의 1이 비탄에 잠긴다. 아마도 우리는 세상을 바꾸기 위해 우리가 느껴야만 하는 것을 느낄 능력이 없는 것 같다.

그렇다면 단 몇 초 만에 3,000명에 이르는 남녀노소가 잿더미로 변하는 것을 지켜보는 마음은 어떨까? 2001년 9월 11일 텔레비전을 가지고 있던 사람이라면 이제 누구나 알 것이다. 그러나 우리는 그와 유사한 그 무엇에 대해서도 전혀 아는 바가 없다. 수천 명의 생명을 실은 제트 여객기 두 대가 세계무역센터로 빨려 들어가는 장면을 지켜보는 것, 그것을 보며 무엇보다도 믿을 수 없다는 의혹을 느끼는 것은 뇌신경이 제대로 작용하지 않는다는 뜻이다. 확실히 인간의 지각이 표출되는 방식(사람들로 가득했다고 알려진 사무용 건물이 산산조각으로 부서져 내리는 것을 단순히 보기만 한)을 인간의 정신이 어떻게 생각하는가는 한계가 있다. 아마도 거기에는 변화가 있을 것이다.

빗나가는 유탄(流彈)과는 달리 고문은 바로 앞에서 직접적으로 이루어지기 때문에 고문이 부수 피해와 같은 의미를 가질 수 없다고 생각한다면 당신은 적어도 두 가지 측면에서 상상력 결여 죄가 입증된 셈이다. 먼저, 미국이 투하한 폭탄으로 인해 무고한 아프가니스탄 및 이라크 사람들이 겪었을 공포를 잠깐 떠올려보면 그 공포는 지하 감옥의 고문이 주는 그것과 다름 없다는 사실을 알게 될 것이다. 고문과 부수 피해를 동등한 위치에 놓기 위해 그러한 상상력이 필요하다는 사실은 글로버의 말대로 가장 해로운 것이 가장 충격이 되지 못한 원인을 말해준다. 그것은 또한 우리가 우리 자신의 완곡어법에 매혹 당해왔음을 드러낸다. 먼 거리에서 사람을 죽이기는 쉽지만, 실제 그것은 그렇게 쉬워선 안 되는 일이다.

두 번째, 고문이 극히 부당하다는 생각이 고문을 당하는 동안 피해자들이 일반적으로 보이는 반응에 대한 반감에서 나온 경우라면, 비명소리나 고통에 몸부림치는 장면을 듣거나 볼 필요가 없도록 만드는 마비제를 사용함으로써 고문의 부당함이 약리학적으로 교묘하게 회피될 수 있음에 주목해야 한다. 폭탄을 적재한 비행기의 조종사가 3,000m 상공에서는 피해자들의 참상을 깨닫지 못하는 것처럼 우리는 고문가해자가 피해자의 고통을 느끼지 못하도록 하는 고문 법을 쉽게 고안해낼 수 있다. 결과적으로 지하 감옥의 고문 장면 및 소리에 대한 우리의 혐오는 고문 사용에 반대하려는 사람들에게 아무런 힘이 되어주지 못한다. 고문피해자의 고통이 얼마나 가상적으로 보여지도록 조작될 수 있는가를 설명하려면 우리는 이상적인 '고문 약(고문하는 수단이 되면서 동시에 고문을 완전히 은폐하는 기능도 제공하는 약)'을 상상하면 된다. 한 번 먹어본 인간이라면 다시는 당하고 싶지 않은 일시적인 마비와 고통을 이 약은 제공할 것이다. 이 약을 체포된 테러범에게 복용시킨 후, 테러범이 한 시간 정도 낮잠을 자고 깨어나서 바로 조직의 활동에 대해 아는 모든 것을 자백한다면 우리 고문관들의 기분은 어떻겠는가? 종래엔 그 약을 '진실의 약'이라고 부르고 싶은 유혹을 느끼지 않을까?

고문피해자와 부수 피해자의 겉으로 보이는 고통에는 발견되는 윤리적 차이가 없다.

저울은 어느 쪽으로 내려가야 하는가? 우리는 일관성 있는 윤리적 입장을 유지하기 원한다고 가정할 때, 이는 강제적으로 결정해야만 하는 문제로 보인다. 즉, 우리가 기꺼이 폭탄을 투하하려 한다거나 폭격이 빗나갈 위험을 감수하려 한다면 우리는 범죄 용의자와 군인 죄수들도 기꺼이 고문할 것이다. 만약 고문하기가 꺼려진다면 우리는 현대전을 수행하기도 꺼리는 것이다.

고문 반대자는 고문에 의해 날조된 고백은 전혀 믿을 수 없다고 주장할 것이다. 그러나 실제 진술한 내용을 생각하면 그러한 반대는 설득력이 부족하다. 그러한 고백들을 믿을 수 없다고 생각한다면 마음껏 그렇게 생각하라. 우리의 이익이 고문을 통해 발전될 가망성은 폭탄 하나를 투하함으로써 생기는 이익에 대한 가망성과 동일한 정도만을 필요로 한다. 칸다하르(Kandahar : 아프가니스탄의 남부 도시 이름 – 옮긴이)에 투하된 117호 폭탄이 알 카에다의 붕괴에 영향을 끼칠 가망성은 어느 정도였나? 그 가능성은 매우 희박할 수밖에 없었다. 그렇다면 테러와의 전쟁 중 포획된 가장 중요한 포로인 칼리드 세히크 모하메드(Khalid Sheikh Mohammed : 알 카에다 소속 테러리스트 – 옮긴이)의 경우를 생각해보자. 마치 더쇼비츠의 시한폭탄 이야기에 나오는 것 같은 인물이다. 미국 관리들은 〈월 스트리트 저널 *Wall Street Journal*〉의 기자인 다니엘 펄 *Daniel Pearl*을 그가 참수했다고 믿고 있다. 그것이 사실이건 아니건, 알 카에다에서 그가 차지하는 지위는 그가 '결백할' 가능성을 다소 배제하면서 계획된 참사에 대해 그가 상당 부분 관여했을 거라는 사실을 뒷받침한다. 폭탄의 시한장치는 작동되고 있다. 아프가니스탄과 이라크의 무고한 어린이들에게 우리가 일말의 주저함도 없이 입혔던 피해를 생각해 볼 때, 칼리드 세히크 모하메드에게 고문을 가했다는 사실을 미국이 부정하는 것은 잘못된 태도로 보인다. 만약 그가 고문을 받다가 알 카에다 해체를 몰고올 만한 어떤 사실을 발설할 가능성이 100만분의 일이라 해도, 그가 입을 열도록 만들기 위해 우리는 모든 수단을 동원해야 할 것이다.

십중팔구 당신이 이 장을 읽기 시작했을 때는, 내가 이 책을 쓰기 시작했을 때처럼, 고문은 매우 나쁜 것이며 우리는 그것을 행하지 않는 정도의 현명함은 갖고 있다고 확신했을 것이다. 실제로 우리는 고문을 행하지 않기 때문에 상당 부분 문명화되었다고 할 수 있다. 대부분의 우리는 더쇼비츠와 그의 주장에 대한 반박을 이끌어낼 수 없어도 그의 주장이 말하는 전형적인 사례는 거의 일어나지 않을 거라는 사실로 위안을 삼을 수 있다고 생각할 것이다. 이런 관점에서 볼 때, 재판 절차에 고문 조항이 더해지는 일은, 불필요하고도 위험하게 보인다. 나는 위에서 제시된 설명이 근본적으로 건전하다고 믿기에, 우리가 기꺼이 부수 피해를 입히고자 하는 그 어떤 경우에라도 고문을 활용하자는 주장을 했다.[35] 역설적이지만 이는 고문이 허용 가능하다는 것을 암시하지 않는다. 대부분의 독자들에게 있어서도 이는 마찬가지일 것이다. 나는 여기서 우리가 같은 종류의 윤리적 환상(뇌 속의 시각 경로를 연구하는 과학자들에게 변함없는 관심의 대상이 되고 있는 지각적 환상과 유사한)과 마주친다고 생각한다. 수평선에 떠오르는 보름달은 머리 바로 위에 떠 있는 보름달보다 실제로 크지는 않지만 더 크게 보이는데 이 이유에 대해서는 신경과학자들도 정확히 알지 못한다. 우리가 눈에 속고 있음을 알아도 하늘 높이 들어 올려진 채찍은 우리가 다른 방법으로는 알 수 없는 사실을 알려준다. 겉으로 보이는 상황을 근거로 행동할지 채찍에 따라 행동할지 선택을 해야 한다고 가정할 때, 우리는 기꺼이 상황은 생각하지 않을 것이다. 특히 우리와 타인의 목숨이 달렸다면 더더욱 말이다. 나의 이런 의견에 지금까지 동의해온 독자들은 대부분 '고문의 윤리학'에 관해 본질적으로 같은 입장일 거라고 믿는다. 테러와의 전쟁이라는 위급한 상황을 생각할 때, 특정 환경 하에서의 고문 시행은 허용 가능할 뿐 아니라 필요불가결하기까지 하다. 그래도 그것은 여전히 윤리학적 면에서 용인할 수 있는 것처럼 보이지는 않는다. 그 이유는 달 환상을 야기하는 요인만큼이나 철저하게 신경학적인 것이라고 생각한다. 사실 우리의 윤리적 직관이 위에서 설명한 것처럼 근접 정도와 감정적 중요성을 고려함으로써 추구된다는 것에는 과학적 근거가 이미 존재한다.[36] 확실히 그러한 직관들은 정확하지 않다. 현재 같은 경우 도덕적으로 동일한 의미가 보이는데도 그 동의성을 느끼지 못하는 우리의 무능력의 결과로 많은 무고한 생명이 희생될 수 있다. 지금은 채찍을 들어 하늘 높이 올릴 때일지도 모른다.[37]

평화주의라는 잘못된 선택

평화주의[38]는 보통 인간 폭력에 관해 취해야 할 도덕적으로 확고한 직관으로 간주된다. 평화주의에 대해 일반적으로 가장 곤란한 점이라고 언급되는 것은, 계속 실행에 옮기기 어려운 태도라는 점이다. 그것에는 절대 비도덕적이라는 낙인은 찍히지 않는다고 나는 믿는다. 평화로운 상황일 때 그것은 충분히 고매해 보이지만, 평화주의는 궁극적으로 기꺼이 죽으려는 마음, 그리고 전 세계 흉악범들의 기쁨이 되도록 사람을 죽게 내버려두려는 마음에 다름 아니다. 오직 칼로만 무장한 성격이상자 한 사람이 평화주의자들로 가득한 도시 하나를 파멸시킬 수 있다는 점은 주목할 필요가 있다. 그러한 성격이상자가 존재하며 그들이 보통 중무장한다는 점은 의심의 여지가 없다. 고문에 대해서 앞서 펼친 주장이 평화주의를 위한 설득력 있는 주장이 될지도 모른다는 두려움을 느끼는 나는, 폭력이 종종 윤리적으로 필요하다는 사실을 우리가 받아들여야 하는 이유를 간략히 설명하고자 한다.

한 번은 프라하의 밤거리를 걸어가다가 한 남자와 젊은 여자가 다투는 장면을 목격했다. 내가 가까이 다가갔을 때 남자는 술에 취했을 뿐만 아니라 굉장히 분노한 듯 보였는데 여자를 억지로 차에 밀어 넣으려고 안간힘을 쓰고 있었다. 여자는 강하게 저항하고 있었고 남자는 한 손으로 여자의 팔을 잡은 채 다른 손으로는 여자의 얼굴을 치려는 위협적인 동작을 했다. 내가 그 곳에 도착하기 전에도 이미 한 번쯤은 했을 것 같은 동작이었다. 차의 뒷문은 열려 있었고, 운전석에 한 사람이 앉아 있었다. 두어 명이 근처를 어슬렁거리며 망을 보고 있었다.

공격자의 의도를 알고 아드레날린 수치가 올라간 내가 멈춰섰을 때, 남자가 영어를 잘 못하거나 아예 못할지도 모른다는 생각이 머리를 스쳤다. 내 말을 이해하려 애쓰는 데만 집중하게하면 그의 주의를 완전히 딴 데로 돌릴 수도 있을 것이었다. 내 의도가 이해되지 않으면 실제 싸움으로까지는 발전하기 힘들 것이었다. 말이 통했더라면 나는 여자를 놔 주라는 말 밖에는 할 말이 없었을 테고 체면을 구긴 그는 어디 한번 그렇게 해보라고 덤볐을 것이기에, 우리의 만남은 아마 순식간에 주먹다짐으로 이어졌을 것이다. 그에겐 최소한 두 명의 친구가 있음을 확인했기에, 나는 아마 그 날 저녁 뼈도 못 추렸을 것이었다. 따라서 내 목표는 이 깡패들과 대적하는 일 없이 계속 알아들을 수 없는 말을 늘어놓으며 그 여자가 도망가기에 충분한 시간을 확보하는 것이었다.

"실례합니다." 나는 말했다. "제가 말이죠, 호텔, 그러니까 자는 곳, 여기서 머물고 있는 곳을 찾고있는데, 아무래도 못 찾겠어요. 엎드리지 않고 똑바로 잘 수 있는 곳 말입니다. 저 좀 도와주십시오. 거기가 어딜까요? 네?"

"섹스 말이야?" 내가 마치 그 여자를 차지하려는 사랑의 라이벌임을 선언하기라도 한 것처럼 사내는 사납게 되물었다. 나는 여자가 창녀이고 남자는 난폭한 고객일지도 모른다는 생각이 들었다.

"아뇨! 섹스 말고요. 저는 지금 특별한 건물을 찾는 중이예요. 알루미늄 벽도 스테인 글라스도 없는 건물이랍니다. 과자로 속을 채울 수도 있고요. 어딘지 아시나요? 정말 급하거든요."

순식간에 광폭하던 남자의 얼굴이 당황한 표정으로 바뀌었다. 그가 내

말 뜻을 알아내려고 애쓰는 동안 나는 여자에게 슬며시 의미심장한 눈짓을 던졌는데 그녀는 아둔하게도 탈출의 기회가 바로 앞에 있다는 사실을 알아차리지 못했다.

남자는 일행 중 하나와 유창한 체코어로 의논하기 시작했다. 나는 계속 헛소리를 지껄여댔다. 여자는 마치 바보천치를 보는 것 같은 눈길로 나를 노려보았다. 그러다 기회가 왔음을 갑자기 깨달은 여자는 순식간에 달아났다. 남자는 생각에 몰두하고 있던 나머지 여자가 달아났다는 사실도 눈치 채지 못했다.

임무가 끝난 나는 남자들에게 감사하다는 말을 한 뒤 그곳을 떠났다.

이 상황에서 내가 한 행동에 대부분의 사람이 수긍하는 것 같지만, 내가 이 이야기를 하는 이유는 그것이 바로 도덕성 결핍의 한 예이기 때문이다. 우선 나는 거짓말을 했는데 그것은 두려움에서 나온 것이었다. 나는 길을 잃지도 그 어떤 도움도 필요하지 않았다. 내가 그 방법을 쓴 이유는 솔직히 말하자면 술 취한 불량배와 시비가 붙어 싸우고 싶지는 않았기 때문이다. 이를 지혜롭다고 할 이들도 있겠지만 당시에 나는 그것이 비겁한 행동으로 느껴졌다. 아무리 별 성과가 없을지라도 그 남자들과 의사소통을 해본다거나, 양심에 호소한다거나, 조금의 인상이라도 남기려는 노력은 전혀 하지 않았던 것이다. 나는 그들을 대화할 수 있고 유화시킬 수 있으며 지도가 가능한 지각 있는 생물체로서 받아들여 그들 자체를 목적으로 본 것이 아니라, 완전히 위협만 끼치는 존재로 받아들인 것이었다. 내가 생각하기에 스스로 저지른 윤리적 실수는 실제로 그들의 행위에 절대 대항하지 않았다는 점이다. 따라서 그들은 세상으로부터 그 어떤 교정도 받아들일 수가 없었다. 그들은 한 여자가 도망갈 수 있도록 주의를 잠시 딴 데로 돌렸을 뿐이었다. 그들의 다음 납치 대상이 될 여자는 나에게 감사해야 할 이유를 찾지 못할 것이다. 여자를 위해 명백한 조정에 나섰다면 나는 온몸이 성하지 않았겠지만 분명한 메시지는 전달할 수 있었을 것이다. 누군가 길가에서 여자를 때리고 납치하려 할 때 옆에 서 있는 사람들이 모두 멍청히 지켜보기만 하지는 않을 것이다. 내가 취한 이 행동은 그러한 메시지는 전혀 담지 못했다. 도망간 여자조차도 내가 그녀를 도우러 일부러 그렇게 했다는 사실을 몰랐을 거라는 생각이 든다.[39]

간디는 누가 뭐래도 20세기의 가장 영향력 있는 평화주의자였다. 대영제국을 식민지 인도에서 철수시키는 데 성공함으로써 그는 종교적 교훈에 불과했던 평화주의에 정치적 의미를 부여했다. 이런 형태의 평화주의는 상당한 용기를 필요로 할 뿐 아니라 법과 정면으로 대치한다. 그렇다 보니 위에서 설명했던 나의 계략과는 비교도 되지 않는 엄청난 도덕적 완성도를 담고 있다. 그러나 간디의 비폭력주의는 인간 분쟁의 한정된 범위 안에서만 적용될 수 있을 뿐이다. 유대인 대학살에 대한 간디의 해결책을 곰곰이 생각해보자. 간디는 유대인들이 단체 자살을 시도해야 한다고 믿었는데 그 이유는 그렇게 함으로써 '세상과 독일인들에게 히틀러의 폭력에 대한 경각심을 일깨울 수 있으리라'고 믿었기 때문이다.[40] 세상이 '경각심을 가지게' 될 때 평화주의자로 가득 찬 이 세상은 무슨 일을 하게 될지 의심스럽다. 역시 자살 아닐까?

물론 간디는 종교 교조주의자였지만, 유대인 대학살에 대한 그의 처방책은 그것이 기반을 둔 형이상학적인 가정을 수용한다하더라도 윤리적으로 미심쩍어 보인다. 만약 우리가 간디가 동의한 카르마(karma : 업(業))와 환생의 법칙을 인정한다 해도 그의 평화주의는 여전히 매우 비도덕하게 보인다. 이생의 어린이들에게 극심한 고통을 안겨주는 희생으로 다음 생

242

애에서는 누군가의 행복을 지키도록 하는 것이 왜 윤리적이라고 간주되어야 하는가? 간디의 세계는 언젠가는 나치스가 천년제국(독일을 일컬음—옮긴이)의 우수성을 의심하게 되리라는 희망으로 수백만 명을 더 죽게 만드는 세계다. 우리가 사는 세계는 그러한 의심이 부족한 곳에는 이따금씩 폭탄을 떨어뜨려주어야만 하는 세계다. 여기서 우리는 윤리적으로 불균형인 전쟁이 가지는 끔찍한 면면과 마주치게 된다. 적에게 양심의 가책이 없다면 당신의 양심은 그의 손에 들린 또 다른 무기가 된다.

'테러'와의 전쟁에서 이긴다는 것이 무엇을 뜻할 것인지 아니면 적을 움직이게 하는 종교적 야만주의가 결국 이 세상에서 깨끗이 근절될 수 있을지는 아직까지는 불확실하다. 하지만 그 전쟁에서 진다는 것이 무슨 뜻인지는 너무나 명백하다. 탈레반 치하의 삶은 이 세상 수많은 무슬림들이 우리들에게 무엇보다도 안겨주기 원하는 것이다. 그들이 건설하기 원하는 사회는 여자들은 여전히 정복당한 채 숨어서 지내고 영적·지적·성적 자유권이 주어진 이들은 성난 미개인들이 지켜보는 앞에서 살해당해야 하는 곳이다. 당연히 이것은 거부해야 할 가치가 있는 미래상이다. 우리의 적들은 그러한 양심이 없기 때문에 우리는 부수 피해에 대한 양심의 가책에 연연할 순 없다. 그들은 먼저 어린이부터 죽이고 보는 전쟁방식을 가졌기에 우리는 위험을 무릅쓰고라도 그들의 폭력과 우리의 폭력 사이의 근본적인 차이점을 무시하는 것이다. 무기 확산 양상을 볼 때, 더 이상 칼로 이 전쟁을 수행해도 되는 선택권은 우리에겐 없다. 다양한 종류의 부수 피해는 향후 오랜 세월 동안 우리 미래의 일부가 될 것임이 확실해 보인다.

CHAPTER 07

의식의 실험

　모든 종교의 중심에는 인간의 상황에 대해 부정할 수 없는 주장들이 있다. 세상에 대한 경험에는 급격한 변화가 일어날 수 있다는 점이다. 비록 우리는 주의력을 일상적으로 사용(일어나고, 일하고, 먹고, TV를 보고, 다른 사람과 대화를 나누고, 자고, 꿈꾸는)하는 환경이 쳐놓은 한계 안에 살고 있지만, 예외적인 경험이 가능하다는 사실을 우리는 어렴풋하게나마 알고 있다.

　종교가 가지는 문제는 종교가 그 진실에다 비이성이라는 독약을 너무 많이 섞었다는 점이다. 기독교를 예로 들어보자. 산상수훈(마태복음 5~7장의 내용으로, 갈릴리 작은 산 위에서 제자와 군중을 대상으로 행한 설교－옮긴이)이 그의 마음의 고백이 될 정도로 예수가 스스로를 변혁시킨 사람이었다는 것으로는 충분하지 않다. 그는 또한 동정녀에게서 난 신의 아들로서 영광의 구름을 몰고 다시 지구로 돌아올 운명이어야만 했다. 그러한 교리는 예수를 닮을 수 없는 것의 전형적인 표본이 되도록 하는 효과를 낳았다. 그의 가르침은 윤리와 영적 통찰 사이의 연관성에 대한 경험주의적 주장이 되기를 거부하는 대신 불필요하고 무시무시한 옛날 이야기가 되어버렸다. 기독교 교리에 의하면 예수처럼 되기란 불가능하다. 다만 자신의 죄를 조목조목 늘어놓고 믿을 수 없는 사실들을 믿으며 세상의 종말을 기다릴 수밖에 없다.

그러나 존재에 대한 좀더 심오한 대답은 실제로 가능하다. 여러 세대에 걸친 수많은 남녀들의 증언과 아울러 예수의 증언이 이를 증명한다. 우리의 도전은 이성적인 관점에서 이러한 가능성에 대한 담화를 시작하는 것이다.

행복을 찾아서

들의 백합들은 화려한 자태를 뽐내지만 당신과 나는 벌거숭이인 채 울음보를 터뜨리며 자궁에서 쫓겨나왔다. 행복해지기 위해 우리는 무엇을 필요로 하는가? 사실 우리가 하는 거의 모든 행동들이 이 질문에 대한 대답이다. 우리는 먹을 것과 잘 곳과 입을 것이 필요하다. 우리는 다른 사람과의 교제도 필요하다. 그리고 그 사귐을 최대한 활용하기 위해 이루 헤아릴 수 없이 많은 것들을 배울 필요도 있다. 우리는 좋아하는 일을 찾아야 하고, 쉴 시간도 있어야 한다. 우리는 너무나 많은 것들을 필요로 한다. 이 필요를 채우기 위해서는 하나씩 차례로 그것들을 추구하고 유지시켜 나가는 것 말고는 다른 대안이 없다.

그러나 그러한 것들이 행복을 위한 충분조건일까? 단순히 재산이나 건강, 좋은 벗들을 가졌다고 행복을 보장받는 것일까? 분명히 그렇지 않다.

그러한 것들이 행복을 위해 필수적이기는 한 것일까? 만약 그렇다면 모든 물질적인 것과 가족과의 인연을 거부하고 수많은 세월을 동굴에서 홀로 명상에만 힘쓰는 인도 요가수행자들에 대해서는 어떻게 생각해야 할까? 그런 사람들도 행복해질 수 있는 것 같다. 실제로 그들 중에는 완벽하게 행복하다고 주장하는 이들이 있다.

직접적으로 행복(모든 전통적인 욕구들이 겪는 좌절을 견뎌내고 살아남을 수 있는 행복)을 추구하는 인간의 그러한 기도(企圖)에 맞는 단어를 찾기란 힘들다. '영성' 이라는 용어는 이 점에서 피할 수 없는 말로 보인다. 그리고 나는 이 책에서 이미 여러 번 이 말을 사용해왔지만 솔직하게 말하자면 당황스러운 의미들이 다분히 함축된 단어다. '신비주의' 는 엄숙한 의미긴 하나 한편으로는 불길한 의미도 담고 있다. 우리가 지금 고려해야 할 대상의 합리성과 오묘함을 포착할 수 있는, 모든 것들을 대신할 수 있는 행복의 형태가 있는, 경험 자체의 예측불허의 변화들을 초월하는 단어는 실로 아무 것도 없다. 다른 대안이 없는 까닭에 나는 '영성' 과 '신비주의' 라는 두 용어를 섞어 쓰겠지만, 독자들은 내가 제한적인 의미에서 이 말들을 쓰고 있음을 기억해야 할 것이다. 뉴 에이지 코너 어디를 가든 현대인들이 어마어마한 범위의 '영적' 몰입(수정(水晶)과 장세척의 치유능력에서부터 외계인 납치에 이르기까지)에 빠져들고 있음을 알게 되는 지금, 우리의 토론은 행복을 추구하는 우리에게 특별한 의미를 띠는 것 같은 특별한 통찰 하나에 집중될 것이다.

대부분의 영적 가르침들은 행복이 생산적인 사회구성원, 모든 합법적인 즐거움을 누리는 소비자, 이와 똑같은 일을 하도록 계획된 자녀들을 열성으로 기르는 부모가 되는 것 이상의 무엇이라는 데 동의한다. 실제로 현재의 매 순간에 내재한 행복의 형태를 간과하는 이유는 우리가 행복을 추구하기 때문이다. 지식과 새로운 경험에의 열망, 인정받기 위한 욕구, 우리에게 맞는 로맨틱한 파트너를 찾으려는 노력, 영적 경험 자체에 대한 갈망까지. 이러한 통찰들은 상당수 종교의 핵심을 이루지만 신조(信條) 중에서 깨닫기란 결코 쉽지 않다.

우리가 수십 년을 살면서 하루를 온전한 고독 속에 보내는 일은 좀처럼 없지만, 매 순간 우리는 고독 속에 살아간다. 우리가 다른 이와 아무리 친밀한 관계라 해도 우리의 즐거움과 고통은 오직 우리만의 것이다. 영적 경험은 이러한 상황에 가장 이성적인 해답으로 추천되곤 한다. 여기에 내재된 주장은 우리는 삶을 발전시킬 순간의 의식의 본성에 대한 무언가를 깨달을 수 있다는 점이다. 수많은 명상가들의 경험이 의식(단순히 생각, 감정, 자아에 대한 감각이 일어나는 상태)은 의식이 알고 있는 무언가에 의해서는 절대로 바뀌지 않음을 시사한다. 즐거움을 안다고 즐거워지지는 않는다. 슬픔을 안다고 슬퍼지지는 않는다. 의식의 관점에서는 우리는 그저 보이는 것, 들리는 것, 느낌, 기분, 생각들을 알아차릴 뿐이다. 많은 영적 가르침들은 만약 우리가 자신의 정체성을 의식 그 자체, 사물의 겉모습들을 목격하는 존재 그 자체로만 인식할 수 있다면 우리는 굴곡 많은 경험으로부터 영원히 자유로워질 수 있음을 깨닫게 될 것이라고 주장한다.

그렇다고 고통에는 육체적 차원이 있음을 부정하는 것은 아니다. 프로잭*prozac* 같은 약물이 우울증을 완화시킨다는 사실은 정신적 고통이 작은 녹색 알약 한 개보다 더 영묘할 수는 없음을 뜻한다. 그러나 고통의 영향은 두 방향으로 진행된다. 우리는 생각 그 자체가 한 사람의 경험을 완전하게 결정짓는 힘을 갖고 있음을 안다.[1] 강렬한 신체 고통의 의미조차 주관적 해석의 영향 아래 놓이기 쉽다. 해산의 고통을 생각해보자. 그 고통으로 정신적 충격을 입은 채 해산을 마치는 여자들이 몇 명이나 되는가? 모든 것이 무사하게 이루어졌다면 해산 그 자체는 단지 즐거운 경험이었을 뿐이다. 그 정상적인 해산의 고통이 어느 미친 과학자에 의해 가해진 고문이었다면 그 차이는 무엇일까? 느낌은 동일하겠지만 이는 아마 생애 가장 끔찍한 경험이 될 것이다. 정신적 고통 하나만 겪는 것보다 육체적 고통을 같이 당할 때 확실히 더 많은 차원들이 있다.

영적 전통들은 우리가 의식에 담긴 내용물과 맺은 관계를 바꿀 수 있는, 따라서 우리의 경험을 변혁시킬 수 있는 상당한 여지를 우리가 갖고 있음을 말해준다. 인간의 영성을 주제로 한 많은 책들이 이를 증명한다.[2] 우리가 열린 마음으로 그 가능성을 검토함에 있어 불충분한 증거에 대해서는 아무 것도 믿을 필요가 없다는 것 또한 확실하다.

의식

데카르트처럼, 원래의 우리와는 다르게 보이는 주관성의 조건들에 의해 세상을 책동한다는 비난을 받는 사상가의 입장으로 우리는 이러한 탐구들을 시작한다. 데카르트는 신의 세계에서는 두 개의 실체가 발견된다고 주장하는 이원론을 강조했다. 바로 '물질'과 '영혼'이다. 대부분의 우리에게 있어 이러한 이원론은 얼마간 상식적인 문제다(우리 마음이 일반적으로 처신하는 방식을 생각할 때 '영혼'이라는 용어가 다소 장엄하게 다가오긴 하지만). 그러나 과학이 인간 정신의 실상을 구체적으로 밝혀주는 빛을 던졌을 때 데카르트의 이원론은(우리 자신만의 '민간 심리학'과 함께) 푸대접을 받게 되었다. 3세기에 걸친 순전히 물질적인 연구의 부정할 수 없는 성공에 힘입어, 많은 철학자와 과학자들은 이제 정신과 육체, 영혼과 물질을 분리하는, 기독교적 경건에 대한 양보로서의 데카르트의 이원론에 반대하는 입장이며 그렇게 하여 의식과 물질세계 사이의 개념적인 격차를 해소했다고 생각한다.

지난 장에서 우리는 의식에 대한 우리의 믿음은 우리의 윤리와 밀접하게 연관되어 있음을 알았다. 그 믿음들은 또한 죽음에 관한 우리의 견해에도 직접적인 영향을 끼쳤다. 대부분의 과학자들은 스스로를 '물질주의자'라고 생각한다. 이는 그들이 정신적·영적 삶은 전반적으로 뇌 활동에 좌우된다고 믿고 있음을 뜻한다. 이 관점에서 보면, 뇌가 죽으면 우리의 존재도 끝나는 것이다. 일단 신경 활동을 이끄는 빛이 사라지면 더 이상 살아남는 것이 없다. 그것을 소화할 능력이 있는 남녀노소 누구에게나 지적인 완전함을 가져다주는 특별한 상징물이라도 되는 것처럼 많은 과학자들은 이러한 확신에 차 있다.

그러나 우리는 사후에 무슨 일이 일어나는지 전혀 모른다는 것은 진실이다. 뇌와 별개인 영혼의 순수한 개념에 반대되는 주장이 많음과 동시에,[3] 자연 세계에서 의식이 위치한 장소는 해결되지 않은 문제다. 뇌가 의식을 '낳는다'는 생각은 현재 과학자들 사이에서 신조 정도의 의미를 띨 뿐이며, 과학적인 방법들이 그 생각을 증명하거나 반론하기에는 역부족일 것이라는 데는 많은 근거들이 있다.

불가피하게 과학자들은 의식을 뇌가 큰 동물들의 속성에 불과하다고 간주한다. 그러나 문제는 물리적 체계로서 연구될 때 뇌의 그 어떤 부분도, 우리 각자가 자신의 상황에서 의식이라고 느끼는 그 기이한 내적 차원을 가지고 있음을 스스로 밝히지 않는다는 점이다. 인식할 수 있는 물리적 차이를 찾아다니면서 의식과 무의식 사이의 경계를 밝히려는 시도를 하는 모든 패러다임은, 실험에 의한 자극이 관찰되었다는 신호를 주관이 보고하기를 기대한다.[4] 따라서 사용 가능한 의식은 보고될 수 있는 의식을 뜻한다. 그러나 의식과 보고 가능성은 같은 것이 아니다. 불가사리에게 의식이 있는가? 의식과 보고 가능성을 융합한 그 어떤 과학도 이 질문에 대답하지 못할 것이다. 드러나는 신호에 의거해 의식을 찾는 것만이 우리가 할 수 있는 일이다. 하지만 표면적인 신호에 의거해 의식을 규정하는 것은 오류다. 튜링 테스트(Turing Test : 질문자(사람), 답변자(사람), 답변자(기계) 세 계체가 텔레라이프를 통해서만 질문과 답변을 함. 질문자가 자신의 질문에 대한 답이 기계에서 나오는 것인지, 인간 답변에서 나오는 것인지 구분할 수 없다면 그 기계는 튜링 테스트를 통과한 것 — 옮긴이)를 통과할 정도로 진보된 미래의 컴퓨터들은 풍부한 자기보고서를 제공할 것이다. 하지만 그것들이 의식을 갖게 될까? 우리까지 그 답을 모른다고 한다면, 아무리 훌륭한 보고서를 만들어내는 컴퓨터들이라 해도 이 문제를 해결하지는 못할 것이다. 의식은 생물체나 생물체의 뇌보다 훨씬 원시적인 상태일지도 모른다. 그리고 이 명제를 실험에서 배제할 수 있는 확실한 방법은 없는 것 같다.[5]

따라서 우리는 우리 자신에 대한 지식들 다수를 해부학·생리학·진화론적 관점에서 이해하면서도 현재 우리 모습이 왜 '무언가'와 비슷한지는 알지 못한다. 우주가 당신이 서 있는 곳에서 밝게 보인다는 사실, 당신의 생각과 기분과 감정이 질적인 특성을 갖고 있다는 사실은 절대적인 미스터리(독일 철학자 셸링*Scheiling*의 주장으로 유명해진, 이 우주에는 적어도 무(無) 이상의 무언가가 있어야만 한다는 미스터리와 필적하는)다. 뇌가 겪는 경험은 우리에게 그 무엇에 대한 지식도 주지 않는데, 문제는 객체로서의 뇌에 대한 우리의 경험은 우리로 하여금 의식의 실체에 완벽하게 무감각하도록 만든다는 점이다. 이러한 상황으로 볼 때, 어떤 사실들은 오직 의식 속, 1인칭 관점 속에서만 발견되거나 아예 발견되지 않는 것처럼 우주의 본질에 대한 연구라는 적절한 그리고 필수적인 양상을 만들어내는 것은 우리의 주관성이라고 결론을 내리는 것이 합리적이다.

지속적인 내적 성찰을 통해서 의식의 본질을 직접적으로 연구하는 것은 바로 영적 실천의 또 다른 이름이라 할 수 있다. 그 어떠한 경험의 변혁도 가능하다는 것은 명확해야만 한다. 사막에서 40일 낮과 밤을 보낸 뒤, 동굴 속에서 20년을 보낸 뒤, 혹은 새로운 세로토닌 물질이 당신의 신경세포에 전달된 뒤, 이 모두는 의식의 내용이 일으키는 변화 차원의 문제가 될 것이다.

예수가 무엇을 체험했든 그는 의식하며 그것을 경험한 것이다. 그가 이웃을 제 몸처럼 사랑했다면, 이는 다른 인간 앞에서 예수가 된다는 것은 어떤 느낌이었을까를 설명해주는 것이다. 인간 영성의 역사는 금식, 경전암송, 감각 상실, 기도, 명상, 향정신성 약초 사용 등의 방법을 통하여 의식의 표출을 탐구하고 수정시키려는 노력의 역사다. 이러한 실험이 이성적인 방식으로 행해질 수 있는가 하는 의문은 있을 수 없다. 그것들은 인간의 상태가 어느 정도까지 의도적으로 변화될 수 있는가를 결정짓는 수단일 뿐이다. 사람들이 경험적인 증거에 의해서는 입증될 수 없는 세계에 대한 주장을 할 때, 그러한 모험은 비이성적인 것이 된다.

'나' 란 무엇인가?

우리의 영적 가능성들은, 자아로서 우리가 무엇인가에 달려있다. 물리학적으로 말하면, 우리 각각은 하나의 시스템으로 지구라는 커다란 시스

템과 함께 물질과 에너지의 연속적인 교환 안에 묶여 있는 것이다. 세포들은 당신이 가장 원시적인 의식적 영향력(숨을 멈출지 냉장고에서 또 다른 피자 한 조각을 꺼낼지를 결정하는 식)만 행사할 수 있는 교환의 네트워크 위에 생존기반을 두고 있다. 물리적 체계로서의 당신은 간이 나머지 몸과 관계를 끊을 수 없는 것처럼 이 순간 자연으로부터도 자유롭지 못하다. 스스로 조절하고 끊임없이 분열하는 세포들의 집합체로서 당신은 또한 부모, 부모의 부모, 그 위의 수많은 세대를 거슬러 올라가서 조상의 유전자와도 관계를 맺고 있다. 물리학적으로 당신은 생명이라는 거대한 강 속의 소용돌이 하나에 지나지 않다고 보는 것이 맞다.

그러나 물론 당신의 육체는 그 자체가 생명체로 우글대는 하나의 환경인데 이에 대해 당신은 이름뿐인 주인이다. 한 사람의 몸, 장기와 조직, 세포와 장내 세균(종종 동물성 세균까지!)을 검사하면, 일반적인 세상이 가진 결정적인 의식적 지능에 대한 증거는 더 이상 찾아볼 수 없는 세계 하나와 마주치게 된다. 세포 내 미토콘드리아의 기능을 관찰하거나 손의 근육 섬유들을 잡아당길 때, 그러한 과정들 너머에 '짐이 곧 국가이니라(L'etat c'est moi : 루이 14세가 한 말 – 옮긴이)'라는 생각을 하는 마음이 있다고 생각할 수 있는 근거가 있을까? 물리적 자아를 찾는 과정에서 우리가 유혹을 느낄지 모르는, 피부에 경계선을 수여하는 것에 대한 특권은 그야말로 독단적인 것이다.

정신적 자아의 영역은 식별하기에 어렵지 않다. 밈(meme : 유전적 방법이 아닌, 모방을 통해서 전해지는 문화 요소를 뜻하는 신조어 – 옮긴이), 금기사항, 예절, 언어 관습, 편견, 이상(理想), 미적 선입견, 광고용 슬로건 등… 우리 정신의 풍경을 이루고 있는 이 현상들은 일반적인 세상으로부터 이식되어 온 것들이다. 육체적으로 건강하고 싶은 욕구, 혹은 패션 취향,

유대 감각, 상냥함, 성적 버릇 등은 당신에게서 비롯된 것인가? 그것은 당신 안에 거한다고 생각되는 최고의 것인가? 그러한 현상들은 사회적 관계들과 문화가 만들어낸 세계 안에 당신이 침투해 깊이 뿌리내린 직접적인 결과들이다(당신의 유전자가 낳은 산물이기도 하다). 궁극적으로는 그것들 중 다수는 더 이상 '당신'으로 보이지 않는다.

그럼에도 불구하고 자아의 존재감은 지속된다. '나'라는 단어는 단지 몸을 뜻하지는 않는다. 하지만 결국 우리는 신체의 범위 내에 있는 자아로서 개체화된다고 느낀다. 내가 '내' 차에 대해 말할 때는 '내' 몸에 대해서도 얼마간 언급하는 셈인데, 그것은 바로 모든 지각 행위와 인지 행위는 그것을 인식한 당사자와 알게 된 사실들은 별개라는 무언의 감각을 전달한다는 간단한 이유 때문이다. 내 차를 알아차린 내 의식은 주체로서의 내가 객체로서의 저것과 다른 무엇임을 입증하듯이, 나는 내 손을 인식하고 내 감정을 알아차릴 수 있으며, 마찬가지로 주체와 객체 간의 분리를 느낄 수 있다. 이러한 이유 때문에 자아는 한 사람의 정신적인 삶 전체나 전반적인 성격과 동일시 될 수 없는 것이다.[6] 오히려 그것은 그의 정신과 육체의 변화하는 상태와 관련 있는 것으로 보인다. 의식과 육체 간의 관계가 실제로 어떻든지 간에, 경험주의적 관점에서 육체는 의식 그 자체가 관계 맺고 있는 무엇이다. 진화론적으로나 발달상으로 볼 때 정확하게 언제 그러한 관점이 출현하는가는 알려져 있지 않지만 한 가지는 확실하다. 생애 첫해의 어느 순간에 대부분의 인간은 인지되기를 기다리는 모든 내·외부 상황들이 그 앞에서 동일 종류의 대상들이 되는 영구적인 대상인 '나'라는 존재로 세례를 받는다는 점이다. 그리고 모든 과학자들이 세계의 본성에 대한 연구를 시작하고 모든 경건한 사람들이 기도를 드리러 손을 모으는 것은 '나'라는 차원에서 그렇게 하는 것이다.[7]

자아감은 뇌 자신만의 표현 행위를 표출하는 결과로 보인다. 세상을 보는 자아감은 보는 행위를 하는 주체를 그대로 빼박은 결과를 낳는다. 이러한 감각 다시 말해 경험의 한 형태인 단순한 존재의 감각이 아닌 우리 각자가 갖고 있는 전유(專有)의 감각은 의식의 필수적인 특성은 아님을 깨닫는 것이 중요하다. 결국 한 생물은 세계에 거하는 그 자신을 드러내지 않고도 세계를 그대로 드러낼 수 있다는 것은 가능한 생각이다. 그리고 실제로 많은 영적 수행자들은 자아가 철저하게 박탈된 그러한 방식으로 세계를 경험하라고 주장한다.

그러한 주장을 쉽게 믿도록 만드는 신경생리학의 기초연구 결과 하나가 있다. 신경세포들이 보고, 듣고, 냄새 맡고, 맛보고, 만지고, 생각하고 느끼는 것은 신경세포의 본질이 아니라 신경세포가 하는 임무라는 사실이다. 뇌 활동으로부터 생성되는 다른 기능들처럼, 자아의 감각은 하나의 과정으로 간주되는 것이 가장 바람직하다. 따라서 우리가 그 감각을 상실할 수도 있음은 별로 놀라운 일이 아닌데, 왜냐하면 그 본질상 과정은 방해받을 수 있기 때문이다. 사심 없는 마음을 경험한다고 해서 의식과 물리 세계와의 관계에 대해서 알게 되는 것은 없지만(따라서 사후 세계에 일어나는 일에 대한 의문에도 침묵을 지키지만), 이는 정신의 과학, 영성에의 접근, 그리고 인간 행복의 개념에 대해 광범위한 의미를 함축한다.

정신적인 현상의 하나로서 자아의 상실은, 학문적으로 자아 상실이 소홀히 다뤄지는 것이 의미하는 것처럼 드문 현상은 아니다. 이러한 경험은 갑작스런 주체/객체 감각의 상실이 특징이다. 연속되는 경험이 남아 있긴 하지만 인식되는 대상과 별개인 인식주체가 있음은 더 이상 느낄 수 없다. 생각은 일어날 수 있지만 자신이 그러한 생각들의 주체라는 느낌은 사라진다. 시시각각 느끼는 경험의 차원에 뭔가 확실히 변화가 생긴 것이며, 이 변화('나'라는 대명사가 충실하게 고착해온 지지바탕이 사라진)를 특징짓는 것은 어려울지 몰라도 이것은 자아의 의식적인 경험이 내내 있어왔다는 신호다.

이 책을 물리적 객체로 생각하고 보라. 의식 속에서 당신은 이 책을 하나의 형상으로 느낄 것이다. 당신은 의식(눈 저 편의 어느 지점으로부터 당신의 세계를 비추는 것이라면 무엇이든)과 이 책은 별개라고 생각할지도 모른다. 이는 바로 우리의 일상적인 삶의 경험을 특징짓는 이원론적(주체/객체)인 인식이다. 그러나 이러한 주체/객체 이원론에 대해 의심을 품는 것(심지어는 둘 다를 떨쳐내 버리는 것)은 충분히 가능한 일이다.

뇌의 차원에서 일어나는 의식의 내용(시각, 청각, 감각, 사고, 기분 등)들은 경험적 차원에서 의식이 표현되는 것일 뿐이다. 그렇게 인식되지 못한 모든 상황들이 외부로부터 의식에 영향을 미치는 것처럼 보일 때, 알고 있는 주체가 알려지는 객체(대상)에 의해 제한되고 변형되며 압박당하는 느낌으로 자아감이 출현하고 뿌리박고 자란다. 스스로가 알아차리기 훨씬 전에 우리 부모들은 요람에 누워 있는 우리를 발견하고 우리는 실제로 존재하지 않는 지식의 드러나지 않는 초점에 집중하기 위해 부모의 눈길과 손가락 지시에만 의존해 이끌려가는 것 같다.[8] 그에 따라 구체적으로 표현된 정신이 나타내는 행동들에 대한 응답인 다양한 형태의 찬성과 비난은 물론 엄마의 보살핌, 굶주림과 목마름에 대한 배상 등을 통해 우리가 마침내 '나'라고 부르는 법을 알게되면서 자아감은 공고해진 것 같다. 이렇게 우리는 삼라만상과 희로애락이 계속 소용돌이치는 중심에 자리잡게 되었다.

주관적인 관점에서 볼 때, 자아를 찾는 것은 모순을 동반한다. 왜냐하면 우리는 결국 찾는 행위를 하는 그 무언가를 찾고있기 때문이다. 그러나 수천 년에 걸친 인간의 경험은 그 모순이 여기서 더욱 자명해질 수밖에 없음을 암시한다. 그것은 우리가 '나'라고 부를 수 있는 경험의 구성요소를 찾을 수 없다는 말이 아니라, 엄격한 방식으로 추구될 때 그 경험의 요소는 실제로 소멸되어버린다는 뜻이다.

위에서 설명한 내용은 현상학에 대한 하나의 주석에 불과하지만, 우리의 출발점으로 삼기에 충분할 것이다. 기본이자 명백한 사실은 거의 모든 인간은 주체와 객체의 이분법을 어떤 방식으로든 경험하며, 삶의 매 순간 그것을 강렬하게 느낀다는 점이다. 우리가 '나'라고 부르는 감정은 인간 생활의 가장 보편적이고 두드러진 특징임은 결코 과장이 아니다. 그리고 60억의 '자아들'이 다양하고 종종 양립 불가능한 목적을 추구하듯 자아가 세계에 미치는 영향은 대부분 자연현상이 보이는 성질과 닮았다. 확실히 주관의 현재 형식에는 최적의 혹은 필연적으로 생존가능하기라도 한 요소가 전혀 없다. 우리가 가지는 문제의 대부분은 인간이 분리된 감정에 완전히 속고 있다는 사실에서 연유한다. 단지 의식을 응시함으로써 그러한 이원론을 무효화시키는 영성은 우리의 상황을 개선시키지 않을 수 없다. 많은 인간들이 이러한 지경을 탐사할 수 있는 위치에 놓일 것인가는 종교에 대한 우리의 담론이 어떻게 진행될 것인가에 달렸다. 영적 경험에 진정 경험적으로 접근하는 데, 신에 대해 우리가 현재 가지고 있는 믿음보다 더 큰 장애물은 없다.

동양의 지혜

지금까지의 내용은 일부 독자들에게 이론적인 철학의 장광설로 받아들여졌을지도 모르겠다. 사실 이론에 그치거나 특별히 철학적인(적어도 이 말이 서양에서 획득한 의미로 보았을 때) 내용은 전혀 없기에 이는 유감스러운 일이다. 진리를 추구함으로써 사람은 평범한 의미에서 행복하고, 평화롭고, 지혜로워질 것이라는 생각을 서양 과학자가 품은 지는 수천 년이 지났다.[9] 개인적인 변화, 혹은 자아의 환영으로부터의 해방은 너무나 버거운 질문으로 생각되어온 듯하다. 아니면 아예 전혀 생각해 본 사람이 없는 것일 수도 있다. 결과적으로 서양인들은 위에서 제시된 경험적 주장들을 개념적으로 이해할 준비가 되어 있지 않다.

사실 동양과 서양의 영적 차이는 북반구와 남반구의 본질적 차이만큼이나 철저하게 충격적이다. 그것을 한마디로 요약하는 자레드 다이아몬드*Jared Diamond*의 이론은 선진문명은 사하라 사막 이남에서는 발생하지 못했다는 것인데, 그 이유는 코뿔소에게 안장을 씌워 전쟁에 타고나갈 수는 없었기 때문이다.[10] 비이원론적인 경험적 신비주의가 아시아에서만 발생한 이유에 대해 그와 같이 인상적인 설명을 주는 이미지가 있다면, 나는 그걸 찾아야만 한다. 그러나 나는 그 원인제공자는 바로, 신앙 그 자체만 강조한 기독교, 유대교, 이슬람교 신자들이라고 생각한다. 신앙은 사실 하마와 같다. 즉 그것은 실제 도움은 되지 않으면서 바로 당신의 코앞에서 봐달라고 떼를 쓸 것이다.

이는 영적 깨달음이 보스포러스 해협(Bosporus : 흑해와 마르마라해를 연결하는 해협으로 유럽과 아시아를 구분하는 의미가 있음 - 옮긴이) 동쪽에서 이루어졌다는 뜻이 아니다. 분명히 그렇지는 않았다. 서양에서는 그나마 분별력의 사례를 찾을 수 있었던 반면 아시아는 늘 거짓 선지자와 허세뿐인 성인이 끊이지 않았다는 사실을 시인해야 한다.[11] 그럼에도 불구하고 동양의 위대한 철인 신비주의자들이 서양의 철학적 · 이론적 전통의 창시자들에 비해 높이 평가되는 지금 그 차이는 뚜렷하다. 부처, 샹카라

(Shankara : 불이(不二)이론의 선구자인 인도 사상가-옮긴이), 파드마삼바바
(Padmasambhava : 티베트 불교의 창시자-옮긴이), 나가르주나(Nagarjuna :
초기 대승불교를 확립한 인도의 승려-옮긴이), 롱첸파(Longchenpa : 14세기
티베트 불교의 대표적 수행자 및 사상가-옮긴이), 그리고 그 밖의 수많은 인
물들에 견줄만한 상대가 서양에는 없었다. 영적인 관점에서 서양인은 난
쟁이의 어깨 위에 올라타고 있었던 것과 다름없어 보인다. 따라서 많은
서양 학자들이 그러한 견해를 이상하게 여기지 않는 것도 그다지 놀랍지
않다.[12]

이 책은 동양의 영성에 관한 논문은 아니지만, 그야말로 경천동지할
동서양 기준의 차이점을 간단하게 알아보는 자리로는 괜찮은 것 같다.
그 점을 설명하기 위해, 나는 불교 저작물 서가에서 무작위로 한 구절을
선택해보았다. 우선 여러 권의 책들을 엄밀히 살펴본 후 다음의 본문을
찾았다. 독자 여러분은 성경이나 꾸란에 이와 유사한 부분이 있는지 찾
아보기 바란다.

> 지금 이 순간, 아무 것도 일어나는 것 없는 마음 본연의 상태에 머물 때
> 그 순간의 의식 자체는 매우 일상적이다.
> 그리고 이런 식으로 스스로를 있는 그대로 들여다볼 때(산만한 생각 없이),
> 관찰자로서의 그 어떤 존재도 없이 오로지 이러한 관찰만이 있을 때
> 맑고 투명한 것 하나가 떠오를 것이다.
> 즉 오로지 있는 그대로의 명백한 의식만이 존재한다.
> 이 의식은 그 무엇에 의해서도 창조되지 않는, 비어있고 흠 없이 순수한
> 것이다.
> 투명함과 비어있음(공:쏘)이 주는 이중성도 없이 그것은 진정하고 완전
> 하다.

그것은 영원하지 않지만 그 무엇에 의해서도 만들어지지 않는다.

그러나 그것은 눈에 띄고 존재하기에, 없앨 수 있는 무언가도 무(無)도 아니다.

많은 실체의 모습으로 눈앞에 확실하게 드러나기에 그것은 하나의 실존으로 존재하지는 않는다.

(한편) 그것은 분리할 수 없고, 단일한 맛을 갖고 있기에 다양한 사물의 모습으로 창조되지 않는다.

생래적인 이 자각은 외부에서 나오는 것이 아니다.

이것이 사물의 실제 상태에 대한 진정한 서론이다.

– 파드마삼바바[13]

기독교인, 무슬림, 유대인으로 영겁을 살아도 의식의 본성에 대한 이 같은 가르침은 절대 경험할 수 없다. 파드마삼바바는 실제로 모하메드와 동시대를 살았기 때문에 이슬람과의 이러한 비교는 특히 미움을 살만하다.[14] 위 구절의 의미가 모든 독자들에게 다 뚜렷하게 다가오지는 못하겠지만 그것은 정신의 본성에 대한 길고 긴 가르침의 한 단편으로 상당한 불교식 표현을 담고 있다('투명함', '비어있음', '단일한 맛' 등). 이는 엄격한 경험주의적 주장으로 형이상학과는 거리가 멀다. 철학, 인지과학, 심리학, 그리고 신경과학 분야에서 의식을 다루고 있는 현대 저작물조차도 불교교리 전체를 통틀어 발견될 수 있는 그러한 정확한 현상학적인 연구는 찾아볼 수 없다. 영적 지침이 되는 그 어떤 전통에도 교리적으로 부여할 근거를 우리는 갖고 있지 않지만, 우리는 그것들이 모두 똑같이 지혜롭거나 세련되었다고 생각해서는 안 된다. 살아남기 위해 신비주의는 잔디 깎는 기계용 사용설명서에서 볼 수 있는 것 이상의 모호한 설명이나 힘든 기술은 필요로 하지 않는 명백한 지침을 요구한다.[15] 어떤

전통들은 이러한 사실을 2,000년이 밝기 전에 깨달았다. 다른 전통들은
그렇지 못했다.

명상

의식의 고유한 특성을 밝히는 것을 목적으로 하는 내적 성찰의 대부
분 방법들은 명상이라고 불린다. 그러나 어떤 사람이 '명상적'이라고
말할 때는 그의 의식의 내용에 관한 정보는 전혀 주어지지 않은 상태다.
내가 여기서 사용하는 '명상'의 의미는 연속적인 경험을 의식이 계속
생생히 깨달으면서도 우리의 '자아' 감각은 강제로 소멸될 수 있는 방법
을 말한다.[16]

불가피하게 명상의 가장 큰 적은 '생각'이다. 생각은 사람들로 하여금
명상의 목적이 생각으로부터 자유로운 상태로 들어가는 것이라는 추측을
하게 만든다. 일부 경험은 일시적인 사고의 중지를 수반한다는 것이 사실
이지만 명상은 생각을 억누르기보다 생각에 동화되는 것을 막는 차원의
문제다. 명상을 통해 우리는 생각 자체가 생겨나는 조건을 인식할 수 있게
된다. 서양의 과학자들과 철학자들은 일반적으로 생각은 의식의 축약이라
고 여겼으며 생각 없는 정신을 갖느니 손가락 없는 손을 갖는 편이 낫다고
했다. 그러나 대부분 동양의 영적 전통이 가지는 근본적인 통찰은 생각은
실제적인 필수조건이지만 생각으로서의 생각을 깨닫는 데 실패하면 우리
각자에게는 '나'라는 감각이 생기는데 여기에서 우리의 모든 고통과 불만
이 생겨나게 된다는 점이다.[17] 이것은 철학적 고찰이 아니라 경험주의적
주장이다. 생각의 마법을 풀면 주체와 객체의 이중성은 사라질 것이다. 흔
히 말하는 행복과 고통의 상태 간의 근본적인 차이점 또한 그럴 것이다. 이

는 서양의 학자들이 잘 이해하지 못한 정신에 대한 하나의 사실이다.

명상의 실천은 지적으로 엄숙하면서도 필요불가결한 일이라는 사실이 여기서 드러난다. 의식의 본성에 대해서는 깨달아야 할 바가 있지만 그 깨달음은 새로운 생각을 수반하지는 않는다. 지각이나 인식을 순화하고 개선하기 위해 필요한 모든 기술처럼 주체／객체로 나누기에 앞서 의식을 깨닫는 일은 전문가의 도움으로 수월해질 수 있다.[18] 그러나 적어도 원칙상, 누구에게나 경험은 가능하다.

당신은 지금 자리에 앉아서 이 책을 읽고 있는 중이다. 당신의 과거는 추억이다. 당신의 미래는 단순한 기대감의 문제일 뿐이다. 기억과 기대감 모두 현재의 생각이 가지는 의식에서 생겨날 수 있다.

물론 읽는 것 자체는 일종의 사고다. 당신은 책을 읽으면서도 자신의 목소리를 들을 수 있을 것이다. 그러나 지금 읽는 문장들은 당신의 생각처럼 느껴지지는 않는다. 당신의 생각은 예고 없이 찾아오는 손님으로 글에 집중하지 못하게 방해한다. 그것은 지금 읽고 있는 내용과 관계가 있거나(당신은 아마도 '이 부분은 모순인 것 같은데?' 라는 생각을 할 수도 있다) 아니면 전혀 그렇지 않을 수도 있다. 눈은 여전히 글을 훑고 있지만 당신은 갑자기 오늘 밤 식사 약속이나 며칠 전에 있었던 말다툼에 대한 생각에 잠겨 있는 자신의 모습을 발견할 수 있다. 우리는 한 단어도 자기 것으로 소화하지 않은 채 문단 전체, 심지어는 몇 장씩을 읽는다는 것이 어떤 일인지 알고 있다. 우리가 삶의 대부분을 어떤 상태로 보내는지 알고 있는 사람은 거의 없다. 이는 생각의 베일을 통해 그저 어렴풋하게 현재를 지각(현재의 광경, 소리, 맛, 그리고 감각)하는 상태를 말한다. 우리는 현재라는 현실 세계는 대부분 탐사하지도 못한 채 자신에게 과거와 현재의 이야기를 들려주는 데 일생을 바치는 셈이다. 이제 우리는 자유가 무시되고 의식이 단순해지는 생각이 생기기 전의 세상에 살고 있다.

과학적 용어로는 여전히 풀이가 애매한 당신의 의식은 경험의 문제로서는 완전한 단순 그 자체다. 그것은 당신의 앞에 당신이라는 존재 자체로서 당신의 주목을 받는 모든 것으로서 존재할 따름이다. 당신은 이 책을 본다. 다양한 소리들을 듣는다. 우주 속, 자신의 몸이 느끼는 감각들을 느낀다. 그러면 과거와 미래의 생각들이 일어나고 한 동안 지속되다가 사라진다.

그러나 만약 당신이 자신의 경험에 대한 주체를 계속 찾는다면 그것의 부재는 명백해질 것이다. 모든 것이 그대일 것이지만 아는 주체와 알려지는 객체, 세계와 자아, 내부와 외부를 격리시키는 기만적인 분리는 사라지게 될 것이다. 이 경험은 수천 년 동안 인간 영성의 핵심이었다. 그것을 현실화하기 위해 우리가 믿어야만 할 것은 아무 것도 없다. 우리는 그저 우리가 '나' 라고 부르고 있는 것만 자세히 들여다보기만 하면 된다.

일단 의식의 무아지경을 어렴풋이 알게 되면 영적 생활은 우리의 주의력을 점점 더 자유롭게 하기에 그러한 의식의 인식이 점차 자리를 잡아갈 수 있다. 이는 영성과 윤리 간의 관계가 불가분의 관계가 되는 이유다. 명상을 주제로 한 많은 책들이 증오, 질투, 그리고 심술 같은 부정적인 사회적 감정들은 이중적인 세계 인식에서 유래되었다고 말한다. 한편 사랑과 동정심 같은 감정들은 우리의 정신을 명상의 관점에서 매우 유연하게 만들어주는데, 그러한 정신이 낳은 효과에 집중하기란 더욱 쉽다. 만약 다른 사람에 대한 우리의 기본적인 태도가 긍정적이고 그러한 기초 위에서 관계들을 다져왔다면 생각의 내용으로부터 우리의 주의력을 자유롭게 풀어놓고 그저 의식으로서만 남겨두기기는 더 쉬워질 것이다. 소송, 불화, 복잡한 속임수, 반인간적 범죄로 수갑에 채워져 헤이그(네덜란드 정부기관 소재지로 국제사법재판소가 있음-옮긴이)로 끌려가는 일은 명상의 안정성을 위한 필수요건이 아니다. 또한 이기심이 많이 줄어들면 들수록 이기심 때문에 야기될 수 있는 상태들(공포나 분노 등)도 줄어들기 마련이라는 사실은 상식처럼 보인다. 과학자들은 그러한 주장들을 시험하기 위한 첫 번째 시도를 하는 중인데 경험 많은 명상가들은 모두 이미 끝마친 시험들이다.[19] 명상에 대해 이루어진 많은 과학적 연구들이 명상은 스트레스 경감책에 다름 아니라는 접근방식을 보일 때 이 무아지경의 현상은 여기에 매료된 제3의 집합, 즉 경험주의 과학 방면으로 자신의 길을 개척하기 시작했다는 사실은 의문의 여지가 없다.[20]

다른 분야처럼 영적 직관은 상호주관적인 일치, 그리고 논박에 영향을 받는다. 수학자들이 추상적인 개념(무엇이 직관적으로 '명백한' 것인가에 대해 그들이 언제나 동의하는 것은 아니지만)에 관한 상호 지적인 대화를 즐기는 것처럼, 운동선수들은 운동의 즐거움에 대해 효과적으로 소통할 수 있는 것처럼, 신비주의자들은 자신의 분야에 대한 자료들을 상호 교류 하에 밝혀낼 수 있다. 이처럼 진정한 신비주의는 교리의 영향을 받을 필요가 없다는 점에서 '객관적'이 될 수 있다.[21] 연구되어야 할 현상으로서 영적 경험은 꿈, 감정, 환각, 혹은 생각 그 자체보다 다루기 힘들지는 않다.[22]

희한한 미래 하나가 우리를 기다리고 있다. 마음을 읽는 기계, 실제 같은 가상현실, 신경 이식, 그리고 더욱 정제된 마약들이 우리의 생각들과 영적 가능성에 관여하고 있다. 우리는 유전적 관점에서 우리의 인간성이 더 이상 우리 존재의 필수 조건이 아닌 시대에 접어들었다. 인간지능과 기계지능의 혼합 또한 상당한 가능성이 있는 이야기다. 자아와 세계 간의 전통적인 경계선에서 일어나는 그러한 변화들이 우리에게 뜻하는 바는 무엇일까? 의식의 비이중성에 대한 인식에 뿌리를 둔 영성에 대해서 그 변화들은 어떤 관계라도 있는가?

내가 보기에 의식의 본성은 이 모든 발전들을 축하할 것 같다. 어떤 경험이 우리를 기다리든 과학기술의 도움에 힘입든 아니면 사후에 관한 경험이든 경험 그 자체는 의식과 그 의식의 내용에 관한 문제이다. 의식은 본래 그 내용들을 초월한다는 사실을 발견한다면 당신은 이미 경험의 논리를 초월한 셈이다. 경험이 항상 우리를 바꾸지는 않을 것임은 당연하지만 그러한 변화들은 의식 그 자체에 무엇이 있는가의 문제가 아니라, 우리가 이 다음 순간에 무엇을 의식할 수 있는가에 관한 문제다.[23]

신비주의는 이성적인 모험이다. 종교는 그렇지 않다. 신비주의자는 생각보다 우선하는 의식의 본성에 대해 무언가를 깨친 사람으로서 이러한 깨달음은 이성적인 토론으로 쉽게 연결된다. 신비주의자는 그가 믿는 바에 대해 근거를 가지고 있으며 이러한 근거들은 경험적이다. 세상을 어수선하게 만드는 미스터리는 개념으로 분석될 수 있거나(이를 과학이라 한다), 개념에 얽매이지 않은 채 경험될 수 있다(이를 신비주의라 한다).[24] 종교는 좋은 생각들의 집에 억류되어 있는 나쁜 생각이나 마찬가지다. 그것은 끝없는 인간의 무지를 부정(희망과 두려움이 동시에 가득한 채로)한다.

영적 경험과 윤리적 행위와 강력한 공동체는 인간의 행복에 필수요소이기 때문에, 진실은 종교의 핵심에 눈에 띄지 않게 숨어 있다. 그리고 우리의 종교 전통들은 지적인 면에서 그 효력을 잃었고 정치적으로는 파멸했다. 영적 경험은 인간 정신의 자연적인 경향임에 확실하지만 그것을 구체화시킬 수 있는 증거가 부족한 것은 믿을 필요가 없다. 확실히 이성과 영성과 윤리를 우리의 생각 안에 공존시키는 일은 가능해야만 한다. 이는 우리의 최대 관심사에 이성적으로 접근하기 시작하는 일이다. 그것은 또한 신앙의 최후가 될 것이다.

인류는 언제까지
신화 속에서 허우적거릴 것인가?

나는 비이성으로 가는 문을 닫는 데 도움을 주고자 이 책을 썼다. 신앙이 교정의 가능성에 대한 여지조차 남겨두지 않는 인간 무지의 한 형태인 반면, 그것은 여전히 우리 문화 곳곳에서 비난으로부터의 면죄부를 부여받고 있다. 이 세상에 대한 모든 정보의 유효한 원천을 저버리고, 우리의 종교는 고대의 금기사항과 과학이 있기 전 상상에 집착하고 있다. 마치 그것들이 형이상학적으로 궁극적 의미를 띠기라도 하는 것처럼. 정치, 도덕, 과학, 영적 지식에 대해 가장 편협한 시각을 채택한 책들은 여전히 가장 위대한 의미를 가지는 문제들에 대한 최종 마무리로서 우리에게 독단적인 위협을 가하고 있다. 가장 좋은 예로 신앙은 선의의 사람들이 자신의 최대 관심사에 대해 이성적으로 생각할 수 없도록 만든다. 최악의 상황에서 그것은 인간 폭력의 끊임없는 원천이 된다. 지금도 우리는 우리가 아는 것에 의해서가 아니라 우리가 생각하기에 즐거운 것에 의해서만 고무되고 있다. 많은 사람들이 아직도 내세의 환상을 위해 행복과 동정심과 정의를 희생시키려는 열정에 가득하다. 그러한 것들과 함께 다른 문제점들이 신앙으로 반들반들해진 오솔길을 따라 우리를 기다리고 있다. 우리의 종교적 차이가 내세에 어떤 의미를 가지건 그 차이들의 종착역은 단 하나, 무지와 학살로 가득한 미래다.

우리는 아직도 종교 관련법에 제한받고, 종교폭력에 위협받는 사회에 살고 있다. 우리는 높은 교육과 부가 이성을 충분히 보장하지는 않음을 알았다. 서양에서조차 고등교육을 받은 사람들이 피로 흠뻑 젖은 이전 세대의 전통에 여전히 집착을 보이는 경우가 있다. 이 문제를 해결하는 것은 소수 종교 과격주의자들을 통제하는 문제에 국한되지 않는다. 그것은 윤리와 신앙에 호소하지 않는 영적 경험으로의 접근로를 찾는 문제며, 그러한 지식을 모두에게 널리 전파해야만 하는 문제다. 물론 이 문제에는 전혀 희망이 없다고 느낄 사람도 있을 것이다. 수십억이나 되는 사람들의 종교적인 믿음을 다시 재고하게 만들 계기가 무엇이 있단 말인가? 그럼에도 불구하고 우리의 사고에 완전한 전환이 단 한 세대 만에 이루어질 수 있음은 확실하다. 만약 부모들과 교사들이 모든 아이들의 질문에 정직한 대답을 주기만 한다면 말이다. 그러한 과제의 실행 가능성에 대한 의심은 우리가 막연히 종교적 차이들을 견뎌낼 수 있다고 생각할 만한 근거가 아무 것도 없기 때문에 그 필연성을 이해함으로써 덜어질 수 있다.

우리 자손들이 문명의 몰락을 겪는다면 어떨 것인가 생각해보라. 종교적 신념을 지키기 위해 최고 성능의 폭탄들을 대도시들에 투하하는 장면을 상상해보라. 대참사에서 살아남은 불행한 생존자들이 자신들을 그러한 지경으로 몰아넣은 인간의 멍청함을 되돌아볼 때 어떤 기분일지 생각해보라. 세계 종말의 관점에서 생각할 때 현재 지구상에 살아 있는 60억의 인구는 지금까지 요한계시록으로 가는 길을 닦고 포장하는 데 진력해왔음을 확실히 깨닫게 될 것이다.

이 세상엔 나쁜 생각들이 판친다. 가상의 범죄를 지었다고 사형에 처하는 곳이나 총체적인 어린이 교육이 종교적 허구로 가득찬 고대 문서의 구절을 암송하는 지식으로 이루어진 곳이 여전히 있다. 번식하는 자유를 제외하곤 여성들에게 인권이 거의 주어지지 않는 국가들이 있다. 그럼에도 불구하고 이러한 국가들은 빠른 속도로 엄청난 양의 가공할 만한 최신무기들을 비축하고 있다. 만약 우리가 그 개발도상국들과 특히 무슬림 세계에게 지구촌 문명과 조화 가능한 목적을 추구하라는 생각을 일깨워주지 못하면 우리를 기다리는 것은 암울한 미래뿐이다.

우리 종교들 간에 이루어지는 경합은 제로섬*zero-sum* 게임이다. 우리의 종교들은 본질적으로 서로에게 적대적이기 때문에 종교 폭력의 가능성은 여전히 우리 가운데 있다. 그렇게 보이지 않는다면 종교적 지식과 세속적 이익이 가장 치명적인 신앙의 잘못들이 일어나지 않도록 통제하고 있기 때문이다. 기독교, 이슬람교, 유대교, 혹은 그 어떤 믿음의 경전도 종교적 관용과 다양성을 위한 실제적인 기반을 갖고 있지 않음을 우리는 인정했다.

학살과 만행이 예상된다는 점에서 종교 전쟁이 우리에게 도저히 상상도 할 수 없는 일이 될 수 있다면, 그것은 우리가 신앙의 교리를 불필요한 것으로 만들어버릴 때일 것이다. 만약 우리의 민족주의가 보다 확장된 도덕 정체성에 자리를 양보해준다면, 우리의 신앙은 쏟아지는 진정한 의문과 비난들을 더 이상 피할 수 없을 것이다. 경건한 소망뿐인 지식을 믿는 것은 일종의 악이다. 정당화에 반비례하여 확신이 커갈 때마다 우리는 인간들이 서로 협력할 수 있는 기반 자체를 잃어버리는 것이다. 믿는 것에 대한 근거를 가지고 있을 때 우리에게 신앙은 필요하지 않다. 우리에게 근거가 없을 때, 우리는 세상과의 관계와 타인과의 관계 모두를 잃어버린 것이다. 증거 없이 강한 신념을 지니고 있는 사람들은 권력의 중심부가 아닌, 사회 변두리에 속한 사람들이다. 어떤 사람의 믿음에서 우리가 존중해야 할 한 가지는 지금 생에서의 나은 삶에 대한 바람이다. 누군가가 다음 생에서 자신을 기다리고 있다는 확신은 존중해줄 필요가 없다.

사실보다 더 신성한 것은 없다. 따라서 누구도 자기 자신을 속이기 위한 대화에서는 조금의 점수도 얻어선 안 된다. 이성을 위한 리트머스 테스트는 명확해야만 한다. 물질적 관점에서든 영적 관점에서든 세상을 알기 원하는 누구라도 새로운 증거에 열린 상태일 것이다. 우리는 사람들이 그래야만 하는 때마다 그들 스스로를 이 원칙에 맞추는 경향이 있다는 사실에 위안을 얻어야 한다. 우리의 신앙을 받치고 있는 손은 바로 신앙을 흔드는 손인 것이다.

우리 문화의 모든 면면들 그리고 생물학조차도 혁신과 통찰에 늘 열린 상태이기 때문에 인간이라는 존재의 의미는 아직 분명치 않다. 우리는 지금부터 천 년 후에 어떤 일이 벌어질지(다수의 믿음에게서 발견되는, 파멸을 초래하는 어리석음을 생각해보면 우리가 존재할지 조차도) 모르지만 어떤 변화가 우리를 기다리고 있든 간에 한 가지는 변할 수 없는 것 같다. 경험이 지속되는 한 행복과 고통의 차이는 우리의 최고 관심사로 남을 것이라는 점이다. 따라서 우리는 이러한 차이를 설명하는 과정들(생화학, 행동, 윤리, 정치, 경제, 영적 방면)을 이해하기 원하게 될 것이다. 우리는 그러한 과정들에 대한 최종적인 지식 같은 것은 갖고 있지 않지만, 잘못된 지식은 배제할 수 있는 분별력은 갖고 있다. 이 순간 우리는 아브라함의 하느님이 창조라는 어마어마한 일을 하기에는 어울리지 않는 존재라고 말할 정도까지의 지식을 갖추고 있다. 아브라함의 하느님은 인간으로서의 가치조차 없는 존재다.

우리는 사후에 무슨 일이 우리를 기다릴지 알지 못하지만 우리는 언젠가 죽을 거라는 사실은 안다. 우리가 공공연하게 무시한 것에 대해 안다는 추측 없이도, 지각력이 있는 다른 존재의 행복에 대한 진정한 관심을 가지고 윤리적으로 사는 것은 확실히 가능하다. 이렇게 생각해보자. 당신이 지금까지 만났던 모든 사람과 오늘 거리에서 만나게 될 모든 사람들이 죽을 거라고 말이다. 오래 살게 된 사람들은 친구나 가족을 잃은 슬픔에 젖을 것이다. 모든 사람들이 이 세상에서 사랑하는 모든 것들을 잃게 될 것이다. 그렇다면 살아 있는 동안에 그 누구에게라도 친절히 대하지 않을 이유가 있겠는가?

우리는 서로에게 묶여 있다. 우리의 윤리적 직관이 생물학 다음에 부수적으로 발생해야 한다는 사실로 인해 윤리적 진리가 생물학적 진실로 강등되지는 않는다. 무엇이 논리적인가를 판정하는 주체는 늘 우리이듯, 무엇이 선인가에 대해서도 최종 판가름은 우리가 한다. 그리고 우리가 다른 이와 가졌던 담론의 그 어떤 영역도 완결에 이르지 않았다. 우리의 도덕 직관을 정당화하기 위한, 그것들로 하여금 이생에서의 우리의 행동을 효과적으로 잘 이끌게 하기 위한, 현생을 초월하는 보상과 벌에 대한 계획은 전혀 필요하지 않다. 우리가 깨워 줄 필요가 있는 유일한 천사는 우리의 더 나은 본성, 이성, 겸손, 그리고 사랑이라는 천사다. 우리가 두려워해야 할 단 하나의 악마는 모든 인간의 마음속에 숨어 있는 것, 즉 무지, 증오, 탐욕, 신앙으로서 이는 확실한 악마의 걸작품이라 하겠다.

사람은 확실히 만물의 기준이 아니다. 이 우주는 수수께끼로 가득 차 있다. 우주의 존재와 우리 자신의 존재에 대한 사실은 절대 수수께끼로, 이름값을 하는 유일한 기적이다. 우리에게 생동감을 주는 의식은 그 자체가 이 수수께끼의 핵심이며 우리가 '영적'이라고 부르기 원하는 모든 경험에 대한 근거다. 우리의 상황이 주는 심오함과 벗하기 위해 우리가 포용해야 할 신화는 아무 것도 없다. 창조의 아름다움과 광대함에 경외심을 품고 우리가 경배할 가치가 있는 인격적 신은 없다. 어느 날씨 좋은 날, 우리가 사실은 이웃을 사랑해야 하고 우리의 행복은 이웃의 행복과 불가분의 관계이며 상호 의존하기 위해서는 모든 사람들에게 번성할 기회가 주어져야 한다는 사실을 깨닫기 위해, 종족이 꾸며낸 이야기를 되풀이해야 할 필요는 없다. 우리의 종교적 정체성의 여생은 확실히 얼마 남지 않았다. 문명의 여생도 얼마 남지 않았는가 하는 것은 우리가 그 사실을 얼마나 빨리 깨닫느냐에 달려 있다고 봐도 무방하다.

Chapter **01** 추방당한 이성

1. 4장에서 나오겠지만 그가 사회 최하층 계급 출신이라는 사실은 가망성이 희박하다.

2. 본 테러범이 '타밀엘람 해방 호랑이(그 어느 단체보다 더 많은 자살테러를 자행한 스리랑카 분리운동 조직)'의 대원일 가능성에 반대할 독자도 있을 것이다. '타밀 호랑이들'은 자살 테러가 종교의 산물이라는 주장에 대해 반례가 됨은 사실이다. 그러나 타밀 호랑이들을 '비종교적'이라고 말하는 것은 - 〈미국 정치과학 논평 97 *American Political Science Review 97*, 3호, 2003년〉의 pp. 20~32에 실린 R. A. 패프의 〈자살테러의 구조적 논리 *The Strategic Logic of Suicide Terrorism*〉, 그리고 기타 의견들에서 볼 수 있는 - 잘못이다. 타밀 호랑이들의 자살 테러 동기가 노골적으로 종교적이지는 않다 해도, 삶과 죽음의 본질에 대해 믿기지 않는 사실들을 믿는 힌두교도들임은 확실하다. 지난 수십 년 동안 그들이 대의로써 숭배해온 순교의 모습들에는 목숨을 바친 사람들에게서 기대할 수 있는 광적인 신앙의 면모들이 들어 있다. 비종교적 성향의 서양인들은 이성적이지 못한 공포심으로 죽음을 대하는, 타계주의(他界

主義)에 젖은 특정 문화의 면면들을 과소평가한다. 나는 인도 정부가 공직 진출을 준비하는 학생들의 시험 일정을 재조정하던 시기에 인도를 한 번 방문한 적이 있다. 그곳에서 나는, 최소한의 관료적 폐해로 비춰졌던 그 사건에 항의하는 십대 청소년들이 어어가는 분신의 물결을 보았다. 힌두교 신자는 기본적으로 비종교적인 선입견을 가지고 있어도 엄청난 종교적 열정을 품을 때가 많다.

3. 여기서 말하는 '연금술'은 금속을 금으로, 평범한 물질을 '불로장생약'으로 탈바꿈시키는 것이 목적이던, 궁극적으로는 공상적인 고대 화학기술의 본체를 말하는 것이다. 약학, 고체 물리학, 다양한 기타 분야들에서의 가장 현대적 진실들을 선견지명적 입장에서 예언한 연금술 관련 도서들을 찾을 수 있다고 주장한 사람들이 있다는 것은 사실이다. 하지만 나는, 그러한 예언적 해석의 결과들이 그다지 고무적이지는 않다고 생각한다. 어쨌거나 그런 식으로 연금술을 진지하게 재평가한, 재치 있고 훌륭한 작품의 예는, T. 맥케너의 《고대의 부활 *The Archaic Revival*》(San Francisco : Harper San Francisco, 1991), 《신의 음식 : 지식의 원류를 찾아서 *Food of the Gods : The Search for the Original Tree of Knowledge*》(New York : Bantam Books, 1992), 《진정한 착각 *True Hallucinations*》(San Francisco : Harper San Francisco, 1993)이 있다.

4. S. J. 굴드의 〈중복되지 않는 교권영역 *Nonoverlapping Magisteria*〉(Natural History, 1997년 3월).

5. G. H. 갤럽 주니어가 쓴 《1996 미국의 종교 *Religion in America 1996*》(프린스턴 종교연구센터, 1996).

6. 이는 특히 민족적 · 종교적 파벌주의가 난무하고 출생률과 문맹률이 높으며 경제가 불안정한 사회에 너무 일찍 도입될 때 민주주의에 문제가 있음을 부정하는 것은 아니다. 선한 전제주의는 확실히 존재하며 그것은 사회의 정치 발전에 필수적인 단계가 될 수 있다. R. D. 캐플란의 〈민주주의는 잠시뿐이었나? *Was Democracy Just a Moment?*〉(Atlantic monthly, 1997년 12월, pp.55~

80)와 자카리아의 《자유의 미래 : 가정과 해외에서의 편협한 민주주의 *The Future of Freedom : Illiberal Democracy at Home and Abroad*》(New York : W. W. Norton, 2003).

7. 버나드 루이스는 〈이슬람의 반란 *The Revolt of Islam*〉(New Yorker, 2001년 11월 19일, pp.50~63)과 《이슬람의 위기 : 신성한 전쟁과 신성하지 않은 테러 *The Crisis of Islam : Holy War and Unholy Terror*》(New York : Modern Library, 2003)에서, '원리주의자(근본주의자)'라는 용어는 원래 미국 신교도들이 만들어낸 것으로 다른 신앙에 적용될 때 오해를 빚을 수 있다. 하지만 그 용어는 대중적으로 통용되어 지금은 문자주의를 뜻하는 말이 된 것 같다. 나는 그 말을 그러한 일반적인 의미에서만 사용한다. 특히 그 단어를 이슬람에 적용할 때 불거지는 문제점은 4장에서 다룰 것이다.

8. C. W. 더거가 쓴 〈인도 정치에 출현한 종교 소요 *Religious Riots Loom over Indian Politics*〉(New York Times, 2002년 7월 27일). P. 미시라가 쓴 〈광신의 또 다른 얼굴 *The Other Face of Fanaticism*〉(New York Times Magazine, 2003년 2월 2일, pp.42~46).

9. A. 로이 《전쟁이면 다 된다 *War Talk*》(Cambridge, Mass : South End Press, 2003)

10. 《이슬람의 위기 *Crisis of Islam*》의 pp.57~58에서 루이스가 언급한 것처럼, 미국은 중앙 아메리카, 동남 아시아, 그리고 남아프리카에 훨씬 많은 혼란을 안겨주었다. 외세(이집트 같은)에 점령당했던 무슬림 국가들은 지금 그렇지 않았던 국가(사우디아라비아 같은)들보다 여러 면에서 나은 삶을 살고 있다. 사우디아라비아를 예로 들어보자. 그 나라의 상대적 부 ─단지 우연한 자연 조건으로 얻게 된─에도 불구하고 그 나라는 다방면에서 이웃 국가들보다 뒤쳐져 있다. 인구가 2,100만인 그 나라에 대학교는 단지 8개로, 1962년에서야 노예제를 철폐했다. P. 버만은 《테러와 자유주의 *Terror and Liberalism*》(New York : W. W. Norton, 2003)라는 책에서 최근 몇 년간의 분쟁 대부분은 다양한 무슬림 인구들을 지키려는 목적에서 치러진 것이라고 지적한다. 첫

번째의 걸프전쟁은 쿠웨이트와 사우디아라비아를 보호하기 위해 수행되었으며 이후 이라크 북쪽의 쿠르드족와 남쪽의 시아파를 지키기 위한 공군 방위가 10년간 이어졌다. 소말리아에의 개입은 기아 구제를 위해 계획되었으며 발칸반도에 대한 개입은 보스니아와 코소보의 기독교계 세르비아 약탈을 막기 위한 목적이었다. 아프가니스탄의 무장 게릴라들을 지원한 것도 같은 맥락에서였다. 버만의 말대로 "최근의 역사에서 지구상의 그 어느 나라도 무슬림 인구를 위해 미국만큼 열심히 그리고 꾸준하게 싸우지 않았다." 이는 사실이다. 그럼에도 불구하고 무슬림의 세계관이 그러하니 버만이 지적한 사실은 미국인들에게 큰 불만거리이며 또한 무슬림들에게는 수치심의 원인이 된다.

11. 물론 수니파는 여전히 시아파를 미워하지만, 이것은 그들 신앙의 표현이다.

12. J. 베네트, 〈이스라엘 병원에서, 테러범이 이스라엘인들에 대한 살해계획을 말하다 *In Israeli Hospital, Bomber Tells of Trying to Kill Israelis*〉(New York Times, 2002년 6월 8일)

13. 1994년 이슬라마바드 남쪽의 어떤 마을에서 경찰이 한 의사를 사형에 해당하는 불경죄인, 성스런 꾸란을 불태운 죄로 고발했다. J. A. 호트, 《거룩한 증오 : 90년대의 종교전쟁들 *Holy Hatred : Religious Conflicts of the '90s*》(Amherst, Mass : Prometheus Books, 1995, p.179).

14. S. P. 헌팅턴이 쓴 《문명의 충돌과 세계 질서의 재편 *The Crash of Civilization and the Remaking of World Order*》(New York : Simon and Schuster, 1996).

15. 주석가들이 연구한 바에 따르면 '가이사의 것은 가이사에게, 하나님의 것은 하나님에게' (마태복음 22:21)라는, 신약 구절에 해당하는 꾸란 구절은 없다고 한다. 따라서 정교분리에 대한 이슬람식 근거는 찾아볼 수 없으며 이는 당연히 문제가 된다.

16. 루이스가 쓴 《이슬람의 위기 *Crisis of Islam*》, p.20.

17. 이스라엘과 팔레스타인, 인도와 파키스탄, 러시아와 체첸, 이슬람 무장세력

과 서양 간의 분쟁이 없다면 우리의 신문이 무슨 내용으로 채워질지 생각해 보라. 중국과 북한 같은 국가들과 서양 사이의 관계는 여전히 남아 있을 것이지만 그 관계들 역시 다양한 교리들을 무비판적으로 수용한 결과다. 예를 들어 미국과 북한의 불화는 노골적으로 종교적인 특징을 띠지는 않아도 북한만의 정치 이데올로기, 지도자에 대한 광신적 숭배, 외부세계에 대한 지식의 결여가 낳은 직접적인 산물이다. 이제 그들은 카고 컬트(cargo cult : 조상이 배나 비행기로 재화를 가지고 와 현재에 종말을 가져다주고 백인을 물리쳐주어 낙원을 만든다고 믿는 종교 사회운동 - 옮긴이) 집단 같다. 3,100만 북한 주민들은 자신들이 우물 안 개구리처럼 고립된 유일한 폐쇄국가의 국민임을 알게 된다면 다르게 행동했을지도 모른다. 북한의 가장 큰 문제는 어떤 시각으로도 정당화될 수 없는 그들끼리만의 믿음이다. P. 구레비치가 쓴 〈한국에서 온 편지 : 어둠 속 홀로 *Letter from Korea : Alone in the Dark*〉(New Yorker, 2003년 9월 8일, pp.55~75).

18. D. 라딘의 《의식의 우주 : 심리현상의 과학적 진실 *The Conscious Universe : The Scientific Truth of Psychic Phenomena*》(New York : Harper Collins, 1997) 과 R. 쉴드레이크가 쓴 《응시할 때의 감정 : 그리고 확장된 마음의 다른 모습 *The Sense of Being Stared At : And Other Aspects of the Extended Mind*》 (New York : Crown, 2003), 그리고 R. S. 바브로우의 《화재 수색명령을 발하기에 충분한 연기 : 의학 논문에서 보이는 심령현상 *Paranormal Phenomena in the Medical Literature Sufficient Smoke to Warrant a Search for Fire*》 (Medical Hypotheses 60, 2003, pp.864~868)들을 보라. 믿을 만한 환생의 증거가 있을 것이다. I. 스티븐슨의 《환생을 암시하는 스무 가지 사례 *Twenty cases Suggestive of Reincarnation*》(Charlottesville : Univ. Press of Virginia, 1974), 《배우지 않은 언어 : 지노글라시 신연구 *Unlearned Language : New Studies in Xenoglossy*》(Charlottesville : Univ. Press of Virginia, 1984), 《환생과 생물학의 만남 *Where Reincarnation and Biology intersect*》(Westport, Conn. :

Praeger, 1997)을 보라.

19. 그렇다. 인간은 음파를 탐지할 수 있다. 다만 잘 느끼지 못할 뿐이다. 이를 알아보기 위해서, 눈을 감고 큰 소리로 콧노래를 부른 뒤 손바닥을 얼굴 바로 앞에서 흔들어보라. 손 밑으로 울려나오는 소리가 손의 위치를 말해준다.

20. 그 중인인, 존 폰 노이만(수학자이자 게임 이론가이며 국방부 공무원이었던 불가지론자)은 암 투병 중 가톨릭으로 개종했다. W. 파운드스톤의《죄수의 딜레마 *Prisoner's Dilemma*》(New York : Doubleday, 1992)

21. 나치는 아인슈타인의 '유대 물리학'을 경멸했고, 공산주의자들은 멘델과 다윈의 '자본주의 생물학'을 거부했다. 그러나 반대하는 과학자들은 투옥당하거나 처형되었다는 사실은 이성적인 비판이라 할 수 없었다. 이러한 사실들에도 불구하고, K. 펑과 R. E. 니스베트의〈모순에 대한 문화, 논리, 그리고 추론 *Culture, Dialectics, and Reasoning about Contradiction*〉(American Psychologist 54, 1999, pp.741~754)는 모든 문화에는 추론 방식의 중요한 차이점들이 존재한다고 주장했다. 그들의 주장에 결말은 없는 듯 보이는데, 동양과 서양은 각각 문제를 설명하는 방법이 다르다 해도 원칙상 궁극적인 믿음에 대해 왜 우리가 합의를 이룰 수 없는가에 대한 물음에는 양쪽 다 아무 이유가 없음은 확실하다.

22. 2003년 중국 남부에서 발생한 급성호흡기증후군(SARS)은 지역 위생보건의 실천에 관한 국제적 의미를 나타내는 최근 사례다. SARS에 대한 중국의 미숙한 대처는 비이성적인 의학적 신념들 때문이 아니라 비이성적인 정치 신념들에 기인한 것이다. SARS는 재앙이라고는 할 수 없는 결과를 우리에게 남겼다. 그러나 전염병을 양산하는 믿음을 가진 채로 우리에게 받아들일 수 없는 위험들을 계획적으로 안겨주는 사회를 상상하기란 어렵지 않다. 우리가 결국은 그런 사회를 고립시키거나 침략하거나 다른 방법으로 정복할 것이란 사실은 거의 확실하다.

23. 〈로스엔젤리스 타임스 *Los Angeles Times*〉(2002년 3월 18일).

24. G. 윌리스, 〈신의 옆에서 그와 함께 *With God on His Side*〉(New York Times Magazine, 2003년 3월 30일).

25. M. 리스가 쓴 《마지막 시간 *Our Final Hour*》(New York : Basic Books, 2003, p.61).

26. 얼마나 그럴듯한지의 문제와는 별개로 신앙의 상호 모순성은 신앙들을 원칙적으로 의심스럽게 만든다. 버트런드 러셀의 고찰대로, 우리 신앙 중 하나가 특별히 틀림없고 정확함을 인정한다 해도, 상충하는 견해들의 숫자들을 생각할 때 모든 신자들은 가망성 있는 근거에 대해서만 천벌을 기대해야 한다.

27. 리스는 《마지막 시간 *Our Final Hour*》에서 우리 인류가 금세기 끝까지 살아남을 확률은 50%밖에 되지 않는다고 말했다. 그의 예언들은 경험에서 나온 추측이기에 진지하게 받아들일 가치가 있다. 그는 헛말 하는 사람이 아니다.

Chapter **02** 믿음의 본질

1. 이 사실에 대한 증거는 뇌 손상이 한 사람의 기억 중 일부분만 파괴시킬 때만큼 뚜렷하지는 않다. 실제로 인간 기억에 대한 우리의 이해는 그러한 임상 역사(W. B. 스코빌과 B. 밀너가 쓴 〈양측 해마상 돌기 손상 이후 최근 기억의 상실 *Loss of Recent Memory after Bilateral hippocampal Lesions*〉(Jounal of Neurology, Neurosurgery and Psychiatry 20, 1957, pp.11~21))에 좌우된다. 장기 기억은 그 이후 의미론적, 일시적, 절차적, 그리고 기타 정보처리 과정으로 세분화되고, 단기 기억(일반적으로 '활동 기억' 이라 불리는)은 음운적, 시각적, 공간적, 개념적, 반향적, 중앙 실행적 구성 요소로 나눠진다. 두 가지 기억 형태에 대한 우리의 분석은 확실히 불완전하다. 예를 들어 의미론적 기억과 일시적 기억의 차이는 지형 기억(E. A. 맥과이어 등이 쓴 〈런던 부근 도로들 기억하기 : 택시 운전사들이 보이는 우측

해마의 활성화*Recalling Routes around London : Activation of the Right Hippocampus in Taxi Drivers*〉(Journal of Neuroscience 17, 1997))을 위한 것 같지는 않다. 그리고 의미론적 기억은 생물 대 비생물에 대한 기억이 그러하듯, 범주 특정 특수형(category-specific subtype)으로 분화되기 쉬운 것으로 보인다(S. L. 톰슨 – 실 등이 쓴 〈의미론적 지식의 범주와 양식 특이성에 대한 신경학적 기초*A Neural Basis for Category and Modality Specificity of Semantic Knowledge*〉(Neuropsychologia 37, 1999, pp.671~676), R. 하트 등이 쓴 〈뇌경색 이후 생기는 범주 특수적 이름 부르기의 결함 *Category-Specific Naming Deficit following Cerebral Infarction*〉(Nature 316 Aug. 1, 1985, pp.439~440)).

2. 믿음이 여러 가지 의미를 띠는 것처럼 보이게 하는 '믿음' 개념 해석법들이 있다. 이 말을 마음대로 적용하면, 뇌 전체가 직접적으로 '믿음' 형성에 관여하는 것으로 보일 수 있다. 예를 들어, 자신이 '퍼블리셔스 클리어링 하우스 스위프스테이크스(Publishers Clearing House Sweepstakes : 퍼블리셔스 클리어링 하우스사가 운영하는 대표적인 온라인 도박 사이트 – 옮긴이)'의 대표라고 주장하는 한 남자가 문 앞에 왔다고 생각해보자.

① 당신은 남자의 얼굴을 보고 누군지 알아차린 후 따라서 이 사람이 누군지 안다고 '믿는다.' 그러한 인식작용이 일어나기 위해서는 특히 우뇌의 방추상 대뇌피질의 활동이 중요하다. 그 부위가 손상되면 안면인식장애(prosopagnosia : 얼굴을 알아볼 수 없거나 얼굴이 전혀 얼굴로 보이지 않는 증상)가 될 것이다. 이 맥락에서 '믿음'을 사용하면 안면인식장애 환자들은 사람들이 어떻게 생겼는가에 대한 '믿음'을 잃어버렸다고 말할 수 있다.

② 당신이 남자의 얼굴을 알아보았다면 그것은 그가 퍼블리셔스 클리어링 하우스의 유명한 홍보담당인 에드 맥마흔이라는 사실과, 얼굴들을 저장하고 있는 당신의 장기 기억 덕분이다. R. R. 데비스 등이 쓴 〈의미론적 기억 내에 있는 인간의 외후각 뇌피질 : 의미론적 치매, 알츠하이머 병 그리고

정합 통제에 있어서의 생체와 해부 체적 자기공명 이미지화 연구 *The Human Perirhinal Cortex in Semantic Memory : An in Vivo and Postmortem Volumetric Magnetic Resonance Imaging Study in Semantic Dementia, Alzheimer's Disease and Matched Controls*〉(Neuropathology and Applied Neurobiology 28, 제2호, 2002, pp.167~178), 그리고 A. R. 지오바그놀리 등이 쓴 〈전체적인 기억상실증과 해마 손상 내에 저장되어 있는 의미론적 접근방법 *Preserved Semantic Access in Global Amnesia and Hippocampal Damage*〉(Clinical Neuropshychology 15, 2001, pp.508~515)을 보라.

③ 이것이 장난인지 아닌지 아직도 확신이 서지 않는(아마 맥마흔 씨는 지금 몰래카메라를 찍고 있는 게 아닐까 하는) 당신은, 문 앞에 서 있는 이 남자를 다시 꼼꼼히 관찰한다. 당신은 그의 목소리 톤, 눈빛, 그 외 요소들을 고려하여 그가 믿을 만하고 그의 말은 정말이라는 '믿음'을 만들어낸다. 그러한 판단을 확실하게 내릴 수 있는 능력―특히 신뢰할 수 없는 요소를 감지해 내는 능력―을 위해서는 적어도 정상적으로 기능하는 편도선 한 개(R. 아돌프스등이 쓴 〈사회적 판단을 내리는 인간의 편도선 *The Human Amygdala in Social Judgement*〉(Nature 393, 1998년 6월 4일, pp.470~474)), 측두엽 내에 있는 아몬드 모양의 작은 세포핵 한 개를 갖추고 있어야 한다.

④ 그 때 맥마흔 씨가 당신이 '빅 잭파트 *big jackpot*'의 행운의 승자가 되었다는 사실을 알려준다. 단어 기억(얼굴 기억과는 다른 처리 과정을 요구하는)을 통해 당신은 어마어마한 액수의 '파트(pot : 거액의 상금을 뜻함―옮긴이)'는 아니지만 약간의 상금을 타게 되었다는 사실을 믿게 된다. 이 말을 이해하기 위해서는 특히 좌반구에서 상소와 중소 측두의 뇌 회전활동이 필요하게 될 것이다. A. 아마드 등이 쓴 〈어린이의 시각적 언어 이해 : fMRI와 일치하는 신경 네트워크 *Auditory Comprehension of Language in Young Children : Neural Networks Identified with fMRI*〉(Neurology 60, 2003년, pp.1598~1605)와 M. H. 데이비스와 J. S. 존스루드가 쓴 〈구어 이해의 단

계별 처리과정*Hierarchical Processing in Spoken Language Comprehension*〉(Journal of Neuroscience 23, 2003, pp.3423~3431)을 보라.

⑤ 그 때 맥마흔이 종이 한 장을 꺼내면서 읽어보라고 한다. 그는 이 행동을 단지 손짓으로만 한다. 그가 당신에게 원하는 것이 그 종이를 읽는 것이라는 사실을 당신이 '믿기' 위해서는, '정신의 이론'이라 불리게 되는 것들을 필요로 하는데 이는 당신 쪽에서 처리하는 이론이다(D. 프리맥과 G. 우드러프가 쓴 〈침팬지에게 정신 이론이 있는가?*Does the Chimpanzee Have a Theory of Mind*〉(Behavioral and Brain Sciences 1, 1978, pp.515~526)). 만약 나뭇가지가 종이가 있는 방향으로 살랑거린다 해도, 당신은 그 나뭇가지가 뭔가를 '지시'한다고 생각하지는 못할 것이다. 정신 처리 이론을 설명하는 해부 구조는 현재 확실히 밝혀진 상태는 아니지만, 정신의 상태(믿음을 포함한)를 다른 상태들에 연계해주는 역할은 전두엽 및 측두엽과 함께 전두대피질이 맡은 것으로 보인다. K. 보겔레이 등이 쓴 〈정신 읽기 : 정신과 자기전망 이론의 신경 메카니즘*Mind Reading : Neural Mechanisms of Theory of Mind and Self-perspective*〉(NeuroImage 14, 2001, pp.170~181)과 C. D. 프리스와 U. 프리스가 쓴 〈상호작용하는 마음 – 생물학적 기초*Interacting Minds - A Biological Basis*〉(Science's Compass 286, 1999, pp.1692~1695) 그리고 P. C. 플레처 등이 쓴 〈뇌의 다른 정신 : 이야기를 이해하는 '정신 이론'에 대한 기능적 이미지화 연구*Other Mind in the Brain : A Functional Imaging Study of 'Theory of Mind' in Story Comprehension*〉(Cognition 57, 1995, pp.109~128)를 보라.

⑥ 건네진 종이를 스윽 훑어본 당신은 당신의 이름 다음에 적힌 다음과 같은 상징을 본다. $10,000,000. 아라비아 숫자와 관련된 처리 과정들(좌두정엽이 담당할 것이다 – G. 딘스와 M. 시그노리니의 〈사가 아닌 4인 문. 계산언어상실 중 환자의 범주 특수적인 트랜스코딩 결손*Door But Not Four and 4 a Category Specific Transcoding Deficit in a pure Acalculic Patient*〉(Cortex 37, no.2,

2001, pp.266~277)은 이 종이가 정말 백만 불짜리 수표라는 사실을 당신이 믿게 만든다.

신경 활동의 많은 다양한 흐름들은 당신이 어마어마한 상금을 타게 되었음을 믿게 해주는 반면, 당신의 신경체계와 삶에 일어나게 될 전체적인 변화를 보증하는 것은 바로 – 말 속에 명백하게 드러나는 – 위와 같은 개념이다. 당신의 외마디 비명 소리에 인정 많은 맥마흔 씨가 깜짝 놀라게 될지도 모르겠다. 당신은 갑자기 울음보를 터뜨릴 수도 있을 것이다. 흥청망청 돈을 물 쓰듯 쓰며 쇼핑하는 것은 이제 시간문제다. 당신이 막 100만 달러의 주인공이 되었다는 믿음은 자율적이든 비자율적이든 이 모든 행동들을 막후 조종한다. 특히 이는 다음과 같은 대응을 명령할 것이다. '당신은 이제 막 백만 달러의 상금을 차지한 건가요'라는 질문에 당신은 – 솔직한 마음의 지배를 받는다면 – '그렇다'고 대답할 것이다.

3. 이런 의미에서 믿음이란 철학자들이 일반적으로 '명제적 태도'라 부르는 것이다. 사실상 우리는 그러한 태도들을 다수 갖고 있으며 그것들은 대부분 '~을/를'이라는 말을 담는 한 마디로 표시된다. 우리는 ~을/를 믿는다, 두려워한다, 할 작정이다, 인정한다, 희망한다 등.

4. 특정 원시적 믿음들의 형성은 운동 계획의 준비와는 구별되지 않을 것이다. 시각적 판단과 안구반응에 대한 주제를 위해서는 J. I. 골드와 M. N. 쉐들렌이 쓴 〈안구운동 명령을 발전시키는 데 있어 인식 가능한 결정의 표현*Representation of a Perceptual Decision in Developing Oculomotor Commands*〉 (Nature 404, 2000년 3월, pp.390~394)과 〈밴버리스머스 과정과 뇌 : 감각자극, 결정, 그리고 보상 간의 관계 해독하기*Banburismus and the Brain : Decoding the Relationship between Sensory Stimuli, Decisions, and Reward*〉 (Neuron 36, no.2, 2002, pp.299~308)를 보라.

5. 우리는 단지 2001년 9월 11일에 발생한 사건 때문에 알 카에다 조직원을 잡

을 필요는 없다. 수많은 남녀노소들이 세계무역센터의 잔해 속에 사라져간 것은 우리의 도움을 초월한 일이었다. 성공적인 복수가 어떤 사람에게는 만족이 될지 몰라도 그것이 사실을 바꿀 수는 없다. 알 카에다 조직원들이 그들만의 기괴한 믿음의 빛에 의지해 계속 생을 이끌어갈 경우 더욱 많은 무고한 사람들에게 일어날 수 있는 피해 때문에 아프가니스탄과 기타 모든 지역에서 미국이 취한 이후 행동들은 그로인해 정당화되는 것이다. 9·11테러의 공포는, 그것이 우리에게 복수해야만 하는 불만거리 하나를 제공했기 때문이 아니라 일부 무슬림들은 가장 위험하고 받아들이기 어려운 것들을 믿고 있을지도 모른다는 의심을 증명하기 때문에 우리는 자극받아야만 한다.

6. 모든 단어와 어법은 우리를 상호 설명의 영역으로 인도한다는 점에서 우리의 언어 구조는 이것이 특별한 사례가 아님을 나타낸다.

7. 철학자 도널드 데이비슨은 그의 논문 〈이성적인 해석 *radical interpretation*〉에서 이러한 통찰에 막중한 역할을 부여했다. 믿음과 의미 간의 관계에서 한 가지 흥미로운 결과는, 한 언어를 사용하는 사람을 이해하기 위해서 우리는 그를 기본적으로 이성적인 사람이라고 간주해야만 한다는 것이다(이는 데이비슨의 '자비의 법칙(principle of charity)'이다).

8. 적어도 우리가 살고 있는 '전형적인' 비율의 세상에서는 그렇다. 양자(量子) 세상은 이런 식으로 행동하지 않는다는 사실은 우리가 세상을 사실 그대로 '이해'하고 있다는 주장을 할 수 없는 이유를 설명한다.

9. D. 카네만과 A. 트베르스키의 〈인지적 환상의 실체에 대해 *On the Reality of Cognitive Illusions*〉(Psychological Review 103, 1996, pp.582~591)와 G. 기거렌저의 〈엄밀한 표준과 모호한 방법론에 대하여 : 카네만과 트베르스키에 대한 답변 *On Narrow Norms and Vague Heuristics : A Reply to Kahneman and Tversky*〉(ibid., 5920596), K. J. 홀리오크와 P. C. 쳉의 〈하나의 관점에서의 실용적 추론 *Pragmatic Reasoning with a Point of View*〉(Thinking and Reasoning 1, 1995, pp.289~313), J. R. 앤더슨의 〈사고의 적응적 특성에 대한 새로운 이론적

틀*The New Theoretical Framework in The Adaptive Character of Thought*〉(Hillsdale, N. J., Erlbaum, 1990)과 K. 펭과 R. E. 니스벳의 〈문화, 논리, 그리고 모순에 대한 추론*Culture, Dialectics, and Reasoning about Contradiction*〉(American Psychologist 54, 1999, pp.741~754), K. E. 스타노비치와 R. F. 웨스트의 〈이성적인 사고의 개인적 차이*Individual Differences in Rational Thought*〉(Journal of Experimental Psychology, General 127, 1998, p.161).

10. A. R. 멜이 쓴 〈실제적 자기 기만*Real Self-Deception*〉(Behavioral and Brain Sciences 20, 1997, pp.91~102), 〈진정한 자기 기만의 이해와 설명*Understanding and Explaining Real Self-Deception*〉(ibid., pp.127~136), 《자기기만의 정체*Self-Deception Unmasked*》(Berkeley : Univ. of California Press, 2000), J. P. 뒤피가 편집한 《자기 기만과 이성의 모순*Self-Deception and Paradoxes of Rationality*》(Berkeley : Univ. of California Press, 2001), D. 데이비슨의 《누가 농락당하는가?*Who Is Fooled?*》, J. 엘스터가 편집한 《다양한 자아*The Multiple Self*》에 실린 G. 쿼트론과 A. 트베르스키 《자기 기만과 유권자의 환상*Self-Deception and the Voter's Illusion*》(Cambridge : Cambridge Univ.Press 1985, pp.35~57).

11. 인간의 믿음들이 늘 그러하듯 믿음 중 다수는 공통적인 조건을 가진다는 입장을 취한다.

12. 이 사례는 W. 파운드스톤의 《이성의 미로 : 지식의 모순, 혼란, 그리고 나약함*Labyrinths of Reason : Paradox, Puzzles, and the Frailty of Knowledge*》(New York : Anchor Press, 1988, pp.183~188)으로부터 취했다.

13. 최근 물리학 이론은, 우주에서는 중력이 감소되기 때문에 우주시간이 확장된다는 사실을 이용함으로써 무한한 숫자의 유사한 우주들에 대한 양자 계산. D. 도이치의 《현실의 구조*The Fabric of Reality*》(New Work : Penguin, 1997) 혹은 모든 물질들이 언젠가는 '전지전능한' 슈퍼컴퓨터로 조직될 것에 대한 가능성을 예고할 수준까지 발전했다. 《불멸의 물리학*The Physics of Immortality*》(New York : Doubleday, 1995). 이론적인 신의 현현(顯現)과 관련

된 이야기들은 현재의 토론에서 제외되었다.

14. 이러한 논리적 · 의미론적 제약에 이르는 또 하나의 길은 우리의 믿음은 계통(系統)을 갖추어야 한다고 말하는 것이다. 계통성은 믿음이 언어, 논리, 그리고 일반적인 세상으로부터 물려받은 하나의 특징이다. 대부분의 단어가 다른 단어의 존재로부터 이러한 의미를 도출해내듯 모든 믿음은 어떤 사람이 세상을 총체적으로 드러내는 표현 속에 자신이 자리 잡을 것을 다른 믿음에게 요구한다. 인식이라는 베틀이 처음 천을 짜내기 시작한 경위는 여전히 수수께끼지만 그 혼란한 의미들을 환경과 자신의 규칙적인 질서로 해석할 수 있도록 하는 다양한 초기 언어 능력과 초기 믿음(doxation : 그리스어로 '믿음'을 뜻하는 'dox'에서 나온 말)의 능력을 타고 난다는 데는 의심의 여지가 없는 듯하다. 우리는 관련 없는 표현들을 외우면서 언어를 배우는 것이 아니며, 관련 없는 믿음들을 선택함으로써 세계관을 형성하는 것이 아니다. 언어의 계통성을 논한 작품들로는 J. A. 포도와 Z. W. 필리샤인의 〈인식적 표현의 계통성 *Systematicity of Cognitive Representation*〉, 핑커와 멜러가 편집한 《관계와 상징 *Connections and Symbols*》(Cambridge : MIT Press, 1988)에서 발췌한 《관계와 인식 구조 *Connectionism and Cognitive Architecture*》를 보라. 어쨌거나 믿음이 무언가에 대한 믿음이 되려면 다른 믿음들과 공존해야 한다(자신의 의미를 이끌어낼 때 다른 믿음에 의존하지 않는 믿음이 존재하는가에 대한 문제는 고려하지 않았다. 그러한 극소수의 믿음이 존재하든 그렇지 않든 우리 믿음의 대부분은 그렇지 않다는 것은 확실하다).

논리의 계통성은 다음과 같은 사실로 인해 확실하게 보장받는다. 만약 주어진 명제가 '참'이면 그것과 모순되는 그 어떤 명제(혹은 일련의 추론)도 '거짓'이어야 한다. 그러한 주장은 세계에서 객관의 성향을 반영하는 듯 보이며 따라서 우리의 행동에 논리적 제약들을 부여한다. 만약 '찬장에 쿠키가 있다'는 주장이 믿음을 얻는다면 이는 행동의 원칙이 될 것이다 – 내가 쿠키를 원할 때 나는 찬장에서 그것들을 찾게 될 것이라는 말이다. 그러한 믿음

앞에서 '찬장이 비었다' 와 같은 상충되는 주장은 나의 행동 계획 수립을 방해하는 적으로 보일 것이다. 확신에 차서 쿠키를 찾는 행위는 나의 믿음이 특정한 논리관계를 가질 것을 요구한다.

15. 스티븐 핑커,《빈 서판 *The Blank Slate*》(New York : Viking, 2002, p.33).

16. P. N. 존슨 레어드와 R. M. J. 번이 쓴《추론 *Deduction*》(Hillsdale, N.J. : Erlbaum, 1991)의 5~6장에서 전개된, 추론을 설명하는 '정신 모델' 과 나의 이러한 발언의 사이에는 접촉점이 있다. 그러나 어떤 대상에 대해 가지는 우리의 정신 모델은 대상들이 그렇기 때문에 대상들과 마찬가지 반응을 보인다는 사실에 나는 주목한다. 'AND(그리고/~와)' 와 같은 개념을 어떻게 배울 수 있는지 의심스러울 경우,《인지과학으로의 초대 : 사고 *An Invitation to Cognitive Science : Thinking*》(Cambridge : MIT Press, 1995, pp.297~343)에 소개된 L. 립스의《추론과 인식 *Deduction and Cognition*》을 보라.

17. 물론 우리는 우리가 하는 말 중 일부가 일반적인 논리에는 저촉되는 사례들을 생각해볼 수 있다. 예를 들어, 우리는 사과 그림자와 오렌지 그림자를 잭의 도시락 안에 담아서 뚜껑을 닫아놓았다가 하루가 끝날 무렵 다시 꺼내 원상복구 시킬 수는 없다.

18. 한 사람이 말할 수 있는 문장의 숫자(언어는 이런 의미에서 '생산적' 이라고 불릴 때가 많다)는 한이 없는 것처럼 믿음의 또 다른 특성은 직접적으로 언어의 본질에서 나온다. 나는 지금 내 벽장 안에 부엉이가 없다고 믿기 때문에 거기에 두 마리나 세 마리… 무한대의 부엉이가 있다고는 믿지 않는다.

19. 대부분의 신경과학자들은 우리가 1011~1012개의 신경세포를 갖고 있고 그것들 각각은 평균 104개의 신경세포들과 연결되어 있다고 생각한다. 따라서 우리는 개별적으로 1015~1016개에 이르는 시냅스를 가지고 있다. 그것은 큰 숫자이긴 하나, 여전히 무한하다고는 할 수 없다.

20.《인지과학으로의 초대 : 사고 *An Invitation to Cognitive Science : Thinking*》(Cambridge : MIT Press, 1995, pp.377~425)에 실린 N. 블록의 '뇌의 소프트

웨어, 마음 *The Mind as the Software of the Brain*' 을 읽어보라.

21. D. J. 시몬 등이 쓴 〈변화감지 결여현상에서의 저장된 표현에 대한 증거 *Evidence for Preserved Representation in Change Blindness*〉(Consciousness and Cognition 11, 1호, 2002년, pp.78~97)와, M. 나마이어 등이 쓴 〈변화감지 결여현상에 대한 베이스식 접근*A Bayesian Approach to Change Blindness*〉(Annals of the New York Academy of Sciences 956, 2002, pp.474~475).

22. R. 커즈웨일, 《영적 기계의 시대*The Age of Spiritual Machines*》(New York : Penguin, 1999)

23. 2+2=4와 같은 수학적 믿음을 생각해보자. 우리 대부분은 이 명제를 믿을 뿐 아니라 이 믿음은 매 순간 우리에게 진실하게 보인다. 가끔 필요한 근거로 사용하기 위해 만들어진 것은 아닌 것 같지만 우리가 다른 믿음을 구축한 것은 그러한 초보적인 믿음의 덕인 것 같다. 그러나 865762+2=865764라는 믿음은 어떤가? 이전에는 절대 이런 덧셈에 대해 생각해본 적이 없을 것이기에 우리는 산수 규칙에 의거하여 맞춰보고 나서야 그것을 믿을 수 있게 될 것이다. 그럼에도 불구하고 그렇게 함으로써, 우리가 2+2=4라는 명제를 확인하는 것처럼 이 계산도 확인할 수 있다. 이 두 개의 수학적 믿음 사이에 어떤 차이점이 있을까? 현상학적인 관점에서는 확실히 있다. 우리는 2+2=4라는 사실이 거의 반사적으로 머리에 떠오르는 반면, 더 긴 셈은 쉽게 답을 말하거나 생각할 수 없다는 점을 알아차릴 것이다. 그러나 그것이 우리의 기초 지식적인 약속의 문제인 한 이러한 믿음들은 똑같이 '참'이다. 사실 우리 모두는 비행기를 타거나 다리를 건널 때마다 훨씬 복잡한(따라서 투명성이 떨어지는) 수학적 명제의 타당성에 우리의 생명을 걸고 있다. 기본적으로 우리는 큰 단위로도 몇 번이고 거듭하여 반복할 수 있으며 그래도 여전히 참인 결과들을 산출해낼 것이라는 점에서 덧셈 같은 연산이 '진실 지킴이'라고 믿는다. 그러나 우리는 2+2=4라는 우리의 믿음이 그것을 사용할 때마다 새로이 구성되지 않는다는 사실을 어떻게 알 수 있을까? 즉, 우리는 우리가 그것을 우선적

으로 믿는다는 사실을 어떻게 알 수 있을까? 만약 우리가 이 믿음은 항상 새로이 구성되는 것이라고 말하고픈 유혹을 느낀다면 우리는 무엇으로 구성되어야 할지를 물어야만 한다. 덧셈의 법칙으로? 어떤 사람이 2+2=4임을 이미 믿지 않고 있는데 자신이 성공적으로 덧셈을 실행하고 있다고 여길지는 의심스럽게 보인다. 그러나 당신이 865,762 + 2 = 865,764라는 사실을 믿으면서 오늘 아침에 일어난 건 아니라는 사실은 확실해 보인다. 진실로 당신의 뇌 내부에 존재하기 위해서는 이 믿음은 매 순간 2더하기 2는 4라는 우선한 믿음의 기초 위에 구성되어야만 한다. 사실 우리는 우리가 믿는다고 말할 때까지는 세상에 대해 우리가 가진 믿음의 대부분을 믿지 않을 것이다.

24. D. T. 길버트 등이 쓴 〈믿을 수 없는 것들을 믿지 않는 것 : 잘못된 정보를 거부할 때의 문제들*Unbelieving the Unbelievable : some Problems in the Rejection of False Information*〉(Journal of Personality and Social Psychology 59, 1990, pp.601~613), 길버트의 〈정신체계가 믿는 방식*How Mental Systems Believe*〉(American Psychologist 46, 2호, 1991, pp.107~119)을 보라.

25. 이것은 우연히 참이 된 믿음들이 그것들이 정당화되었을 때조차도 지식을 만들어낼 수 없는 이유를 설명한다. 철학자 에드문드 게티어가 오래 전에 고찰한 바에 따르면, 우리는 어떤 것을 참이라 믿을 수 있고(예를 들어 나는 지금 시간이 정확하게 밤 12시 31분이라고 생각할 수 있다), 그것이 훌륭한 근거를 가졌다고 믿을 수도 있으며(나는 지금 밤 12시 31분을 가리키고 있는 시계를 쳐다보고 있다), 우리의 믿음이 참일 수도 있지만(실제로 지금은 12시 31분이다), 세계에 대한 지식이라고 할 상태에 있지 않을 수도 있다(왜냐하면 지금 시계는 고장나 있고 어쩌다보니 정확한 시간을 가리키고 있는 것뿐이다). 이 점에 대해 연구해 볼 많은 철학적 주제들이 있지만 기본적인 사실은 우리의 믿음이 진실로 세상을 온전히 표현할 수 있기 위해서는 세상과 올바른 관계에 있어야만 한다는 것이다.

26. 여기서 인식론상의 문제들이 야기된다. 우리가 세상에 대해 참된 지식을 얻

는 것은 어떤 식으로 가능할까? '참'이나 '세상' 같은 단어들을 사람들이 어떻게 해석하느냐에 달려 있기 때문에 이러한 종류의 문제들은 쓸데없이 어렵고 진부하게 보일 수 있다. 결국 우리의 현재 목적에 충분한 것은 진부한 해석이다. 궁극적인 의미에서 현실이 무엇이건 간에 우리의 경험 세계는 부정할 수 없는 질서를 보여준다. 물론 이러한 질서는 종류가 다양하고 일부는 특정 사건들 간에 정당한 관계성들을 암시하기도 한다. 단순한 상호관계성과 우리가 인과관계를 나타낸다고 생각하는 병치(juxtaposition : 나란히 놓고 비교 대조함-옮긴이) 사이에는 차이가 있다. 스코틀랜드 철학자 데이비드 흄이 남긴 유명한 말대로, 우리는 세상에서 의지할 만한 관계성 외의 근거들을 대해본 적이 없기 때문에 이는 흥미로운 수수께끼 하나를 우리에게 준다. 우리로 하여금 다른 사건들에는 허락하지 않는 인과관계의 권력을 특정 사건들에 부여하도록 만드는 것이 정확하게 무엇인가 하는 점은 여전히 논쟁거리이다(M. 우와 P. W. 쳉의 〈인과관계는 왜 통계 조합을 따르지 않는가 : 생성적이고 예방적인 인과관계의 평가를 위한 한계조건들 *Why Causation Need Not Follow from Statistical Association : Boundary Conditions for the Evaluation of Generative and Preventative Causal Powers*〉 (Psychological Science 10, 1999, pp.92~97)을 보라).

일단 세계에 대한 우리의 믿음이 준비되고 그것들이 우리의 행동을 이끌면 걱정할 만한 수수께끼는 더 이상 없는 듯 보인다. 행동에 대한 지침으로 선택되었을 때 특정한 질서(우리가 인과관계가 있다고 간주하는)는 우리의 목적에 훌륭하게 부합하는 반면 똑같은 규칙성(단순한 관계성, 부수 현상)을 갖고 있어도 그렇지 않은 것들이 있다. 이러한 점을 깨닫게 되면 인과관계의 역할에 대한 재평가와 새로운 믿음의 형성이 이어진다. 우리는 열을 원할 때 연기보다는 불을 찾는 게 나을 것이라는 사실을 알기 위해 흄과 씨름할 필요는 없다. A는 B의 원인이지만 C는 아니라는 것을 믿는 데 대한 논리적이고 행동적인 의미들을 알기 위해 인과관계의 판단을 내릴 때 우리가 쓰는 모든 기준들을 알 필요도 없다. 우리 자신이 무언가를 믿는다는 사실을 일단 알게 되면(근거가 좋든 나쁘든), 우리의 말과 행동은 우리가 모순을 발견할 때마다 그것을 고칠 것을 요구한다.

27. H. 벤슨과 M. 스타크가 쓴 《영원한 치유 : 믿음의 힘과 생물학 *Timeless Healing : The Power and Biology of Belief* 》(New York : Scribner, 1996)

28. 예수를 묻을 때 그의 몸을 쌌던 수의로 믿어지는 '토리노의 수의' 는 가장 널리 숭배 받았던 기독교 유물일 것이다. 1988년 영국 박물관이 주도한 맹목적인 연구의 일환으로, 바티칸은 세 군데의 독립 연구소(옥스퍼드대학, 애리조나대학, 취리히 연방 기술연구소)에 대해 수의 조각에 대한 탄소 연대 측정 작업을 허가했다. 세 군데 모두 이 수의는 1260년에서 1390년 사이에 만들어진 중세 시대의 가짜유물이라는 결론을 내렸다.

29. O. 프리드리히 《세계의 종말 : 역사 *The End of the World : A History* 》(New York : Coward, McCann & Geoghegan, 1982, pp.122~124).

30. 인용된 글은 《로마 가톨릭의 신앙 고백 *The Profession of Faith of the Roman Catholic Church* 》에서 찾을 수 있다.

31. 이 노골적인 믿음은 함축적인 행동적 · 신경적 기반을 가지고 있는데, 우리가 유전적으로 물려받은 것임에 확실하다. 하등동물은 절벽을 헤매는 버릇이 없음을 알게 될 것이다.

32. K. 포퍼, 《과학적 발견의 논리 *The Logic of Scientific Discovery, 1959* 》(2쇄, London : Routledge, 1972), 《객관적인 지식 *Objective Knowledge, 1972* 》(2쇄, Oxford : Univ. of Chicago Press, 1995).

33. T. 쿤, 《과학적 혁신의 구조 *The Structure of Scientific Revolutions, 1962* 》(2쇄, Chicago; Univ. of Chicago Press, 1970).

34. 포퍼와 쿤은 둘 다 과학의 철학에 대해 그리고 세상에 대해 우리가 알고 있는 것을 주장할 때 부닥치는 문제점들에 대해 매우 흥미롭고 유용한 토론거리들을 갖고 있지만, 그들의 작품을 읽지 않은 사람들에게 그들이 끼친 한 가지 영향은 서양 도처에 희한한 개념들을 조장시켰다는 점이었다. 고려되

어야 할 인식론상의 진정한 문제점들이 있는 반면, 정신이 온전한 사람이라면 누구에게나 인식될 수 있는 이성의 단계가 있으나 모든 지식의 주장이 다 같은 입장을 갖고 있지는 않다.

35. 버트런드 러셀,《왜 나는 기독교인이 아닌가 *Why I Am Not A Christian*》(New York : Simon and Schuster 1957, p.35).

36. J. 글로버 *J. Glover* 가 쓴《인간성 : 20세기의 도덕 역사 *Humanity : A Moral History of the Twentieth Century*》(New Haven : Yale Univ. Press, 1999)도 같은 언급을 한다. A. N. 야코블레프가 쓴《소련에서의 폭력의 한 세기 *A Century of Violence in Soviet Russia*》(New Heaven : Yale Univ. Press, 2002)를 보라.

Chapter 03 신의 그림자

1. 스쿠아세션은 다음과 같이 집행된다. '죄수는 손이 등 뒤로 묶이고 발에는 추가 달린 채 머리가 도르래에 닿을 때까지 높이 끌어올려진다. 얼마간 이런 상태로 매달려 있으면 발에 달린 추의 무게로 인해 그의 사지와 관절은 끔찍하게 늘어난다. 그러다가 갑자기 줄이 느슨하게 되면서 홱 하는 소리와 함께 몸이 낙하한다. 그러나 바닥까지 닿지는 않고 낙하 때의 무시무시한 진동으로 인해 그의 팔과 다리는 탈구된다. 낙하가 갑자기 중단될 때 받는 충격, 그리고 그보다 더 강렬하고 잔인하게 온몸을 늘이는 발에 달린 추의 엄청난 무게는 그야말로 고통의 절정이다.' J. 스웨인의《고문실의 쾌락 *The Pleasures of the Torture Chamber*》(New York : Dorset Press, 1931) p.169 중에서 인용한 존 머천트의 글.

2. Ibid., 174∼175, p.178.

3. 스웨인의《쾌락 *Pleasures*》, O. 프리드리히의《세상의 끝 : 역사 *The End of the World : A History*》(New York : Coward, McCann & Geoghegan, 1982), L. 조지

의 《인식의 범죄 : 이교와 이교도 Crimes of Perception : An Encyclopedia of Heresies and Heretics》 (New York : Paragon House, 1995).

4. 이단에 대해, 그리고 자신과 다른 믿음에 대한 신자들의 타고난 편협함을 뚜렷하게 볼 수 있는 신약 구절로는, 고린도전서 11:19, 갈라디아서 5:20, 베드로후서 2:1, 로마서 16:17, 고린도전서 1:10, 3:3, 14:33, 빌립보서 4:2, 그리고 유다서 19장이 있다.

5. 자신이 번역한 영어판 신약을 출판한 후 한참이 흐른 1536년이 되어서야 윌리엄 틴데일에게 닥친 운명을 떠올리기만 하면 된다. 그 후 자신이 안전하다고 믿은 그는 앤트워프에 정착했다. 그러나 그는 자신이 지은 죄의 중차대함과 국왕(신앙심이 깊은 헨리 8세)의 집요함을 과소평가했다. 영국 수사관들은 절대 그를 미행하는 일을 멈춘 적이 없었다. 드디어 그는 체포되었다. 헨리 8세의 엄명으로 그는 브뤼셀 근처 빌보르드 성 안에 16개월 동안이나 수감되어 이단 재판을 받았으며 유죄판결 후 공개 교수형에 처해졌다. 그리고 그처럼 어리석은 죄의 유혹을 느끼는 모든 이에 대한 경고로 삼기 위해 그의 시체는 말뚝에서 불태워졌다.
W. 맨체스터가 쓴 《불에 의해서만 밝혀지는 세계 : 중세 정신과 르네상스 A World Lit Only by Fire : The Medieval Mind and the Renaissance》 (Boston : Little, Brown, 1992, p.204) 를 보라.

6. 그러나 성경은 고발당한 자가 '다른 신을 섬겼다' 는 혐의를 입증하기 위해서 적어도 두 명 이상의 증인이 있을 것과 그 증인이 제일 처음 그를 돌로 칠 것을 요구한다(신명기 17 : 6~7). 효율성을 도모하기 위해 종교재판에서는 이러한 기준이 완화되어야만 했다.

7. 마태복음 5:18

8. 프리드리히, 《세상의 끝 End of the World》, p.70.

9. 프란체스코 수도회도 이에 대해 일정한 부담을 짊어졌다는 건 사실이다. 러셀은 《서양철학의 역사 A History of Western Philosophy》 (New York : Simon

and Schuster, 1945) p.450에서 다음과 같이 썼다. 만약 사탄이 존재한다면 성 프란체스코가 설립한 교단의 미래는 그에게 가장 절묘한 희열을 가져다줄 것이었다. 성 프란체스코의 직접적인 후계자이자 교단의 수장으로 지목된 엘리아스 수도사는 사치한 생활을 누렸으며 청빈의 포기를 허용했다. 교단 설립자가 죽은 직후 수십 년 동안 프란체스코 수도회의 주요 임무는 구엘프파(교황파)와 기벨린파(황제파)가 일으킨 피비린내 나는 전쟁에 참여할 병사들을 징집하는 것이었다. 성 프란체스코가 죽은 지 7년 후에 확립된 종교재판은 몇몇 국가에서는 주로 프란체스코 수도회에 의해 실시되었다. 명상가로 불린 소수의 엄격주의파는 시종일관 성 프란체스코의 가르침에 충실했다. 이들 중 다수는 이단의 죄목으로 종교재판을 받고 화형 당했다. 그 사람들은 그리스도와 제자들은 아무런 재산도, 입었던 옷조차도 소유하지 않았다고 생각했다. 그러나 그들은 교황 요한 22세에 의해 1323년 이단 판정을 받았다. 성 프란체스코가 낳은 다음 결과는 계급체제를 강화하고 도덕적 열성이나 사상이 자유로운 모든 이에게 박해를 가하는, 더 부유하고 부패한 교단을 만들어내는 것이었다. 성 프란체스코의 목표와 품성으로 볼 때 이보다 아이러니컬한 결과는 상상하기가 불가능하다.

10. 프리드리히,《세상의 끝 *End of the World*》, p.74.

11. Ibid., p.96.

12. 예수의 가르침 다수와 요한복음 15:6에서 인용한 위의 글, 혹은 마태복음 10:34 – '내가 세상에 평화를 주러 온 줄로 생각지 마라. 평화가 아니요 칼을 주러 왔다' – 을 비교해보라. 성경의 비일관성을 만천하에 드러내는 훌륭한 글로, 나는 버의《성경의 자가당착 *Self-contradictions of the Bible, 1860*》을 추천한다. 이 책에서 버는 다음과 같이 서로 정반대되는 주장들에 의해 깔끔하게 제기되는 논리적, 도덕적, 역사적, 사색적인 144개의 명제를 제시한다. 신은 눈에 보이고 귀에 들린다 / 신은 볼 수 없고 들리지도 않는다, 신은 어디에나 존재하고 모든 것들을 보고 안다 / 신은 모든 곳에 있지도, 모든

것들을 보지도 알지도 못한다, 신이 악을 만들었다 / 신은 악을 만들지 않았다, 금지된 간음 / 허용된 간음, 다리아의 남편인 요셉의 아버지는 야곱이었다 / 마리아 남편의 아버지는 헬리였다, 부모는 아기 예수를 이집트로 데려갔다 / 부모는 아기 예수를 이집트로 데려가지 않았다, 예수가 갈릴리에 갔을 때 요한은 옥에 갇혀있었다 / 예수가 갈릴리에 갔을 때 요한은 옥에 없었다, 예수는 제 삼시에 십자가에 달렸다 / 예수는 제 육시에 십자가에 달렸다, 예수는 신과 동일하다 / 예수는 신과 동일하지 않다, 은혜에서 떨어지는 것은 불가능하다 / 은혜에서 떨어지는 것은 가능하다 등 — 이 모든 것들은 신약과 구약의 구절들로 그 증거를 댈 수 있다. 이러한 구절들은 완전한 모순을 나타낸다(즉, 우리는 다른 하나가 오류임을 단언하지 않고는 어느 하나가 진실임을 확인할 수 없다). 신성하거나 세속적인 현실의 이야기로서 성경이 갖는 불완전함에 대해 그러한 자기변박(自己辨駁)적 실례보다 더 큰 증거는 없을 것이다. 물론 신앙이 어리석음의 지배를 받기 시작하면 완벽한 모순조차 속세의 논리에 대한 천국의 꾸짖음으로 기꺼이 받아들여질 수 있다. 마틴 루터는 단 한 줄의 글로 이성의 문을 닫았다. '성령은 오로지 실체만 보는 눈 하나를 갖고 있으며 말에 구속되지 않는다.' 성령은 네트 없이도 테니스 치기를 즐겨하는 것 같다.

13. 성 아우구스티누스가 완전한 사디스트는 아니었다는 게 맞다. 그는 이단이 '신장기(伸張器)로 잡아당겨지거나, 타오르는 불에 그슬리거나, 쇠로 만든 갈고리로 살이 할퀴어지는 고문이 아닌, 곤장으로 맞는' 심문을 받아야 한다고 생각했다. P. 존슨의 《기독교의 역사 *A History of Christianity*》(New York : Simon and Schuter, 1976, pp.116~117)를 보라.

14. T. 베스터맨이 번역 및 편집한 볼테르의 《철학사전 *Philosophical Dictionary*》 (London : Penguin Books, 1972, p.256) 중 '종교재판(Inquisition)'

15. 스웨인의 《쾌락 *Pleasure*》 p.181에 인용된 '퍼시 일화 *The Percy Anecdotes*' 에서.

16. 맨체스터, 《불에 의해서만 밝혀지는 세계 A World Lit Only by Fire》, pp.190
    ~193.

17. W. 듀란트의 《믿음의 시대 The Age of Faith》(1950년 2쇄, Norwalk, Conn. :
    Easton Press, 1992, p.784).

18. 신생 종파에 불과했던 기독교인들은 비기독교 로마인들로부터 이러한 죄로
    고소당했다. 사실 중세 기독교인들의 마음에서 마녀와 유대인 사이에는 공
    통점이 될 만한 많은 요소들이 있었다. 유대인들은 걸핏하면 마법 혐의로
    고소되었는데 마법의 출처는 다양한 유대신비주의(kabbalistic)적 근거들과
    성경의 아가서였다.

19. 《마녀와 이웃들 : 유럽 마법의 사회적 · 문화적 배경 Witches and Neighbors :
    The Social and Cultural Context of European Witchcraft》(New York : Viking,
    1996)에서 R. 브리그스는 이 주제에 관해서 다음과 같이 말했다.

    900만의 여성이 유럽에서 화형 당했다는 주장을 뒷받침하는, 설득력 있는
    전설 하나가 페미니스트와 마녀숭배운동의 터전 위에 수립되었다. 바로, 대
    량학살(genocide)이 아닌 성 학살(gendercide)에 대한 전설이다. 1450년에서
    1750년까지 10만 건의 재판이 이루어졌고 4만에서 5만의 사람이 처형되었
    으며 그 중 20에서 25%는 남자였다는 것이 가장 합리적인 현대식 견해이기
    에, 이는 200여 개에 이르는 요인에 의해 도출된 과대평가다.

    이처럼 수치를 재조정해도 이 시기의 공포와 불의를 누그러뜨리기에는 미
    약하다. 겨우 19명을 교수형에 처한 것으로 끝난 세일럼 마녀재판(Salem
    witch trials)에 대해 읽는 것은 세계에 관한 지식의 공백을 메우기 쉬운, 겉보
    기에 무한한 악과 직면하는 것이다.

20. C. 맥케이의 《유례없는 대중기만과 군중의 광기 Extraordinary Popular Delusion
    and the Madness of Crowds》(1841년, New York : Barnes & Noble, 1993년 2쇄,
    p.529).

21. R. 로즈 《죽음에 이르는 잔치 : 공포의 새 역병에 대한 비밀 추적 *Deadly Feast : Tracking the Secrets of a Terrifying New Plague*》 (New York : Simon and Schuster, 1997, p.78).

22. 그 일에 관해서 포어족이나 다른 부족들이 규칙적으로 식인풍습(《옥스퍼드 신체 안내서 *The Oxford Companion to the Body*》에 실린 '식인풍습' 관련 기재사항을 보라)을 실천했는가 하는 점에는 의심의 여지가 있다. 그런 의심이 든다면 쿠루병 전염을 설명할 수 있는 대안적 설명이 발견될 수 있을 것이다. 그러나 그 병의 매개체가 마법이 아니라는 것은 확실해야 한다. 그러나 콩고, 우간다, 라이베리아, 앙골라 등의 국가에서 현대 아프리카 시민군 사이에 널리 퍼진 관습에 대한 증거 - 적의 장기를 먹으면 탄환에 맞지 않는다는 생각처럼 - 를 생각할 때 식인풍습에 대한 고상한 의구심은 부자연스럽게 보인다. D. 버그너의 〈가장 파격적인 무기 *The Most Unconventional Weapon*〉(New York Times Magazine, 2003년 3월 26일, pp.48~53).

23. 존슨의 《기독교의 역사 *History of Christianity*》에서 인용된 프리드리히 슈페의 글.

24. 맥케이, 《기만 *Delusion*》, pp.540~541.

25. B. "러셀", 《종교와 과학 *Religion and Science*》(1935년 2쇄, Oxford : Oxford Univ. Press, 1997, pp.95).

26. 맥케이, 《기만 *Delusion*》, pp.525~526.

27. 아리안이라는 용어처럼, '반 - 셈족주의'는 19세기 독일 가짜과학이 낳은 잘못된 표현이다. '셈족(노아의 세 아들 중 하나인 셈이라는 말에서 나온)'은 '인종적, 민족적 단위가 아니라, 히브리어, 아라비아어, 아람어, 바빌로니아어, 아시리아어와 이디오피아어를 포함한 동일 어원을 가진 언어를 사용하는 민족을 뜻한다.' R. S. 위스트리치의 《반유대주의, 가장 오랜 증오 *Anti-Semitism : The Longest Hatred*》(New York : Schocken Books, 1991), xvi. 따라서 "반셈족주의는 아랍인에 대한 증오 역시도 나타내는 말이어야 하는데,

그렇지 않다. 그 잘못된 어원에도 불구하고, '반셈족주의'는 유대인에 대한 증오를 설명함에 있어 유일하게 수용 가능한 단어다."

28. D. J. 와킨, 〈반유대적인 '시온의 장로들' 이 이집트 TV에서 새 생명을 얻다 *Anti-Semitic 'Elders of Zion' Gets New Life on Egypt TV, New Work Times*〉 (2002년 10월 26일). 이 가짜문서는 실제로 하마스(반 이스라엘 팔레스타인 무장단체)의 건립이념이다. J. I. 커처의 〈고대적 거짓말의 현대적 사용 *The Modern Use of Ancient Lies*〉(New Work Times, 2002년 5월 9일)을 보라.

29. E. 골드버그의《집행하는 뇌 : 전두엽과 문명화된 정신 *The Executive Brain : Frontal Lobes and the Civilized Mind*》(Oxford : Oxford Univ. Press, 2001)

30. 이는 유대교는 전투적 과격주의를 조장하는 원천과는 거리가 멀다는 뜻이다. 유대인은 유대인으로서의 자신의 정체성을 전적으로 신에 대한 그들의 믿음에서 찾지는 않는 경향을 보인다. 예를 들어 신을 믿지 않는 유대인이 있을 수도 있다. 같은 이야기가 기독교와 이슬람에서는 성립되지 않는다.

31. B. M. 메츠거와 M. D. 쿠건이 편집한《옥스퍼드 성경 안내서 *The Oxford Companion to the Bible*》(Oxford : Oxford Univ. Press, 1993, pp.789~790)와 A. N. 윌슨이 쓴《예수, 생명 *Jesus : A Life*》(New York : W. W. Norton, 1992, P.79)을 보라. 기타 많은 조악한 배합들이 지적되었다. 마태복음 2:3~5과 미가서 5:2, 마태복음 2:16~18과 예레미아 31:15/창세기 35:19, 마태복음 8:18과 이사야 53:4, 마태복음 12:18과 이사야 42:1~4, 마태복음 13:35/창세기 35:19, 마태복음 8:18과 이사야서 53:4, 마태복음 12:18과 이사야서 42:1~4, 마태복음 13:35과 시편 78:2, 마태복음 21:5와 스가랴 9:9/이사야 62:11등이 그러하다. 마태복음 27:9~10은 예레미아의 예언 하나가 성취되었다고 주장하는데, 실제로 이 예언은 예레미아가 아닌 스가랴 11:12에 나오는 것으로서 이는 성경 '무오설(無誤說)' 에 대한 확실한 증거가 된다.

32. 1세기의 유대인들 사이에서 사생이 가지는 오명은 상당했다. S. 미첼의《예

수가 말하는 복음*The Gospel According to Jesus*》(New York : Harper Collins, 1991)을 보라.

33. Ibid., p.78, J. 펠리칸의《매 세기를 관통하는 예수*Jesus through the Centurie*》(New York : Harper and Row, 1987, p.80)

34. B. 파스칼 저, A. J. 크레일쉐이머 번역《팡세*Pensees*》(Baltimore : Penguin Books, 1966) 중 189항.

35. 니체는 '가장 딱한 예는, 사실상 오로지 자신의 기독교 신앙 때문인데도 원죄 때문에 자신의 이성이 타락했다고 믿었던 파스칼의 경우다.' 라며 정확한 지적을 했다(W. 카우프만이 번역한《휴대용 니체*The Portable Nietzche*》). 파스칼이 1654년 11월 23일 밤에 놀라운 명상의 체험을 했던 건 사실이다. 이 사건을 계기로 그는 예수 그리스도에게로 완전히 회심했다. 나는 그러한 경험의 힘을 의심하지는 않지만 기뻐서 흘리는 눈물을 독실한 기독교인들만이 가지는 독점적인 특성으로 생각할 수 없는 것처럼 그런 경험 역시 마찬가지다. 역사를 통틀어 모든 힌두교, 불교, 이슬람교, 유대교는 물론 정령신앙자들도 이러한 경험들을 했다. 그 누구보다 똑똑하고 학식이 풍부했던 파스칼은 이 사실을 깨달았어야만 했다. 그가 그 사실을 몰랐다는 것은 사람을 무력화시키는 정통신앙의 힘을 증명한다.

36. 그들은 또한 로마의 박해자들에 대해서도 복수했다. "기독교인들은 황제 맥시미언의 아내를 오론테스 강에 던져 넣었으며 맥시미언의 모든 친척들은 사형에 처했다. 이집트와 팔레스타인에서는 기독교를 가장 박해했던 판관들이 대거 학살당했다. 데살로니카에 피신해있던 디오클레시아누스 황제의 미망인과 딸은 발각된 후 바다에 산 채로 던져졌다."《철학사전*Philosophical Dictionary*》, p.137

37. 위스트리치《반유대주의 *Anti-Semitism*》, pp.19~20.

38. 아우구스티누스의《신의 도시 *The City of God*》19권, p.46.
따라서 그들(유대인)이 우리의 신약을 믿지 않을 때, 유대인이 아닌 기타 예언자들의 이름으로 언급된 그리스도에 대한 예언들을 기독교인들이 꾸며냈다고 말하는 사람이 있으면 안 되기에, 그들이 맹목적으로 읽는 그들만의 경전은 그들 안에서 실현된다. 그리스도의 교회가 널리 세력을 떨쳐가는 모든 열방들 속으로 그들이 뿔뿔이 흩어질 때, 그 경전들을 소유함으로 해서 그들은 이 예언의 증언에 공헌했기 때문에, 우리 원수들의 책에서 우리가 인정하는 이들에게 인용된 예언들이면 우리에게 족하다. 이 일에 대한 예언 하나가 시편에 담겨 있는데, 그들 또한 이 예언을 읽었다. "하느님께서 나에게 오시면 하느님은 나를 엿보는 자들을 내려다보게 하시리이다. 이 겨레가 잊지 않도록, 저자들을 말살하소서. 당신 힘으로 흩으시고 치소서. 우리의 방패이신 주여!"(시편 59:10~11) 따라서, 사도 바울의 말대로 "들의 죄 때문에 오히려 이방인들은 구원을 받게 되었고 이스라엘은 이방인들을 시기하게 되었습니다."(로마서 11:11) 이르게 된 이래 신은 유대인 교회에게 당신의 고상한 동정심을 보여주셨다. 따라서 신은 그들을 죽이지 않았는데, 이는 그들이 유대인이라는 사실을 잊어버리지 않도록, 로마제국에 복속되었지만 신의 법을 잊지 않도록, 우리가 논하는 이 문제에 대해서 그들의 증언이 전혀 쓸모없는 것이 되지 않도록 하기 위함이다. 그러나 신이 '그들을 흩으라'는 말을 덧붙이지 않는다면 '저희를 죽이지 마옵소서 나의 백성이 잊을까 하나다'라는 말로는 충분하지 않는데, 이는 그들이 고향땅에서 경전들의 증언과 함께 살았다면 세계 도처의 그리스도의 교회는 그 말들을 그리스도 이전에 나온 그리스도에 관한 예언들에 대한 증거들로 삼지 못했을 것이기 때문이다.

39. J. 트락텐버그, 《악마와 유대인 : 유대인에 대한 중세적 개념과 현대 반유대주의와의 관계성 *The Devil and the Jews : The Medieval Conception of the Jew and Its Relation to Modern Anti-Semitism*》, (1943, Philadelphia : Jewish Publication Society, 1983 2쇄, p.153).

40. Ibid., p.140.

41. Ibid., p.114. 화체설 교리에 대한 믿음을 훼손시킨 종교 개혁은 성체 모독을 염려스러운 일로 만들지 않은 것 같다. 따라서 유대인을 '마법사' 로 박해하는 일이 본격화된 것은 종파분리적 경향을 보인 16세기에 들어서였다.

42. 이집트 신문 〈알 아크바르〉와 사우디아라비아 신문 〈알 리아드〉는 둘 다 피의 의식을 입증하는 취지의 기사를 다루었다. 시리아의 국방부 장관 무스타파 틀라스는 종교 의식과 관련된 유대인의 살인행위를 비난한 《시온의 무교병 *The Matzoh of Zion*》이라는 책을 썼다. 1930년대 이러한 피의 의식과 관련하여 나치가 퍼뜨렸던 선전내용을 지금은 이슬람 웹사이트에서 볼 수 있다. 커처의 《현대적 사용 *Modern Use*》을 보라.

43. J. 글로버의 《인간성 : 20세기의 도덕 역사 *Humanity : A Moral History of the Twentieth Century*》(New Haven : Yale Univ. Press, 1999, p.328)에서 인용.

44. Ibid., pp.360~361.

45. D. J. 골드하겐, 《히틀러의 자발적인 사형집행인 : 평범한 독일인과 유대인 대학살 *Hitler's Willing Executioners : Ordinary Germans and the Holocaust*》(New York : Alfred A. Knopf, 1996, pp.28~48).

46. 커처, 《현대적 사용 *Modern Use*》

47. 규모는 차치하고 유대인 대학살이 주는 진정한 공포는 그것이 이성의 표현이었다. 따라서 서양 계몽사상의 전통이 선천적으로 타고난 병적 이상이었다는 주장은 최신유행이 되었다. 이 주장의 진실은 많은 학자들로 인해 자명하다. 기술, 관료주의, 체계적으로 조종 받는 사고가 제3제국의 대학살 야망을 가능하게 만들었다는 사실은 아무도 부정할 수 없다. 이성은 '그늘' 을 갖고 있으며 따라서 인간 행복을 보호하기 위해 쓰일 장소는 없다는 것이 여기에 숨어있는 낭만적인 이론이다. 그러나 이는 완전 잘못 오해한 것이다. 유대인 대학살은 독일 민족주의, 그리고 유대인에 대한 2,000년에 걸친 증오가 그 특징이다. 이성은 그것과 아무 관계가 없다. 침팬지의 손에 망원경을 놓아주었는데 침팬지가 그것으로 옆 침팬지의 머리를 때린다면 그것도

이성의 '그늘' 이 드러난다고 할 수 있는 것이다(K. 윌버의 《성, 생태, 영성 *Sex, Ecology, Spirituality*》(Boston : Shambhala, 1995, pp.663~664)도 같은 주장을 한다).

48. M. 길버 《유대인 대학살 : 2차 세계대전 동안 벌어진 유럽 유대인의 역사 *The Holocaust : A History of the Jews of Europe during the Second World War*》 (New York : Henry Holt, 1985, p.22).

49. Ibid.

50. G. 윌스 〈유대인 대학살 전 *Before the Holocaust*〉(New York Times Book Review, 2001년 9월 23일).

51. 골드하겐의 《히틀러의 자발적 사형집행인 *Hitler's Willing Executioners*》에서 인용됨. 물론 교회가 위임한 반유대주의는 독일에만 국한된 이야기가 아니었다. 로마 가톨릭의 폴란드 대주교였던 아우구스트 흘론드 추기경은 1936년 강론에서 이렇게 말했다. "유대인이 있는 한 유대인 문제는 지속될 것이다. 유대인들은 자유로운 사고를 끝끝내 고집하면서 가톨릭교회에 대항하고 있으며 무신론, 볼셰비키 운동, 그리고 파괴행위를 대변하고 있다… 유대인들은 사기치고, 이자를 뜯어내고, 남에게 기생하며 살아간다는 것은 사실이다. 폴란드 젊은이들에게 유대인 젊은이들이 미치는 종교적, 윤리적 영향은 부정적이다." J. 카롤이 〈침묵 *The Silence*〉(New Yorker, 1997년 4월 7일호)에서 지적했듯이 "흘론드의 강론은 그 '사실들' 이 유대인 학살을 정당화한다는 말은 삼갔지만, 폴란드 사회를 이끌고 있는 가톨릭이 보이는 그러한 반유대주의가 그 후 일어난 일과 관련이 없다고 보기는 힘들다. 지난 수 세기와 수십 년의 세월 동안 기독교 지도자들이 품었던 그러한 감정은 드문 것이 아니었다."

52. G. 루이, 《가톨릭교회와 나치 독일 *The Catholic Church and Nazi Germany*》 (New York : McGrawHill, 1964, p.282), 골드하겐의 《히틀러의 자발적 사형집행인들》에서 인용.

53. L. 조지, 《인식의 범죄 : 이단과 이교도들 *Crimes of Perception : An Encyclopedia*

of Heresies and Heretics》(New York : Paragon House, 1995, p.211)

54. 요한 바오로 2세 《희망의 문턱을 넘어서 *Crossing the Threshold of Hope*》
(New York : Alfred A. Knopf, 1994, p.10). 이 책은 궤변과 둘러대기, 그리고
옹졸함의 극치다. 비트겐슈타인, 포이어바흐, 리꾀르 등을 인용한 박식함에
도 불구하고 거의 매 구절 내가 제기한 명제들의 증거가 되고 있다.

55. M. 애론스와 J. 로프투스가 쓴 《사악한 삼위일체 : 바티칸, 나치스, 그리고
스위스 은행 *Unholy Trinity : The Vatican, the Nazis, and the Swiss Banks, rev.
ed.*》(New York : St. Martin's Griffin, 1998), G. 세레니의 《어둠 속으로 : 양심
의 시험 *Intro That Darkness : An Examination of Conscience*》(New York :
Vintage, 1974).

56. 세레니의 《어둠 속으로》, p.318.

57. 글로버의 《인간성 *Humanity*》, p.40를 보라.

Chapter **04** 이슬람의 문제점

1. 2장에서 보았듯, 이것은 우리의 믿는 바가 실제로 세계를 나타낸다는 믿음이
논리적, 심리학적, 행동학적으로 뜻하는 의미가 낳은 직접적인 산물이다. 종
교적(혹은 영적, 윤리적) 명제들이 물질에 대해서는 전혀 말하는 바가 없다고
믿는 순간, 당신은 그 명제들이 얼마간은 정확하고 포괄적이며 유용할 수 있
음을 인정할 수밖에 없을 것이다. 이러한 분류는 세계라는 구조의 일부로 들
어간다. 6장에서는 윤리학에 대해 좀더 자세히 고찰할 수 있을 것이다.

2. R. A. 페이프는 〈자살테러의 전략 구조 *The Strategic Logic of Suicide Terrorism*〉
(American Political Science Review 97, 3호, 2003, pp.20~32)에서 자살테러는
뚜렷이 특징지어진 국수주의적 목표들을 이루기 위한 전략적 수단으로 이해
되어야 하며 종교적 이데올로기의 산물로 간주되어선 안 된다고 주장한다.

이 명제를 뒷받침하기 위해 그는 하마스와 이슬라믹 지하드가 이스라엘 정부의 양보를 얻어내기 위해 체계적으로 자살폭탄 테러를 활용한 예를 자세히 설명한다. 페이프는 이 무장단체들이 그저 '비합리적'인 '미치광이'들이었다면 그처럼 계산된 폭력의 사용은 가능할 수 없었을 거라고 주장한다. 따라서 그들의 동기는 근본적으로 국수적이다. 이 지긋지긋한 소모적인 분쟁에 대해 논하는 대부분의 평론가들처럼, 페이프는 수많은 무슬림들이 믿는다고 고백하는 것들을 실제로 믿는다는 것이 어떤 일인지를 생각할 능력이 없는 듯하다. 테러 조직들이 명백한 단기 목표를 갖고 있다는 사실은 그들이 근본적으로 자신들의 종교 교리에 의해 자극받지 않는다는 뜻은 조금도 암시하지 않는다. 페이프는 '하나의 공동체가 가질 수 있는 가장 중요한 목표는 외세로부터 그 고향(국민, 재산, 삶의 방식)을 지켜내는 것이다.'라고 말한다. 그러나 그는 이러한 공동체들이 그 자신을 종교적 의미로 정의 내린다는 사실은 간과한다. 페이프의 분석은 특히 알 카에다와 관련해서는 전혀 엉뚱하다. 오사마 빈 라덴의 동기가 '영토적'이고 '국수적'이라고 하는 것은 그야말로 무지몽매한 견해인데, 오사마의 유일하게 명백한 관심사는 이슬람의 확산과 무슬림 성지의 신성함이다. 적어도 무슬림 세계에서는 자살폭탄 테러는 순교와 지하드의 개념과는 떼려야 뗄 수 없는 명백한, 그들의 원칙으로 봤을 때 예상 가능한 종교 현상으로 그들의 논리에 의해 정당화된다. 이것은 기도만큼 성스러운 활동이다.

3. B. 루이스, 《이슬람의 위기 : 성스러운 전쟁과 성스럽지 않은 테러 *The Crisis of Islam : Holy War and Unholy Terror*》(New York : Modern Library, 2003, p.32).

4. M. 루스벤, 《세계의 이슬람 *Islam in the World*, 2판》(Oxford : Oxford Univ. Press, 2000, p.7).

5. 이러한 하디스들은 루이스의 《이슬람의 위기 *Crisis of Islam*》에서 인용되었다. 다른 것들은 인터넷 데이터베이스에서 찾았다(www.usc.edu/dept/MSA/reference/searchhadith.html).

6. 루이스《이슬람의 위기》, p.55.

7. "박해는 살해보다 더 가혹하니라"(꾸란 2:191). 무굴 제국의 황제 악바르 (Akbar : 1556~1605)의 규칙은 여기에 예외를 허락했지만 힌두교에 대해 관용을 베푼 악바르의 인내심은 명백한 이슬람 법 위반이었다.

8. F. 자카리아,《선택의 미래 : 가정과 해외에서의 비자유적 민주주의 *The Future of Freedom : Illiberal Democracy at Home and Abroad*》(New York : W. W. Norton, 2003, p.126).

9. A. 더쇼비츠,《이스라엘을 위한 변호 *Case for Israel*》(Hoboken, N. J. :John Wiley, 2003).

10. 이러한 사실들과 날짜들은 R. S. 위스트리의《반유대주의 : 가장 오래된 증오 *Anti-Semitism : The Longest Hatred*》(New York : Shocken Books, 1991)와 더쇼비츠의《이스라엘을 위한 변호 *Case for Israel*》에서 인용했다.

11. L. 바인더,《이슬람의 자유주의 : 발달이론 비판*Islamic Liberalism : A Critique of Development Ideologies*》(Chicago : Univ. of Chicago Press, 1988, p.129).

12. A. 코웰, 〈자살폭탄 테러에 대한 열심이 영국 본토에 닿다 *Zeal for Suicide Bombing Reaches British Midland*〉(New York Times, 2003년 5월 2일). 영국의 예를 들어보자. 영국의 무슬림들은 탈레반과 투쟁하고, 예멘에서의 테러 공격을 기도하며, 비행기를 폭파하고, 파키스탄에서는 서방 언론인들을 납치 및 살해해왔다. 최근 두 명의 영국 국민들이 이스라엘에서의 자살폭탄 임무에 자원했다(한 명은 성공하고, 한 명은 실패했다).
미국에서 열린 무슬림들의 회의 과정들을 비밀리에 녹음했던《테러범 사냥꾼 *Terrorist Hunter*》(New York : HarperCollins, 2003)의 저자는, 이 책을 통해 서방에 사는 무슬림들의 충격적인 편협의 수준을 묘사하고 있다. 시카고 교외에 위치한 라마다 플라자 호텔에서 열린 한 회의에서 아랍계 미국인 어린 아이들은 유대인을 죽여서 순교자가 되는 내용의 촌극을 공연했다고 작가는 적고 있다. 예루살렘과 팔레스타인의 이슬람 최고위 성직자(야시르 아라파트가 지명한)인 셰이크 이크리마 사브리는 최근 이렇게 공언했다. "유대인들을 알라께서 만드신 가장 비겁한 생명체이기에 그들은 감히 나를 어쩌지 못할 것입니다… 우리는 그들에게 이렇게 말합니다. 너희들이 생명을 사랑하는 만큼이나 무슬림들은 죽음과 순교를 사랑한다."(Ibid., p.134). 걸핏하면 미국과 모든 이교도 국가들을 파멸로 몰아넣을 것을 요구하고 어린이에 의한 자살 폭탄테러를 장려하는 사브리는("순교자가 어릴수록 나는 그들을 존경한다." – Ibid., p.132) 이러한 말들을 서안에 있는 이슬람 사원에서가 아니라 오하이오주 클리블랜드에서 열린 북미 이슬람협회 제26차 연례회의에서 했다.

13. 루이스, 《이슬람의 위기 *Crisis of Islam*》 xxviii.

14. 루스벤, 《세계의 이슬람 *Islam in the World*》, p.137.

15. 요서프 이슬람은 호메이니의 명령에 분명한 찬성의 태도를 보인 그에게 충격을 받은 사람들을 향해 서면으로 답변해야만 했다.

이슬람 법 하에서 불경에 관한 판정은 너무나 명확합니다. 그런 혐의가 발견되는 사람은 사형을 받아야 합니다. 참회가 받아들여지는 것은 특정한 환경에 있을 때 뿐입니다… 영국에서 이슬람법이 적용되고 완전한 이슬람식 생활 방식이 실행되는 일은, 가까운 장래에는 없을 것임을 무슬림들은 압니다. 그러나 그렇다고 상황을 개선시키려는 노력이나 가능한 모든 장소와 모든 때에 이슬람의 생각들을 표현하는 일을 멈출 수는 없습니다. 그것은 모든 무슬림들의 의무요 내가 한 일입니다.

catstevens.com/articles/00013을 보라. 전 히피족이었던 서양인조차 그런 식으로 말한다면 테헤란 거리의 정서는 말해무엇하겠는가?

16. K. H. 폴락 〈이슬람의 위기 : 무슬림 세계의 신앙과 테러리즘 *The Crisis of Islam*

: Faith and Terrorism in the Muslim World〉(New York Times Book Review, 2003년 4월 6일).

17. 토마스 칼라일(Thomas Carlyle : 1795~1881)은 이렇게 썼다. "그것은 내가 시도한 가장 힘든 독서였다고 말할 수밖에 없다. 밑도 끝도 없는 뒤죽박죽, 조잡하고 산만한 구성에다가 끝없는 반복, 지루하게 얽히고설킨 내용… 한 마디로 참을 수 없는 미련의 극치다! 꾸란을 통해서 유럽인에게 다가올 수 있는 거라곤 의무감뿐이다!" 루스벤의《세계의 이슬람》중에서, pp.81~82.

18. P. 버만,《테러와 자유주의 Terror and Liberalism》(New York : W. W. Norton, 2003, p.68).

19. www.people-press.org.

20. 고대 셈족언어 학자인 크리스토퍼 룩센버그(Christopher Luxenberg : 필명임)는 최근 무슬림 천국에 '처녀들'(아라비아어로 'hur'이며 음역하면 'houris(천국의 미녀)'다 – 글자 그대로는 '하얀 것들'이란 뜻)을 갖춰준 책임은 오역에 있다고 주장했다. 꾸란에서 천국을 묘사하는 구절들은 '하얀 건포도들'을 뜻하는 아라비아 단어 'hur'가 자주 사용되었던 초기 기독교 경전으로부터 인용된 것으로 보인다. 하얀 건포도는 고대 사회에서 최고의 진미였던 것 같다. 동료 테러범들이 가득한 천국에 도착한 한 젊은 순교자에게 건포도 한 주먹처럼 70명의 미녀들이 다가오는 모습을 상상해보라. A. 스틸, 〈학자들은 꾸란의 신이론들을 잠잠히 제창하고 있다 Scholars Are Quietly Offering New Theories of the Koran〉(New York Times, 2002년 3월 2일).

21. S. P. 헌팅턴,《문명의 충돌과 세계질서의 재편 The Clash of Civilization and the Remaking of World Order》(New York : Simon and Schuster, 1996)

22. E. W. 세드,《무지의 충돌 The Clash of Ignorance》(Nation, 2001년 10월 4일).

23. E. W. 세드,《자살의 무지 Suicidal Ignorance》(CounterPunch, 2001년 10월 4일).

24. 개발도상국에서 기독교의 정치적 영향력이 커져가고 있는 놀랄만한 상황을 알려면, P. 젠킨스, 〈차세대 기독교 The Next Christianity〉(Atlantic Monthly,

2002년 10월호. pp.53~68)를 보라.

25. 루이스의 《이슬람의 위기Crisis of Islam》에 인용된 유엔의 '아랍의 인간 발전 보고 2002 Arab Human Development Report 2002 '.

26. R. D. 카플란, 〈무법의 변경 The Lawless Frontier〉(Atlantic Monthly, 2000년 3월 pp.66~80).

27. S. 아트란, 〈누가 순교자가 되기 원하는가? Who Wants to Be a Martyr?〉(New York Times, 2003년 5월 5일). 아트란은 또한 파키스탄 구호요원 한 명이 약 250명 가량의 야심찬 팔레스타인 자살폭탄 테러범들과 모집 담당자들을 인터뷰한 후 다음과 같이 결론지었다고 썼다. "무식하거나, 극도로 가난하거나, 단순하거나 의기소침한 사람은 한 명도 없었다… 그들 모두는 극히 정상적인 가족의 일원으로 보였다." 그는 또한 팔레스타인 정책 조사 연구 센터(Palestinian Center for Policy and Survey Research)가 실시한 2002년 여론조사 결과 '12년 이상의 교육을 받은 팔레스타인 성인들은 문맹인 사람보다 폭탄 공격에 대해 훨씬 더 많은 지지' 를 보내는 것으로 나타났다고 말한다.

28. B. 호프만, 〈자살 테러의 논리 The Logic of Suicide Terrorism〉(Atlantic Monthly, 2003년 6월, pp.40~47).

29. 이런 일은 이란에서 실제로 일어날 수 있다. 완전한 무슬림 신정국을 이룬 이란 사람들은 지금 그들의 문제점들은 이슬람교를 충분히 신봉하지 않은 데서 나온 결과라는 착각들을 하고 있다.

30. 자카리아는 '자유의 미래'에서 9개 국가를 상대로 실시된 CNN의 여론조사 (2002년 2월)를 예로 든다. 응답자의 61%는 9 · 11테러에 대한 책임이 아랍국들에 있다고는 생각하지 않는다고 말했다. 이와 다른 생각을 하는 39%는 당연히 그 엄청난 사태에 대한 책임이 아랍사회에 있기를 바라는 사람들이다.

31. 이 책에서 무슬림이 풍부한 상상력을 갖고 있다고 인정하기는 불가능할 것이다. 터무니없는 예 하나만 들어보자. 사담 후세인 정권이 몰락한 후 일어난 전반적인 약탈행위는 시온주의 음모의 일환으로 미국과 이스라엘의 지

휘 하에 이루어졌다고 믿는 이라크인들이 많은 것 같다. 미군에 대한 공격은 '미국의 군사 점령 연장을 정당화하기 위한 비밀 작전'의 하나로서 CIA 요원들이 저지른 일이라고 말이다. 놀랍다! J. L. 앤더슨, 〈이라크의 피의 여름 Iraq's Bloody Summer〉(New Yorker, 2003년 8월 11일, pp.43~55).

32. 버만, 《테러와 자유주의 Terror and Liberalism》, p.153.

33. 주요 유럽 언론들이 보이는 반유대주의의 설명을 알려면 M. B. 주커맨의 〈역사의 벽에 적힌 낙서 Graffiti on History's Walls〉(U. S. News and World Report, 2003년 11월 3일)을 보라.

34. 더쇼비츠, 《이스라엘을 위한 변호 Case for Israel》

35. 꾸란에서도 암시되어 있긴 하지만(17:1) 이 기적 같은 승천(mi'raj)에 대해 완벽하게 이야기한 곳은 하디스 밖에 없다. 팔레스타인이 전쟁 기간 동안 자신들을 나치의 협력자라고 했던 사실로 비춰볼 때, 이스라엘을 나치와 결부시킨 것은 언어도단이다. 1930년대와 40년대에 유대인을 향한 계산된 공격은, 영국으로의 이주를 허락받을 수 있었을 수만 명의 유럽 지역 유대인들을 죽음으로 몰아넣었다. 이 결과는 우연이 아니었던 것 같다. 전쟁 기간 동안 예루살렘 최고위 성직자이자 팔레스타인 지도자였으며 유대인 문제에 관해 나치의 고문역을 했던 하지 아민 알 후세이니에게 하인리히 히믈러는 개인적으로 아우슈비츠를 관광시켜주었는데, 그는 그 후 독일이 전쟁에서 승리하면 팔레스타인에 유대인을 위한 그만의 처형장소를 마련하려는 열망을 품었다. 그러한 행위들은 널리 알려졌으며 연합국에 의해 전범으로 쫓기던 그가 이집트에 망명 갔을 때 아랍사회 내에서 그의 인기는 치솟기만 했다. 팔레스타인 자치정부의 수반 야세르 아라파트는 후세이니를 '영웅'으로 불렀다. 더쇼비츠의 《이스라엘을 위한 변호 Case for Israel》, p.56.

36. 버만, 《테러와 자유주의 Terror and Liberalism》, p.183.

37. Ibid., pp.206~207.

38. Ibid., p.108. 호메이니는 그런 대량 살상을 위한 종교적 열정을 더욱더 고무

시켰다–호메이니의 명령에 따라 '인간 파도 공격(human wave attack : 연속 선형을 이루며 급습하는 보병 단위 공격 방식의 하나–옮긴이)'을 하다가 죽는 것은 가장 숭고하고도 아름다운 운명을 성취하는 길이었다. 어머니를 비롯한 식구들의 지원 속에 이란의 젊은이들은 모두 그러한 인간 파도 공격에 참여하게 되기를 순교에 동참하기를 뜨겁게 열망했다. 그것은 자살을 위한 대중 운동이었다. 그 전쟁은 지금까지 일어난 것 중 가장 무시무시한 일들 중 하나였다….

39. Ibid.

40. J. 보드리아르 저, C. 터너 번역,《테러의 정신 *The Spirit of Terrorism*》(New York : Verso, 2002)

41. 뚜렷한 자아의식 없이 뱉어지는 '우리의 적'이라는 표현은 이상하게 들릴 수 있는데 그 말들을 내가 쓰자니 이상하다. 그러나 우리에게 적들이 있다는 것은 의심의 여지가 없다(그리고 나는 독자들이 '우리'의 경계를 그을 수 있도록 여지를 남겼다). 현 단락에서 내가 풀려고 애쓰게 될 자유주의적 관점의 오류는 우리가 그 적들을 만들었으며 따라서 우리는 그들과 '도덕적으로 동등'하다는 개념이다. 그것은 그렇지 않다. 그들의 종교 이데올로기를 분석하면 최초로 세계화를 시도하는 탐욕스런 사람에게 세계은행, 국제 통화 기금, 세계무역기구 등이 그 가능성에 대한 징후를 나타내기 훨씬 전부터 힘을 가졌더라면 칼로 우리를 내리쳤을 사람들과 우리가 지금 대치하고 있다는 사실이 드러난다.

42. N. 촘스키,《9 · 11》(New York : Seven Stories Press, 2001, p.119).

43. P. 웅거,《호화롭게 살기와 안락사 : 순결에 대한 환상 *Living High & Letting Die : Our Illusion of Innocence*》(Oxford : Oxford Univ. Press, 1996).

44. A. 로이,《전쟁 이야기 *War Talk*》(Cambridge, Mass. :South End Press, 2003, pp.84~85).

45. J. 글로버 *J. Glover*,《인간성 : 20세기의 도덕 역사 *Humanity : A Moral History*

of the Twentieth Century》(New Haven : Yale Univ.Press, 1999, p.58).

46. Ibid., p.62.

47. 정말로 의도가 기준일까? 예를 들어 원주민의 아기에게 세례주자마자 죽여서 천국으로 보낸 신세계의 기독교 선교사들에 대해서는 우리는 뭐라 말할 것인가? 그들의 의도는 명백히 선한 것이었다. 그들의 행위는 윤리적이었나? 그렇다. 개탄할 만큼 좁은 세계관의 틀 안에서 보면 말이다. 병자에게 수은을 처방해주었던 중세의 약제사는 정말로 그를 돕고자 한 것이었다. 그는 이 물질이 사람의 몸에서 하는 역할에 대해 잘못 알았던 것뿐이었다. 의도는 중요하지만 그것이 다는 아니다.

48. 자카리아,《자유의 미래 *Future of Freedom*》, p.138.

49. Ibid., p.143.

50. Ibid., p.123.

51. Ibid., p.150.

52. 로버트 카플란은 〈몰래 잡은 주도권 *Supremacy by Stealth*〉(Atlantic Monthly, 2003년 1월, pp.65~83)에서 이러한 종류의 개입은 너무나 은밀해야 하기에 예견 가능한 미래를 위해서는 미국이 그 수행을 책임져야할 것이라는 강한 주장을 했다.

53. 글로버,《인간성 *Humanity*》, p.140.

54. M. 리스,《최후의 시간 *Our Final Hour*》(New York : Basic Books, 2003, p.42).

Chapter **05**   에덴의 서쪽

1. "1971년 어느 만찬 때, 레이건은 캘리포니아 주의원인 제임스 밀스에게 '아마겟돈 전투와 예수의 재림을 위한 만반의 준비가 되었다.'고 말했다. 대통령은 제리 팔웰이 국가안전보장회의 브리핑에 참석하도록 허가했고 작가이

자 아마겟돈 주창자인 할 린제이에게는 러시아와의 핵전쟁을 주제로 최고의 국방부 전략가들에게 연설을 하도록 주선했다." E. 존슨, 〈그레이스 할셀의 예언과 정치 : 핵전쟁으로 가는 길에 선 호전적 복음주의자들 *Grace Halsell's Prophecy and Politics : Militant Evangelists on the Road to Nuclear War*〉(Journal of Historical Review 7, no. 4, 1986 겨울호)에서 인용.

2. 보다 긴 분석을 실은 책으로는 G. 고렌버그, 《최후의 날들 : 근본주의와 성전산을 위한 투쟁 *The End of Days : Fundamentalism and the Struggle for the Temple Mount*》(Oxford : Oxford Univ. Press, 2000)을 보라.

3. Ibid., p.80.

4. 〈저스틱 로이 무어의 무법 전투 *Justic Roy Moore's Lawless Battle*〉(New York Times, 2002년 12월 17일).

5. 프랭크 리치, 〈바보들을 위한 종교 *Religion for Dummies*〉(New York Times, 2002년 12월 17일).

6. www.gallup.com

7. 리치의 '종교(Religion)'. F. 클락슨의 《영원한 적개심 : 신정과 민정 사이의 투쟁 *Eternal Hostility : The Struggle between Theocracy and Democracy*》(Monroe, Maine : Common Courage Press, 1997).

8. E. 부밀러, 〈복음주의자들이 백악관 해외인권 문제들을 좌지우지하다 *Evangelicals Sway White House on Human Rights Issues Abroad*〉(New York Times, 2003년 10월 26일).

9. C. 무니, 〈W. 의 기독교 국가 *W.'s Christian Nation*〉(American Prospect, 2003년 6월 1일). 정교분리 미국연합(Americans United for Separation of Church and State)의 웹사이트도 검색해보라(www.au.org).

10. 종교 단체들에게 연방기금을 분배하는 데 대한 우려 중 하나는 그런 단체들은 나머지 비영리 조직에 적용되는 고용기회 법규에 구속되지 않는다는 점이다. 교회는 동성애자, 이혼 후 재혼자, 이인종(異人種) 커플 등을 금지할 수

있는데도 여전히 연방 기금을 받을 수 있다. 그들은 또한 전도 목적으로 이러한 기금들을 자체 활용할 수도 있다. 그 기금에 우선적인 중요성을 부여하는 것은 연방정부가 무엇이 진정한 종교이고 무엇이 아닌지를 결정하는 입장에 있음을 보여주는 것이다 – 이는 그만의 문제가 따르는 책임이 아닐 수 없다.

11. M. 다우드, 〈시련은 인내를 만드나니 *Tribulation Worketh Patience*〉(New York Times, 2003년 4월 9일).

12. W. M. 아킨, 〈국무부, 성스런 전사를 해방시키다 *The Pentagon Unleashes a Holy Warrior*〉(Los Angeles Times, 2003년 10월 17일).

13. J. 헨드런, 〈종교집단은 노골적인 대중 처벌을 원한다 *Religious Groups Want Outspoken General Punished*〉(Los Angeles Times, 2003년 10월 17일).

14. G. H. 갤럽 주니어, 《미국의 종교 1996 *Religion in America 1996*》(Princeton : Princeton Religion Research Center, 1996).

15. 폴 크루그만, 〈신앙을 가져야만 해 *Gotta Have Faith*〉(New York Times, 2002년 4월 27일).

16. A. 스칼리아, 《신의 정의와 우리의 정의 *God's Justice and Ours*》(First Things, 2002년 5월, p.17~21).

17. www.gallup.com/poll/releases/pro30519.asp.

18. 무니, 〈W.의 기독교 국가 *W.'s Christian Nation*〉

19. 2002년 6월 20일, 스칼리아는 원고 대릴 버나드 앳킨스 대 버지니아 사건에 대한 버지니아 최고재판소로의 이송명령에 반대했다.

20. 2003년 6월 26일, 스칼리아는 원고 게디스 로렌스와 타이론 가너 대 텍사스 사건의 14구역 텍사스 최고 재판소로의 이송명령에 반대했다.

21. 테드 번디(Ted Bundy : 세계적으로 유명한 연쇄살인범 – 옮긴이)는 처형 전날, 폭력적인 포르노영화들이 그의 머리에 끔찍한 생각들을 심어주었다고 주장했다. 이와 관련된 주장으로 R. 샤터크의 《금지된 지식 : 프로메테우스

에서 포르노그라피까지 *Forbidden Knowledge : From Prometheus to Pornography*》(New York : St. Martin′s Press, 1996).

22. 내가 여기서 주석을 다는 공적 자유와 사적 자유 사이에는 차이가 있다. 다른 사람들에게 불쾌감을 준다는 이유 때문에 대부분의 공공장소에서는 금지하지만 개인적으로 할 때는 아무런 죄가 없는 행동들이 수도 없이 많은 것은 확실하다. 상업용 항공기에서 다른 사람의 머리카락을 자르는 일, 애완용 뱀을 영화관에 데리고 가는 일 등은 공적인 미덕으로는 볼 수 없는 사적 자유의 사례들 중 일부이다.

23. www.cnn.com/2003/LAW/06/26/scotus.sodomy.

24. 보건위생의 관점에서 마약문제를 보는 것은 유익하다. 마약중독자들에게 깨끗한 바늘을 공급할 수 없도록 규정한 법규들은 에이즈, C형 간염, 그리고 기타 혈액으로 전염되는 질병들을 확산시켰다. 불법마약들의 순도와 용법은 사용자들이 어림짐작으로 판단하는 문제이기 때문에, 약물 중독과 과용 비율은 지나치게 높다(금주법 실시 기간 동안 알코올 중독비율이 그랬듯이). 더욱 잘못된 것은, 마약거래는 암암리에 이루어지기 때문에 마약 금지가 미성년자들이 마약을 구하기 더 쉽도록 만든다는 점이다. 통증을 다스리기 위한 마취제의 목적으로 마약이 사용되는 것을 금지하는 법들은 마지막 생을 살아가는 시한부 환자들에게 불필요한 고통을 안겨준다.

25. L. 캐롤, 〈태아의 뇌는 알코올의 악영향을 받는다 *Fetal Brains Suffer Badly from the Effects of Alcohol*〉(New York Times, 2003년 11월 4일).

26. www.drugwarfacts.com.

27. www.rand.org/publications/RB/RB6010/.

28. 이러한 사건들은 E. 슐로서의 《광기에 주목하라 : 섹스, 마약, 그리고 미국흑인시장의 저임금 노동력 *Refer Madness : Sex, Drugs, and Cheap Labor in the American Black Market*》(New York : Houghton Mifflin, 2003)에 소개되었다.

29. 모든 강력범들의 51% 가량이 2년 미만의 복역 후 석방되었으며 76%는 4년

안에 석방되었다(www.lp.org). 연방 전체로 볼 때 마약사범에 대한 평균 형량은 6년 3개월이다(마약통제정책실(the Office of National Drug Control Policy)의 마약 자료 개요(Drug Data Summary) 참고).

30. 그럼에도 불구하고 이 측량 불가능한 악의 산은 끝도 없이 높아지고 있다. 많은 국가에서, 마약 혐의로 고소만 되어도 재산을 압류당할 수 있으며 그를 고소한 사람들은 그 재산의 25%를 보상금으로 받을 수 있다. 나머지는 경찰 각 부서들에 귀속되어 예산에 충당된다. 종교재판 기간 중에도 동일한 부패(그런 과정을 '부패' 라고 말할 수 있다면)현상이 생기게 된 것은 정확하게 이런 종류의 인센티브 때문이다. 이단처럼, 고소된 마약사범은 감형을 위해 정보를 발설할 수밖에 없다. 다른 사람들을 연루시킬 수 없는(혹은 그럴 의도가 없는) 사람은 부득이하게 엄청난 처벌을 받아야 한다. 사실 정보는 너무나 귀중한 나머지 그것을 위한 암시장이 출현했을 정도다. 아무런 정보가 없는 피고들은 정보 스파이들로부터 정보를 살 수 있다(그리고 그 대가는 싸지 않다). 그 결과 경찰은 범죄보다는 재산에 초점을 맞추는 법을 알게 된다. 피고가 최종적으로 그 어떤 범죄사실에 대한 혐의가 없음이 밝혀진다 해도 재산은 압류될 수 있다. 한 조사에서 재산압류의 80%가 아무런 형사 소추 없이 이루어졌다는 사실이 밝혀졌다(www.drugwarfacts.com). 현명하기 이를 데 없는 이러한 법 때문에 손자가 마리화나를 소지했다는 이유로 80대의 노부부가 집을 잃었다. 더 많은 사례들을 보려면 슐로서의 《광기를 주목하라 *Refer Madness*》를 참고하라.

약물과의 전쟁은 우리의 시민으로서의 자유를 상당부분 침식한 것이 사실이다. 특히 이 이길 수 없는 전쟁을 수행하기 쉽도록 만들기 위한 시도의 일환으로 수색과 압수, 사전 심리 면제, 재판소 판결 결정권에 대한 기준들은 모두 개정되었다. 마약사범들은 지방, 주, 그리고 연방의 관할에 놓이기 때문에 같은 범죄에 대해 몇 번이고 재판 받을 수 있다. 첫 재판에서는 무죄가 인정되지만 이후 판결에서는 종신형을 받을 수도 있다. 의회 의원들은 마약을 판매하다 잡힌 사람에게 사형을 적용하기 위한 법안을 한 번 이상 제출한 적이 있었다. 다른 국가의 마약 공급을 근절하기 위한 미국의 시도가 그 나라 국민의 자유를 위협해왔다는 사실도 놀라울 것 없다. 라틴 아메리카에서 미국은 지칠 줄 모르는 인권 파괴자의 역할을 톡톡히 해내고 있다(인권감시단(Human Rights Watch)의 웹사이트를 보라. www.hrw.org).

환경적인 관점에서 보는 '약물과의 전쟁' 조차도 길조를 발견할 수 없다. 제초제 분사는 우림 파괴는 물론 식수 오염, 주요 식량과 인명의 피해까지 유발한다. 미국 정부는 국내의 대마초나 해외의 코카나무 및 양귀비꽃을 공격할 수 있는 유전자 조작된 '킬러 균(killer fungus)'의 사용 승인을 최근 시도했다. 환경에 대한 우려 때문에 당장은 사용되지 않고 있다(www.lindesmith.org를 보라).

31. ONDCP(마약통제정책실)가 발간한 〈마약 자료 개요 *Drug Data Summary*, 2003년 3월〉에서 인용함. 마약과의 전쟁은 인종 차별의 강력한 엔진이 되었는데 이는 미국 인구의 12%와 마약 복용자의 13%만 차지하고 있는 흑인이 체포된 마약범의 38%, 유죄 판정의 59%나 차지하고 있기 때문이다. 미국 마약법은 흑인 사회에 아버지 없는 아이들을 양산시키는데 기여하고 있으며 이는 - 마약거래로 생기는 이익과 그에 따른 범죄행위와 함께 - 미국 도시들을 쑥대밭으로 만들었다. www.drugwarfacts.com을 보라.

32. Ibid.

33. M. S. 가자니가는 〈마약의 적법화 : 예 라고만 말하라 *Legalizing Drugs : Just Say Yes*〉 (National Review, 1995년 7월 10일. pp.26~37)에서 이와 유사한 추정을 했다. 당연히 비용은 시간에 따라 불어날 뿐이다.

34. W. F. 버클리 주니어, 〈마약과의 전쟁에서 졌다 *The War on Drugs is Lost*〉 (National Review, 1996년 2월 12일).

35. www.lindesmith.org.

36. 술이나 담배 거래를 망쳤다는 이유로 살인사건이 일어나는가? 우리는 정부

가 마약의 정당성을 법률로 인정할 때 마약에 대해서도 이 같은 정상 상태가 가능해짐을 확신할 수 있다. 현대의 '마약과의 전쟁' 초기에 경제학자인 밀턴 프리드먼은 '마약을 적법화하는 것은 범죄를 줄임과 동시에 법 단속의 질을 높이는 것'이라고 생각했다. 그는 독자들에게 '법과 질서의 장려에 큰 몫을 할 다른 조치가 있으면 생각해보라'고 주문했다(프리드먼, 〈금지와 마약 *Prohibition and Drugs*〉(Newsweek, 1972년 5월 1일)). 30년의 실정(失政)이 남긴 진실은 마약거래와 관련된 범죄행위는 미국의 마약법 그 자체가 낳은 피할 수 없는 결과들이라는 점이다.

37. 미국정부에 의하면 공식적으로 테러 조직으로 분류된 28개 단체 중 12개는 대체로 마약 밀매로 재정을 충당한다. www.theantidrug.com/drugs_terror/terrorgroups.html.를 보라.

38. S. 웨인버그, 〈영광이 무슨 소용인가 *What Price Glory*〉(New York Review of Books, 2003년 11월 6일. pp.55~60).

39. 약물 판매의 규제가 풀리고 적법을 인정받으면 미성년자들의 복용을 효과적으로 막을 수 있고(교정에서 보드카를 팔다가 잡힌 학생이 있었던가?), 조직적인 범죄를 뿌리 뽑으며, 수백억 달러에 이르는 단속 비용을 줄이고, 판매 세금에서 새로이 수십억 달러의 추가수입을 얻을 수 있으며, 수만 명의 경찰관들을 강력사건이나 테러행위 임무에 전념하게 할 수 있게 만든다 해도, 이 모든 어리석은 행동들은 없어지지 않는다. 예상되는 그 모든 이익들에 반해 약물을 적법화하는 것은 약물 복용과 중독을 조장할지도 모른다는 두려움이 있다. 미국과 네덜란드 같은 나라들을 비교해 보고 상식적으로 생각해보면 그 두려움은 근거 없는 것임이 드러난다. 불법 약물을 복용한 적이 있다고 추정되는 1억 800만 명의 미국인들 중 1억 명 이상이 증명하듯 중독은 단순한 복용과는 엄연히 구별되는 현상으로, 복용자는 중독되지 않기 위한 좋은 정보만을 얻은 것으로 그친다. 물론 중독자들은 치료가 필요한 사람들이지만 그들을 위한 충분한 자금이 현재로선 부족한 상태다.

이는 약물(합법 약물과 불법 약물 모두)을 복용해 본 사람들 중 소수의 사람은 그것으로 인해 삶이 철저하게 파괴되었다는 사실을 부정하자는 것은 아니다. 우리는 이 문제가 두 단계의 심각성, 즉 '오용'과 '중독'을 내포하고 있다고 본다. 그러나 약물을 복용한 대부분의 사람들은 그것들을 오용하지 않으며 오용자의 손안에 들어갔다 하더라도 불법 약물들이 즉시 중독의 원천이 되지는 않는다(마리화나, LSD, 실로시빈, 메스칼린 등). 약물이 중독성을 갖고 있다는 것은 그것에 대한 내성이 생기고(따라서 동일한 효과를 얻기 위해 지속적으로 복용량을 늘리고) 중단 시 금단현상이 나타난다는 뜻이다. 다른 사람들이 그러한 생화학 현상의 노예가 될지도 모른다고 선량한 사람들이 걱정하는 이유를 알기란 어려운 일이 아니다. 아편과 그 추출물(헤로인과 모르핀)들이 이와 같은 대표적인 마약들이지만, 니코틴과 알코올 역시 같은 취급을 당할 수 있다(사용법에 따라서). 그러나 미국 법에 의하면 금지 약물들을 복용하는 사람들 – 기능장애 여부와 중독자 여부에 상관없이 – 은 모두 범죄자로 간주되며 국가에 의해 체포, 투옥, 재산압류, 그리고 기타 형태의 처벌을 받는다.

미국의 마약 정책은 효과적인 물질들의 구분은 애매하게 하면서 생물학적으로 즉효성을 보이는 물질들 간에는 임의적이고 기만적인 구별들을 만들어냈다. 마약의 복용이 사람들에게 치명적인 결과를 안겨줄 수 있다는 사실에는 의심의 여지가 없다. 그러나 거의 모든 상품들에 대해서 같은 이야기가 가능하다. 과식만으로도 사람은 죽을 수 있다. 2003년 질병통제센터(Centers for Disease Control)는 비만을 미국 공공보건의 가장 큰 문제로 꼽았으나 치즈햄버거 섭취를 규제하기 위한 새 형법이 만들어져야 한다고 생각하는 사람은 거의 없다. 마약이 문제인 곳의 해결책은 투옥이 아니라 보다 나은 교육과 보건이다. 이러한 문제들에 대해 이성적인 토론이 불가능한 사람들을 공공생활에서 관찰해보면(존 애쉬크로프트로부터 시작해서 자신의 사례까지 생각해보면) 종교적인 믿음은 그들에게 세상에 대한 지식을 제공하지 못하고 있다는 사실을 알게 될 것이다.

40. 예를 들자면 D. 카네만과 A. 트베르스키가 쓴 〈인지 환상의 실체에 대하여 *On the Reality of Cognitive Illusions*〉(Psychological Review 103, 1996, pp.582 ~591).

41 〈에이즈에 대한 잘못된 믿음 *Misguided Faith on AIDS*〉(New York Times, 2003년 10월 15일).

42. N. 크리스토프, 〈군자인 척 하는 태도가 망쳐놓는 것 *When Prudery Kills*〉(New York Times, 2003년 10월 8일).

43. Ibid.

44. 크리스토프는 또한 아인슈타인의 유명한 주장인 '종교 없는 과학은 절름발이고, 과학 없는 종교는 장님이다.'에 대해서도 아인슈타인은 종교적 맹신에 대한 존중을 주장했다는 잘못된 해석을 내린다. 종교 없는 과학이 절름발이인 이유는 단지, '과학은 진리와 지식에 대한 열망으로 가득한 사람들만에 의해 창조될 수 있는데 그 감정의 원천은 종교적 국면으로부터 나오기 때문이다.' 과학 없는 종교는 종교가 진리에 접근할 수 없기 때문에 장님이다. 아인슈타인에게 그 자체가 과학적으로 정당화될 수 없는 것은 다름 아닌 이러한 '감정의 원천', 뭔가 위대한 것에 대한 추구였다. 따라서 이성이 음식이면 신앙은 배고픔에 불과하다. 아인슈타인은 신앙을 지성인들이 세계의 문제들을 해결하러 멀리 나간 사이 성전을 지키기 위해 남겨진 환관에 다름 아니라고 생각했던 것 같다. 지식을 갈구하는 아무런 열정 없이도 종교는 생길 수 있다고 주장함으로써 아인슈타인은 종교에게서 교리의 진리를 앗아갔다. 그렇게 함으로써 또한 종교가 잘못을 저지를 능력까지 앗았다. 이는 복음주의자들이나 기타 종교 신자들이 실천해온 믿음이 아니다. 아인슈타인이 쓴 《생각과 의견 *Ideas and Opinion*》(New York : Wings Books 1954, pp.41~49)을 보라.

1. N. 데이비스, 《유럽 : 역사 *Europe : A History*》(Oxford : Oxford Univ. Press, 1996, p.543).

2. 행복과 윤리 간의 이러한 결합은 단순한 공리주의(최대다수의 최대행복을 규범으로 하는 이론 – 옮긴이)의 인정은 아니다. 공리주의적 분석을 면한 윤리적 질문들이 있겠지만 그것들은 그 문제들 때문에 고통 받는 모든 사람들의 고통의 정도까지만 윤리학의 문제들일 것이다.

   나는 모든 윤리학의 틀을 이루는 도덕 이론 – 가장 흔한 것으로 공리주의(혹은 결과주의)와 의무론 – 의 범주는 피하기로 했다. 나는 그러한 범주들이 문헌에 편재하다는 사실이 알려주는 만큼이나 그것들이 개념적으로 구별된다거나, 유용하다고는 생각하지 않는다.

3. 이러한 행동들은 더 미묘한 방식으로 타인을 '희생시킨다' 는 주장도 가능할 것이다. 그런 강제적인 주장이 존재한다 해도 나는 그것에 대해 모른다. 그런 행동과 누군가의 행복 사이의 관계에 대해서는 확실히 말할 것들이 있지만, 그것은 타인의 행복 또한 관련되어 있을 때만이 윤리의 문제가 된다.

4. J. 브로크만이 편집한 《다음 50년 *The Next Fifty Years*》(New York : Vintage, 2002)에 실린 M. H. 하우저의 '교환 가능한 마음 *Swappable Minds*' .

5. B. 러셀, 《왜 나는 크리스천이 아닌가 *Why I Am Not a Christian*》(New York : Simon and Schuster, 1957, vi).

6. 이러한 생각은 욥을 연구한 칼 융의 유명한 저작물 《욥을 향한 대답 *Answers to Job*》(R. F. C. 헐 번역, Princeton : Princeton Univ. Press, 1958)의 핵심 사상이 되었다.

7. 인간들에게 자유의지가 주어졌다는 믿음은 '죄' 에 대한 우리의 개념과 '인과응보의 정의' 라는 재판의 개념 둘 다를 떠받치고 있다. 이는 자유의지를 철학적인 관심을 초월하는 문제로 만든다. 자유의지 없이는 죄인은 단지 잘못 맞

쳐진 태엽장치에 불과할 것이며 그들에 대한 처벌(복권이나 단순한 견제 말고)을 강조하는 그 어떤 정의에 대한 개념도 그야말로 모순이 될 것이다. 다행히도 우리는 어떤 사람의 행동을 그가 설명할 수 있도록 하기 위해 혹은 우리 스스로 행동을 취하기 위해 그의 입장을 인과적 질서(causal order)에 맞추어야 한다는 환상은 가질 필요가 없음을 알게 될 것이다. 우리는 그 어떤 명백한 인지적 환상에도 굴복함 없이 윤리학의 확실한 근거와 법의 규칙을 발견할 수 있을 것이다.

자유의지는, 그 존재를 증명할 신체적 정신적 사건들이 일어날 수 있는 방식을 설명한 사람이 없기에 개념적으로 일관성을 부여받을 수 없다는 점에서 환상 이상(혹은 이하)의 것이다. 대부분의 환상은 이보다는 엄격한 특성들로 이루어진다. 예를 들어 어떤 사람이 때운 이가 라디오 방송을 수신한다고 믿거나, 그의 누이가 외모가 비슷한 외계인과 바뀌었다고 믿는다면, 그의 믿음이 참이 되기 위해서 세상의 무엇이 진실이어야만 하는지 우리가 일일이 설명하느라 힘들 필요가 없을 것이다. 이상하게도 우리의 '자유의지' 라는 개념에는 그러한 명료함이 결여되었다. 하나의 개념으로서 그것은 사실적인 설명이 가능하지도 않을 뿐더러 논리적인 근거조차 전혀 없다. 심술궂고 냄새 고약한 장미처럼 아무리 우리가 가까이 다가가 그 아름다움을 즐기려 해도 그것은 모순만을 나타낼 뿐이다.

물론 자유의지라는 개념은 과학자들 사이에서, 떳떳하지는 못해도 종종 관심이 표출된 한 주제임은 물론 고대 철학의 유물이다. 예를 들자면 M. 플랑크의 《과학은 어디로 가고 있는가? *Where Is Science Going?*》(1933, 1981년 2쇄, J. Murphy 번역 및 편집, Woodbridge, Conn. : Ox Bow Press), B. 리베트의 〈우리에게는 자유의지가 있는가? *Do We Have Free Will*〉(Journal of Consciousness Studies 6, nos. 8~9, 1999, pp.47~57), S. A. 스펜스와 C. D. 프리스의 〈의지의 기능적인 해부를 향해 *Towards a Functional Anatomy of Volition*〉(Ibid., pp.11~29), A. L. 로스키스의 〈네, 그런데 나는 자유롭나요? *Yes, But Am I Free*〉(Nature

Neuroscience 4, 2001, p.1161), 그리고 D. M. 웨그너의 《의식적 의지의 환상*The Illusion of Conscious Will*》(Cambridge : MIT Press, 2002) 등이 있다. 그러나 원인과 결과의 관점에서 이루어지는 의지에 대한 설명은 우리로 하여금 도덕적·논리적 틈새로 빠져버리게 만드는데, 왜냐하면 우리의 의지는 그보다 앞선 원인에 의해 결정되기에 혹은 우연의 산물이기에 우리는 그에 대한 책임이 없기 때문이다. 자유의지라는 개념은 특히 우리가 뇌에 대해 생각하기 시작할 때 의심스럽게 보일 것이다. 만약 대통령을 저격하겠다는 어떤 사람의 '선택'이 특정한 신경활동으로 인해 결정된다면, 그리고 이 신경활동이 이보다 앞선 원인들의 산물 – 불행한 유년기, 나쁜 유전자, 우주선(cosmic ray : 宇宙線) 충격 등이 낳은 불운한 우연의 일치 – 이라면, 그의 의지가 '자유롭다'는 말이 뜻할 수 있는 것은 도대체 무엇이란 말인가? 자유의지가 정신과 뇌의 결정론, 비결정론적 설명 모두와 '양립'하게 되기를 추구했던 많은 철학자들의 현명한 노력에도 불구하고 이 과제에 희망이라곤 없어 보인다. 분석이 필요한 하나의 문제로서 자유의지의 지속은 대부분의 우리는 우리가 자신의 행동과 주목 행위를 자유롭게 만들어내는 주체라고 느낀다는 사실에서 연유한다(이 개념을 논리적 혹은 과학적 조건으로 이해하는 것이 아무리 어렵다 해도). 자유의지는 추상적인 개념으로서 전도가 유망하다는 이유로 자유의지의 존재를 즐겨야겠다고 마음을 바꾼 사람은 아무도 없었다고 말하는 편이 맞다.

물리학적 조건에서 모든 행동은 비인격적인 사건들의 영향이 단순히 전달되는 총체적인 모습이라고 간단히 말할 수 있다. 유전정보가 전사되고, 신경전달물질이 수용기와 결합하며, 근육섬유들이 수축하면 범인은 방아쇠를 당긴다. 우리의 대리인에 대한 상식적인 개념이 갖춰지기 위해, 우리 행동들이 단순히 우리의 생물학 작용, 조절반응, 혹은 그 행동들을 예고하는 모든 것들이 낳은 정당한 산물만은 될 수 없다. 그럼에도 불구하고 우리의 행동들이 그러한 인과적 네트워크로부터 실제로 분리된다면 그 행동들은 정확히 우리가 그 책임을 주장할 수 없는 것들이 되어버릴 것이다. 수십 년 동안 신경이나 신경

구성요소의 수준에서 양자 진행의 비결정론이 인과적 질서로부터 자유로워질 수 있는 정신생활의 한 형태를 생산할 수 있는 방법을 성찰하는 것이 유행이 되었지만, 그러한 성찰은 당면한 문제에는 전혀 직접적인 영향을 끼치지 못한다. 우연이나 양자 가능성에 의해 지배되는 비결정적 세상은 만물에 대한 끊임없는 스케치 이상의 자치권은 인간의 대리인에게 허락하지 못할 것이기 때문이다. 우선하는 모든 원인들로부터의 실제적인 독립과 마주칠 때 모든 몸짓들은 "어떻게 된 건지 난 모르겠어요."라는 주장을 하는 것처럼 보인다. 이러한 딜레마 위에서 자유의지 애호가들은 한 사람의 도덕적 책임에 대한 직관에 인과관계에 대한 염려를 면제해주려는 시도로 예리한 철학적 언어들을 종종 사용한다(G. 왓슨 *G. Watson*이 편집한 《자유의지 *Free Will*》(Oxford : Oxford Univ. Press, 1982)안에 실린 에어, 치즘, 스트로슨, 프랑크푸르트, 데네트, 왓슨을 보라). 인과적 질서 안에서는 그 여지를 발견할 수 없다 해도, 철학 및 과학 문헌에서 자유의지라는 개념에는 여전히 상당한 존경이 부여되고 있다. 정신은 뇌의 작용에 철저히 좌우된다고 믿는 과학자들조차도 그렇다.

대부분의 사람들이 간과하는 것은 자유의지는 그 어떤 주관적 사실과도 일치하지 않을 거라는 점이다. 결과적으로 의지의 명백한 행위들은 그저 동시에 발생하며(원인이 있든 없든 혹은 개연성의 경향이 있든 아무런 차이가 없다) 의식의 흐름 속에서 그 근원의 한 지점을 찾을 수는 없기 때문에 엄격한 성찰마저 물리학 방정식처럼 자유의지에 적대적이 되어버린다. 독자들도 잠깐만 진지하게 생각해보면 나의 다음 생각을 쓰는 주체는 내가 아니듯 그 자신도 다음에 드는 생각을 만들어내는 주체가 아님을 깨달을 것이다.

8. 미래 세대들을 위해 돌들을 보존해야한다는 윤리적 의무감을 가질지도 모르겠지만, 이는 다른 사람들에 대해 가지는 의무감이지 돌들 그 자체에 대한 의무감은 아니다. 한 생명체가 의식이 있다는 것과 '언급된 생명체가 된다는 것의 느낌'과의 방정식은 《Mortal Questions》(Cambridge : Cambridge Univ. Press, 1979)에 실린 T. 네이절이 쓴 '박쥐가 된다는 것 *What Is Is like to Be a*

*Bat'*에 나와 있다.

9. 즉 그들은 현상학적 의미에서 고통을 느끼지 못한다는 뜻이다. 데카르트도 동물들은 특정한 자극을 피할 수 있음을 알 수 있었지만 동물들이 그렇게 하도록 만드는 무언가가 있다고는 생각하지 못했다. 그의 실수는 하나의 진실에 기반을 두고 있다. 즉, 어떤 사물이 의식이 없는데도 의식이 있는 것처럼 보일 수 있다(예를 들어 튜링 테스트를 통과해도 어떤 물리체계가 실제로 의식이 있는지 없는지를 말해주지는 못한다. 그것은 그저 그럴 가능성이 있다는 외부로부터의 생각을 우리에게 남겨줄 뿐이다)는 점이다. 행동주의는 의식이 있는 것처럼 보이는 것은 의식이 있다는 교리나 마찬가지다. 숨어 있는 진실이 단 한 알이라도 여기에 있다면 나는 그걸 찾아야 할 것이다.

10. J. M. 매슨과 S. 맥카시의 《코끼리가 눈물을 흘릴 때 : 동물들의 감정생활 *When Elephants Weep : The Emotional Lives of Animals*》(New York : Delacorte Press, 1995, p.18)에서 인용함.

11. 여기서 그 경계는 명확해야 한다. 침팬지가 된다는 것은 어떤 것인가? 우리가 침팬지들의 경험에 대해 자세히 안다면 그들에 대한 가장 전통적인 용도인 연구의 목적으로 사용하는 것조차 비양심적이고 잔인하게 보이기 시작할 것이다. 침팬지들 중 하나와 입장을 바꿀 수 있다면 우리는 호기심을 충족하기 위한 목적으로 그들의 몸에 손대는 것은 물론 침팬지 형제나 자매 한 쌍을 떼어놓는 일조차 더 이상 윤리적이라고 생각할 수 없게 될 것이다. 여기에 우리가 발견해야 할 문제를 보여주는 사실들이 있음을 되풀이하여 강조하는 것은 중요하다. 우리가 그것들을 발견하기에 충분한 방법들을 마련하든 그렇지 않든 상관없이 말이다. 도살자 앞에 끌려가는 돼지들은 공포와 유사한 감정을 느낄까? 그것들은 예의바른 사람들이라면 감각이 있는 다른 생물에게 고의적으로 가하지 않는 그런 종류의 공포를 느낄 것인가? 현재로서 우리는 전혀 알 길이 없다. 우리가 아는 것(혹은 알아야 할 것)이라고는 우리의 현재 관습들을 생각할 때 이 질문에 대한 대답은 심오한 의미들을 함축

할 수 있다는 점이다.

이 모든 것은, 우리의 동정심과 윤리적 책임감은 한 생물의 가능성 있는 현상학(본체의 현상을 연구하는 학문 – 옮긴이)에 대해 갖는 우리의 느낌을 따라간다는 사실을 말한다. 결국 동정심은 고통에 대한 반응이며 따라서 고통을 견디는 생물체의 능력은 중요하다. 파리가 '의식'이 있는가 없는가는 핵심이 아니다. 윤리적으로 중요한 질문은 바로 '그것은 무엇을 의식할 수 있을까?' 하는 것이다.

동물들이 의식적인 정신 상태를 갖고 있는지에 대한 의문에는 너무나 많은 잉크가 엎질러졌다. 어떤 동물의 경험은 우리 자신의 경험과 어떻게 그리고 어느 정도로 다른지를 질문하는 것은 합당하지만(침팬지의 마음 상태는 다른 침팬지의 영향을 받는가? 개는 거울 속의 자신을 알아보는가?), 인간이 아닌 동물들이 모두 의식의 경험을 가지는가에 대한 의문이 실제로 존재할까? 그렇지 않다고 말하고 싶다. 그 사실에 대한 우리의 의심을 해결할만한 충분한 경험적 증거가 있기 때문이 아니라 단지 그러한 의심은 비합리적이기 때문이다. 만약 우리가 효과적인 가설로 추정한다면 그 어떤 실험도 다른 인간들이 의식적 경험을 갖고 있음을 입증해주지 못한다는 것은 사실이다.

과학적 근거에 대한 인색함의 문제가 여기서 대두된다. 인색함에 대한 흔한 오해는 동물들의 정신에 대한 설명을 늘 빈약하게 한다. 의식 상태나 정신 상태의 개념에 의지하지 않고 개의 행동을 설명할 수 있다는 것은 그렇게 하는 것이 더 쉽다거나 낫다는 뜻이 아니다. 그렇지 않다. 사실 사람의 뇌는 그렇지 않은데 왜 개의 뇌(대뇌피질 등)는 의식을 갖지 못하는가를 설명하는 것은 우리에게 큰 부담이다. 침팬지가 의식이 있다는 데 회의적인 입장은 이 점에서 훨씬 불리하게 보인다. 다른 동물에게도 의식이 있다는 사실을 보류하는 쪽에 치우치는 것은 과학적 의미에서 전혀 빈약한 입장이 아니다. 그것은 실제로는 불필요한 이론의 확산을 수반한다. – 심각하게 받아들여질 경우 유아론(唯我論 : 실재하는 것은 오직 자아와 그 의식뿐이며 다른 것은 자아에 대한 현상에 지나지 않는다는 이론 – 옮긴이)이 그렇듯이. 다른 인간들이 나처럼 의식이 있다는 사실을 나는 어떻게 알 수 있을까? 철학자들은 이것을 '다른 정신(other minds)' 이라고 부르는데, 한 번 심각하게 받아들여지면 이 문제는 조금의 만족에 대한 여지도 주지 않기 때문에 그것은 일반적으로 이성이 갇히는 수많은 막다른 궁지 중 하나로 인정된다. 그러나 우리는 그걸 심각하게 받아들일 필요가 있을까?

처음 보면 유아론 다른 모든 사람들도 마음을 갖고 있는 것처럼 보이는 이유를 그들의 행동과 물리적 구조가 다소간 나의 것과 동일하긴 하지만 나는 여전히 독특한 의식을 갖고 있는 이유를 설명하려는 시도를 하기 전까지는 빈약한 입장으로 보인다. 때가 되면 그것은 자신이 전혀 빈약한 이론이 아님을 드러낸다. 다르게 가정하는 것(즉, 유아론을 진지한 가설로 받아들이는 것)은 좀비의 행동을 설명하라는 매우 무거운 짐을 부과하는 것과 같다는 사실은 별 문제로 하고 다른 인간의 마음이 존재한다는 데 반론은 없다. 악마는 유아론의 세부 내용 안에 있다. 악마의 고독이 이해되기 위해서는 세련되지 못한 강력한 이론화가 필요하다. 그러한 견해를 변호할 때 무슨 말을 하든지 간에 그 말은 조금도 '빈약하지' 않다.

인간의 뇌를 정신이 사는 유일무이한 섬으로 만드는 그 어떤 견해에도 같은 비난이 적용될 수 있다. 만약 우리가 '빈약' 하다는 이유로 침팬지가 의식적인 감정 상태를 보유하고 있음을 인정하지 않는다면 우리는 그러한 상태가 우리 자신에게 인식되는 경위 뿐 아니라 명백한 정서의 표현으로 침팬지가 하는 행위의 다수가 그렇게 보이지 않는 이유를 설명해야만 한다. 신경과학자에게는 각각의 감정 상태의 존재와 비존재를 설명하는, 인간과 침팬지 뇌의 차이를 발견하는 임무가 갑자기 할당된다. 동물행동 관찰학자는 화난 침팬지가 보이는 명백한 분노처럼, 한 생물체가 아무 감정 없이 라이벌 중 하나를 맹렬히 공격하는 이유를 설명해야만 할 것이다. 아무 것도 존재하지 않는 곳에 경험주의적 문제들을 만들어내는 철학 교리의 한 표본이 있다면,

바로 이것이다.

12. 도덕적 인지에 대한 인지 신경과학 분야의 최근 연구를 알려면 W. D. 케이스비어가 쓴 〈도덕적 인지와 그 신경 요소 *Moral Cognition and Its Neural Constituents*〉(Nature Reviews Neuroscience 4, 2003, pp.840~846)를 보라. 이 분야의 연구에서 어떤 강력한 결론을 이끌어내기에는 너무 이르다는 것이 확실하다.

13. 도덕과 윤리―나는 이 두 용어들을 서로 대체할 수 있는 말로 사용 한다―에 대해서는 광범위한 문헌들이 있지만 '첫 번째 철학'임을 자부하는 대부분의 작가들이 그렇듯 나는 이 책에서 쓸 만한 용도는 많이 발견하지 못했다. 윤리의 문제들을 고려할 때, 나는 우리가 지나간 철학의 과거의 창고를 뒤지기 전에 상식이라는 자원들을 다 고갈시켜야 한다고 생각한다. 이러한 점에서 나의 직관은 애매하게 칸트적이기에 그 어떤 철학자만큼이나 칸트를 피하게 된다. 문제를 이런 식으로 처리하는 태도―다른 사람들을 전문성이 주는 곤경에 빠뜨린 곳에서 '상식'을 써야한다고 주장하는―는 어떤 독자들이 묻고 싶어 할 많은 문제들에 대한 답을 피하는 것이다. 참으로 어떤 사람의 상식이 다른 사람에게는 원죄의 후보가 된다. 내가 윤리의 영역에 한계를 그은 방식 또한 특유하기에, 결과적으로 나의 설명은 사람들이 이 주제에 절대 필요하다고 생각하는 관심사들의 일부를 포착하는 데는 실패할 것이다. 내가 생각할 수 있는 한 이것은 내 접근법의 약점이라기보다는 그 장점들 중 하나인데 그 이유는 도덕의 황무지를 그린 지도는 다시 그려져야 한다고 나는 믿기 때문이다. 도덕, 법, 그리고 정치 간의 복잡한 상호관계는 당분간 논외로 할 것이다. 이러한 영역들이 확실히 겹쳐지는 부분이 있지만 서로에 대해 미치는 상호(그리고 정정당당한) 영향에 대한 분석은 이 책이 다루는 범위가 아니다.

14. 수렴이 필수적인 정도를 증명한 사람들만 '적합하다'고 간주될 것이기에 여기에는 순환이 숨어 있다. 그러나 이 순환은 윤리학에 국한되지도, 하나

의 문제도 아니다. 우리가 사람들의 견해를 심각하게 받아들이기 전에 그들에게 현재의 이론에 대한 지식을 입증하라고 요구하는 것은 세계에 대한 우리의 지식에 혁신이 불가능하다는 뜻은 아니다.

15. C. 히친스, 《사랑하는 엄마 *Mommie Dearest*》(Slate, 2003년 10월 20일, slate.msn.com).

16. R. 로티, 《지식을 대신하는 희망 : 철학에서의 실용주의 전통 *Hope in Place of Knowledge : The Pragmatics Tradition in Philosophy*》(Taipei : Institute of European and American Studies, Academia Sinica, 1999, pp.90~91).

17. 윌리엄 제임스는 실용주의의 아버지로 간주된다. 그가 찰스 샌더스 페어스의 철학을 확장시켰다고 볼 것인지 아니면 완전히 망쳤다고 볼 것인지는 해결되지 않은 문제 - 그의 정신 절반만 참고하면 양쪽의 견해 전부에 해답을 줄 수도 있는 - 로 남아 있다. 이 위인이 엄청난 자가당착을 저질렀다는 데는 의심의 여지가 없다. 조지 산타야나의 말대로, "(제임스를) 놀라운 위인으로 칭송하는 미국의 태도는 그가 그 길에서 어디로 갔는가는 아랑곳하지 않는, 그가 시작한 길 자체가 주는 환희에 의해서 정당화된다."(《인물과 장소 Persons and Places》(Cambridge : MIT Press, 1963, p.401)) 나는 원칙적으로, 실용주의를 다른 어떤 비평가나 애호가보다도 명확하고 조리 있게 설명한 리처드 로티의 작품에 근거하여 실용주의의 특성을 찾았다.

18. 진실이 아닌 효용에 대한 이러한 강조는 쉽게 모방되고 오해될 수 있는데, 윌리엄 제임스가 1898년에 캘리포니아 대학 철학 연합에서 한 연설에서 최초로 실용주의의 원칙을 발표한 이래로 그러했다. 버트런드 러셀이 그의 저서 《서양 철학 역사 *History of Western Philosophy*》에서 풍자했던 낙관적 사고의 어리석음 - 눈에 보이는 모든 사람을 에벤에셀 윌크스 스미스라고 부르는 것이 유익하다고 믿는 빗나간 실용주의자의 이야기 - 과는 정반대로 세밀한 모든 것들이 다 표현되었을 때 실용주의는 모든 종류의 양식(良識)과 동일하게 보일 수 있다. 여러분은 한 시간 후에 제임스가 성공적인 이론이

되기 위해 묘사해놓은 국면들 사이를 질주하는 자신의 모습을 쉽게 발견할 수 있다. 처음에 그것은 우스꽝스럽게 보일 것이다. 그러다가 진실하지만 사소하게 보이는 것 같더니 어느 샌가 너무나 중요한 나머지 처음부터 그것에 대해 알고 있었다고 말하고픈 충동을 느끼게 될 것이다.

19. P. 버만, 《테러와 자유주의 *Terror and Liberalism*》(New York : W. W. Norton, 2003, p.171).

20. 사실주의는 실재하는 논리가 아니라 인식론상의 입장임에 주목해야 한다. 이것은 철학에서 늘 혼란을 일으키는 근원이다. 예를 들어 사실주의는 이상주의와 주관주의 그리고 정신에게 창조의 지배라는 상당한 역할을 부여하는 것 같은 물리과학(양자 기계학에 대한 보어 *bohr* 의 해석처럼)의 발전과는 반대라고 생각된다. 그러나 달을 쳐다보는 사람 없이는 달이 존재하지 않는다는 것은 여전히 사실적인 진실이다(그것이 세계가 돌아가는 방식임을 아는 사람이 있든 없든 그것은 진실일 거라는 점에서). 사실주의가 명확한 특성을 갖고 있다고 말하는 것이 이 특성은 우리 모두가 알 수 있어야만 한다거나, 제멋대로 변덕부리지 않는다거나, 혹은 의식과 생각이 그것을 규정함에 있어 일정한 구조적 역할을 담당하지 않을 거라고 말하는 것은 아니다. 만약 물리학자가 눈을 깜박일 때마다 실체가 매번 그 색깔을 바꾼다 해도 이는 여전히 사실적인 진실일 것이다.

21. 오늘날 그 옹호자를 별로 찾아볼 수 없는 단순한 사실주의가 있다. 우리 대부분은 열 개의 손가락과 열 개의 발가락을 가지고 태어나고 철학의 순결함 속에서 영속할 거라는 세계관이다. 그러한 사실주의는 세상은 어느 정도 상식대로 흘러간다고 생각한다. 탁자와 의자는 실제로 3차원의 물리적 공간에 존재하고, 풀은 초록색이며, 하늘은 파랗다. 만물은 원자로 이루어졌고 모든 원자는 더 작은 미립자로 빽빽이 차있다. 기본적인 입장은 우리의 감각들은 그 확장 ─ 망원경, 현미경 등 ─ 에 따라 있는 그대로의 우주의 사실들을 우리에게 전달하기만 한다는 것이다. 세상을 헤쳐 나가기 위해 없어서는 안 될

방법론이지만 이것은 현재의 과학, 철학 이론들을 구성하고 있는 것은 아니다. 철학적인 사실주의자들이 현재 인정하는 형태의 사실주의 또한 아니다. 실용주의에 대해 설득력 있는 반대를 펼치는 토마스 네이절은 《최후의 말 *The Last Word*》(Oxford : Oxford Univ. Press, 1997, p.30)에서 우리에게 사실주의에 의해서만 적절하게 설명될 수 있다고 느끼는 세 가지 명제들을 제시한다.

① 세상에는 우리가 절대로 알 수 없고 찾아낼 수도 없는 많은 진리들이 존재한다.
② 우리 믿음 중 일부는 거짓인데 그러하다는 사실은 절대로 발견될 수 없을 것이다.
③ 하나의 믿음이 참이라면 아무도 그것을 믿지 않아도 참이다.

로티 같은 실용주의자는 이러한 방식의 설명은 알기 쉽고 명료하다고 인정함과 동시에, 그것은 그저 화법의 한 방식이라고 주장하면서 '진리' 같은 단어들을 광범위한 의미로 해석함으로써 이와 같은 모든 주장을 그의 실용주의 속으로 옮겨놓고 나서는 그의 기본 명제로 급선회해버리고 말 것이다. '물론 우리는 이렇게 말할 수 있지만 사물의 본질을 아는 것은 그것이 언급되어진 방식의 역사를 아는 것에 불과하다.' 만약 말놀이를 하는데 이해받기 위해 '진리' 같은 단어들을 사용하려 하는 사람이 있다면 그는 "산에 대해 말하는 사람이 있기 전에 산은 주위에 있었다." 같은 주장들에 대해 동의해야 한다는 사실을 시인함으로써, 이 실용주의자는 우리의 사실적 직관들을 보존하려는 노력을 한다. 그러나 그는 그러한 주장의 '진리' 는 우리의 공통적인 합의의 문제일 뿐이라는 말을 덧붙이는 것도 주저하지 않을 것이다.

22. J. 하버마스, 《의사소통의 어용론(語用論)에 관하여 *On the Pragmatics of Communications*》(M. Cooke 편집, Cambridge : MIT Press, 1998, p.357).

23. 지식의 실용주의적 해석에 관련된 모든 특성들을 우리 앞에 차려놓기 위해
서는, 도널드 데이비슨의 작품을 간략하게 살펴보는 것이 유익할 것이다.
데이비슨은 철학계에서 매우 영향력 있는 인물로 정신과 의미에 관한 그의
견해는 지금 로티의 실용주의의 근간을 이루고 있는 듯하다. 데이비슨은
'주관성에 대한 통념 *The Myth of the Subjective*' 이라는 제목의 최근 원고에
서 세계에 대한 그 어떤 견해도 그 개념과 진리 주장과 함께 다른 견해로 해
석될 수 있다고 주장한다.

물론 각 시대마다, 문화마다 우리가 인식하고 투쟁한 사람마다 차이가 있지
만 그것들은 공감하고 노력하면 우리가 설명하고 이해할 수 있는 차이들이
다. 좀더 포괄적인 차이들이 있을 것 같다는 생각을 포용하려 우리가 노력
할 때 문제가 생기는데, 왜냐하면 그것은 우리에게 우리만의 사고방식의 외
부에 있는 입장을 취하라고 요구하는 것으로 (불합리한 입장으로) 보이기 때
문이다.

내가 생각할 때, 우리는 진정 외부로부터의 계획에 대한 개념은 이해하지 못
한다. 우리는 정신 상태가 어떤지, 정신 상태가 어떤 식으로 정확하게 식별
될 수 있는지 안다. 그것은 잘 알려진 방법으로 발견될 수 있는 내용을 담은
정신 상태일 뿐이다. 만약 다른 사람이나 생물체가 그러한 방법으로 발견될
수 없는 상태에 있다면, 그것은 우리의 방법이 실패했기 때문이 아니라 그러
한 상태들은 정확하게 마음의 상태라고 부를 수 없기 때문이다. 그것들은 믿
음도, 욕구도, 소망도, 목적도 아니다.

아마도 사실주의자가 이러한 생각들에 대한 응답으로 제일 처음 말하고 싶
어 하는 것은 우주에 대해 원초적으로 다른 견해가 존재한다는 주장을 이해
하기 위해 우리 입장 외부에 있는 입장을 (불합리하게) 취할 필요는 없다는
점일 것이다. T. 네이절이 《근거 없는 견해 *The View from Nowhere*》(Oxford
: Oxford Univ. Press, 1986)에서 지적했듯, 정신연령이 9세인 실용주의자들로
이루어진 공동체가 '진리'는 그들 사이의 정당화의 문제일 뿐이라고 생각

하면 틀린 것이고, 자신들의 이야기로 절대 해석되지 못할 세상의 사실들을 다른 인간들은 이해한다고 생각하면 옳은 것이다. 우리 자신의 세계관은 다른 유리한 위치로부터 유사하게 경계가 정해진 것으로는 보이지 않는다는 말은 누가 하게 될까?

해석론에 대한 데이비슨의 이론은 그가 '자비의 원칙'이라고 부르는 것과 함께 딸려 온다. 언어를 사용하는 사람들은 모두 가장 진실한 믿음들을 타고 나야만 하는데, 믿음은 대중적인 동의라는 배경이 있어야만 믿음으로 인정될 수 있기 때문이다. 따라서 대화하는 사람들은 모두 기본적으로 이성적이라고 간주되어야만 한다. 철저히 거짓 믿음으로 가득한 마음과 대치하는 순간 우리는 애당초 그것을 '마음'이라고 부를만한 아무 근거도 볼 수 없다는 사실을 깨닫기 때문이다. 데이비슨의 이러한 견해는 비트겐슈타인이 한 유명한 말을 희한하게 도치시킨 것이나 다름없다. "사자가 말할 수 있다 해도, 우리는 그것을 이해하지 않을 것이다(If a lion could talk, we would not understand him)."라는 말이 데이비슨에게는, "우리가 그를 이해할 수 없다면 그는 말할 수 없을 것이다(If we cannot understand him, he cannot be talking)."라는 말이 된다.

데이비슨의 결론은 꽤 놀라워 보인다. 말하는 사람과 해석자가 가진 믿음의 기준이 상호간에 알기 쉽지만 거짓이라면 어떨까? 기존 공동체의 현실에 대한 믿음이 상호 해석가능한가의 여부는 그 믿음들이 참인지의 여부와 관계 있을 필요는 없다. 상호 해석가능 여부는 잘못의 상동(相同)관계 이상은 의미하지 않는다. 다른 사람이 말하는 '진리'를 위해서는 그의 잘못이 그렇듯이 나의 잘못도 지나쳐버리기에 충분하다. 언어 훈련이 잘 되어있는, 가장 조숙한 고릴라들을 모아놓고 이 사실을 테스트하는 상상해보기만 하면 된다. 다른 고릴라의 언어를 이해하는데 실패한 고릴라는(그들은 서로 다른 사인언어(sign language)를 배운 것일 수도 있다) 상대방 고릴라가 언어를 사용하는 것이 결코 아니라는 결론을 내릴 것이다. 이 경우 이 고릴라의 해석자들은 둘 다 틀렸을 수도 있다. 반면, 단약 그들이 성공적으로 대화를 하여 '진리는 담론에서 우세한 것'이라는 로티의 주장에 동의한다 해도 그들이 틀린 것은 마찬가지다. 그들의 상호작용을 관찰한 사람들이라면 그들은 서로를 이해시킬 수 없다는 갖가지 진실들을 알게 될 것이기 때문이다.

실용주의에 따르면 믿음은 각각 다른 맥락에서 그 목적에 부합한다. '사물의 섭리'나 '실체의 진상'을 알아야 하는 인지적 과제란 없다. 위에 나온 침팬지 실용주의자들이 언어의 일치를 이룰지도 모르지만 그래도 그것들은 '하늘 나는 법 배우기'나 '아기가 어디에서 나오는가 알기' 같은 과제는 없다고 말할 것이다. 우리가 그렇게 알고 있듯 침팬지들은 로켓 설계나 생물학의 사실들에 대해서는 인지적으로 꽉 막힌 상태라고 가정해보자. 즉 아무리 노력해도 침팬지 과학자들은 이론적으로 이해하기는커녕, 관련 데이터를 검토하는 데 필수적인 인지 능력조차 갖추지 못할 것이다. 침팬지 실용주의자들에게 그러한 사실들은 그저 존재하지 않는 것이다. 우리의 세계관을 이런 식으로 대체시킬 세계관이 존재한다면 우리의 담론에서 '진리'를 위해 지나쳐버리는 것들은 진리의 마지막 척도가 되지 못할 것임은 확실해 보인다.

계속 확장해가는 지식의 전후관계 속으로 빠지는 이러한 현상을 막기 위해 로티가 발견한 유일한 수단들은 우리는 그 어떤 언어라도 우리 자신만의 언어로 번역할 수 있으며 따라서 보다 발전된 언어 사용자들이 주장할 그 어떤 '진리들'도 통합할 수 있다는 데이비슨의 주장을 따르는 것이다. 데이비슨의 추론은 여기서 돌고 도는데 우리가 어떤 언어를 번역하는 유일한 이유는 번역 가능성이 우선적으로 한 언어를 이해하는 그의 기준이기 때문이다. 이는 당면한 문제와는 상관없는 문제다. 번역가능성에 대한 데이비슨의 주장은 일종의 증거주의자적 오류에 의지하는 태도로 보이기도 한다. 그는 우리가 세상에서 언어 용도를 선택하는 방식을 언어 그 자체로 혼동한다. 다른 생물이 언어를 사용한다고 생각하기 위해서는 먼저 그의 언어를 우리의 언어로 번역해야 한다는 사실은 이 생물이 실제로 언어를 사용하는지, 마음을 갖고 있는지, 혹은 동족과 의사소통하는지의 문제와는 관련 없다. 단지 행동주의—20세기 대부분 동안 마음의 과학에 바보 같은 그림자만 던져놓은—의 잘못이다. 다른 사람의 행동과 말에 의해 그 사람의 정신을 이해할 수밖에 없다는 것은 그러한 외부 사인이 정신 그 자체를 구성한다는 뜻이 아니다. 로티와 데이비슨에 따르면, 원칙적으로 인간이 할 수 없는 말놀이는 없다. 가능한 마음, 견해, 세계에 대한 '참된' 설명을 만드는 스펙트럼은 따라서 지속적이다. 모든 언어들은 같은 기준을 갖고 있으며 모든 인식적 한계들은 궁극적으로 융합될 수 있다. 이 주장이 진실인가 아닌가는 핵심이 아니다. 핵심은 그것이 언어와 인식의 본질에 대한 사실적인 주장이라는 점이다.

실용주의는 두 가지 형태로 왜곡이 가능하다. 우선 우리는 그것이 실용적이지 않으며 특히 사실주의만큼 실용적이지 않다는 사실을 증명하려 노력할 수 있다. 이러한 접근은 그것이 세상에 대한 일관적인 그림을 만들려는 우리의 목적에도 우리가 마음먹을 그 어떤 다른 목적에도 부응하지 않는다는 사실을 보여줄 것이다. 예를 들어 로티처럼 인간의 '일치'라는 관점에서 진리와 지식에 대해 이야기하는 것은 궁극적으로는 바로 그 '일치'를 망칠 수 있다는 것이다. 실용주의에 반하는 실용주의적 사례도 가능하다고 믿지만 여기에서제시하지는 않겠다(B. 윌리엄스는 〈Auto-da-Fe〉(New York Review of Books, 1983년 4월 28일)에서 그것을 시도했다). 대신 나는 그 자신을 사실주의의 죄로부터 멀리 떼어두려는 행동을 하는 실용주의자는 바로 그 죄를 저지르고 있는 중이라는 사실을 주장하면서 실용주의가 은연중 사실주의적임을 밝히려고 시도했다. 실용주의자는 자신은 모든 가능한 인식 행위의 경지를 탐구했는데 모든 지식은 광범위하여 종잡을 수 없고 담론의 모든 영역들은 잠재적으로 융합가능하다는 사실을 발견했다고 말하는 것 같다. 따라서 실용주의는 우리의 그것보다 넓은 그 어떤 지식적 배경도 원칙상 배제될 수 있다는 주장이나 매한가지다. 그러한 주장은 믿기 어려운 동시에 더 중요한 점은 실용주의자는 사실주의자이어야만 이와는 다른 믿음을 보일 수 있다는 것이다.

마지막으로 나는 실용주의에 대해 보이는 실용적, 사실적 반대의견들은 둘 다 수렴될 수 있음을 지적하고 싶다. 실용주의와 사실주의를 그들의 핵심 명제들로 간단하게 줄여보자(실용주의는 P로 사실주의는 R로 표시한다) :

P : 세상에 대한 모든 주장들은 담론의 영역 안에서 정당화되어야만 '참' 이다.
R : 그것들이 정당화될 수 있건 아니건 상관없이 세상에 대한 주장 일부는 참이다

실용주의자가 맞닥뜨린 절벽 위로는 두 갈래 길이 있는 듯 보인다. 그리고 우리가 "모든 사람에게 P가 틀려 보이고 R이 옳아 보이면 어떻게 하는가?" 라는 질문을 강하게 제기할 때 이 두 갈래 길 모두에 이를 수 있다. 결국 실용주의자는 P가 정당성을 인정받지 못할 세계에 우리가 살 수도 있는(즉, 실용주의 자체가 비실용적임이 드러날 수 있는) 가능성을 인정해야만 하는데, 이 때 P가 스스로를 조정할 것인지 하는 의문이 제기된다. 만약 P가 스스로 조정했는데도 정당화되지 못하면 실용주의의 신자가 줄어드는 순간 그것은 자멸하는 것처럼 보일 것이다. 실용주의자는 P가 스스로 조정하지 않는다는 말로는 이 부분을 반대할 수 없는데, 그렇게 되면 P의 거짓을 입증하고 R을 인정하는 것이 되기 때문이다. P가 항상 정당성을 인정받는다는 것이 필연적인 진리라는 말도 그는 할 수 없다.

실용주의자에게 닥치는 또 다른 논리적 위험은 R이 정당화되는 순간이다. P에 의하면 만약 R이 정당화되면 R이 '참' 이다 – 그러나 R은 정당화됨으로써도 참인 상태를 계속 유지할 수 없다. 만약 실용주의자가, R은 진정 참일 수는 없다고 말함으로써(R은 사실 그 자체에 부응한다는 의미에서) R 자체가 우리에게 강조하는 '참' 의 재평가를 거부하려고 시도한다면, 이는 P 자체는 사실주의적으로 보았을 때 참이라고 말하는 것과 같다. 따라서 그는 다시 한

번 자신의 명제 때문에 모순에 빠져들게 된다. 실용주의자는 암석과 바위 사이에 서 있는 셈인데 이는 비난받을 수 없는 죄다. 왜냐하면 그들은 결국 같은 곳에 있는 셈이기 때문이다. 따라서 우리가 실용주의자를 찾아내는 것은 사실주의라는 바위 위 – 혹은 그 아래 – 라야 할 것이다.

24. 이는 흔히 '자연주의적 오류'로 잘못 불린다. G. E. 무어에 의하면 이 자연주의적 오류는 다른 종류의 오류다. 무어는 선에 대한 우리의 견해는 행복 같은 다른 특성들과 일치할 수 없다고 주장했다. 그는 틀림없이 내가 인간 행복의 관점에서 윤리를 정의하는 자연주의적 오류를 저질렀다고 주장할 것이다. 무어는 그의 '미해결 문제 증명'이 여기서 결정적인 역할을 한다고 생각했다. 예를 들어 우리는 그 어떤 상태의 행복에 대해서도 늘 일관적으로 "이런 형태의 행복은 선한 걸까?"라는 질문을 던질 수 있는 것으로 보인다. 그 질문이 여전히 이해 가능하다는 사실은 행복과 선은 같을 수 없음을 암시한다. 그러나 나는 그런 경우 우리가 정말 묻고 있는 것은 "이런 형태의 행복은 보다 고차원적인 행복에 이바지하는(혹은 방해가 되는) 것일까?"이다. 이 질문은 조리 또한 분명하기에 무엇이 선인가에 대한 우리의 생각이 감각을 가진 존재로서의 경험에 연계되도록 한다.

25. S. 핑커, 《빈 서판 *The Blank Slate*》(New York : Viking, 2002, pp.53~54).

26. J. 글로버, 《인간성 : 20세기의 도덕 역사 *Humanity : A Moral History of the Twentieth Century*》(New Haven : Yale Univ. Press, 1999, p.24).

27. O. 프리드리히, 《세계의 종말 : 역사 *The End of the World : A History*》(New York : Coward, McCann & Georghegan, 1982, p.61).

28. 성 노이로제를 문화적 강박증의 원리로 바꾼 기독교 교리의 역할은 부연 설명할 필요가 없다. 근래에 밝혀진 가장 충격적인 사건은 (소아 성애병 성직자들에 대해 미국에서 발간된 수많은 보고서들과 함께) 1950년대에서 60년대 사이 아일랜드 전역에서 고아원을 운영했던 한 수녀 단체를 둘러싼 이야기일 것

이다. '자선단' 이라는 어울리지 않는 이름을 가진 그 단체는 생후 11개월밖
에 안된 어린아이들까지 '그들 부모들의 죄(예를 들어 사생아를 낳았다는)' 를
사한다는 명목으로 고문했다(심리적 학대를 물론 매질하고 끓는 물을 붓기까지
하며). 여성의 성행위, 원죄, 처녀 탄생 등에 대한 고대의 개념에 복종하기
위해 이 수많은 어린아이들이 미혼모 어머니의 품에서 강제로 떨어져 해외
에 입양되었다.

29. 명예살인 사건에 대한 보고들은 오랫동안 꾸준히 무슬림 국가들 밖으로 새
어나왔다. 최근 예로 N. 바너지가 쓴 〈강간(그리고 그에 대한 침묵)이 바그다
드를 휩쓸다*Rape (and Silence about It) Haunts Baghdad*〉(New York Times, 2003
년 7월 16일)을 보라. 유니세프*UNICEF* 웹사이트에는 다음과 같은 통계가 게
시되어 있다.

1997년, 파키스탄의 한 지방에서만 300명 가량의 여인들이 '명예' 의 이름으
로 살해된 것으로 추정된다. 1999년 추정치에 따르면, 가자와 서안 지구의
살인자들 중 3분의 2 이상이 '명예' 살인자들이다. 요르단에는 매년 평균 23
명의 명예살인자들이 있다.

1996년과 98년 사이 레바논에서는 36건의 '명예' 살인 범죄사례들이 보고되
었는데 주로 소도시나 촌락들에서 발생했다. 보고에 의하면 범인들은 18세
이하인 경우가 많으며 동네에서 영웅 대접을 받기도 한다고 한다. 예멘에서
는 1997년 400건이나 되는 '명예' 살인이 발생했다. 같은 해 이집트에서는
32건의 '명예' 살인 범죄가 보고되었다.

30. 가장 체계적으로 이러한 마음 상태를 수양해주는 불교에서, 사랑과 연민은
평정과 기쁨의 교감(즉, 타인의 행복을 기뻐하는 마음)과 함께 길러진다. 각각
의 상태는 다른 상태들을 균형 있게 만든다고 믿어진다.

31. 모든 사람들이 동등한 윤리적 지능을 타고난 것은 아니라는 사실은 조리 있
게 보인다. 모든 사람이 타인을 향한 의도와 자신의 행복 사이의 관계를 잘

깨닫는 것은 아니다. 도덕적 지식에 단계가 있다고 가정하는 것은 비민주적으로 보이겠지만 우리는 지식이 이 세상에 똑같이 유통되지는 않음을 안다. 이는 사람이 도덕적이 되기 위해서는 엄청난 양의 사실들을 습득해야만 한다는 뜻이 아니다. 도덕은 약보다는 체스에 가깝다. 즉, 이해할 사실들은 매우 적지만 배운 것을 훌륭하게 사용하는 것은 매우 어려울 수 있다. 도덕에는 '전문가'가 없어야 한다는 주장 - 칸트파와 반칸트파 모두 그런 것처럼 - 은 우리의 담론에 속한 모든 당사자들은 말을 움직이는 방법을 간단히 알 수 있음을 증거로 들며 체스에는 전문가가 없어야 한다고 말하는 것과 같다. 현 상황이 어떤지를 알려줄 전문가는 필요하지 않다. 잔혹행위는 옳지 않다고 말해줄 전문가도 필요 없다. 그러나 주어진 위치에서 어떤 수가 가장 좋은 묘수인지를 우리에게 알려줄 전문가는 필요하다. 그리고 친한 친구를 편애하는 것보다 차별 없이 모든 사람들을 사랑하는 것이 더 행복하게 되는 길임을 알려주는 전문가도 필요하리라는 사실도 당연하다.

왜 우리는 고도의 윤리적 삶을 사는 것은 체스를 잘 두는 것보다 쉽게 달성할 수 있는 일이라고 생각해야만 하나? 왜 사람의 윤리적 믿음들 사이의 논리적인 관계성에 대한 통찰은 다른 논리적 구조에 대한 통찰보다 얻기 쉬워야 하는가? 그 어떤 분야도 그러하듯 어떤 직관들은 다른 직관과 조화될 수 없음이 드러날 것이고 논리의 일관성에 대한 그러한 탐색은 실제적인 필요성으로서 우리를 압박할 것이다. 모든 사람이 선수권 체스 경기를 할 수 있는 것은 아니며 가능한 한 행복해지기 위해 어떻게 살아야 하는지를 모든 사람이 알 수 있는 것은 아니다. 물론 우리는 체스에서 이기기 위한 여러 방법들은 제공할 수 있다(판의 중간 지점을 확보하라, 폰(pawn : 장기의 '졸'에 해당)을 잘 배치하라 등). 마찬가지로 윤리적 진리를 밝히기 위한 많은 방법들도 제공할 수 있다(칸트의 정언명령, 롤의 '원초적 상황'). 우리 모두가 그것들의 핵심을 알 수는 없다는 사실이 그것들의 유익함을 의심하는 것은 아니다. 실천하게 만들고 이해하게 만드는 보다 위대하고 지적인 능력을 우리에게 요구하는 우리의 윤리적 교훈과 직관 사이의 관계들은 보다 깊은 통찰에의 여지를 남긴다는 사실은 의심할 수 없다. 나는 효과적이 되기 위해서는 윤리적 규범성에 대한 그 어떤 통찰도 우리의 감정에 대한 권리를 주장하기 때문에, 사람들 사이에 존재하는 가장 큰 차이점은 발견될 수 있을 것이라고 생각한다(윤리적 국면과 지식적 국면 사이의 가장 큰 차이점과 함께). 일단 π가 원주의 길이와 그 지름과의 비의 값이라는 사실을 이해하면 아무리 제멋대로인 기하학자라도 다른 측정법을 사용하여 원의 면적을 계산해야겠다는 마음은 들지 않을 것이다. 그러나 어떤 사람이 거짓말 하는 것은 나쁘다는 사실을 알았을 때, 한 번 획득된 이 규범적 토대는 느낌에 의해 확실한 보증을 받아야만 한다. 그는 거짓말하면 위신이 떨어진다 – 행복으로부터 멀어진다 – 는 사실을 느껴야 하는데, 그러한 도덕 감정의 전환은 단순한 개념적 이해 이상을 요구하는 것처럼 보인다. 그러나 그 다음에는 특정 종류의 추론 또한 그렇다. A. 다마지오 *A. Damasio*의 《데카르트의 실수 : 감정, 이성, 그리고 인간의 뇌 *Decartes' Error : Emotion, Reason, and the Human Brain*》(New York : Avon Books, 1994)를 보라.

거짓말은 행복에 전혀 도움이 안 된다는 사실을 똑같이 알게 된 두 사람이 이 명제가 참임을 느낀 정도 따라서 행동으로 그것을 옮겨야 한다고 느끼는 정도는 다를 수 있음은 쉽게 알 수 있다. 도덕 영역에서 믿음과 행동 사이의 차이를 보여주는 예들은 많다. 사람들이 세계 다른 곳에서 굶어죽고 있는 것은 '잘못되었다' 고 생각하는 것과, 만약 그 사람들이 친구일 때 이는 참을 수 없는 일임을 알게 되는 것은 별개의 일이다. 사실, 굶주리는 사람이 있는 반면 우리 같은 행운아들은 생업에 계속 종사할 수 있다는 사실에 윤리적 정당화란 없을 것이다(P. 웅거, 《호화롭게 살기 & 안락사 : 결백에 대한 우리의 환상 *Living High & Letting Die : Our Illusions of Innocence*》(Oxford : Oxford Univ. Press, 1996)을 보라). 상황을 명확하게 파악하면(즉, 우리 자신의 행복의 역학에 대해 확실하게 알게 되면) 우리는 마치 우리가 굶은 듯 그 굶주리는 사람들의 시장기를 잊기 위해 지치는 줄 모르고 일할 수밖에 없게 되는 것이다. 이러한 이유일 진대 어찌 영화관에 가는 것이 윤리적일 수 있겠는가? 그럴 수 없다. 윤리에게 휴가를 낼 수밖에.

32. 《60분》(2002년 9월 26일).

33. 그러나 이 남자들이 변호사의 접근도 허락되지 않은 채 무기한 억류되고 있다는 사실은 우리를 진정 힘들게 해야만 한다. 이 점에 대한 법적·윤리적 문제점들을 자세히 알아보려면 R. 드보르킨의 〈테러와 시민의 자유 침해 *Terror and the Attack on Civil Liberties*〉(New York Review of Books, 2003년 11월 6일. pp.37~41)을 보라.

34. 글로버의 《인간성 *Humanity*》 p.55에서 인용됨.

35. 우리의 대중매체가 전쟁이 주는 이 혼란스런 이미지들을 검열하여 삭제하지 않는다면, 나는 우리의 도덕 감정은 두 가지 국면에 대해 수정을 받아들이지 않을까 생각한다. 첫 번째, 우리는 우리의 적들이 안겨주는 공포에 더 많은 자극을 받게 될 것이다. 예를 들어 다니엘 펄이 참수당하는 장면을 본다면 그러한 이미지가 없었을 때는 일어나지 않았던 국가 차원의 분노를 야기 시켰을 것이 틀림없다. 두 번째, 만약 우리가 야기한 부수 피해의 끔찍한 실상을 숨기지 않는다면 우리는 '비유도식(dumb)' 폭탄, 심지어 '유도식(smart)' 폭탄에 대해서까지도 그 투하를 지지하지 않으려 할 것이다. 우리의 신문과 방송이 보기에 끔찍한 장면을 보여주는 동안 우리는 테러와의 전쟁에 대해 절박감과 자제하고픈 마음을 동시에 느끼게 될 거라고 나는 믿는다.

36. J. D. 그린 등이 쓴 《도덕적 판단의 감정적 연대에 대한 fMRI 조사 *An fMRI Investigation of Emotional Engagement in Moral Judgement*》(Science 293, 2001년 9월 14일, pp.2105~2108)와 J. D. 그린의 "신경의 'Is'에서 도덕의 'Ought'까지 : 신경과학적 도덕 심리학의 도덕적 의미는 무엇인가? *From Neural 'Is' to Moral 'Ought' : What Are the Moral Implications of Neuroscientific Moral Psychology?*〉(Nature Reviews Neuroscience 4, 2003,

pp.846~849)를 보라.

37. M. 바우든의 〈심문관의 비밀 기술 *The Dark Art of Interrogation*〉(Atlantic Monthly, 2003년 3월, pp.51~77)을 참고하라.

38. 평화주의의 특성들은 철학 서적에서 많이 발견될 수 있다. 내가 여기서 말하는 것은 '절대적인' 평화주의로 불리는 것이다. 즉, 자기방어의 목적이든 다른 사람을 방어하기 위한 목적이든 폭력은 절대 도덕적으로 용납될 수 없다. 이것이 바로 간디가 실천한 형태의 평화주의이며 평화주의가 도덕적 고결함을 뽐내는 것처럼 보이는 유일한 형태다.

39. 불의에 드러내놓고 반대하는 것이 윤리적 기준이라는 뜻인가? 그렇다. 위기감이 고조되는 상황에서, 나는 그렇게 생각한다. 특별히 위험한 상황 - 노골적인 적대행위가 목숨을 앗아갈지도 모를 - 에서 명백한 저항을 보이는 것은 가능한 가장 훌륭한 방법이다. 2차 세계대전중에 유대인을 지하실에 숨겨주거나 안전한 곳에 안내해 준 비범한 사람들이 바로 그 전형이다. 그들은 공개적으로 나치에 저항하거나 정의를 위해 죽는 대신 살아서 비밀리에 다른 사람을 도움으로써 확실히 더 유익한 일을 했다. 그러나 처음부터 공개적으로 반대하려 할 사람은 극히 소수일 것이기에 상황은 그럴 수밖에 없었던 것이었다. 만약 더 많은 사람들이 반대했더라면 지하실에 숨어 있거나 그들을 버린 신에게 일기를 쓴 사람들은 아우슈비츠로 가는 어린 소녀들이 아니라 나치 당원들이었을 것이다. 따라서 하나의 정언명령(categorical imperative)으로서 악과의 대치는 우리가 가질 수 있는 가장 훌륭한 명령으로 보인다. 물론 이러한 대치가 어떤 형태를 띨지는 토론거리다. 그러나 단순히 인간의 악행에 양보하는 것, 혹은 거기서 한 발짝 물러나는 것은 윤리적으로 권장할만한 일은 아닌 듯하다.

40. J. 그로스가 편집한 《옥스퍼드 에세이 북 *Oxford Book of Essays*》(Oxford : Oxford Univ. Press, 1949, p.506)에 실린 G. 오웰의 '간디에 대한 감상 Reflections on Gandhi.'

1. 생각 그 자체가 특정한 뇌 상태와 동의어가 아니라는 뜻은 아니다. 그러나 전통적인 의미에서 약물을 복용하는 것과 새로운 아이디어를 취하는 것은 큰 차이가 있다. 둘 다 우리의 지각을 바꾸는 힘을 갖고 있다는 점은 인간 정신이 가지는 매력적인 사실 중 하나다.

2. 그 책들을 여기서 일일이 열거하기엔 너무 방대하므로 관계서적 목록에 그것들을 실었다.

3. 사후에 어떤 일이 일어나는가는 의식과 물리 세계의 관계가 그러하듯 확실히 수수께끼다. 그러나 마음의 특질이 뇌의 기능에 좌우되는지, 그리고 매우 반직관적인 방법에 의존하는지는 더 이상 의심의 여지가 없다. 임사(臨死)경험의 흔한 특징 하나를 생각해보자. 빈사 상태의 사람은 이미 앞서 저 세상에 간 사랑하는 사람들과 꼭 만나곤 한다. A. 켈리어《임사체험 : 의학과 종교를 넘어*Experiences Near Death : Beyond Medicine and Religion*》(Oxford : Oxford Univ. Press, 1996)를 보라. 그러나 우리는 사람의 얼굴을 알아보려면 주로 우반구에 위치한 완전한 방추형 피질이 있어야 함을 안다. 이 뇌 영역에 손상을 입으면 (다른 사물들 중에서)얼굴을 인식할 수 없게 되는데 이 증상을 안면인식장애(prosopagnosia)라 한다. 이 증상을 가진 사람들의 1차 시각영상에는 아무 이상이 없다. 그들은 색깔과 모양을 완벽하게 볼 수 있다. 그들은 주위 환경 속에 있는 것은 거의 모두 알아볼 수 있지만 얼굴은 가장 친한 친구와 가족들의 그것조차 분간해내지 못한다. 그런 경우에 우리는 그 사람이 마음 뒤 어딘가에 사랑하는 사람들을 알아보는 능력을 간직한 완전한 영혼을 갖고 있다고 상상하게 될 것인가? 그래야 할 것 같다. 모든 건강한 뇌가 가지는 정상적인 인식 및 감각능력을 영혼이 유지하지 못하면 천국은 신경장애를 앓는 사람들로 북적댈 것이기 때문이다. 그렇다면 살아 있는 동안 신경장애였던 사람의 증상에 대해서는 어떻게 생각할 것인가? 실어증에 걸린 사람도 흠 없

이 말하고 읽고 생각하는 영혼을 가지는 걸까? 소뇌성 실조증(cerebellar ataxia)에 의해 운동 기술이 저하된 사람에게도 눈과 손의 협응력을 유지하는 영혼이 있는 걸까? 이는 마치 망가진 차 안에는 나가기만을 기다리는 새 차가 있다고 믿는 것과 같다.

뇌와는 관계없는 힘을 가진 영혼의 이 믿을 수 없는 능력은 보통의 뇌도 연속된 이상(異常) 상태들 가운데 놓일 수 있다는 사실을 깨달아야만 증가한다. 나는 내가 쓰거나 읽을 때마다 쓴 언어가 그것이기 때문에 내 영혼은 영어를 말할 거라는 사실을 안다. 나는 프랑스어도 꽤 하곤 했다. 프랑스에 있는 동안 몇 번 시도했을 때 현지인들이 놀랍다는 반응을 보인적도 있다. 하지만 지금은 프랑스 말을 대부분 잊어버린 것 같다. 그러나 우리는 내가 무언가를 기억하고 안하고의 차이는 뇌 신경회로 내부 – 특히 정보 암호화와 정보 검색, 혹은 둘 다를 책임지는 시냅스 결합 방면에서 – 의 물리적 문제임을 안다. 따라서 내가 프랑스어를 잊어버린 것은 신경 손상의 한 형태로 볼 수 있다. 갑자기 언어 능력이 감퇴되어 내 수준의 프랑스어를 하게 된 프랑스사람이 있다면 그는 당장 병원으로 달려갈 것이다. 그의 영혼은 어느 경우에라도 자신의 언어 능력을 간직하게 될까? 내 영혼은 'bruire' 동사의 변화형에 대한 기억을 계속 보존해왔을까? 영혼과 뇌의 독립성에 관한 이 개념의 끝은 어디인가? 아프리카 반투어들 중 하나를 말하는 원주민은 나의 언어 피질 기능에는 미진한 점이 많음을 알게 될 것이다. 어렸을 때 나는 한 번도 반투 말은 들어본 적이 없음을 생각하면, 원어민을 만족시킬 정도로 흉내 내는 것은 고사하고 반투어들을 구별하는 일조차 매우 어렵다는 사실을 나는 알게 될 것이다. 그러나 아마 내 영혼은 반투어들 역시 습득했을 것이다. 겨우 500여 개밖에 안되니까 말이다.

4. 점화효과(priming effect : 한 가지 정보가 자극을 받으면 관련 정보가 함께 떠오르는 현상 – 옮긴이)와 시각 차폐(visual masking), 변화감지 결여(change blindness)의 연구(D. J. 시몬스 등이 쓴 〈변화감지 결여의 보존된 표현에 대한 증거*Evidence for*

Preserved Representation in Change Blindness〉(Conscious and Cognition 11, no. 1, 2002)), 시각 단절(visual extinction)과 시각공간 무시증(visuospatial neglect)의 연구(G. 리스등이 쓴 〈인간의 의식과 신경의 상호 관계 *Neural Correlates of Consciousness in Humans*〉(Nature Reviews Neuroscience 3, 2002년 4월, pp.261~270)), 양안 경쟁 (binocular rivalry)과 기타 쌍안 지각들의 연구(R. 블레이크와 N. K. 로고테티스 가 쓴 〈시각 경쟁 *Visual Competition*〉(Nature Reviews Neuroscience 3, 2002년 1호, pp.13~ 21)과 N. K. 로고테티스의 〈시각 : 의식의 창 *Vision : A Window on Consciousness*〉 (Scientific American Special Edition 12, 2002년 1호 pp.18~25)), 혹은 맹시(盲視 : blind-sight)의 연구(L. 비스크란츠의 〈초기시와 맹시 *Prime-sight and Blindsight*〉 (Consciousness and Cognition 11, 2002년 4호, pp.568~581))를 통해 접근이 이루어지든, 의식의 인식에 대한 신호는 항상 같다. 경험의 특성이 변화하든 말든 주체(그가 사람이든 원숭이든)는 그저 말이나 행동으로 우리에게 말할 뿐이다.

5. 왜 일반적인 마취는 그것을 배제하는 방법이 되지 못할까? 필요한 화학약품에 뇌를 세척하여 사람들이 의식을 잃으면 그걸로 끝인데 말이다. 그러나 문제는 의식이 마취 동안 정말로 중단되는지 우리가 알 수 없다는 것이다. 의식에 보고가능성을 부여할 때의 문제점은 단순한 기억의 실패와 진정한 의식의 중단을 구별할 수 없다는 것이다. 지난 밤 수면은 어땠는가? 아마 아무 일도 없었다고 느낄 수 있을 것이다. 당신은 '무의식' 상태였으니까. 그러나 꿈을 꾸었는데 기억나지 않는다면? 꿈을 꾸는 동안은 확실히 의식이 있었다고 봐야 한다. 실제로 수면의 모든 단계 동안 당신은 의식이 있었다. 우리는 주관의 보고만으로는 이 가능성을 배제할 수 없다.

6. 그럼에도 불구하고 이러한 것들은 '자아'에 대해 연구하는 과학자와 철학자들이 이끌어내기 쉬운 동의성들이다. 최근 '자아 : 영혼에서 뇌까지 *The Self : From Soul to Brain*' 라는 제목의 회의가 뉴욕 과학 학회(New York Academy of Sciences)에서 열렸는데 대부분의 관심이 뇌에 집중된 반면, '인간 정신' 이나 '인간성' 같은 포괄적인 개념과 자아가 구별되는 방식으로 자아를 정의내린

발표자는 단 한 사람도 없었다. 우리가 보통 '나' 라고 부르는 감정은 철저히 미답의 상태로 남아있다.

7. 주체／객체의 분리를 지속적인 경험의 문제로 초월하지 않은 일부 철학자들도 개념적으로는 사고에서 그 문제를 제외시켰다. 예를 들어 사트르트는 의식의 장에서 주체는 또 다른 객체에 지나지 않으며 따라서 '세계와 동시에 존재' 한다고 보았다.

세계는 나를 창조하지 않았다. 나 역시 세계를 창조하지 않았다. 이 둘은 절대적인 객관적 의식을 위한 두 개의 대상이며 이들이 연결된 것은 이러한 의식 덕분이다. 이 절대적인 의식은 나에게서 떨어져나갈 때 더 이상 주체와는 상관없어진다… 그것은 존재의 첫 번째 상태이자 절대 근원일 뿐이다. 그리고 나와 세계 간의 이 절대적인 의식에 의해 수립된 상호의존 관계는 내가 세계 앞에서 '위태로워' 보이게 하고 내가 세계로부터 모든 내용을 끌어내기에 충분하다. 절대적으로 명확한 윤리와 정치에 대한 철학적 근거의 관점에서 더 이상은 필요하지 않다.

J. P. 사르트르, 《자아의 초월 : 의식의 존재 이론 *The Transcendence of the Ego : An Existence Theory of Consciousness*》(F. Williams와 R. Kirkpatrick 번역, New York : Hill and Wang, 1937, pp.105~106).
주체／객체 언어에만 논지를 국한하는 모리스 메르로‒퐁티도 유사한 주장을 했다. "세상은 주체로부터 분리될 수 없지만 그 주체는 세계의 투사에 불과한 주체다. 그리고 그 주체는 세계로부터 분리될 수 없지만 그 세계는 주체 그 자체가 투사하는 세계이다." F. 바렐라 등이 지은 《구현된 정신 : 인식적 과학과 인간 경험 *The Embodied Mind : Congnitive Science and Human Experience*》(Cambridge : MIT Press, 1991, p.4)에서 인용했다.

8. 그렇다고 유아가 신비주의자라는 말은 아니다. 그럼에도 불구하고 개체화(개

별화)의 발전적 과정은 확실히 출생 이후 일어난다. K. 윌버가 선이성(pre-rational)과 초월이성(trans-rational)적이라 부른 것들 사이의 잘못된 동등화에 대한 비판을 알려면 그의 《성, 생태학, 영성 *Sex, Ecology, Spirituality*》(Boston : Shambhala, 1995)을 보라. 윌버의 말대로, 영적인 의미에서 유년기를 낭만화 시킬 이유란 없는 것이다. 만약 정말로 천국이 어린아이들의 것이라면 왜 그 들을 막는가? 그 누구보다 가장 행복해할 어린이들은 인간의 사촌인 영장류 들 ─ 식인풍습, 집단강간, 유아학살 등이 주는 쾌락에 지나치게 압도당하지 않는다면 ─ 이기에 우리는 그들을 부러워하는 편이 낫다.

9. 그렇기에 히틀러의 비굴한 맹종자였던 하이데거 같은 사람도 조금의 수치심 없이 유럽 사상의 거장으로 우리의 관심을 끌 수 있다. 두말할 것도 없이 똑 똑한 사람이었던 쇼펜하우어는 하녀를 계단 아래로 밀어뜨려 영구한 불구자 로 만들었다(그가 화났던 건 그녀의 목소리 때문이라고 한다). 다른 걸출한 사상 가들도 예외는 아니다. 비트겐슈타인은 확실히 비틀린 사람으로 제멋대로 구 는 어린 소녀들에게는 예외 없이 체벌을 실시했다. 그러나 그래도 이 위대한 동양 신비주의 철학가와 필적할 서양 사상가가 단 한 사람도 없다는 것은 놀 라운 사실이다. 서양의 동양적 특징에서 길러진 신비주의자의 표본으로 조금 도 당황하지 않고 플라톤까지 거슬러 올라가는 사람도 있다. 그러나 그의 고 백으로 볼 때 플라톤은 어쩌다 조금 알게 된 것 중 능숙하게 설명할 수 있는 부분만 골라 자신의 것으로 삼은 경우다. 동양적 명상 수행학파 중 하나라는 맥락에서 보았을 때 그는 진지하게 목적지를 향해 출발한 것 이상의 존재로 는 인정받지 못할 것이다.

고대 세계의 상황은 이와 사뭇 달라 보인다. 그리스 철학자들은 에우다이모 니아(eudaimonia : 그리스어로, '잘 사는 것', 번영'의 뜻) ─ 훌륭한 삶을 이루기 위해 고려되는 객관적인 상태의 행복 ─ 가 무엇인지를 자주 토론했지만 행복 에 닿기 위한 그들의 시도는 그다지 세련되지 못했다. 그나마 동양 신비주의 자에 가장 근접한 특성을 갖춘 그리스 이론은 엘리스의 피로(Pyrrho of Elis :

기원전 365~270)가 시작한 회의주의이지만, 피로의 가르침은 철학 전체에 대한 부정과 마찬가지였다. 이후 행복은 도덕 철학이 보이는 존재론적인 역행 현상으로 강등되었으며 현자로서의 철학자들의 이상은 먼 기억 속 추억이 되었다.

피로의 가르침은 2세기의 의사였던 섹스투스 엠피리쿠스의 저작물 속에 살아남았는데 대승불교의 중관학파가 보여주는 변증법과는 전혀 다른 영적 훈련이 무엇인지를 확실히 보여준다. 회의학파는 철학자로서 실패-세계에 대한 참된 믿음들을 모으려 애썼는데 마지막 날에 바구니를 보니 텅텅 비어있었던-했지만 그러한 실패가 찾아주는 평화(그리스어로 ataraxia)를 발견한 사람이었다.

피로가 뜻하는 회의주의란 아무 것도 알려질 수 있는 것은 없다는 독단적 주장은 아니다. 그것은 우리가 지금 알고 있는 지식들은 만물이 겉으로 보이는 방식에 불과하다는 인정으로 회의주의자는 형이상학적 견해들의 황혼 속으로 들어가는 것을 거부했다. 회의주의자는 자신이 만물의 외양 말고는 아무 것도 아는 게 없음을 안다. 그리고 그것이 경험의 본성에 대한 진리로 보인다는 사실은 마찬가지로 현재 그에게 만물이 보이는 방식에 불과하다. 섹투스의 말대로 '회의주의자는 계속 탐구한다.' 판단(그리스어로 epoche)은 보류한 채로. 그는 이것이 유지되어야 할 입장이라는 판단조차 내리지 않는다. 오히려 기존의 모든 믿음들은 각자 모순을 자초하는 것으로 보이기에 회의주의자는 지금까지의 상황이 주는 불만들을 기록할 뿐이다. 혼란스러워진 그는 계속 그 길에 머문다.

회의주의는 서양에서 받아야 마땅한 존중은 좀처럼 받아오지 못했다. 사람들에게 계속적인 충격을 안겨주지 못하는 수단에 의해 과연 잘 유지될 수 있을지 의심을 샀기 때문이다. 그것은 또한 200년 동안 모든 주장들을 거부해오며 지식을 희롱했던 아르케실라우스, 카르네아데스, 기타 플라톤의 아카데미 학파 거장들이 그 전통이 보이는 명백한 모순에 반대한 나머지 소크라테스의 회의적인 분위기에서만 영감을 얻기로 결정하면서 지식에 대해 더 많은 불신을 보이는 이론들과 혼합되었다(그 주장은 B. 러셀의《서양 철학 역사 *A History of Western Philosophy*》(New York : Simon and Schuster, 1945)에서 볼 수 있다). 아카데미 학파의 회의주의는 다른 사람들의 지식을 헐뜯는 좀더 귀에 거슬리는 비난 – 따라서 사람은 아무 것도 알지 못한다는 '진리'에 대한 선언 – 이 된 것으로 보인다. 대화에서는 믿음의 보류에 대한 피로의 주장이 그와 비슷한 역할을 한다. 결과적으로 대부분의 과학자들은 보다 깊은 진리의 심연으로 향하기 위한 경험주의적 전향을 부르짖는 피로의 뜻을 알아차리지 못했다. 피로는 알렉산더 대왕의 인도 국경 정벌에 따라나섰다가 만난 한 벌거벗은 고행자(그리스어로 gymnosophist)로부터 영감을 얻었다고 한다. 그는 또한 성인처럼 보이는 외모를 가졌다고 하는데 아마 마음을 비운 결과로 얻은 평화 덕분이 아니었을까 싶다. 그러나 섹스투스가 그의 저서《피로니즘 개요 *Outlines of Pyrrhonism*》에서 설명했던 평정은 동양적 관점에서 본 '깨달음'은 아니었다. 오히려 그것은 보통의 사람들이 받는 고통을 겪지 않는 상태에 가까웠다. 그럼에도 불구하고 평정은 건전한 추론에 의해 뒷받침된 실현가능한 영적 목표였으며 따라서 단순한 철학적 목적 이상의 경험주의적 발전을 나타낸다.

10. 다이아몬드의 논문에는 더 많은 주장들이 있지만 한 마디로 동물과 식량의 상이한 지리적 분포에 대해 쉽게 이해될 수 있는 주장들이라고 볼 수 있다.

11. 적어도 문헌상으로는 그렇다. 그럼에도 불구하고 서양철학 전통이 두드러지게 성과를 내지 못한 것은, 서양의 철학자들은 가장 왕성한 탐구 활동 시기 중 우연히 둘이 아닌, 명쾌한 의식의 본질에 대한 경험적 통찰을 얻게 된 행운아 스타일인 반면, 동양의 철학자들은 독특한 명상 수행법 – 합의에 의해 생산 가능하고 증명할 수 있는 – 에 대한 경험적 통찰을 논리적으로 주장하고 통합하면서 수천 년의 시간을 보낸 사람들이기 때문이다.

12. 인도에 기원을 둔 다양한 명상 전통들에 대해 내가 진 빚은 많은 독자들도

수긍할 것이다. 오랜 세월을 거치며 입증된 다양한 명상법은 물론, 불교(예를 들어 티벳 불교 삼승 중 하나인 금강승의 족첸의 가르침)와 힌두교(예를 들어 불이일원론(不二一元論 : Advaita Vedanta)의 가르침)의 심오한 가르침은 우리의 영적 가능성에 대한 나의 생각에 결정적인 공헌을 했다. 이러한 전통들이 마음의 본성이나 영적 삶의 원칙들에 대해 통일된 견해를 보이는 것은 아니나, 내적 성찰을 통해서 그러한 일들을 이해하려는 목적으로 인간들이 기울인 노력 중 가장 많이 시도된 것으로 볼 수 있다. 특히 불교는 매우 세련되어졌다. 인간의 정신을 스스로 변혁할 수 있는 능력을 갖춘 도구로 만들 수 있는 많은 수단들을 이처럼 많이 개발한 전통들은 없다. 눈치 빠른 독자라면 내가 신앙을 기반으로 하는 종교―유대교, 기독교, 이슬람, 그리고 힌두교―에 대해서는 매우 강경한 입장인 반면 불교에 대해서는 부정적인 발언을 하지 않았음을 눈치 챘을 것이다. 그것은 우연이 아니다. 불교는 또한 무지의 원천이었으며 종종 폭력의 원인이기도 했지만 신앙의 종교는 아닌데, 서양의 관점에서는 전혀 신앙이 아니다. 이 사실을 모르는 것 같은 수많은 불교신자들이 있는데, 동남 아시아와 심지어는 서양 전역에 있는 절에서 마치 산타클로스의 신령한 화신이라도 되는 듯 부처에게 기도를 드리는 그들의 모습을 볼 수 있다. 이러한 전통의 왜곡에도 불구하고 불교의 심오한 가르침은 그 어떤 교리에 의해서도 방해받을 수 없는 의식의 고유한 자유를 발견하기 위해 우리가 가질 수 있는 가장 복잡한 방법론을 제공한다는 사실은 여전히 진실로 남는다. 달라이 라마와 기독교 성직자들이 서로의 종교 전통을 존중하기 위해 회합한다는 것은 캠브리지 대학의 물리학 교수와 칼라하리 사막에 사는 부시맨들이 물리 세계의 상대적 관점을 서로 존중하기 위해 모이는 것과 같다. 이는 티베트 불교에는 특정한 교리나 주장이 없다거나 부시맨은 원자에 대한 개념을 만들어낼 수 없다는 뜻이 아니다. 기독교와 불교 서적 둘 다에 친숙한 사람이라면 성경은 불교 경전에서 발견되는 인식 가능한 정확한 영적 지침을 담고 있지 않다는 사실을 알 것이다. 내가 감히 이해하는 척 할 수 없는 많은 것들이 불교에 있긴 하지만(물론 믿기 어려운 주장들도 있다), 영적 지침에 대한 하나의 체계로서의 우월성을 인정하지 않는 것은 지적으로 불성실한 태도일 것이다.

기독교의 야비한 역사라는 영광을 안겨준 뛰어난 명상가들 ─ 마이스터 에크하르트, 십자가의 성 요한, 아빌라의 성 테레사, 사로프의 성 세라핌, 황야의 교부들 등… 이들은 확실히 비범한 사람들이었지만 그들의 신비주의적 통찰은 대부분의 경우 이성론(二性論 : 그리스도의 인격을 신성과 인성의 이성으로 보는 이론 ─ 옮긴이)이라는 교회 교리에 묶여 있었으며 따라서 더 이상 날아오를 수 없었다. 그런 그들이 신플라톤주의와 다른 이단교리의 흥기에 힘입어 하늘로 날아오른 것은, 그들이 바로 전형이 될 수도 있었을 영적 전통(그 전통이 지식적 오만을 초월할 만큼 현명했더라면 말이다)에 반하는 태도로, 따라서 그들은 사울(사도 바울의 회심 전 이름 ─ 옮긴이)이 다메섹(Damascus : 오늘날의 다마스커스)으로 출발하던 날(사도 바울은 다메섹 도상에서 예수를 만난 뒤 회심했다 ─ 옮긴이) '신비주의 기독교는 죽었다' 는 규칙을 증명하는 신성한 예외가 된다.

그 밖의 다른 셈족 명상가들도 이와 유사하게 자신들의 신비주의적 충동을 억제해왔다. 수피즘(Sufism : 불교, 힌두교, 조로아스터교, 그리고 기독교 수도원 제도의 영향을 받은 이슬람 신비주의 사상)은 알 할라지(Al-Hallaj : 854~922)와 기타 유명한 수피 교도들의 죽음이 증명하듯 무슬림 세계에서 이단의 한 형태로 간주되어왔다. 그 교리는 늘 꾸란을 염두에 두어 온 수피즘은 분리될 수 없는 이원론과 일체가 된 셈이다. 이와 유사하게 유대교 신비주의인 카발라(기독교 그노시스주의(Gnosticism : 영지주의(靈知主義)), 수피즘, 그리고 신플라톤주의의 영향을 받은 가르침) 교도들은 진정한 비이원적 신비주의가 가능하다고 생각한 것 같지 않다. G. 슐름의 《카발라Kabbalah》(New York : Dorsette Press, 1974)를 보라.

많은 유대인, 기독교인, 무슬림 명상가들의 신비주의적 재능을 부정할 수는 없다. 그 믿음이 아무리 빗나간 것이라 할지라도 모든 종교 전통에는, 의식의 고유한 자유를 심오한 정도로 실현한 사람들이 얼마간은 있는 것 같다. 의식이 이미 주체와 객체의 이중성에서 자유롭기 때문에 에크하르트(Eckhart : 중세독일 신비주의 사상가 – 옮긴이)나 루미(Rumi : 페르시아 신비 문학가의 대표 – 옮긴이)같은 이의 출현은 전혀 놀랍지 않다. 그러나 그러한 걸출한 영성가들의 존재는 성경과 꾸란이 명상을 위한 안내서로서 적절하다는 말은 해주지 않는다. 기차에 치이거나 해적선 뱃머리에서 던져지는 동안 어떤 운 좋은 사람이 깨달음을 얻었다고 내가 믿는다고 치자. 이 말은 그러한 불운 자체가 충분한 영적 지침이 된다는 뜻일까? 동서양의 모든 전통들이 금으로 치장한 신앙의 감옥 문을 열게 만든 통찰을 가진 몇몇 신비주의자들을 낳았음을 나는 부정하지 않지만 신앙에 기반을 둔 종교의 실패는 너무나 극명하고, 그 역사적 퇴행은 너무나 엄청나며, 이 세상에 대한 그들 종교의 편협성은 너무나 크기에 나는 그 모든 것에 대한 변명을 멈추어야 할 때라고 생각한다.

뉴에이지는 이 점에서 거의 진전을 보여주지 못하는데, 왜냐하면 그것은 뇌세포의 상실과 같은 말로 들리는 영적 생활을 뜻하기 때문이다. 이 뉴에이지나 기타 사조들에서 '영적' 이라고 일컬어지는 대부분의 믿음과 실천사항들은 비평 가능한 지성은 완벽하게 씻겨나간 곳에서 발생하고 번성해왔다. 뉴에이지의 많은 사상들은 너무나 황당한 나머지 평온한 사람들의 마음에 공포를 심어준다. 이 잘못된 비합리성에 대한 응답으로 매년 열리는 홀 라이프 엑스포(Whole Life Expo : 뉴에이지 관련 단체들이 참가하여 뉴에이지를 알리는 일종의 박람회 – 옮긴이)같은 행사에서 과학자들과 기타 이성적인 사람들은 모든 영적인 주장들과 그 증거들을 비난하고 거부해야 할 새로운 근거들을 발견했다. 그리고 자신의 생각들을 배치하기 전에 행성들의 배치를 걱정하는 사람들은 참으로 냉소주의의 불에 기름을 끼얹는 격이다.

그러나 냉소주의를 불러일으킬 원인들이 더 있다. 불가피하게도 영적 실천들은 전문가로부터 배울 수밖에 없는데, 전문가라고 공언하는 사람들이 모두 그들이 주장하는 만큼 사심 없는 사람들은 아니다. 그러한 어처구니없는 현실의 결과로 상당한 교육수준을 가진 사람들도 그저 만물에 대한 그의 사랑을 공표하면서 속으로는 미인으로만 꽉 채워진 암자를 꿈꾸는 사람을 영적 스승이라고 믿는다. 이러한 전형은 사례가 없지 않다. 그리고 어쩌다 아주 유명하게 된 요기(yogi : 요가 수행자)가 정성을 다해 문둥이의 상처를 핥는다 해도 그의 세속적인 욕구를 드러내주는 많은 면면들이 있다.

나는 한 베테랑 수행자들의 단체를 알고 있는데, 그들은 선생을 찾으러 히말라야 산맥의 동굴과 골짜기들을 샅샅이 뒤진 끝에 결국 자신들을 진리로 이끌 자격을 갖춘 듯 보이는 힌두교 요기 하나를 발견했다. 그는 예수처럼 말랐고, 오랑우탄처럼 유연했으며, 머리는 텁수룩한 채 무릎을 꿇고 있었다. 그들은 영적 헌신으로의 길로 자신들을 인도할 수 있도록 즉시 이 위인을 미국으로 모셔갔다. 어느 정도의 적응 기간이 지난 뒤 우리의 은자 – 우연찮게 준수한 외모와 드럼 치는 실력 때문에도 존경을 한 몸에 받게 된 – 는 후원자들의 아내 중 가장 예쁜 여자와의 섹스가 자신의 교육 목적에 훌륭하게 부합하는 일이라고 생각하게 되었다. 그 관계는 즉시 실행에 옮겨졌으며 아내와 스승에 대한 자신의 헌신이 혹독한 시험을 당하고 있다고 해야 할 한 남자는 한동안 이 일을 꾹 참았다. 내가 착각한 게 아니라면, 스승은 '완전한 깨달음'을 얻은 사람일 뿐 아니라 크리슈나 신처럼 매력적이었기 때문에 그의 아내는 이 '탄트라' 식 체조에 열광적으로 빠져들고 있었다. 이 성인의 영적인 필요조건들은 물론 입맛도 점차 세련되어졌다. 아침 식사로 캐슈넛을 얹은 하겐다즈 바닐라 아이스크림 1파인트들이 한 컵 외에는 아무 것도 먹지 않는 날이 곧 다가왔다. 깨달은 자의 명철의 식사를 찾아 슈퍼마켓의 냉동식품 코너를 어슬렁거리는 이 오입쟁이의 명상이 경건과는 거리가 멀다고 생각하는 것은 당연하다. 얼마 안 있어 이 스승은 그의 드럼과 함께 인도로 되돌려 보내졌다.

13. 파드마삼바바,《있는 그대로의 의식으로 얻는 자기 해방 *Self-liberation through Seeing with Naked Awareness*》(New York : Station Hill Press, 1989, p.12).

14. 파드마삼바바는 불교의 가르침(특히 탄타 *Tanta* 와 족첸 *Dzogchen* 의 가르침)을 인도에서 티베트로 전해준 공로가 인정되는 8세기의 신비주의자이다.

15. 기독교, 이슬람, 그리고 유대교의 심원한 진리를 공부하는 많은 신자들은 그들의 경전을 문자적으로 해석하는 것은 그 영적인 의미에 대한 무지를 드러내는 것이라고 주장할 것이다. 확실히 성경과 꾸란의 많은 구절들에 대해 내려진 초자연적이고 연금술과 관련되었으며 판에 박은 듯 보이는 신비주의적인 해석들은 원문만큼이나 오랜 역사를 가졌지만 그러한 해석학적 시도 — 게마트리아라는 매우 수상한 이론(수비학자(數秘學者 : 숫자가 사람, 장소, 사물에 대해 제공해 줄 수 있는 숨겨진 의미를 공부하는 수비학의 학자 — 옮긴이)가 경전에 대해 해석의 마술을 부릴 수 있도록 히브리어로 된 모세오경을 숫자적 의미로 풀이하는 것)이든 조셉 캠벨같은 유명한 학자들이 하는 그럴듯한 상징 탐구이든 — 가 가지는 문제는 그것들은 원문 내용 그 자체에 전혀 구애받지 않는다는 점이다. 경전의 모든 내용을 그런 식으로 해석하면 거의 모든 신비주의적 · 초자연적 지침을 만들어낼 수 있다.

핵심적인 사례 하나 : 나는 이번에는 서점의 요리책 서가에서 또 다른 책 하나를 되는대로 골라보았다.《하와이의 맛 : 태평양 중심의 새로운 요리 *A Taste of Hawaii : New Cooking from the Crossroads of the Pacific*》라는 책이었다. 이 책에서 나는 아직까지는 유명하지 못한 신비주의 경향의 논문 하나를 발견했다. 얼핏 보면 중국식 프라이팬 웍에 볶은 오고 토마토 얹은 생선과 새우 요리법처럼 보이는데, 우리가 지금 비길 데 없는 영적 지혜와 만났다는 사실을 알려면 그 재료 목록을 살펴보기만 하면 된다.

도미 토막 격자 꼴로 썰어놓은 것
잘게 썬 봄양파(scallion) 3작은술

소금과 갓 빻은 후추

고추 약간

잘게 다진 신선한 생강 2작은술

잘게 다진 마늘 1작은술

껍질 벗겨지고 손질된 새우 8마리 격자 꼴로 썰어놓은 것

생크림 2분의 1컵 : 달걀 2개 넣어 가볍게 저음

곡주 3작은술에 빵부스러기 2컵

식물성 기름 3큰술에 오고 토마토 고명 2와 2분의 1컵

물론 도미 토막은 존재의 바다를 헤매는 개인-당신과 나-이다. 그러나 여기서 우리는 그것이 썰려져야 함을 발견하는데 이는 우리가 몸과 마음, 그리고 영혼이라는 3차원으로 치유 받아야 한다는 뜻이다.

잘게 썬 봄양파 3작은술은, 해독제로 우리 존재의 각 단계에 더해야 할 것들은 마찬가지로 똑같은 비율이어야 함을 의미하는 3차원의 균형을 뜻한다. 이 구절이 뜻하는 바는 분명하다. 몸과 마음과 영혼은 같은 보살핌을 받아야 한다는 것이다.

소금과 갓 빻은 후추. 여기서 우리는 상반되는 것들-우리 본성의 희고 검은 양상들-을 영원히 기원하고 있다. 영적 생명을 위한 요리를 완성하기 위해서는 선과 악 모두 이해되어야 한다. 결국 인간 경험에서 제외되어야 할 것은 아무 것도 없다(탄트라 경전의 말 같다). 게다가 소금과 후추는 매우 작은 입자의 형태인데 이는 우리의 선악적 특성은 가장 작은 행동들에서 비롯됨을 말한다. 따라서 우리는 일반적으로 선하지도 악하지도 않지만, 반복의 힘에 의해서 우리 존재의 흐름에 영향을 미치는 무수한 순간들에 의해서만 그러하다.

고추 약간. 확실히, 그런 강렬한 색깔과 맛은 깨달음을 얻은 스승의 영적 영향력을 의미한다. 그 깊이의 모호함을 어떻게 헤아릴까? 약간이라는 것이

얼마를 뜻하는가? 여기서 우리는 일반적인 우주의 지혜에 의지할 수밖에 없다. 스승 자신은 우리가 어떤 지침을 필요로 하는지 정확하게 알 것이다. 그리고 영적 노력의 열기를 말해주는 재료들이 목록에 추가된 것은 본문의 딱 이 지점이다. 고추를 약간 넣은 후에 우리는 잘게 다진 신선한 생강 2작은술과 잘게 다진 마늘 1작은술을 발견한다. 이것들은 대상에 대한 명상과 함께 하나 된 우리 영적 본성의 양면(여성과 남성)을 의미하면서 정리되지 않은 삼각형의 이등변을 이룬다.

그 다음 껍질 벗겨지고 손질된 새우 여덟 마리 격자 꼴로 썰어놓은 것. 물론 여덟 마리의 새우는 영적 포부가 큰 사람들이라면 비난해야 할 여덟 가지의 세속적 관심사를 나타낸다. 명예와 수치, 상실과 획득, 쾌락과 고통, 칭찬과 비난. 이 각각은 벗겨지고 손질된 뒤 썰려져야 한다. 즉, 우리의 정신을 빼앗는 힘이 제거되고 실천의 길에서 통합되어야 한다.

그러한 비유의 곡예가 거의 모든 작품에서 가능하다는 사실, 따라서 그 비유들은 아무 의미가 없다는 사실은 명백해야 한다. 여기서 우리는 로르샤하 검사(얼룩처럼 보이는 그림 여러 장을 보여 주고 그 느낌을 말하게 함으로써 성격을 파악하는 검사법 - 옮긴이)의 얼룩 같은 경전과 대한다. 초자연주의자는 그 책에서 완벽하게 반영된 마법의 원칙을 발견할 수 있다. 전통적인 신비주의자는 초월에 대한 비법을 발견할 수 있고 전체주의 교조주의자는 그에게 다른 사람들의 지성과 창조성을 억압하라고 말하는 신의 목소리를 들을 수 있다. 이는 영적·신비주의적 정보를 비유로 숨겨놓은 작가나, 이해를 위해서는 많은 노력을 경주하는 해석법을 요하는 작품을 만든 작가가 없었다는 뜻이 아니다. 예를 들자면, 만약 당신이 《피네건의 경야(經夜) Finnegans Wake》(제임스 조이스가 17년에 걸쳐 쓴 작품으로 난해하기로 유명함 - 옮긴이)를 선택했는데 거기서 다양한 우주창조와 연금술에 대한 은유를 발견했다고 생각한다면, 조이스가 그렇게 했기 때문일 것이기에 그게 맞을 것이다. 그러나 경전을 이런 식으로 읽으며 가끔 진주를 발견하는 것은 문학 게임에 다름 아니다.

16. 이러한 나의 용도와 일치하는 불교 명상의 현상학을 학문적으로 탐구한 최근 작품으로는, B. A. 월리스의 〈인도 티베트 불교의 상호주관성*Intersubjectivity in Indo-Tibetan Buddhism*〉(Journal of Consciousness Studies 8, nos. 5~7, 2001, pp.209~230)를 보라. 신경과학자들이 명상에 대해 논한 작품으로는 J. H. 오스틴의 《선과 뇌*Zen and the Brain*》(Cambridge : MIT Press, 1998)과 C. 드참스의 《마음의 두 가지 관점 : 아비달마와 두뇌과학*Two Views of Mind : Abhidharma and Brain Science*》(Ithaca, N. Y. : Snow Lion Publications, 1998)을 보라.

17. 이 말은 마하라야(Sri Nisargadatta Maharaj : 인도의 명상가)가 한 것이라고 생각되는데 어느 책에서 읽었는지는 잊어버렸다.

18. 사람은 책을 읽어서는 그러한 것들을 알 수 없다는 말을 종종 한다. 일반적인 경우 이는 당연히 참이다. 나는 단지 그것을 지적해주는 훌륭한 명상만으로는 의식의 고유한 비이중성을 깨닫는다는 보장은 결코 할 수 없다는 말을 덧붙이려 한다. 상황이 딱 맞아야만 한다. 스승은 무엇을 깨달아야하는가에 대한 조금의 개념적 의심도 남기지 않는 진정 선한 것들을 주어야 하고 제자는 그의 가르침을 잘 따를 수 있고 주목해야 할 것에 주목하는 집중된 마음이 있어야 한다. 이런 의미에서 명상은 획득될 수 있는 기술임이 확실하다.

19. 의식의 비이중성에 대한 인식은 언어 지향적 분석의 지배를 받지 않는다. 자신의 생각만 아는 사람들은 모든 것들을 언어로 표현하고자 노력하는 것은 매우 자연스럽지만, 비트겐슈타인과 그의 아류들이 철학에서 보인 노력은 이 영역을 밝힐 만큼 핵심을 찌르지는 않는다. 이러한 일들에 대한 하나의 직관은 비트겐슈타인의 "우리가 말할 수 없는 것은 침묵 속으로 던져진다."라는 말로 해석될 수 있을 것이다. 그러나 우리가 말할 수 없는 진정한 수수께끼는 그럼에도 불구하고 깨달아지지 않는다.

20. 사실 명상은 오랫동안 과학자들의 연구 주제가 되어왔다. 이를 속속들이 규명하는 작품으로 J. 안드레센의 〈명상이 행동의학과 만나다 : 명상에 대한

경험주의적 연구에 대한 이야기 *Meditation Meets Behavioral Medicine : The Story of Experimental Research on Meditation*〉(Journal of Consciousness Studies 7, nos. 11~12, 2000, pp.17~73)을 보라. 이 주제에 대한 연구의 상당수는 EEG(뇌파검사)와 생리학적 측정방식을 적용해왔는데, 그렇게 함으로써 변화들을 뇌의 기능에 제한시키려는 시도는 하지 않았다. 뇌 영상의 현대 기술들을 활용한 대부분의 연구들은 본질적으로 자아감과 관련 있는 명상은 연구하지 않았다. SPECT(뇌혈류 촬영) 연구 결과들을 알려면 A. B. 뉴버그 등이 쓴 〈명상의 복합 인식 과업 수행 동안 일어나는 국소적인 뇌혈류 측정 : 초기 SPECT 연구 *The Measurement of Regional Cerebral Blood Flow during the Complex Cognitive Task of Meditation : A Preliminary SPECT Study*〉(Psychiatry Research : Neuroimaging Section 106, 2000년/2001년, pp.113~122)를 보라. 내가 아는 바로는 자아감을 상실하는 특수하고 주관적인 효과를 낳는 명상가들과 작업하기 시작한 단체가 딱 하나 있다. 그러한 연구에 대한 초기 보고서로는 D. 골먼이 쓴《파괴적 감정 : 달라이 라마와의 과학적 대화 *Destructive Emotions : A Scientific Dialogue with the Dalai Lama*》(New York : Bantam, 2003)가 있다.

21. F. 바렐라는 〈신경현상학 *Neurophenomenology*〉(Journal of Consciousness Studies 3, no.4, 1996, pp.330~349)에서 '주관적' 데이터의 과학적 효능에 관해서 이러한 주장을 한다. "경계선 – 정확성과 정확성 결여 사이의 – 은 일인칭과 삼인칭 서술 사이에서 그어지는 것이 아니라, 공동의 입증과 공유된 지식으로 연결되는 명확한 방법론적 배경이 있느냐에 의해 결정된다."

22. 나는 명상에 의해 얻어지는 비이중성의 경험이 완전히 개인적이다 보니 독립적인 증명이 불가능하다는 데 대한 우려를 간략하게나마 제기하고자 한다. 우리는 명상가의 말을 그대로 받아들일 수밖에 없는가? 만약 그렇다면 그것이 문제가 될 것인가?

정신적인 사건들의 독립적인 측정을 요구하는 사람들이라면 우선 두 가지를 고려해야 한다. 첫째, 인간 경험의 많은 국면들은 불가피하게 사적이며 그 결과 자기보고서는 그 경험들의 존재에 대한 유일한 안내서다. 우울, 분노, 기쁨, 시청각적 환상, 꿈, 그리고 고통까지 자기보고서에 의해서만 최종적으로 증명될 수 있는 그 수많은 '일인칭' 들 가운데 있다. 둘째, 내적 상태들의 독립적인 측정들이 존재하는 그런 경우들에서 그 측정들은 자기보고서와의 믿을만한 관계에 의해서만 존재한다. 지금은 다양한 생리학적, 행동학적 측정법 – 놀람 반응(startle response)의 증가, 코티졸 분비의 증가, 피부 전도성 증가 등 – 에 의해 그럴듯하게 설명되는 공포조차도 자기보고서의 황금 같은 기준을 떨쳐낼 수는 없다. 만약 공포의 주관적 평가가 그러한 '독립적' 측정법으로부터 자유로워진다면 어떤 일이 벌어질 것인가를 상상해보라. 만약 주관의 50%가 코티졸 수치가 증가했을 때 아무 공포도 느끼지 못했으며 수치가 떨어졌을 때 공포를 느꼈다고 주장한다고 하자. 그러한 기준은 공포의 연구에는 전혀 아무런 도움이 되지 않을 것이다. 생리학적, 행동학적 변수들이 정신적 사건들을 연구할 때 가지고 있는 가치로부터 우리가 눈을 떼지 않는 것이 중요하다. 주관들이 그들이 그렇다고 말하는 만큼 훌륭한 것이다(이것은, 사람들이 주관적인 교정이 불가능하다거나 모든 정신 사건은 자기보고에 의해서만 가장 잘 연구될 수 있다는 뜻은 아니다). 그러나 현재 논의 중인 주제가 주체에게 사물은 어떻게 보이는가에 대한 것일 때, 자기보고는 우리의 유일한 나침반이 될 것이다.

23. 이러한 관점에서 볼 때 미래는 과거처럼 보인다. 우리는 전통적인 신비주의의 모든 환상적 요소들에 대한 과학기술적 전형이 구현되는 것을 볼 때까지 살지도 모른다. 그러한 신비주의는 바로 샤머니즘(시베리아나 남아메리카), 영지주의, 카발라, 비전신앙(秘傳信仰)과 그 마술 같은 르네상스의 결과인 헤르메스주의(Hermeticism), 그리고 사람이 그것으로써 그 개념을 가장한, 다른 것을 추구하는 비잔틴 방식들이다. 그러나 영성에 대한 이 모든 접근법들은 신성한 것을 찾는 과정에서 심오한 지식에 대한 열망과 보이지 않는 마

음의 지층들을 캐내고 싶은 욕구 - 꿈에서, 무아지경에서, 환각 상태에서 - 가 낳은 것들이다. 이러한 각각의 샛길들에는 비범한 경험들이 새로운 참가자를 기다리고 있다는 점은 의심하지 않지만, 의식은 항상 우선하는 정황이요 모든 환상적 체험의 조건이라는 사실은 명백하고 위대한 진리로, 그러한 샛길들은 근본적으로 불필요하다고 치부한다. 의식은 비교(秘敎)의 화려함에 의해서 발전되지 않는다 - 자아를 벗어나거나 더욱 신비주의적이 되거나 초월적이 되지 않는다 - 는 것은 사실로써 모든 종교의 명상가들은 자신의 경험을 굳게 지킨다.

테렌스 맥케너(Terence McKenna : 인종학자)의 정교한 헛소리에서 가장 잘 드러나는 환상적인 충동에 대한 현대식 버전은, 영적 초월을 동일한 초월적 종류의 정보와 같다고 보는 견해다. 따라서 마음이 만들어내는 모순적인 담론 - 기타 계(界)에 대한 환상, 영묘한 존재의 실존, 지성을 갖춘 외계생명체의 문자 - 이 넘치는 그 어떤 경험도 평범한 의식에 대해 이루어지는 발전이라고는 볼 수 없다. 그러나 그러한 신비주의적 낭만은, 주체/객체 인식보다 우선하는 의식 그 자체의 극치를 간과한다. 신비주의적 담론이 지식인을 홀린다는 데는 의심의 여지가 없다(그것이 '참' 이든 아니든). 그러나 그들의 일시성 - 모든 환상은 떠오르면 사라질 운명이다 - 은 그러한 현상들이 영구한 변화의 기초는 아님을 알려준다.

그러나 나는 그러한 '내적' 영역들이 미답의 상태로 남아야 된다는 뜻으로 한 말은 아니다. 신비주의적 외양은 몸, 마음, 그리고 총체적인 우주에 대한 지식을 더 많이 알려는 사람 모두의 고유한 관심을 끈다. 내가 말하는 것은 가능한 모든 담론들이 연속하는 가운데 자유를 추구하는 것은 신비주의의 비이중적 학파들만이 적절하게 비난할 수 있는 실수로 보인다는 것이다. 더 더군다나 그러한 비교(秘敎)에 매혹되는 것은 서양에서 대부분의 영성 표현에 따라오는 유치함과 단순한 맹신에 대부분의 책임이 있다. 우리는 자신에게 충분한 자격이 있다는 끔찍한 자신감과 하나 된 단순한 믿음을 발견할 수

도, 진기한 것에 대한 광적인 탐색 – 심리 체험, 길조와 망조에 대한 예언, 신
의 인격성에 대한 수많은 그릇된 확신들 – 과 마주칠 수도 있다. 그러나 우
리 경험의 흐름에 그 어떤 변화가 일어나든지 – 예수의 환상이 우리 각자에
게 나타나든, 인간 지식의 전체가 어느 날 우리의 뇌 속으로 직접 다운로드
되든 – 영적인 의미에서 우리는 먼저 의식이 되고, 의식만 될 것이며, 그럴
때 이미 '나'로부터 자유로워져 있을 것이다. 이 사실을 우리가 금방 깨달
을 것 같지는 않다.

24. 신비주의가 모든 개념들의 초월성을 수반하는가는 확실히 해결되지 않은
문제이다. 여기서 유일하게 할 수 있는 주장은, 세상에 대한 우리의 이중적
인식을 받치고 있는 개념들은 신비주의자들로 인해 파기될 것이란 점이다.

● 찾아보기

지은이 _ 샘 해리스

샘 해리스는 스탠포드 대학에서 동·서양의 철학을 공부했고, 동 대학에서 신경 정신과학에 관한 박사학위를 받았다. 《종교의 종말》은 그의 치열한 고민과 성찰 이 그대로 녹아있는 역작이다. 이 책은 발표되자마자 미국 전역에 엄청난 센세이 션을 불러일으켰으며, 2005년에는 펜 *PEN* 논픽션 분야의 수상작으로 선정되는 기 염을 토했다.
그는 현재 뉴욕에서 '신앙과 불신앙의 신경과학적 근거', '기능성자기공명영상 (fMRI)' 등에 대한 활발한 연구와 기고 활동을 하고 있다. 샘 해리스에 대한 자세 한 정보는 www.samharris.org 에서 얻을 수 있다.

옮긴이 _ 김원옥

경북대학교를 졸업하고 KBS 방송 구성작가를 거쳐 현재 전문번역가로 활동중이 다. 역서로는 《미래생활사전》,《거만한 놈들이 세상을 바꾼다》 등이 있다.

───┤ 한언의 사명선언문 ├───

Our Mission

一. 우리는 새로운 지식을 창출, 전파하여 전 인류가 이를 공유케 함으로
써 인류문화의 발전과 행복에 이바지한다.

一. 우리는 끊임없이 학습하는 조직으로서 자신과 조직의 발전을 위해 쉼
없이 노력하며, 궁극적으로는 세계적 컨텐츠 그룹을 지향한다.

一. 우리는 정신적, 물질적으로 최고 수준의 복지를 실현하기 위해 노력하
며, 명실공히 초일류 사원들의 집합체로서 부끄럼없이 행동한다.

Our Vision   한언은 컨텐츠 기업의 선도적 성공모델이 된다.

저희 한언인들은 위와 같은 사명을 항상 가슴 속에 간직하고
좋은 책을 만들기 위해 최선을 다하고 있습니다.
독자 여러분의 아낌없는 충고와 격려를 부탁드립니다.

\- 한언가족 -

HanEon's Mission statement

Our Mission

一. We create and broadcast new knowledge for the advancement and
happiness of the whole human race.

一. We do our best to improve ourselves and the organization, with the
ultimate goal of striving to be the best content group in the world.

一. We try to realize the highest quality of welfare system in both mental and
physical ways and we behave in a manner that reflects our mission as
proud members of HanEon Community.

Our Vision   HanEon will be the leading Success Model of the content group.